中央编译局文库出版工作领导小组（编委会）

主　　任：贾高建
副 主 任：俞可平　魏海生　陈和平　柴方国　杨金海
委　　员：崔友平　沈红文　杨雪冬　季正聚　陈家刚
　　　　　赖海榕　郗卫东　张文成　刘明清

中央编译局文库出版工作领导小组办公室

主　　任：薛晓源
成　　员：徐向梅　苗永姝

中央编译出版社文库编辑中心编辑小组

刘明清　薛晓源　谭　洁　董　巍　贾宇琰
冯　章　曲建文　苗永姝　邓　彤　杜永明
盛菊艳　李媛媛　薛迎春　董　妍

国家"十二五"重点图书

马克思主义研究资料

第26卷

主　编　杨金海
副主编　冯　雷（常务）薛晓源

马克思恩格斯列宁相关书信及其研究 I

本卷主编　史清竹

《马克思主义研究资料》顾问委员会

贾高建　俞可平　宋书声　殷叙彝　詹汝琮　张钟朴
李洙泗　冯文光　赵家祥　严书翰　梁树发　郭建宁

《马克思主义研究资料》编辑委员会

主　　编：杨金海

副 主 编：冯　雷（常务）　薛晓源

编　　委　（按姓名拼音排序）

陈喜贵　冯　章　黄晓武　江　洋　李百玲　李义天
李媛媛　林进平　刘仁胜　刘　英　刘元琪　吕增奎
马　瑞　苗永姝　彭萍萍　盛菊艳　史清竹　武锡申
姚　颖　苑　洁　郑　锦　郑天喆　周艳辉

参加本卷编辑出版工作的有

盛菊艳　苗永姝　冯　章

总　序

呈献给读者的这套《马克思主义研究资料》丛书，旨在服务于我国正在实施的马克思主义理论研究和建设工程，积极吸收和借鉴国外马克思主义研究成果，对改革开放以来中央编译局编译的有关国外学者研究马克思主义的成果，以及少量相关的国内学者的研究成果整理出版，为我国马克思主义研究提供基础性的参考资料。本丛书计划出版37卷，三年内陆续完成编辑和出版工作。

编译国外学者关于马克思主义的研究成果，并对相关问题展开深入探讨，是马克思主义经典著作编译研究的基础性工作。中央编译局作为马克思主义经典著作编译研究的专门机构，历来十分重视这项工作。20世纪50年代以来，特别是改革开放以来，中央编译局的同志们编译了大量国外学者关于马克思主义的研究文献，也发表了不少自己的相关研究成果。这些成果曾经在中央编译局编辑的《马列著作编译资料》、《马列主义研究资料》、《马克思主义与现实》等刊物公开发表，或在内部刊物《马克思恩格斯研究》、《列宁研究》等刊载。这些成果对于推进马克思主义经典著作的编译和研究工作发挥了重要作用，时至今日，一些学者仍然把它们当做研究马克思主义的珍贵资料。

然而，随着近年来中央实施马克思主义理论研究和建设工程的深入推进以及马克思主义学科建设的快速发展，这些研究资料的留存情况已经远远不能适应形势发展的需要了。《马列著作编译资料》和《马列主义研究资料》早已停止出版，很多人难以找到原有资料；《马克思恩格斯研究》等内部刊物刊载的文章没有公开面世，也难以为人们广泛使用；而新编译的文献资料又很零散。因而，希望中央编译局提供马克思主义研究资料的呼声越来越高。

为了继承前辈的事业，适应学界的需要，尽可能全面系统地收集整理中央编译局近几十年来编译的国外学者关于马克思主义的研究成果以及相关的国内学者的研究成果，中央编译局专门成立了《马克思主义研究资料》丛书课题组，并对该项工作提供了基金资助。课题组不仅在局内组织力量进行工作，而且争取到社会力量的支持。经过课题组同仁两年多努力，已经形成一批编辑成果，还将继续补充、完善并陆续推出。这套《马克思主义研究资料》丛书就是这些成果的集中体现。

本丛书力求体现如下四个特点，这也是丛书编辑工作所力求遵循的四条原则：第一，保证文献性。本丛书主要收集改革开放以来中央编译局刊物发表的有关马克思主义理论编译和研究方面的成果，这些刊物包括公开出版的《马列著作编译资料》、《马列主义研究资料》、《马克思主义与现实》、《当代世界与社会主义》、《经济社会体制比较》、《国外理论动态》等，也包括内部刊物《马克思恩格斯研究》、《列宁研究》、《斯大林研究》、《马克思恩格斯列宁斯大林研究》等；少量收集其他杂志发表的中央编译局学者编译或撰写的有关文章；个别收集与中央编译局长期合作的其他学者的相关文章；对所收商榷性文章涉及的其他学者的成果，也作为附文收入，以示对相关学者的尊重，也便于读者在阅读正文时参考。收集整理这些学术成果的目的主要是为学界研究马克思主义提供参考资料，同时帮助人们了解马克思主义研究的历史进程和思想脉络。因此，本丛书所收文献力求保持其历史原貌，包括其中的人名、地名、术语、引文等，都不作改动，以便读者进行文献考证之用，只对个别错漏文字等进行校正，对于文中可能产生歧义的地方，以"本丛书编者注"的方式加以说明。其中读者特别应当留意的是译名、术语的不统一问题，例如关于《马克思恩格斯全集》历史考证版，就有多种表达方式：原文版、国际版和MEGA版，其中，往往又以"老"、"新"、"MEGA^1"、"MEGA^2"、"MEGA1"、"MEGA2"等来区分历史考证版第1版和第2版。第二，突出编译性。本丛书所收文献中，以国外学者的成果为主，包括国外学者关于马克思主义经典作家的著作、思想、生平事业，乃至书信往来、工作生活等方面的研究文献，凡比较有资料价值的，均在收集之列。如上所述，国内学者的相关考证性成果，包括经典著作翻译、版本、传播、重要术语考据等文献，凡具有资料价值的，也一并收入，但这部分内容所占比例较小。第三，力求系统性。上述几十年来形成的这些编译研究资料繁茂芜杂，十分零散，使用起来很不方便，编辑整理就更为困难。为把这些宝贵文献整理面世，使之更好地发挥作用，编辑人员下了很大功夫。在收集整理中，我们力图分门别类，尽可能将同类资料按照一定逻辑顺序编排，使之呈现一定的系统性，以便读者全面掌握有关资料。第四，力争权威性。本丛书力争选编国内外在相关研究领域具有一定权威性的专家学者的具有代表性和影响力的文献。为保证文献的权威性和准确性，我们对文献的引文进行了校订，特别是对有关马克思主义经典著作的引文进行了原版原文核对，并对注释尽可能地作了规范化处理，以便读者更准确地了解引文及其出处。

基于上述考虑，本丛书的编排体系大体分四个部分。第一部分是经典著作研究，包括关于《共产党宣言》、《资本论》等手稿、创作、版本、传播诸方面的研究文献；第二部分是基本理论研究，包括哲学、政治经济学、科学社会主义以及政治学、法学等方面的研究文献；第三部分是版本和传播、编译以及生平事业研究；第四部分是国外马克思主义研究。每一部分包括若干卷。每一卷都有本卷编辑说明，对本卷编辑的思路、内容和有关技术问题作简要交代。各卷内容按照逻辑顺序进行编排，在此基础上再按照时间顺序编排。各卷内容一般要作分类，并加分类标题，以便读者阅读研究。

需要说明的是，由于本丛书是整理编辑已有的文献，而且主要限于整理编辑中央编译局学者编译和研究的部分成果，这就决定了本丛书不可避免地存在一些缺憾。一是这些文献中有的观点不一定正确。选编这些文献并不意味着编者赞同其中的观点，我们的目的仅仅在于为人们研究马克思主义提供参考资料，其中正确的思想成果可以作为我们研究借鉴的思想资源，而错误的观点可以作为我们研究批评的对象。例如，对有关马恩对立论的观点，我们是不赞成的，但为了让研究者了解、研究和批评这种观点，也收入了相关文章。所以，谨请读者在使用这些文献时注意辨别是非。二是这些文献存在质量参差不齐的情况。由于这些文章的作者、译者水平不同，写作时间、背景、针对的问题、产生的影响以及发表的刊物等不同，其质量也就有一定差别。例如，有的概念和译文在今天看来不一定科学、准确，有的文献曾经很有价值而在今天看来最多只有学术史的价值。在选编过程中，我们尽量收入那些分量较重、影响较大的文献，但为了比较全面地反映学术史的原貌并提供尽可能详细的研究参考资料，也收入了一些篇幅较短、影响不大但有一定资料或史料价值的文献。另外，有少量比较重要的文献，由于作者或译者不同意收入，也不得不忍痛割爱。三是这些文献的系统性、规范性不太强。尽管我们努力按照上述编辑原则工作，对这些文献进行了分类整理，力求全面系统地提供给读者相关方面的文献资料，但由于这些资料十分繁杂，彼此之间的关联性不强，有的方面资料较多，有的较少，且发表的刊物、时间等不同，体例也很不统一，整理起来难度极大，加之各位编者的研究角度不同，水平各异，所以，每一卷书的结构、篇章、内容、观点等都不尽相同，其规范程度也不尽一致。对本丛书存在的以上不足或缺憾，谨请读者鉴谅；对其中可能存在的疏漏和错误之处，谨请读者批评指正。

本丛书在编写和出版过程中，得到了各个方面的大力支持。中央编译局对此项工作高度重视，始终给予鼎力支持。国家出版基金将本丛书列入 2013 年度资助项目。中央编译出版社为本丛书申报国家出版基金项目并最终立项，以及为丛书出版做了大量工作。本丛书所收文献的译者、作者和出版者，凡已联系上的，均给予我们大力支持，同意使用这些文献；对尚未联系上的，我们将尽力联系，也请相关同仁主动联系我们。丛书顾问委员会的专家对丛书的编写工作给予热情指导，编委会成员和课题组同仁为丛书的编写付出了辛勤劳动。在此一并致以衷心的谢意！

《马克思主义研究资料》
编辑委员会
2013 年 12 月 10 日

编辑说明

本卷内容分为两部分，包括有关马克思、恩格斯和列宁书信的研究文章，以及马克思和恩格斯同时代人的书信，这其中包括他们的亲人、朋友、同事写给他们的书信，也包括同时代人相互之间的通信。

需要说明的是，马克思和恩格斯本人的书信已经收录到《马克思恩格斯全集》中文版中，读者在阅读本卷时可以按照时间顺序进行查找参考。

在《马克思恩格斯全集》中，其他人写给马克思和恩格斯的书信收录较少，本卷收录的很多致马克思、恩格斯的书信是首次公开发表，马克思和恩格斯同时代人相互之间的许多通信也是第一次公开发表。这些书信是理解马克思、恩格斯本人书信的重要资料，也是研究他们的生平活动和思想发展的重要资料。

为保持文献性，本丛书的注释尽量保持原貌，不作改动；但对原注释有错误或有遗漏的，我们尽可能查阅了有关文献，作了必要的规范和完善；对有些查找不到的，保留原来的内容和格式。

目 录

马克思、恩格斯的通信——巨大的思想宝库
　　——《马克思恩格斯全集》原文版第3部分第1卷前言 ············ 1
共产主义思想和生活内容的宝库
　　——为《马克思恩格斯全集》国际版书信部分第四卷的出版而作
　　〔民主德国〕马丁·洪特 ·· 21
科学共产主义理论形成后一段时期内马克思和恩格斯的理论
　　研究和活动
　　——《马克思恩格斯全集》历史考证版第3部分第2卷前言 ······ 26
马克思和恩格斯在1849—1850年期间的革命活动和理论总结
　　——《马克思恩格斯全集》历史考证版第3部分第3卷前言 ······ 60
1851年马克思和恩格斯在理论创作上的合作
　　——《马克思恩格斯全集》原文版第3部分第4卷前言 ············ 87
《马克思恩格斯全集》历史考证版第三部分第五卷前言 ··············· 111
研究马克思恩格斯1844—1851年的理论及实践活动的重要资料
　　——《马克思恩格斯全集》英文版第38卷说明 ··················· 138

马克思逝世至1886年底恩格斯书信的价值与意义
——《马克思恩格斯全集》纽约国际出版社1995年英文版
第47卷说明 ··· 165
马克思恩格斯1846年以前的书信对于研究他们的早期生活和
创作的意义
〔俄〕索菲娅·列威沃娃 ································· 183
关于恩格斯1848年的通信
〔俄〕索菲娅·莱维奥娃 ································· 218
对马克思和恩格斯在1848年革命前后的书信的考证
〔苏〕Г.Л.戈洛维娜 ······································ 241
康·施米特等人致恩格斯关于历史唯物主义的通信的原编者
说明 ··· 255
革命和合法性
——关于一封未发表的弗·恩格斯致理查·费舍的信
〔西德〕汉斯-约瑟夫·施泰因贝格 ················· 270
论列宁给高尔基的书信
〔俄〕列·加米涅夫 ······································· 276

* * *

马克思恩格斯生平活动文献——其他人给马克思和恩格斯的
书信(一) ··· 282
1. 罕丽达·马克思和亨利希·马克思致卡尔·马克思 ············ 282

2. 燕妮·冯·威斯特华伦致卡尔·马克思 …………… 284

3. 罕丽达·马克思致卡尔·马克思 ………………… 286

4. 布鲁诺·鲍威尔致卡尔·马克思 ………………… 286

5. 布鲁诺·鲍威尔致卡尔·马克思 ………………… 290

6. 布鲁诺·鲍威尔致卡尔·马克思 ………………… 293

7. 布鲁诺·鲍威尔致卡尔·马克思 ………………… 297

8. 罕丽达·马克思致卡尔·马克思 ………………… 299

9. 布鲁诺·鲍威尔致卡尔·马克思 ………………… 302

马克思恩格斯生平活动文献——其他人给马克思和恩格斯的
书信（二） ……………………………………………… 305

1. 索菲亚·马克思致卡尔·马克思 ………………… 305

2. 布鲁诺·鲍威尔致卡尔·马克思 ………………… 306

3. 布鲁诺·鲍威尔致卡尔·马克思 ………………… 309

4. 布鲁诺·鲍威尔致卡尔·马克思 ………………… 312

5. 布鲁诺·鲍威尔致卡尔·马克思 ………………… 314

6. 卡尔·弗里德里希·科本致卡尔·马克思 ……… 319

7. 燕妮·冯·威斯特华伦致卡尔·马克思 …………… 325

马克思恩格斯生平活动文献——其他人给马克思和恩格斯的
书信（三） ……………………………………………… 330

1. 布鲁诺·鲍威尔致卡尔·马克思 ………………… 330

2. 阿尔诺德·卢格致卡尔·马克思 ………………… 332

3. 布鲁诺·鲍威尔致卡尔·马克思 ………………… 334

4. 阿尔诺德·卢格致卡尔·马克思 …………………… 336

　5. 格奥尔格·荣克致卡尔·马克思 …………………… 338

　6. 达哥贝尔特·奥本海姆致卡尔·马克思 …………… 339

　7. 阿尔诺德·卢格致卡尔·马克思 …………………… 340

　8. 阿尔诺德·卢格和卡尔·里德尔致卡尔·马克思 … 342

　9. 阿尔诺德·卢格致卡尔·马克思 …………………… 345

　10. 格奥尔格·海尔维格致《莱茵报》编辑部 ……… 347

马克思恩格斯生平活动文献——其他人给马克思和恩格斯的
书信（四） ……………………………………………… 350

　1. 阿尔诺德·卢格致卡尔·马克思 …………………… 350

　2. 阿尔诺德·卢格致卡尔·马克思 …………………… 355

　3. 阿尔诺德·卢格致卡尔·马克思 …………………… 356

　4. 布鲁诺·鲍威尔致卡尔·马克思 …………………… 357

　5. 亨利希·约瑟夫·克拉森致卡尔·马克思 ………… 359

威·李卜克内西和海·朗姆有关杜林问题给恩格斯的若干封信 … 361

　1. 威·李卜克内西致弗·恩格斯 ……………………… 361

　2. 威·李卜克内西致弗·恩格斯 ……………………… 362

　3. 威·李卜克内西致弗·恩格斯 ……………………… 364

　4. 威·李卜克内西致弗·恩格斯 ……………………… 365

　5. 威·李卜克内西致弗·恩格斯 ……………………… 367

　6. 威·李卜克内西致弗·恩格斯 ……………………… 368

　7. 威·李卜克内西致弗·恩格斯 ……………………… 370

8. 威·李卜克内西致卡·马克思 ……………………………… 372

9. 威·李卜克内西致弗·恩格斯 ……………………………… 373

10. 威·李卜克内西致弗·恩格斯 …………………………… 375

11. 威·李卜克内西致弗·恩格斯 …………………………… 376

12. 威·李卜克内西致卡·马克思 …………………………… 377

13. 威·李卜克内西致卡·马克思 …………………………… 378

14. 海·朗姆致弗·恩格斯 ………………………………… 379

15. 海·朗姆致弗·恩格斯 ………………………………… 381

16. 海·朗姆致弗·恩格斯 ………………………………… 382

17. 海·朗姆致弗·恩格斯 ………………………………… 383

18. 威·李卜克内西致卡·马克思 …………………………… 384

19. 威·李卜克内西致卡·马克思 …………………………… 385

20. 海·朗姆致弗·恩格斯 ………………………………… 387

21. 海·朗姆致弗·恩格斯 ………………………………… 387

德国社会民主党人关于杜林的通信 ……………………………… 389

1. 威·李卜克内西致弗·恩格斯 ……………………………… 389

2. 威·李卜克内西致弗·恩格斯 ……………………………… 390

3. 威·李卜克内西致弗·恩格斯 ……………………………… 390

4. 威·李卜克内西致弗·恩格斯 ……………………………… 391

5. 威·李卜克内西致弗·恩格斯 ……………………………… 391

6. 威·李卜克内西致弗·恩格斯 ……………………………… 392

7. 威·李卜克内西致弗·恩格斯 ……………………………… 392

8. 威·李卜克内西致弗·恩格斯 …… 393
9. 威·李卜克内西致弗·恩格斯 …… 393
10. 威·李卜克内西致弗·恩格斯 …… 394
11. 威·李卜克内西致弗·恩格斯 …… 395
12. 威·李卜克内西致弗·恩格斯 …… 397
13. 威·李卜克内西致弗·恩格斯 …… 398
14. 威·李卜克内西致弗·恩格斯 …… 399
15. 威·李卜克内西致弗·恩格斯 …… 401
16. 威·李卜克内西致弗·恩格斯 …… 402
17. 威·李卜克内西致弗·恩格斯 …… 403
18. 威·李卜克内西致弗·恩格斯 …… 404
19. 威·李卜克内西致弗·恩格斯 …… 406
20. 威·李卜克内西致弗·恩格斯 …… 407
21. 威·白拉克致弗·恩格斯 …… 410
22. 威·白拉克致弗·恩格斯 …… 411
23. 威·白拉克致弗·恩格斯 …… 412
24. 威·白拉克致弗·恩格斯 …… 413
25. 约·狄慈根致威·布洛斯 …… 413
26. 伊·奥艾尔致威·李卜克内西 …… 414
27. 约·莫斯特致威·李卜克内西 …… 415
28. 爱·伯恩施坦致威·李卜克内西 …… 416

马克思、恩格斯的通信——巨大的思想宝库

——《马克思恩格斯全集》原文版第3部分第1卷前言*

本卷是《马克思恩格斯全集》原文版第3部分的开始卷，这一部分发表了马克思和恩格斯的书信以及第三者给他们的信。

科学共产主义创始人的通信是他们的文字遗产的一个重要部分。它同文字遗产的其他部分有机地联系在一起。通信集是巨大的思想宝库，它是马克思和恩格斯的理论和实践活动的生动体现。马克思和恩格斯的书信反映了马克思主义以及国际工人运动形成和发展的多阶段的过程，其中一些重要的论述是对他们已出版的著作内容的补充。

列宁对研究和出版马克思和恩格斯的书信给予高度重视，他直接参与了马克思恩格斯通信俄文单行本的编辑工作。列宁一再强调马克思和恩格斯的书信所具有的不可估量的科学理论意义。

列宁将马克思恩格斯通信的革命性质表述如下："如果我们试图用一个词来表明整个通信集的焦点，即其中所抒发所探讨的错综复杂的思想汇合的中心点，那么这个词就是辩证法。运用唯物主义辩证法从根本上来修改整个政治经济学，把唯物主义辩证法运用于历史、自然科学、哲学以及工人阶级的政治和策略——这就是马克思和恩格斯最为关注的

---

* 本文选自《马克思恩格斯研究》1991年总第5辑。

事情，这就是他们作出最重要、最新的贡献的领域，这就是他们在革命思想史上迈出的天才的一步。"①

科学共产主义创始人的来往书信充分表现了他们为组建工人阶级的群众性革命政党，为实现无产阶级国际主义而进行的斗争。马克思和恩格斯书信的特点是对工人阶级的思想上和政治上的敌人进行的尖锐的、原则性的批判，展现出他们反对工人运动中形形色色的机会主义、宗派主义和教条主义的斗争。同时在这些书信中，马克思和恩格斯对各种事件和人物所作的评价以及特征描绘往往比在他们的出版物中更加尖锐，因为他们在信中不受书报检查和其他情况的束缚，能够公开表达自己的看法。

马克思和恩格斯之间的书信勾勒出他们不断的思想联系的画面，表现了他们对各种学科的多方面的兴趣，他们的书信囊括所有知识领域。

马克思和恩格斯的书信遗产对历史性传记有着重大意义。这些书信使我们能够考察他们生活的各主要阶段。他们著作的形成史，弄清他们政治活动、组织活动和政论活动中一系列尚很少得到研究的方面。书信展现了马克思和恩格斯生活及工作所处的条件。书信展示了把马克思、恩格斯还有他们的最亲密战友联结在一起的无私的友谊。

《马克思恩格斯全集》原文版第 3 部分第 1 卷包括马克思和恩格斯 1846 年 4 月底以前的书信。这一时期是他们的革命世界观形成的时期，是他们从唯心主义向唯物主义、从革命民主主义向共产主义过渡的时期，是他们开始创造性的合作和共同制定工人阶级世界观的理论基础的时期。

马克思和恩格斯在他们于 1844 年 8 月相会并开始合作前的书信分别发表在本卷前两部分中。他们 1844 年 8 月至 1846 年 4 月的书信按照

---

① 《列宁全集》第 2 版第 24 卷第 276 页。

统一的年代顺序发表在第 3 部分。《附录》中包括这一时期第三者写给马克思和恩格斯的全部书信。

马克思和恩格斯的书信。特别是他们活动的早期的书信保存得很不完整。科学共产主义创始人的已丢失的或尚未发现的那部分书信的内容，部分地可从发表在本卷《附录》中的寄给他们的信中推断出来。同马克思和恩格斯有过通信联系的人中有青年黑格尔分子布鲁诺·鲍威尔、卡尔·弗里德里希·科本、格奥尔格·荣克，唯物主义哲学家路德维希·费尔巴哈，空想共产主义者威廉·魏特林，革命诗人格奥尔格·海尔维格、亨利希·海涅、格奥尔格·维尔特，正义者同盟——德国工人和手工业者的第一个政治组织——领导人之一奥古斯特·海尔曼·艾韦贝克。马克思和恩格斯的朋友和战友罗兰特·丹尼尔斯、亨利希·毕尔格尔斯和约瑟夫·魏德迈，以及英国宪章派左翼领导人之一的乔治·朱利安·哈尼。本卷还发表了马克思的家庭成员以及他的亲人的信，即他的父母、姐姐和未婚妻燕妮·冯·威斯特华伦——1843 年夏成为他的妻子——的来信。

本卷第 1 部分以马克思 1837 年 11 月 10—11 日给父亲的信为开端，这是保留下来的唯一的一封马克思大学生时代的信。它同父亲的信一起展现了青年马克思的思想发展，他的内心世界，它证明了这位年轻的大学生具有不同寻常的广泛兴趣。有不可遏止的求知欲和对自己的极高的要求。按照父亲的愿望读法学的马克思并不特别倾心于法学和未来的仕宦生涯。他在熟悉了教学材料和内容之后。表达了对当时的法学彻底批判的观点。这使父亲深感忧虑。他热衷于哲学，从这封信中可以看出，他已经熟悉了康德和费希特的观点。在马克思结识了柏林的青年黑格尔派小组——博士俱乐部——之后。他熟悉了黑格尔哲学，这一哲学对他的思想发展发生了重大的影响。从他给父亲的信中可以看出，年轻的马克思已经认识到黑格尔哲学在认识论方面的重要意义，他十分赞赏黑格尔的辩证法。

提供了解马克思的大学生时代的传记性资料的一个重要来源是马克思父亲的信。也就是父亲对马克思的许多没有流传下来的信的回信。

青年马克思在柏林大学居留的后几年的活动，即写博士论文《德谟克利特的自然哲学和伊壁鸠鲁的自然哲学的区别》的工作反映在他与布鲁诺·鲍威尔的通信中。遗憾的是，我们缺少马克思致鲍威尔的信。但有关这些信的内容，鲍威尔的信可以为我们提供很大的启示，在1840至1841年期间，马克思与鲍威尔过从甚密。我们从鲍威尔的书信中得知马克思的写作计划和写作思想。

这一时期公认的青年黑格尔派领袖布鲁诺·鲍威尔的信以及青年马克思的另一位朋友卡尔·弗里德里希·科本的信都证明，在40年代初马克思和青年黑格尔派之间有密切的联系，证明当时仍是大学生的马克思在他年长的朋友中很受尊重。这一点特别表现在科本1841年6月3日致马克思的信中。然而，马克思在那个时候就已经在许多方面区别于青年黑格尔分子。他对于他们不是同反动当权者展开真正的斗争，而喜欢发表一些模棱两可的演说并玩弄一些响亮的但却是空洞的辞藻持批判的态度。从1842年初起，马克思越来越认识到把哲学同政治统一起来的必要性。他确信，哲学必须从分析实际生活关系出发来回答当前亟待解决的现实政治问题。

本卷中一系列书信说明了马克思开始从事政论工作时的一些情况：先是参加一家进步的反对派报纸《莱茵报》的工作，继而从1842年10月起担任它的领导。马克思同报纸的发行负责人格奥尔格·荣克和达哥贝尔特·奥本海姆关系密切，并且对他们制定政治方针起了积极的影响。关于这一点，马克思于1842年8月至9月写给奥本海姆的信给人以特别的启发。

马克思在1842年至1843年间的书信表明，他在《莱茵报》所从事的政论活动如何促进了他的政治见解和革命民主主义世界观的形成。1842年3月他就已经——有别于普鲁士资产阶级自由党人——是君主政体，即君主立宪制这个"正在完全陷入自我矛盾、正在消亡的媒介体"的坚定的敌人。他认为，彻底清除封建主义的残余，取消全部等级特权，消除官僚主义的统治是不可避免的。与青年黑格尔分子相反，他在1842年11月30日写给卢格的信中坚持无情地批判封建专制制度，坚持在人民中宣传进步的哲学思想，坚持揭露宗教的反动背景；与政治相联系的哲学能够成为革命斗争中真正的力量。这一思想在马克思于1843年3月13日写给卢格的信中已在要点上得到表述。马克思在《莱茵报》上发表的文章以其分析的深刻性，用哲学方法进行的概括和论证的逻辑性，给他的同时代人留下了深刻的印象。

《莱茵报》被查禁以后马克思看到，在专制的普鲁士的环境中他不可能再继续从事报刊活动了。"我不能在普鲁士书报检查制度下写作，也不能呼吸普鲁士空气"[①]。1843年3月13日他这样向卢格写道，他决定流亡国外，以便在那里出版革命的刊物。在与卢格的通信中，马克思叙述了他的关于将要创办的期刊的性质和任务的想法。本卷发表的马克思和卢格在1843年春天至秋天的信，包括以文学体写成的，发表在革命民主主义的杂志《德法年鉴》上的那些信，都使人不仅对马克思思想的发展，而且对马克思和卢格之间就面临的斗争任务所持的观点的不断加大的分歧获得了印象。与卢格相反，马克思看到普鲁士封建专制制

---

① 《列宁全集》第2版第27卷第443页。

度内部的社会矛盾日益深化，看到劳动人民无权的、不幸的处境。他预言了在德国发生革命的不可避免性。

马克思的这一组书信中注明日期为1843年9月的最后一封信具有特别的意义。在这一封信中实际上为《德法年鉴》拟定了纲领。按照马克思的想法。该杂志的任务在于从革命民主主义的立场出发，"对现存的一切进行无情的批判"①——不是布鲁诺·鲍威尔领导的青年黑格尔派所主张的抽象教条的"批判的批判"，而是以社会的政治变革和社会变革为纲领对现存制度进行分析的批判。马克思的这一封信之所以值得重视，还由于它证明了马克思对共产主义问题的关注。

马克思和费尔巴哈之间的书信有着重要的意义。保存下来的有马克思致费尔巴哈的两封信。《德法年鉴》曾计划作为德国和法国进步的哲学思想和社会主义思想的刊物作为联合革命民主力量的杠杆来创办，在该杂志筹备期间曾决定吸收费尔巴哈这位公认的德国哲学进步流派的主要代表为该杂志撰稿。1843年10月3日马克思致信费尔巴哈。建议他在《德法年鉴》的栏目中反击谢林的反动哲学，马克思把费尔巴哈看作是革命民主派的同盟者，他认为，谢林是普鲁士反动派的帮凶，必须予以揭露。

这一封信表明，马克思在这一时期就已经把哲学阵营内的斗争看作是意识形态斗争的一部分。在马克思眼里，已经往右走得相当远的谢林不止是个折中主义者，他竭力通过调和哲学和宗教以及把对立的哲学体系融为一体的方法，试图引起普遍的注意。谢林的行为还得到了普鲁士官方的支持，他们尽力利用他作掩体来对抗进步的哲学派别。当时谢林遭到了来自革命民主派方面的尖锐批判。特别是年轻的恩格斯接连发表

---

① 《列宁全集》第2版第1卷第416页。

文章与他展开论战。马克思把揭露谢林看作是一项重要的任务，列宁正确地把马克思致费尔巴哈的信视为哲学中的党性——它始终是马克思主义的最重要原则之一——的一个值得重视的例子。

费尔巴哈周密地考虑了马克思的建议。1843年10月25日他写信回复马克思，回信的两篇草稿和已完成的信的片断被保存下来。这是唯一流传下来的费尔巴哈致马克思的信。费尔巴哈的两篇草稿和最后的定稿有根本性区别，所以我们认为，把它们作为独立的文献发表在本卷中是合适的。这样做也体现了马克思和费尔巴哈之间的关系对于马克思主义史的意义。在本卷中首次全文发表的费尔巴哈回信的第一篇草稿是有特别的意义：它使人判断出费尔巴哈给予年轻的马克思多么高的评价。他对谢林的反动政治作用的评价与马克思完全一致。并且以极其尖锐的言词指出谢林的"启示哲学"内容空洞、傲慢无礼。尽管这样，费尔巴哈还是拒绝了马克思的建议。虽然费尔巴哈确确实实同情革命民主派，但他还是力图避开政治斗争。

然而，这并没有导致他和马克思之间的关系破裂。第2年，马克思在巴黎时又给费尔巴哈写信。1844年8月11日，他给费尔巴哈寄去了发表在《德法年鉴》上的他的著作《〈黑格尔法哲学批判〉导言》并附上一封信。这是马克思对费尔巴哈怀有深深的好感的又一证明。马克思仍像以往那样把他看作是同盟者，是一位与自己的思想相近的思想家。并信赖地将自己的想法与计划告诉他。比方说，马克思把自己批判青年黑格尔派尤其是批判布鲁诺·鲍威尔的打算告诉了他。这一计划在马克思与恩格斯在巴黎会面后，很快就在两人合著的《神圣家族》中得以实现。马克思致费尔巴哈的这封信也是马克思接触工人运动的最早的证明之一。这里指的是，他当时在巴黎了解了法国和德国手工业帮工的秘密组织的活动。马克思赞叹工人对社会主义的和进步的哲学思想的接受能力。无产阶级在人类解放事业中负有历史使命这个思想使他很受鼓舞。

以后，马克思和恩格斯也曾努力促使费尔巴哈参加共产主义运动。从1845年2月底至3月初恩格斯给马克思的一封信中可以看到。恩格斯建议费尔巴哈一起合作，但他同样避而不答。

本卷第2部分包括恩格斯1838年到1842年间的书信。这些书信是写给他的中学同学威廉·格雷培和弗里德里希·格雷培兄弟、他的妹妹玛丽亚以及作家莱文·许金和政论家阿尔诺德·卢格的。恩格斯青年时代的书信，也就是他居留不来梅，在那里的一家大商行里当实习生时期的书信，以及寄自他的家乡巴门和他在柏林服兵役期间的书信，展现了他的思想发展过程、他的政治观点和哲学观点形成的过程。

这些书信昭示了青年恩格斯的性格，使人了解到他的兴趣爱好。这个多才多艺的、求知欲很强的年轻人被艺术、科学和政治中的那些进步思想所吸引，他决意加入争取社会进步的斗争中去。这些书信是恩格斯丰富的精神世界的见证，它们反映出恩格斯复杂的内心世界的变化。

这些书信不仅表现出恩格斯多么熟悉同时代人的文学作品，还使人看到他自己的文学创作经验。

恩格斯在给他的朋友的书信中表达了自己爱好自由的观点。他在1839年6月15日给弗里德里希·格雷培的信中呼唤道："人生来是自由的，他就是自由的！"① 恩格斯同情普鲁士反对派展开的行动。他同情1830年法国的七月革命。他坚信，人民必将为争取自身的自由，反对专制政体和实现德国的民主改革而展开武装斗争。对于专制制度和反动派的任何行径他都极为愤慨，他憎恨君主政体，憎恨它的首恶——普

---

① 《列宁全集》第2版第41卷第504、550页。

鲁士国王："……只有国君被人民打了耳光而脑袋嗡嗡响时,只有他的宫殿的窗户被革命的鹅卵石砸得粉碎时,我才能期待国君做些好事。"①

对青年恩格斯的革命民主主义观点的形成发生过重要影响的有路德维希·白尔尼和青年德意志文学流派的代表人物的著作。这些著作以其政治倾向、以其激进的纲领、以其旨在建立法制国家、取消等级限制和政治不平等的号召激励着恩格斯的心。1839年恩格斯开始给由青年德意志的思想家之一卡尔·谷兹科夫创办的杂志《德意志电讯》撰稿。恩格斯在这一时期的信中刻画了这个团体的代表人物。这些书信证明,恩格斯并非对他们的弱点即他们以玩世不恭的态度对待"世界的痛苦"的状态和他们的多愁善感视而不见,他的同情属于那些认识到自己的社会职责和公民职责并把文学当作政治斗争的武器的作家。

青年恩格斯思想意识变化的一个重要方面是克服了从幼年时代起就灌输在他的头脑中的宗教观念。他走向无神论的道路是曲折的。他曾告诉他的朋友,他对宗教信仰的最初怀疑随着他对宗教正统观念、对他的家乡乌培河谷盛行的虔诚主义——恩格斯视虔诚主义为政治反动和蒙昧主义的化身——的日益反感而更为加深了。恩格斯同格雷培兄弟进行过有关神学的争论,在争论中他不断深入批判圣经传说,反映出他对于创造性的理智必定战胜宗教教义的信念。他在一封信中指出,宗教是"最大的精神奴役"②。这是不能怀疑的。恩格斯对于科学和宗教互不相容的信念不断加强,在批判青年黑格尔分子大卫·弗里德里希·施特劳斯所信奉的基督教正统观念的影响下,这一信念更坚定了。1839年到1841年间,恩格斯走过了一条曲折的道路:从试图合理地解释宗教到

---

① 《列宁全集》第2版第41卷第504、550页。
② 《列宁全集》第2版第41卷第508页。

批判宗教的正统观念直至怀疑宗教本身的正确性并进而形成无神论的观点。1839年10月8日他写信给威廉·格雷培说：在施特劳斯的批判研究的反衬下，宗教信仰"像海绵一样漏洞百出"①。不久以后他果断地声明，他不打算心甘情愿地套上正统观念的"拘束衣"②。恩格斯摆脱宗教的影响是同他的革命民主主义观点的形成分不开的。他逐步地认识到，宗教不仅仅与理性相矛盾，而且还压制人的个性，阻碍社会的自由发展。

受青年黑格尔派思想的影响，恩格斯转而研究黑格尔的哲学，努力从中得出激进的结论，黑格尔学说中那些特别与他自己的思想方法相符合的观点吸引着他：历史的概念是合乎规律的过程，是"自由概念的发展"③。

恩格斯给他的妹妹玛丽亚的信充满了热情和温柔的幽默。它们描绘出青年恩格斯的乐天派性格。音乐在这些信中占有重要地位。这一点也表现出他倾心于英雄浪漫主义的思想。贝多芬的渗透了热爱自由的思想的作品使他入迷。他向妹妹谈起贝多芬的第五交响曲的演奏给他留下的深刻印象。恩格斯曾试着自己作曲。在各个艺术领域中才华横溢的恩格斯，也画了很多画。在恩格斯写给玛丽亚和格雷培兄弟的信中有30多幅画图。这些漫画和切中时弊的风俗画表达了他所特有的幽默和对现实的批判的感受。

恩格斯在青年时代就已经是个真正通晓多种语言的人。他掌握了多种欧洲的和古代的语言知识。向朋友和妹妹显示这些知识使他感到快

---

① 《列宁全集》第2版第41卷第522页。
② 《列宁全集》第2版第41卷第540页。
③ 《列宁全集》第2版第41卷第547页。

慰。在他的信中一再出现用多种外文书写的段落。有一次他同妹妹开玩笑，寄给她一封据他说是他的西班牙语老师写的信。这封事实上由恩格斯自己用西班牙文写成的信第一次在本卷中发表。

1840年夏天写给莱文·许金的信展示了恩格斯在文学方面的活动和计划。从这些信里可以看到，恩格斯打算同许金和激进派作家海尔曼·皮特曼合作出版英国革命诗人派尔希·毕希·雪莱的诗集译文。诗人创作中的反对专制政治和憎恨压迫者的主题激励着恩格斯。显然，恩格斯已经完成了译文。因为他当时已在同不来梅和阿尔托纳的出版商商谈出版译著事宜。

我们在这个部分的结尾还想介绍一下恩格斯1842夏天给阿尔诺德·卢格的信。这些信使人了解到恩格斯在居留柏林的最后阶段里的计划和打算。虽然恩格斯已有许多成功的作品发表（其中有的刊登在《莱茵报》上），并出版了几本引起过强烈反响的批判谢林的小册子，但他认为自己的哲学自学教育尚未结束。他提到自己的想法：暂不从事创作活动，认真地深入钻研科学。遗憾的是，我们不掌握恩格斯在1842年9月到1844年10月期间的书信，也缺少这一时期别人写给他的书信。

1844年8月底马克思和恩格斯在巴黎进行了历史性会见。在会见中表明他们在观点上是完全一致的。几年前，即《莱茵报》创办时期，主要是他俩站在唯物主义和共产主义的立场上为《德法年鉴》撰稿时期建立的个人联系，为这次会见做好了准备。恩格斯在《德法年鉴》上发表的文章《政治经济学批判大纲》给马克思留下了深刻的印象。他和恩格斯的通信显然是从这个时候开始的。从一些叙述判断，特别是从马克思于1844年8月11日致费尔巴哈的信来判断，马克思已经很了解恩格斯的创作活动。使马克思和恩格斯相互更为接近的巴黎会见也就是他们之间的创造性合作的开端，是他们为争取工人阶级的解放而共同奋斗的开端。

从巴黎会见到1846年4月马克思和恩格斯之间的往来书信以及这一时期他们给第三者的书信（它们都按统一的年代顺序同马克思和恩格斯之间的书信一起发表）组成本卷第3部分。

流传下来的1844年和1845年间的书信只有恩格斯致马克思的。恩格斯居留巴门期间写的这些信反映了他在德国参加宣传共产主义的情景。恩格斯同社会主义运动的参加者和莱茵地区各城市中的革命知识分子代表建立了联系，他参与了成立旨在消除工人困苦的协会，参加群众集会并解释共产主义的思想。

在1844年10月初写给马克思的一封信中，恩格斯谈到莱茵地区资产阶级的反对情绪日益增长，社会主义思想在德国迅速传播，并且分析了这些现象的原因。这不仅是因为人们对政治更加感兴趣了，还由于工业的发展使社会问题突出出来。无情的剥削和可怕的贫困促使工人的阶级觉悟和政治觉悟苏醒过来。对此恩格斯认为，德国无产阶级的发展大体上具有他于1842年至1844年间在英国认识到的同样的规律性。

恩格斯给马克思的早期书信证明了他们之间结下的亲密的友谊。他深情地回忆了在巴黎的短暂居留，正是这次居留使他更加接近马克思。恩格斯于1844年10月初写道："我还从来没有一次像在你家里度过的10天那样感到心情愉快，感到自己真正是人。"①

在1844和1845年期间，马克思和恩格斯积极为报刊杂志撰稿。

---

① 《列宁全集》第2版第27卷第9页。

1844年马克思为巴黎报纸《前进报》撰稿，并且很快就在该报中起主导作用，这一点主要可以从马克思1844年秋天至冬天给该报出版人亨·伯恩施太因的书信中看到。马克思的文章远比报上的其他文章精辟，引起同时代人的注意。魏特林1844年10月18日致马克思的信中曾谈到这一点。在马克思的影响下，该报成为宣传革命民主主义思想和共产主义思想的刊物。恩格斯支持该报在德国发行并将发送的确切地址告诉了马克思。

马克思努力争取德国革命知识分子中最优秀的力量，首先是德国文学的骄傲和德国进步青年思想界的精英亨利希·海涅，来为《前进报》撰稿，在巴黎，马克思认识了海涅本人并且同他很接近。这一点可由本卷中发表的他们之间的来往书信证实。马克思在《前进报》上刊登了海涅的一些讽刺诗，其中包括《德国，一个冬天的童话》。诗作的前面附有编辑部说明（这个说明在本卷注释中第一次重新发表），其中高度评价了海涅作品的意义。在1845年1月底至2月初的4封信中，马克思建议海涅为《莱茵年鉴》杂志撰稿，表示希望这份杂志能有助于在德国传播共产主义思想。在被迫迁出巴黎的前夕，马克思写信同海涅告别时说："在我要离别的人们中间，同海涅离别对我来说是最难受的。我很想把您一起带走。"①

法国当局对《前进报》的革命方向感到不安。于始阻挠该报的出版，这时报纸决定改为月刊。在1844年12月致伯恩施太因的信中可以看到，马克思打算在第1期上批判麦克斯·施蒂纳。恩格斯焦急地等待着新杂志出版。然而，这一计划由于马克思被驱逐出法国和《前进报》

---

① 《列宁全集》第2版第27卷第457页。

编辑人员遭到迫害而未能实现。

1844年夏马克思和卢格最终决裂。他们之间在创办《德法年鉴》时期就已产生的意见分歧不断加深。分歧产生的主要原因一是马克思的共产主义观点，一是他认为，无产阶级在彻底变革社会的过程中将起主要作用。而坚持资产阶级激进主义立场的卢格则毫不掩饰他对共产主义持否定的态度，表现出特别蔑视工人。在对1844年夏天西里西亚纺织工人起义——德国工人为维护本阶级利益而展开的第一次行动——的评价问题上，马克思和卢格之间出现了明显的差异。这是一个无产阶级革命家和一个资产阶级思想家之间的差异，前者对起义者满腔热情并给予他们的斗争以高度的评价，后者则对无产者的行动恐惧万分。

在居住巴黎期间，马克思了解了法国工人的几个组织以及正义者同盟各支部的活动。谈及这一方面的不仅有已经提到的1844年8月11日马克思致费尔巴哈的信，而且还有1845年马克思同正义者同盟的领导人之一海尔曼·艾韦贝克的来往书信。从德国著作家海尔曼·克利盖（他不久就成了"真正的社会主义"在美国的代言人）1845年6月9日致马克思的信中可以看出，法国工人运动的成果使马克思多么兴奋，以及他给予在巴黎和伦敦的正义者同盟各支部的活动多么高的评价。

马克思在巴黎了解到德国空想共产主义者魏特林的观点。魏特林于1844年10月18日致马克思的第1封信是在《评"普鲁士人"的〈普鲁士国王和社会改革〉一文》这篇论文发表后不久写的，在这篇论文中马克思盛赞魏特林的贡献，称他是德国无产阶级利益的维护者。1844年和1845年间，马克思和恩格斯努力争取魏特林参加宣传共产主义思想的工作。

马克思和恩格斯的书信是我们了解他们的创造性的想法和计划——

其中有许多由于这样或那样的原因而未能实现——的重要的并且大多是唯一的源泉。

例如，马克思和恩格斯在1845年春显然打算写一本批判弗里德里希·李斯特的保护关税主义观点的小册子。这从恩格斯于1845年3月17日致马克思的信和维尔特于1845年6月25日致恩格斯的信中就能得到证实。1845年2月15日恩格斯在爱北斐特的演说中对李斯特的态度是人所共知的。马克思从李斯特的一本书中做的摘录和他的一部论述李斯特的著作《政治经济学的国民体系》的未完成的手稿被保存下来。恩格斯于1845年10月14日写给尤利乌斯·康培的信很可能是为这部论著寻找出版商。

为了传播科学共产主义的思想，马克思和恩格斯曾想把法国空想社会主义和空想共产主义的最重要著作译成德文出版，并加一些详细的批判性评论。1845年2月22日至3月7日和3月17日恩格斯致马克思的书信中谈到了这个打算。马克思还为此事同出版商商谈过，这表现在列斯凯于1845年5月14日和6月7日给马克思的信中。正如恩格斯后来（在1888年10月25日给奥古斯特·倍倍尔的信中）指出的那样，出这种版本的目的是用来反对资产阶级的文献著作和"真正的社会主义者"的著作即罗仑兹·施泰因和卡尔·格律恩的出版物中把伟大的空想主义者的观点庸俗化和肤浅化的做法。

在巴黎，马克思开始研究政治经济学。1844年他打算写一部较庞大的经济学著作，标题最初定为《政治和国民经济学批判》。在巴黎完成的札记和摘录以及《1844年经济学哲学手稿》都与这个打算有关。1845年2月1日马克思同出版商列斯凯签订了出版该著作的合同（合同全文发表在本卷注释中）。从1845年5月14日列斯凯给马克思的信中可以看到，马克思曾在一封信中告诉过出版商，说他打算在该著作中批判资产阶级政治经济学，特别是批判法国的经济学家。事实上，马克思的巴黎笔记已包含有毕莱、萨伊、德斯杜特·德·特拉西和其他一些作者著作的摘录以及马克思加的评注，其中部分摘录曾用于《经济学哲学手稿》。

马克思的朋友和熟人都迫切地期待着他的经济学著作的完成。恩格斯询问马克思写作的进展情况。马克思的战友如科隆的丹尼尔斯，威斯特伐利亚的魏德迈，基尔的维贝尔，巴黎的艾韦贝克等，都把这部著作视为用以传播共产主义思想的一件党内重大事情。魏德迈于 1846 年 4 月 30 日写信给马克思说："写吧，赶快完成你的国民经济学，事实上，谁也不能向那些愿意读一些关于共产主义的像样的著作……的人提供些什么。"

列斯凯在给马克思的信中一再催促他把手稿寄来，同时他又抱怨严格的书报检查和当局的百般刁难，并且担心出版马克思的这本书可能使马克思遭到新的迫害。然而在 1845 年秋天，马克思改变了计划。他决定暂时推延自己的经济学著作的写作。开始着手以论战著作的形式系统地论述他的哲学观点。论战的对象是德国哲学的各种思潮和"真正的社会主义"这个小资产阶级社会主义的变种。这项写作的总计划早就有了。1845 年初，也就是在青年黑格尔分子施蒂纳的《唯一者及其所有物》一书出版后不久，马克思就打算在报上批判施蒂纳。正如前面已经提到过的，这一点可以从马克思于 1845 年 12 月致伯恩施太因的信中了解到。至于马克思对个人主义思想家施蒂纳的观点作了怎样的批判性评价，恩格斯于 1845 年 1 月 20 日致马克思的信以及赫斯于同年 1 月 17 日致马克思的信能给予答复。此后，即恩格斯来到布鲁塞尔后，两个朋友间又产生了共同著书的计划，这部著作将不仅仅包含对青年黑格尔派的批判，还包含对费尔巴哈以及"真正的社会主义"的批判。关于马克思和恩格斯写作该著作——书名为《德意志意识形态》——的情况，在1846年春季和几个人的书信中都谈起过。比如1846年3月24日燕妮·马克思的信和同年3月30日哈尼的信就是这样。1846年4月，手稿的主要工作已大体上完成，这时便开始寻找出版商。马克思的朋友魏德迈当时从布鲁塞尔回家，他带走了手稿。4月30日他把与威斯特伐利亚的一个出版商商谈的情况告诉了马克思，但是最终没有谈成。

本卷包括的第三者致马克思和恩格斯的书信使人清楚地看到马克思和恩格斯的著作对他们同时代人所产生的影响。赫斯1844年7月3日致马克思的信和荣克1844年6月26日致马克思的信说明，马克思和恩格斯发表在《德法年鉴》上的那些文章被认为是社会主义的。恩格斯在1844年10月底告诉马克思说，他的刊登在这份杂志上的评论托马斯·卡莱尔的文章引起了极大的兴趣。马克思的著作《〈黑格尔法哲学批判〉导言》在进步读者中留下了特别深刻的印象，对《神圣家族》的反应表现在荣克于1845年3月18日和4月7日以及克利盖于1845年6月6日致马克思的信中。马克思和恩格斯的这部论著被认为是对青年黑格尔派哲学的毁灭性批判。从1845年6月艾韦贝克致马克思的一封信中得知，恩格斯刚刚发表的著作《英国工人阶级的状况》已经在居住巴黎的德国革命的流亡者中传开。

马克思和恩格斯认为，借助文字宣传共产主义观点来影响进步的工人和革命的知识分子是十分重要的，因此。他们努力同朋友们和志同道合的人合作创办一份自己的刊物。这一点我们是从1845年和1846年初这一时期马克思和恩格斯收到的书信中获悉的。根据信中的一些提示可以得出结论：曾有过种种不同的出版计划并经过权衡。例如，魏特林1845年5月6日之后写给马克思和恩格斯的一封信就谈到了想在伦敦创办一份共产主义的杂志，可能的话争取得到正义者同盟领导人的协助。维尔特在1845年5月18日致马克思的信中告知说，他想寄一篇稿子给计划出版的杂志发表。根据贝尔奈斯1846年1月21日、3月2日和4月7日给马克思的书信判断，马克思和他的朋友们当时打算出一本文集。贝尔奈斯的文章也将收入其中。丹尼尔斯在1846年3月7日给马克思的信中说起创办一份共产主义的杂志时，是考虑将它办成《德法年鉴》的续集的。哈尼在同年3月30日写给恩格斯的一封信中提到马克思和恩格斯想创办一份季刊。根据魏德迈1846年4月30日给马克思的信判断，当时曾打算集股筹办一份报纸。但是，所有这些计划都遇到了不可逾越的障碍，其中最关键的是缺乏资金，又找不到愿意出版这种具有共产主义方向的刊物的出版商。

1845年和1846年间，马克思和恩格斯在同外界的联系方面已把民主运动和工人运动的代表人物也包括进来。1845年夏天，马克思和恩格斯在去英国旅行期间参加了国际组织民主派兄弟协会的组建工作。宪章派左翼领导人和正义者同盟在伦敦的组织的领导人都是该协会成员，马克思和恩格斯的一些朋友与这个协会交往密切。马克思和恩格斯通过魏特林、维尔特和哈尼的来信了解到民主派兄弟协会的活动情况。马克思和恩格斯的一些朋友和志同道合者越来越紧密地团结在他们周围。这些人是：罗兰特·丹尼尔斯和亨利希·毕尔格尔斯、格奥尔格·维尔特和约瑟夫·魏德迈、卡尔·路德维希·贝尔奈斯、格奥尔格·维贝尔、菲力浦·日果、奥古斯特·海尔曼·艾韦贝克和乔治·朱利安·哈尼，1846年4月起还有威廉·沃尔弗。

马克思和恩格斯在这些拥护者以及正义者同盟领导人的支持下开始建立一个无产阶级的革命政党。当时他们曾设想把这个党建成国际性组织，筹建这样一个政党的第一步应该是成立共产主义通讯委员会，这些相互间不断保持通信的委员会应当讨论共产主义宣传的问题，应当反对不成熟的、空想的和宗派主义的观点。当时拟定吸收德国、法国、英国和比利时的进步工人和革命知识分子参加通讯委员会的工作。这些委员会的任务是，将欧洲各国社会主义运动的参加者联合起来，并为创建一个以科学共产主义为基础的无产阶级国际性组织奠定基础。

1846年初，布鲁塞尔共产主义通讯委员会在马克思和恩格斯的领导下成立了。哈尼1846年3月30日的一封信是对恩格斯建议他参加通讯委员会的答复。哈尼推荐吸收在伦敦的正义者同盟领导者，主要是卡尔·沙佩尔参加通讯委员会的工作。在1846年4月30日魏德迈给马克思的信中提到了致布鲁塞尔委员会的公开信，在这些信中，通讯委员会的成员报告了在当地进行共产主义宣传的情况。

马克思由于从事革命政论家的活动早就受到了当局的迫害。在《莱茵报》遭查禁后不久，他便迁居法国。然而，马克思在《前进报》所从事的活动——他在报上发表了革命的、共产主义的文章——使他也无法继续在巴黎居留。在普鲁士官方的催促下，七月王朝政府于1845年1月下达了将马克思及该报的其他成员驱逐出法国的命令。

马克思被驱逐的消息激怒了他的朋友们。为帮助马克思解脱困境，恩格斯在莱茵地区组织了募捐（参看他于1845年2月22日—3月7日和3月17日给马克思的信）。

马克思离开巴黎时决定去布鲁塞尔安家并于1845年2月7日向国王列奥波特一世提出请求，请求允许他居住在比利时，比利时当局答应马克思的条件是：他不得过问政治活动。正像马克思 1845 年 3 月 24 日告诉海涅的那样，他不得不做出不在比利时发表任何有关当前政治问题的意见的保证（这个资料发表在注释中）。

但是，即使在比利时普鲁士政府也不让马克思安宁。早在 1844 年夏就已颁布过这样的命令：一旦马克思返回德国，立即在边境上予以逮捕。摆脱这种无休止的迫害的唯一途径便是放弃普鲁士国籍。为此，马克思于 1845 年 10 月 17 日向他的出生地特里尔的行政当局递交了一份书面申请。经过长期的行政部门间的文书往来，马克思的请求得到批准。

（原载《马克思恩格斯全集》原文版第 3 部分第 1 卷第 13—30 页）

（卢晓萍 译　李成毅 校）

共产主义思想和生活内容的宝库

——为《马克思恩格斯全集》国际版书信部分第四卷的出版而作*

〔民主德国〕马丁·洪特①

《马克思恩格斯全集》国际版包括四个部分，其中第三部分，即书信部分今后计划出版约四十卷，因为现在保存下来的马克思和恩格斯的书信有四千一百多封，第三者给他们两人的书信共计九千八百多封。

我们世界观的创始人的确是多产的书信作者，这一点表明了他们两人的联系极广而又面向世界的工作方式；而他们的书信在各种复杂困难的历史条件下能够大量地保存下来，则首先是苏共中央马列主义研究院中央档案馆在列宁的亲自倡议下的几十年广搜博采的结果。今后有希望而且有可能还会发现一些书信。目前可以断定，马克思和恩格斯的通信共有一万四千多封。

争论意见的典范

这些书信是一个巨大的原始资料的宝库，其中一部分对于说明马克思和恩格斯生前的科学共产主义和国际工人运动的形成和发展具有无与

---

* 本文选自《马列主义研究资料》1985年第5辑。
① 德国统一社会党中央马列主义研究院教授，博士。——译者注

伦比的价值，对于解决现实的阶级斗争的战略和策略问题也提供了几乎是取之不竭的借鉴，它是世界文学的瑰宝，是对现实问题进行争论的典范，也是共产主义生活内容的丰富宝库。

马克思和恩格斯的书信与他们的已经印行的著作和文章相比，往往包含着对各种事件的更精辟的评价和对一些同时代人的更确切的评述，因为他们在书信中不受书报检查制度的束缚，也没有其他后顾之忧。马克思和恩格斯的书信读起来比有些小说更吸引人。他们的通信堪称一部百科全书式的文集，从中可以看到毫不动摇的革命党性、坦率的批评、巨大的工作热情和渊博的知识，以及面对多舛的命运表现出的做人勇气和令人惊叹的气魄。

所有这些同样也表现在新近出版的《马克思恩格斯全集》国际版第三部分第四卷收编的1851年的通信中。该卷一共收编马克思和恩格斯之间的书信或他们给第三者的书信一百一十二封，以及他们在这一年中收到的四十多人给他们的书信一百五十封。其中七十八封信是第一次发表，十八封信第一次用原信使用的文字刊印，十九封信在此以前只发表过摘录。

马克思和恩格斯在1851年的通信对象约有一半是共产主义者同盟盟员，其中有著名诗人格奥尔格·维尔特和斐迪南·弗莱里格拉特、宪章派左翼领袖厄内斯特·琼斯和朱利安·哈尼。马克思和恩格斯1851年的书信中第一次出现像阿道夫·克路斯（他是《新德意志报》读者所熟悉的人物，后来成为华盛顿市建筑师）和阿道夫·贝尔姆巴赫这样的人。在国际版以后的书信卷中，这两个人的名字将多次出现。克路斯是一位富于写作热情的美国通讯员，而贝尔姆巴赫则向马克思提供了最重要的消息，如1852年科伦共产党人案件准备过程的各种细节。

当然，马克思和恩格斯的书信大部分早已为人所知，但是，第三部分第四卷也收进了新的东西，即马克思1851年3月20日给科伦共产主义者罗兰特·丹尼尔斯医生的一封信的两段简短摘录（这两段摘录是丹尼尔斯在3月25日给马克思的复信中引用的），他们两人在通信中围绕至今没有发表的手稿《微观世界。生理人类学论稿》交换了意见，丹尼尔斯在这部论稿中首次作了将马克思主义运用于自然科学领域的尝试。

当然，对于国际版的某一卷来说，首次发表一些文献，还不足以说明全部新的学术成果。然而，国际版收编的大部分书信都与现在保存在各个档案馆的原件再次作了复核，所以，原先存在的一些字迹辨认方面的错误得到了更正。而且，由于同时收编了第三者给马克思和恩格斯的书信，因而澄清了那些早已为人熟知的书信中的许多事情的来龙去脉。而彻底的调查研究又从各方面核准了一些书信的日期或第一次确定了一些没有标明写信时间的书信的确切日期。

在国际版的每一卷出版以前，需要进行极其浩繁的过细的工作，而为了做到这一点，就必须从总体上把握马克思主义的历史、马克思和恩格斯的生平和事业和十九世纪中叶的文化和科学的概况。第三部分第四卷也像其他各卷书信一样，是由莫斯科马列主义研究院的一些经验丰富的马克思恩格斯研究人员集体编辑出版的。

为《纽约论坛报》撰稿

可是，这些历尽艰辛才发掘整理而成的文字主要记叙了哪些内容呢？马克思和恩格斯在1851年的通信究竟在内容方面有哪些非常重要的特点呢？

马克思当时——1848—1849 年欧洲革命失败以后——正沉浸在政治经济学典籍的汪洋大海之中。他在给恩格斯的信中叙述了理论方面遇到的困难和第一批研究成果，以及许许多多其他的事件、观感和流亡者丑闻。由于恩格斯不得不于 1850 年 11 月从伦敦迁居曼彻斯特，所以，1851 年是他们频繁通信的第一个整年，谁想到后来这样的通信在他们之间进行了将近二十年。

这一年，马克思和恩格斯还开始为当时世界上发行量最大的报纸之一《纽约论坛报》撰稿。一开始，他们就在该报发表了一篇分十九次连载的文章，这就是我们今天所看到的恩格斯的《德国的革命和反革命》。马克思主义的创始人在该文中第一次描述了四八年革命的全貌。如果没有马克思和恩格斯的书信，要研究这部经典著作产生的历史则是根本无法想象的。因为只有马克思是这家美国报纸的正式通讯员，因此这篇文章是署他的名字发表的，只是到了有关书信（1913 年）发表以后，我们才明白，谁是这部著作的真正作者。但是，另一方面，1851 年的书信恰恰又证明，马克思当时提出了文章的论旨和若干建议、提示，因而可以说他在一定程度上参与了《德国的革命和反革命》一文的写作。

从这些书信中，我们不仅可以获得关于一些业已熟悉的著作的新材料，而且还可以了解到一些他们一直未能付诸实施的创作计划。1851年 12 月，马克思在给他的朋友约瑟夫·魏德迈的信中说，他将出版第二部反对蒲鲁东的著作，题目是《社会主义的最新启示，或蒲鲁东的〈十九世纪革命的总观念〉》。从这一年的 8 月起，他就开始在通信中与恩格斯讨论这个问题，于是，这些书信表明了再次抨击蒲鲁东冒牌社会主义的必要性。

从四八年革命中吸取的教训

马克思和恩格斯 1851 年的全部著作和计划，其中包括恩格斯的军事科学研究和马克思着手创作的《路易·波拿巴的雾月十八日》，都是从十分广泛的角度对 1848—1849 年革命的成果所作的理论总结。今天，我们已清楚地知道，马克思和恩格斯在整整三年的时间里，得出了经得起时间考验的天才结论。他们在这些结论中第一次直接使用了"无产阶级专政"、"打碎旧的国家机器"、"社会经济形态"等概念。工人阶级当时作为一支独立的力量参加了资产阶级民主革命，而它的第一个革命政党的领导成员当时面临的任务就是总结这次革命失败的基本教训。

我们如果从这个角度去阅读马克思和恩格斯 1851 年的书信，那么，本卷对我们将不无裨益。当然，本卷作为马克思主义的一部分，要求我们像对待一门科学那样去加以研究。

（原载 1984 年 12 月 15—16 日《新德意志报》第 10 版）

（蒋仁祥 译 韦建桦 校）

科学共产主义理论形成后一段时期内马克思和恩格斯的理论研究和活动

——《马克思恩格斯全集》历史考证版第 3 部分第 2 卷前言*

本卷收入马克思和恩格斯 1846 年 5 月初至 1848 年 12 月底的通信。除了马克思恩格斯的信以外收入本卷的还有：别人给马克思恩格斯以及他们领导的一些组织的信、受马克思恩格斯的委托写的信，最后是其他人彼此间一些书信的摘录和有关科学共产主义创始人的通信的资料。

本卷所论述的时期是马克思恩格斯理论观点产生和发展、他们从唯心主义转向唯物主义、从革命民主主义转向共产主义和他们开始创造性合作的年代之后的那段时期。本卷发表的通信包括马克思恩格斯生平和活动的重要阶段。通信反映了唯物主义历史观和科学共产主义的基本思想的制定，反映了在各国宣传新世界观的共产主义通讯委员会的组织工作和马克思恩格斯作为无产阶级的第一个国际政党——共产主义者同盟——的创始人和领导人的活动。这些书信包含有关马克思恩格斯积极参加 1848 年革命事件和编辑出版革命无产阶级的报纸《新莱茵报》的丰富材料。

本卷收入的马克思恩格斯书信具有重大价值。其他人的书信也是一个重要组成部分，其中有相当一部分是第一次发表。这些书信使人们有

---

* 本文选自《马克思恩格斯研究》1993 年总第 13 辑。

可能对马克思恩格斯许多未保存下来的书信的内容作出推论，并含有历史传记资料。

与马克思和恩格斯有联系的通讯员和寄信人，不仅人数众多，而且各种各样，其中有朋友和战友，如斯蒂凡·波尔恩、亨利希·毕尔格尔斯、罗兰特·丹尼尔斯、恩斯特·德朗克、海尔曼·艾韦贝克、菲力蒲·日果、乔治·朱利安·哈尼、卡尔·普劳德、阿·里德尔、卡尔·沙佩尔、塞巴斯提安·载勒尔、维克多·特德斯科、格奥尔格·维贝尔、格奥尔格·维尔特、约瑟夫·魏德迈和威廉·沃尔弗；有德国和法国的社会主义者和工人运动的代表，如卡尔·路德维希·贝尔奈斯、路易·勃朗、埃蒂耶纳·卡贝、安得列阿斯·哥特沙克、莫泽斯·赫斯、比埃尔·约瑟夫·蒲鲁东和威廉·魏特林；有1846年革命的参加者和社会生活的进步人士，如阿利纳里、巴·瓦·安年柯夫、斐迪南·弗洛孔、格奥尔格·海尔维格、律西安·列奥波特·若特兰、哥特弗利德·金克尔、斐迪南·拉萨尔和其他许多人。

通信证明马克思恩格斯1846年的活动繁忙，他们同无产阶级和民主派人士的密切联系给人以深刻印象。本卷的资料提供了有关40年代德国、英国、法国、比利时、瑞士等国社会主义和民主主义运动发展以及早期工人运动史的重要提示。

本卷包含有关马克思恩格斯在布鲁塞尔、巴黎和科隆的生活，有关恩格斯1848年在瑞士逗留，有关马克思恩格斯因参加革命活动而遭到比利时、法国和普鲁士有关当局迫害的丰富传记资料。有些书信，如马克思的姐姐索菲娅·施马尔豪森及其丈夫的信和恩格斯父母的信，表明马克思恩格斯同亲友们的关系。

1846年5—8月，马克思和恩格斯一起住在布鲁塞尔。后来恩格斯前往巴黎，并在那里有间断地逗留到1848年1月底。马克思恩格斯给其他人的信以及其他人给他们的信充实了他们从1846年8月至1848年1月的通信。在此期间的通信揭示了在马克思恩格斯著作里没有反映出来的他们从事科学理论活动的新方面，并使人得知他们进行创作的地点。

在马克思和恩格斯1846和1847年的通信里，同结束写作和试图发表为人们熟知的题为《德意志意识形态》的手稿有关的问题占了很大篇幅。这部手稿写于1845年11月至1846年6月。马克思和恩格斯在手稿里批判了后黑格尔的哲学——路德维希·费尔巴哈、麦克斯·施蒂纳、布鲁诺·鲍威尔——以及"真正的"社会主义，阐述了科学共产主义的基本思想。恩格斯在1846年8月19日和10月18日给马克思的信中对发表的路德维希·费尔巴哈的《宗教的本质》一文所作的彻底的批判分析，按其特征来说，是对论述费尔巴哈的手稿的补充，这一分析强调了其中包含的对费尔巴哈学说的几个方面的批判性评价，首先是强调了他没有从唯物主义观点论述社会现象以及社会的历史发展。①

1846年下半年，德国"真正的"社会主义（它是来自法国空想社会主义和德国哲学的一些论点的结合）的发展，导致这个思潮内部各种新的流派和小组的形成。因此，恩格斯在1847年1月15日给马克思的信中提出修改关于"真正的"社会主义的手稿的问题。恩格斯按照这封信中草拟的计划写了作为手稿保存下来的《真正的社会主义者》一文。他建议马克思，把他评为"真正的"社会主义者卡尔·格律恩的《从人的观点论歌德》一书的文章改写后发表。②

---

① 参看《马克思恩格斯全集》历史考证版第3部分第2卷第27、48—50页。
② 参看《马克思恩格斯全集》第1版第27卷第89页。

从马克思和恩格斯1846年5—7月的通信可以得出结论，他们原来打算同赫斯、贝尔奈斯、维尔特和丹尼尔斯的文章一起在季刊上发表他们的手稿。马克思本该是该期刊的编辑。但是，"真正的"社会主义者迈耶尔和雷姆佩尔的立场阻障了这个计划的实现。马克思和恩格斯的通信（1846年9月至1847年8月）含有他们试图在瑞士和德国一些出版商那里出版他们的论战著作的资料。在不来梅出版商弗兰茨·施洛特曼那里出版手搞的尝试毫无结果。本卷①发表了该出版商1847年8月6日的复信。

1847年下半年，马克思终于在《威斯特伐里亚汽船》杂志上发表了对格律恩《法兰西和比利时的社会运动》一书的评论。从丹尼尔斯、魏德迈、奥托·吕宁和威廉·克吕韦尔在1847年6—9月给马克思的信（吕宁9月7日的信和克吕韦尔9月10日的信第一次发表）中可以看到这次发表的经过。

马克思和恩格斯的通信有时提供了唯一的可能性，使人们得以确定一系列他们虽然计划撰写，但未撰写的著作以及还有一些未保存下来的著作手稿的内容和一般倾向。马克思的一些信，还有出版商卡尔·弗里德里希·尤利乌斯·列斯凯的第一次发表的一些信，澄清了那时计划撰写，但未写成的马克思的经济著作《政治和政治经济学批判》的事由。

恩格斯1846年10月18日和23日的信含有对马克思写的未保存下来的第二篇《反克利盖的通告》的资料，从内容来看，它不同于保存下来的第一篇通告。在出版商卡尔·格奥尔格·福格勒1848年4月24日的第一次发表的信里提到马克思的一本未完成的论工资的小册子，这

---

① 参看《马克思恩格斯全集》历史考证版第3部分第2卷第349页。

本小册子是以马克思在布鲁塞尔德国工人联合会里用的讲义为基础的。这些材料部分在1849年4月以《工资和资本》为题发表于《新莱茵报》。从通信中得知,恩格斯曾从事一本关于普鲁士制宪问题的小册子的写作,对这本小册子,马克思和日果在1847年5月15日都发表了赞同意见:这部手稿只保存下来几个片断。恩格斯的书信以及本卷第一次发表的德国出版商察哈里亚斯·勒文塔尔1847年3月11日的复信和瑞士别列坞出版社1847年4月3日的复信,含有关于恩格斯撰写的《金发雷斯的现状》手稿及他试图发表他的反巴伐利亚国王路德维希一世及其宠姬西班牙舞蹈家洛拉·孟戴斯的小册子的资料,该小册子至今未找到。

收入本卷的有关马克思恩格斯未发表的著作及其著述计划和打算的书信,具有极大的科学传记的意义,而且在进一步寻找他们的至今还未发现的著作时可能是一个重要的线索。

马克思恩格斯的书信包含从科学共产主义立场出发对同时代的社会政治著作的分析。这些书信对卡尔·路德维希·贝尔奈斯、路易·勃朗、卡尔·格律恩、卡尔·海因岑、莫泽斯·赫斯、阿尔丰斯·德·拉马丁、比埃尔·约瑟夫·蒲鲁东、阿希尔·泰奈勒·沃拉贝耳、奥托·维干德等这样一些按其观点和重要性来说与马克思恩格斯截然不同的德国和法国作者的著作,作了大量的评述,其透彻性给人以深刻的印象。

在许多情况下,马克思恩格斯的书信具有独立的理论意义。其中马克思1846年12月28日给俄国作家安年柯夫的信具有最重大的意义。马克思在对安年柯夫1846年11月1日来信的复信中批判分析了蒲鲁东刚刚出版的《经济矛盾的体系,或贫困的哲学》一书。马克思指出了这部著作中的唯心主义和非科学的东西,这部著作表现出蒲鲁东对社会发展规律性和经济范畴的客观性质的无知。马克思在信里第一次根据论述费尔巴哈的手稿阐明了唯物主义历史观的主要论点，即关于生产力和生产关系的辩证法、关于生产方式对社会设制和现象的决定性影响，关于人民群众的作用，关于作为社会动力的阶级斗争、关于历史地研究生产的各种形式的必要性的论点，并对诸如分工、财产、垄断、竞争等的重要概念进行了具体的辩证唯物主义的分析。

马克思在这封信里批评蒲鲁东是法国小资产阶级的理论家，并把小资产阶级思想的本质界定为小资产阶级社会本性的表现。他的介于无产阶级和资产阶级之间的中间立场，使亲身感受到资本主义发展的灾难性后果的小资产阶级，一方面站在社会主义的旗帜下，但另一方面又抱有在资产阶级社会内可以解决社会和政治的对立的资产阶级的幻想，① 这封信里表达了方法论的原则：对各种形式的生产和各种理论的具体的和历史的态度是任何真正的科学研究的基础。

马克思给安年柯夫的信把理论思想的深度同辉煌的文学形式结合起来，它是书信体的杰作。它是一篇简短的，但完全自成体系的哲学概要。这是马克思对刚刚读完的蒲鲁东的一部书的第一个直接的反应。这个以书信方式表达的思想成了他的经典著作《哲学的贫困》的出发点。该信基本上是马克思1847年1月开始撰写的这部著作的简要草稿。列宁在1920年读了马克思给安年柯夫的信的俄译文。他马上认识到这封信的理论意义并在页边空白处记下："是从哪里弄来的？原稿载于何处？"②

安年柯夫1847年1月6日的复信指出，马克思在1846年12月28日的信中对蒲鲁东的批判和对新的哲学学说即科学共产主义的阐述给他

---

① 参看《马克思恩格斯全集》第1版第27卷第487—488页。
② 参看《列宁全集》第2版第60卷第360页。

留下深刻印象①；但是，安年柯夫不可能完全理解这个新理论。

马克思的著作《哲学的贫困》于1847年年中用法文在巴黎和布鲁塞尔出版。这部著作第一次公开论述唯物主义历史观，它是马克思经济学研究的成果。在马克思的通信中也可以发现有关《哲学的贫困》一书的准备、出版和传播情况的资料，有关斐迪南·沃尔夫的书评和马克思的朋友及战友对这部著作的评价。恩格斯在1847年10月称马克思的这部著作为"我们的纲领"。②

马克思感兴趣的是，不仅使法国读者，而且使德国读者都熟悉他的这本书。因此，相当一部分书（如从第一次发表的出版商卡尔·格奥尔格·福格勒1847年9月21日的信中可以看出）被寄往德国。奥托·吕宁和安德列阿斯·哥特沙克1847年10月5日和11月5日给马克思的信中提到在德国出版《哲学的贫困》德译本的计划，但该计划在这段时期没有实现。

马克思和恩格斯在书信往来中以宣传他们的观点为目的的活动占有重要地位，这同在理论上制订科学共产主义有关。恩格斯在《关于共产主义者同盟的历史》一文里写道：

"我们决不想把新的科学成就写成厚厚的书，只向'学术'界吐露。正相反，我们两人已经深入到政治运动中；我们已经在知识分子中间，特别在德国西部的知识分子中间获得一些人的拥护，并且同有组织的无产阶级建立了广泛联系。我似有义务科学地论证我们的观点，但是，对我们来说同样重要的是：使欧洲无产阶级，首先是使德国无产阶

---

① 参看《马克思恩格斯全集》历史考证版第3部分第2卷第321—322页。
② 参看《马克思恩格斯全集》第1版第27卷第109页。

级相信我们的信念是正确的。我们明确了这一点以后，就立即着手工作了。"①

马克思和恩格斯力求使尽可能广泛的人士了解他们的新理论，并努力创办自己的报刊。1847年夏天和秋天马克思再次提到出版一种杂志的计划。在不久前刚发现的马克思1847年9月29日给威纳尔·冯·费尔特海姆的信和马克思1847年10月26日给格奥尔格·海尔维格的信，以及毕尔格尔斯1847年8月30日给马克思的信和哥特沙克1847年11月5日和1848年1月26日给马克思的信（后一封信首次发表），都商讨了这个计划。这个杂志应在股份的基础上以月刊形式在布鲁塞尔出版，应登载具有科学共产主义思想的文章。虽然在德国开始了订购工作，但是，这个计划也未能实现。

如同前一时期一样，马克思和恩格斯在1846年至1847年也力求在报刊上系统地宣传他们的观点。恩格斯1846年10月18日左右写给马克思的信证明，为此应该利用1847年上半年在巴黎出版的民主派杂志《巴黎时钟》。马克思和恩格斯试图从思想上影响德国小资产阶级民主主义者阿达尔贝特·伯恩施太德让人办的《德意志—布鲁塞尔报》，这个尝试取得较大的成功。正如从马克思1847年8月8日给海尔维格的信中推知的那样，他完全知道该报的缺点，但是，马克思重视已经出现的可以利用这家不受书报检查的反对派的报纸来宣传共产主义者的理论和政治思想的机会。1847年9月，科学共产主义的创始人开始不断地为这家报纸撰稿。马克思和恩格斯的通信中提到他们在《德意志—布鲁塞尔报》上发表的文章（恩格斯的《共产主义者和卡尔·海因岑》、马克思的《道德化的批判和批判化的道德》），文中捍卫和发展了科学共

---

① 参看《马克思恩格斯全集》第1版第21卷第248页。

产主义的原则。马克思和恩格斯对《德意志—布鲁塞尔报》的日趋增长的影响，逐渐使他们的朋友转变了对该报的看法。从魏德迈给马克思的信中我们可以清楚地看到这一点。在他的1847年9月1日的信中人们还感觉一种谨慎的观望态度，但是，他在1848年1月就表明了对撰稿的赞同态度；他认为《德意志—布鲁塞尔报》是能够使德国革命运动更有成效的报纸。①

马克思和恩格斯的革命实践活动在通信中占有很大篇幅，这些活动的宗旨是组成和巩固共产主义运动和工人运动中最进步的力量，在与小资产阶级社会主义和空想共产主义的形形色色的思潮的斗争中捍卫科学共产主义思想。本卷中马克思恩格斯活动的第一个阶段——1846年5月至1847年1月——是组织共产主义通讯委员会的阶段，该通讯委员会应当把德国和欧洲其他一些国家的真正革命的和共产主义的力量聚集在马克思恩格斯学说的周围，并根据这一学说促进革命政党的形成。马克思1846年5月5日给蒲鲁东的信中概略地叙述了实现这个目的的途径：讨论学术问题、相互批评、交换信息、出版通俗的社会主义著作。1846年初就在马克思恩格斯领导下成立的布鲁塞尔共产主义通讯委员会担任了指导的角色。在几个月的过程中同德国、法国和英国的共产主义者建立了联系。

正如马克思1846年8月给贝尔奈斯的信所证明的那样，他的出发点是，在积极阐述他和恩格斯开创的学说之前必须无情地批判各种不成熟的社会主义和共产主义的思想；② 恩格斯1846年5月和6月给马克思

---

① 参看《马克思恩格斯全集》历史考证版第3部分第2卷第358、381—382页。

② 参看《马克思恩格斯全集》历史考证版第3部分第2卷第13页。

的信表明，他为反对德国空想共产主义工人思想家威廉·魏特林的非科学的观点而进行了斗争。30年代末至40年代初，魏特林在法国和瑞士的德国工人中宣传共产主义思想时起了很大作用。在其以法国空想社会主义和共产主义为依据创立的学说中，表现出德国早期无产阶级的阶级立场。1846年初，马克思和恩格斯试图争取魏特林参加科学的和革命的宣传。但是，很快就证实他不理解科学共产主义的理论，并且竭力把他的陈旧的空想体系同马克思恩格斯的学说对立起来，想以此来推动在德国的宣传。通信可以使人看到马克思结束与魏特林主义的斗争，在这里，马克思和恩格斯1846年5月11日在布鲁塞尔委员会会议上商讨的《反克利盖的通告》起了重要作用。在这个通告里，"真正的"社会主义及其感伤的词句，间接的还有魏特林的共产主义，受到批判。从魏特林1846年5月16日给海尔曼·克利盖的信以及赫斯1846年5月20日给马克思的信[1]推知：魏特林对这个文件持严厉拒绝的态度。这导致魏特林同马克思的决裂，对此魏特林1846年5月24日给马克思的信[2]可以证明。

在马克思和恩格斯对"真正的"社会主义的主要代表之一莫泽斯·赫斯的关系中，反映了1846年马克思和恩格斯在布鲁塞尔共产主义通讯委员会中就开始与"真正的"社会主义作斗争。根据赫斯1846年5月20日和29日给马克思的信，可以断定，在1846年3月赫斯从布鲁塞尔启程时就已发生最严重的意见分歧。赫斯在5月份的一些信中站在魏特林一边，并声明他同布鲁塞尔通讯委员会决裂。但是，他陷于

---

[1] 参看《马克思恩格斯全集》历史考证版第3部分第2卷第870—972、208页。

[2] 参看《马克思恩格斯全集》历史考证版第3部分第2卷第210页。

孤立，后来改变了自己的立场，而且在1846年7月28日的信中就声明准备支持马克思的立场：同科学共产主义的敌人的积极斗争是必不可免的①。但是，赫斯的这一保证和以后的一些保证并没有改变马克思和恩格斯对他的保留态度。他们在1846—1848年的一些信里多次表明他们对赫斯的批判态度。

本卷收入一大批反映布鲁塞尔通讯委员会同德国共产主义思想追随者的联系的书信。马克思和恩格斯在布鲁塞尔委员会1846年6月15日给乌培河谷共产主义者的复信中提出德国共产主义者活动的基本方向。他们反对提前召开共产主义代表大会的计划，反对过高估计作为民主主义运动形式的请愿，并概略地叙述了德国共产主义者进一步活动的途径。他们在1846年6月15日的信中说，在确定共产主义者的斗争形式时，考虑社会政治形势是多么重要。

马克思和由他领导的布鲁塞尔通讯委员会1846年同德国共产主义者的通讯证明，委员会能同各国志同道合的人建立了比较密切的关系。魏德迈寄自威斯特伐里亚的信，毕尔格尔斯、丹尼尔斯和亨利希·楚劳夫寄自莱茵省的信以及维贝尔寄自什列斯维希-霍尔施坦的信，都很有意义，有时有关于德国社会运动，特别是1846年8月科隆革命事件和在德国出版共产主义书籍的难得的消息。

马克思和恩格斯特别重视同巴黎——当时社会主义和共产主义思想的中心——建立通讯联系。正义者同盟的领导人之一艾韦贝克有一段时期是布鲁塞尔委员会的巴黎通讯员。马克思和恩格斯认为有必要使德国工人和手工业者的这个组织接触科学共产主义的思想。正义者同盟联合了几百个工人，首先是在法国、英国、瑞士、德国和其他国家的德国工

---

① 参看《马克思恩格斯全集》历史考证版第3部分第2卷第270页。

人。1846年年中，同盟陷入思想危机。当同盟中组织起来的部分德国工人战胜魏特林的思想时，形形色色的空想理论，如卡贝主义和蒲鲁东主义获得了影响。艾韦贝克1846年5月15日给马克思的信证明：在巴黎的正义者同盟盟员中，"真正的"社会主义者格律恩特别活跃，艾韦贝克本人也对他在巴黎同盟支部的宣传活动持积极态度。恩格斯1846年8月中旬前往巴黎，着手克服这种影响，并在德国工人中宣传科学共产主义思想。

恩格斯1846年8月19日、9月16日和10月23日从巴黎给布鲁塞尔通讯委员会的报道，同他这一时期给马克思的信一样，都具有伟大的理论意义。这些报道和信特别清楚地反映了马克思主义创始人为在工人中传播他们的学说而奋斗的情况。恩格斯的信证明，他日复一日地不厌其烦和坚持不懈地向在巴黎的德国工人说明格律恩观点的小资产阶级性质和非科学性，说明蒲鲁东关于通过建立所谓的工人联合会来消灭资本主义剥削的思想的不切实际和危害。恩格斯以科学共产主义的明确论断反对蒲鲁东的不现实的计划和格律恩的抽象空论。恩格斯在一次讨论中给共产主义的宗旨下了简单通俗的定义："（1）维护同资产者利益相反的无产者的利益；（2）用消灭私有制而代之以财产公有的手段来实现这一点；（3）除了进行暴力的民主的革命以外，不承认有实现这些目的的其他手段"①。后来这些论点在共产主义者同盟的宣传文件中得到进一步的发挥。

从恩格斯的信中推知，恩格斯在巴黎进行宣传活动的过程中遇到过很大困难。德国工人的阶级觉悟还未发挥出来，他们往往缺乏最起码的教育，极易接受各种可能的空想学说和感伤的言词。恩格斯后来对此说

---

① 参看《马克思恩格斯全集》第1版第27卷第71页。

道:"……有一点……是不可避免的:每当问题涉及具体批判现存社会,即分析经济事实的时候,他们的手工业者旧有的成见对于他们就成为一种障碍。我不相信当时在整个同盟里有一个人是读过一本经济学书籍的。但这没有多大关系;'平等'、'博爱'和'正义'暂时还有助于克服一切理论上的困难。"① 恩格斯的信中有部分德国工人、正义者同盟盟员在思想上不成熟的许多例子。正如恩格斯在1846年10月23日和1848年1月14日给马克思的信中所强调的,这可以从他们生存的经济条件和社会条件的落后加以解释②。尽管如此,恩格斯终于使格律恩对巴黎正义者同盟盟员的影响一落千丈。艾韦贝克1846年8月20日和1847年6月27日左右给马克思的信证明,他在恩格斯的直接影响下摆脱了格律恩③。巴黎的一些德国工人成了马克思、恩格斯,特别是阿道夫·云格的观点的追随者和宣传者。

马克思和恩格斯非常重视同伦敦正义者同盟中起领导作用的盟员如卡尔·沙佩尔、约瑟夫·莫尔和亨利希·鲍威尔建立联系。本卷收入伦敦共产主义通讯委员会1846年6月至1847年1月给布鲁塞尔委员会的几封信。它们介绍了马克思和恩格斯同伦敦人保持的频繁的通讯关系。正义者同盟伦敦领导人的信是矛盾的,一方面,信中有对魏特林和他的理论的批评意见,以及对伦敦德国共产主义者积极的和富有成果的宣传活动的报道;另一方面,1846年6月6日和7月17日的信又对马克思和恩格斯批判空想理论,对他们的《反克利盖的通告》持否定态度;表明他们力图以折中的方式联合德国共产主义和社会主义的各种流派。

---

① 参看《马克思恩格斯全集》第1版第21卷第247页。
② 参看《马克思恩格斯全集》第1版第27卷第76、127页。
③ 参看《马克思恩格斯全集》历史考证版第3部分第2卷第292、342页。

恩格斯在1846年给马克思的一些信中尖锐地批判了伦敦人的文献，特别是伦敦工人教育协会1846年9月13日就什列斯维希-霍尔施坦问题发表的呼吁书，该呼吁书按照"真正的"社会主义的思想来处理民族问题，而不考虑当地的具体情况。恩格斯在1846年9月18日给马克思的信中强调指出，这是"完全漠视实际存在的关系，无力把握历史的发展"①。在恩格斯1846年底写的信中也有对伦敦人的观点的否定性评价。马克思持有完全与恩格斯相同的观点。

另外，马克思主义创始人——如恩格斯的信指出的那样——认为正义者同盟的伦敦盟员是德国工人中最发展的部分，是唯一"能够与之干脆地、直接地建立联系的人"②。双方共同努力，加强共产主义的宣传活动，这促进了他们的接近。当马克思和恩格斯1846年在报上和一些信——以布鲁塞尔委员会的名义写给伦敦的信——口批判空想理论时，正义者同盟的伦敦领导人渐渐认识到科学的现实观的必要性。鉴于他们作为新的同盟领导必然确定组织的进一步活动并制定纲领，他们在1846年底至1847年初提出结论，只有依靠马克思和恩格斯的帮助，同盟才能摆脱思想危机。

伦敦共产主义通讯委员会1847年1月20日致函布鲁塞尔委员会，委托约瑟夫·莫尔同马克思恩格斯商谈加入正义者同盟的事③。马克思后来就商谈过程及其结果写道："我们对这种建议有种种顾虑，但都被莫尔打消了，因为他通知说：中央委员会准备在伦敦召开同盟代表大会，大会上，我们所坚持的各种批判的观点，将作为同盟的理论在正式

---

① 参看《马克思恩格斯全集》第1版第27卷第55页。
② 参看《马克思恩格斯全集》第1版第27卷第80页。
③ 参看《马克思恩格斯全集》历史考证版第3部分第2卷第327页。

的宣言中表现出来；他又说，可是为了同保守派分子和反对派分子作斗争，我们必然亲自参加大会，这就涉及我们要加入同盟这样一个问题了。这样，我们就加入了同盟。"①

马克思和恩格斯加入正义者同盟（该同盟在1847年6月第一次代表大会上改为共产主义者同盟）表明他们作为工人运动的领袖，开始了自己活动的新时期。

共产主义者同盟必须秘密活动，因此，只获得少量关于他们内部活动情况的证明。马克思和恩格斯的通信含有关于他们对同盟活动的日益增长的思想和政治影响的重要文献资料，并报道了他们为同盟彻底转向科学共产主义立场所作的斗争。

从1847年至1848年初，马克思领导同盟的布鲁塞尔区部，恩格斯则在同盟的巴黎支部里起了重要作用。马克思1847年3月7日给丹尼尔斯的信以及丹尼尔斯、毕尔格尔斯和魏德迈1847—1848年给马克思的信证明，马克思成功地吸收他在德国的朋友和志同道合的人参加同盟的活动，让他们积极参加科学共产主义思想的宣传。在马克思和恩格斯的影响下——如本卷资料清楚地证明的那样——维尔特、威廉·沃尔弗、斐迪南·沃尔弗、波尔恩、里德尔、比利时的民主主义者日果和特德斯科等人，成了共产主义者同盟的积极盟员。恩格斯1847年9月28—30日给马克思的信和马克思10月26日给海尔维格的信证明他们为扩大同盟的影响所作的努力。信中谈到1847年8月底成立的布鲁塞尔德国工人联合会，依靠联合会的帮助也能成为同盟的新盟员。

马克思和恩格斯的通信表明了共产主义者同盟第一次代表大会的筹备情况和过程，恩格斯当选为巴黎区部的代表，威廉·沃尔弗当选为布

---

① 参看《马克思恩格斯全集》第1版第14卷第465页。

鲁塞尔区部的代表。当时马克思的经济窘迫，因此，他——从他1847年5月15日给恩格斯的信推知——未能参加大会的工作。

第一次代表大会成为同盟改组的重要里程碑。大会的决议意味着在事实上承认了科学共产主义的思想。近几年发现的大会文件证明，恩格斯对代表大会的工作，对撰写同盟的第一个纲领草案即《共产主义信条草案》以及章程草案，对改变组织名称和口号等都起了积极作用。但是，从恩格斯1847年11月23—24日给马克思的信中可以看出，科学共产主义的追随者在同盟的第一次代表大会上还未获得完全胜利。①

同盟的一些资料，特别是恩格斯1847年10月25—26日和11月23—24日给马克思的信向人们讲清了第一次代表大会后展开的关于同盟的纲领和章程的讨论。马克思恩格斯在制订同盟的理论和组织原则时力求从它的文件中删除那些不符合科学共产主义原则的论点。同盟的巴黎支部在纲领讨论上获得的最重要成果是恩格斯修改《共产主义信条草案》和撰写了新的保持马克思主义精神的纲领草案——《共产主义原理》②。

布鲁塞尔区部1847年9月14日前写给同盟中央委员会的信③的摘录具有重大的科学意义。信中所包含的、由马克思提出的对同盟章程的修改建议，表明他反对同盟活动中的密谋倾向。马克思反对把同盟盟员关闭在秘密组织的狭小圈子里。他反对纲领草案中含有的对同盟代表大会代表权的限制，维护民主集中制的原则。在草拟共产主义者同盟章程的最后条文时，马克思提出的建议受到高度重视。

---

① 参看《马克思恩格斯全集》第1版第27卷第120页。
② 参看《马克思恩格斯全集》第1版第27卷第114、123页。
③ 参看《马克思恩格斯全集》历史考证版第3部分第2卷第98页。

如通信表明的那样，马克思和恩格斯十分重视同各国无产阶级和民主派组织建立尽可能密切的国际关系。尤其是，他们同宪章派——它是40年代伟大的无产阶级的群众性政党——代表建立了友好关系。收入本卷的宪章派左翼领袖朱利安·乔治·哈尼1846年至1848年的信，含有关于宪章派活动的信息，以及宪章派和革命流亡者在伦敦联合而成的民主派兄弟协会的活动的消息。马克思和恩格斯于1847年秋在布鲁塞尔的德国、比利时和波兰的民主派建立了频繁联系。恩格斯1847年9月28—30日给马克思的信和马克思1847年10月26日给海尔维格的信，以及首次发表的若特兰1848年2月25日给马克思的信，含有关于马克思和恩格斯参加布鲁塞尔民主协会——马克思是该协会的副主席——的成立和活动的资料。

从恩格斯1847年10月至1848年1月的信可以得出结论，他同颇有影响的法国社会主义者路易·勃朗和民主主义者弗洛孔建立了联系（在这之前，马克思和恩格斯已同法国共产主义者卡贝建立了联系）。

恩格斯没有把这些政治家理想化。他认为，他们的观点有宝贵的方面，也有薄弱的方面，在原则问题上不可妥协。另外，他很重视"在一切实际问题和时局问题上"① 共同的目标和共同的行动的必要性。

同比利时、法国和英国无产阶级和民主主义运动的著名代表的友好关系，使马克思和恩格斯扩大了他们宣传活动的范围。恩格斯在给马克思的信中谈了他为法国民主派报纸和宪章派机关报《北极星报》撰稿的情况，马克思主义创始人也支持宪章派发起的各国民主派国际代表大会的筹备工作。恩格斯和哈尼1847年11月14—15日和12月18日给马

---

① 参看《马克思恩格斯全集》第1版第27卷第113页。

克思的信谈到这个代表大会。由于欧洲革命事件的开始,这个计划没有实现。

马克思在制订和宣传共产主义思想方面的积极影响,使他在民主主义者和共产主义者中间的威信日益增长。他们的信中多次强调马克思在共产主义运动中的领导作用。1847年秋,恩格斯在司路易·勃朗的交谈中公正地称马克思是"我们党的领袖"①。他在1847年9月30日给若特兰的信中也表达了同样的思想②。法兰西共和国临时政府成员弗洛孔1848年3月1日写给他的信表示了对马克思的极大尊敬③。

从同盟中央委员会1847年10月18日给布鲁塞尔区部的信中可以得知,第二次代表大会前共产主义者同盟的情况相当复杂。在一些组织里思想不统一。同盟的领导把他们的一切希望都寄托于未来的代表大会,寄托于布鲁塞尔的代表首先是马克思的参加。恩格斯在第二次代表大会前的信表明,他也赋予这次代表大会以重大意义。

1847年11月29日至12月8日在伦敦召开的共产主义者同盟第二次代表大会,使科学共产主义思想获得胜利。代表大会批准的同盟章程是马克思和恩格斯的思想的胜利。恩格斯在《关于共产主义者同盟的历史》一文里也提到就纲领问题进行的长期讨论,在讨论过程中马克思表述了新的学说。"所有的分歧和怀疑终于都消除了,一致通过了新原则,马克思和我被委托起草宣言。"④

马克思和恩格斯的通信是有关《共产党宣言》产生史的少量原始

---

① 参看《马克思恩格斯全集》第1版第27卷第108—109页。
② 参看《马克思恩格斯全集》第1版第27卷第494页。
③ 参看《马克思恩格斯全集》历史考证版第3部分第2卷第389页。
④ 参看《马克思恩格斯全集》第1版第21卷第252页。

资料之一。恩格斯1847年11月23—24日给马克思的信表明：以宣言的形式表达思想，表达党的纲领，是他提出的。① 恩格斯作为前两个纲领草案——《共产主义信条草案》和以问答方式写的《共产主义原理》——的作者表明，工人运动和社会主义运动的早期传统的教义问答形式，不适用于阐述科学共产主义的理论。

列宁称恩格斯的这封信是历史性的，他明确指出："把马克思和恩格斯两个人的名字作为现代社会主义奠基人的名字并列在一起是很公正的"。②

同盟中央委员会1848年1月25日给布鲁塞尔区部的信证明，《共产党宣言》的定稿是由马克思完成的③。恩格斯的《共产主义原理》对宣言的结构和内容有很大影响。1848年1月底，《共产党宣言》寄往伦敦，2月下半月在那里付印。

《共产党宣言》是马克思和恩格斯1848年至1849年革命前的创作高峰。《宣言》里首次系统地、以易于为广大群众理解的文献形式阐述了马克思主义学说——唯物主义历史观、科学共产主义的基础和经济学理论的出发点——的所有基本原理。马克思和恩格斯在这个文献里表述了无产阶级政党的立场和任务。"这本书篇幅不多，价值却相当于多部巨著，它的精神至今还鼓舞着、推动着文明世界全体有组织的正在进行斗争的无产阶级。"④

科学共产主义和国际工人运动的第一个纲领性文献作为共产主义同

---

① 参看《马克思恩格斯全集》第1版第27卷第123页。
② 参看《列宁全集》第2版第24卷第123页。
③ 参看《马克思恩格斯全集》历史考证版第3部分第2卷第384页。
④ 参看《列宁全集》第2版第2卷第8页。

盟的纲领发表，是马克思和恩格斯的理论胜利，是马克思主义同工人运动结合过程的开始。我们在马克思和恩格斯1848年的通信里发现有关《宣言》最初传播的情况、有关他们在巴黎共产主义者同盟支部中的讨论情况和把《宣言》译成几种语言的尝试的有意义的资料。恩格斯在1848年春就在为英译本作准备。①

1848年2月革命爆发时马克思和恩格斯在布鲁塞尔居住，3月5日马克思前往巴黎，恩格斯仍在布鲁塞尔住了一段时期，于3月21日左右前往巴黎，马克思在寄自巴黎的第一封信里就告知恩格斯关于共产主义者同盟中央委员会的成立及其组成的情况。马克思当选为该委员会主席，恩格斯为委员②。

正如列宁所强调的，在马克思和恩格斯的活动中，"参加1848—1849年的群众革命斗争的时期是他们一生活动中最令人瞩目的中心点。他们从这一中心点出发来判定各国的工人运动和民主运动的成败。他们为了最明白最清楚地判定各个不同阶级的内在本性及其倾向也总是回过来研究这一中心点"。③ 本卷的资料介绍了关于马克思恩格斯非常紧张地参加1848年革命事件的具体情况。

马克思和恩格斯从1848年3月至4月初的通信可以使我们认识巴黎同盟领导的活动的各个方面。伦敦区部3月8、15和22日的信以及该区部领导人卡尔·普芬德3月17日的信叙述了巴黎中央委员会和同盟的伦敦组织——当时最重要的组织——之间的相互关系。伦敦德国共产主义者受中央委员会的委托试图为党筹集必要的资金，他们报道了有

---

① 参看《马克思恩格斯全集》第1版第17卷第142页。
② 参看《马克思恩格斯全集》第1版第17卷第135页。
③ 参看《列宁全集》第2版第16卷第20页。

关区部组织上的情况和英国工人运动的情况。共产主义者同盟中央委员会把他们的使者沙佩尔派往伦敦,沙佩尔在1848年3月28日给中央委员会的信中谈到他在伦敦的组织和宣传活动。

通信中反映了同盟中央委员会为反对由海尔维格和伯恩施太德领导的巴黎德意志民主协会的计划而进行的斗争。这个小资产阶级民主派组织开始建立一个德国流亡者志愿军团,准备征讨德国,以便在那里宣告成立共和国。马克思在1848年3月16日给恩格斯的信中告知即将把征讨的主要发起人之一伯恩施太德开除出共产主义者同盟。恩格斯3月26日给艾米尔·布兰克的信说,共产主义者没有参加"从这里出发征服德意志共和国的伟大的十字军征讨"①。

本卷的资料证明,马克思和恩格斯力求在报刊上揭露民主协会的领导人及其冒险行径。马克思夫人受马克思委托在1848年3月16日或17日写给魏德迈的信中强调指出,"非常有必要向法国和德国表示坚决同这个团体划清界限,因为它将使德国人丢脸",信中还请求魏德迈在德国报纸上发表相应的报道。②马克思和恩格斯在3月24日写给巴黎报纸《1841年人民报》编辑卡贝的一封信中也提出类似的请求。马克思和恩格斯采取的步骤也说明,征讨德国的想法在英国、比利时和瑞士的共产主义者同盟的一些成员中得到赞同。这可以从布鲁塞尔区部1848年3月22日的信和其他一些信中得知。③

共产主义者同盟领导终于在德国、在《特利尔日报》上发表了一

---

① 参看《马克思恩格斯全集》第1版第27卷第500页。
② 参看《马克思恩格斯全集》第1版第27卷第625页。
③ 参看《共产主义者同盟文件和资料》第498—199、503—505、561、564、625—628页。

篇尖锐批判民主协会领导人行径的文章，伯恩施太德和协会的其他成员在1848年4月1日给马克思的一封表示愤怒的信中强烈要求说出该文的作者或发起者的名字。马克思在复信中拒绝了这个无理要求。

共产主义者同盟中央委员会反对建立军团的斗争有助于阻止一部分德国工人参与征讨，顺便提及，这次征讨在1848年4月底就以彻底失败而告终。对马克思和恩格斯来说，在这场争论中重要的是反对输出革命的冒险思想。

马克思和恩格斯1848年3月的通信表明，正确理解法国和德国革命事件的过程是他们的策略的基础。在恩格斯1846年至1847年的信中已经可以发现对革命前法国国内形势的深刻分析。1848年春，马克思和恩格斯评述了二月革命后阶级力量的划分，并强调指出法国资产阶级中反革命情绪的滋长以及不可避免地爆发一场新的革命。实际上这场革命于1848年在巴黎爆发。

马克思和恩格斯心急如焚地等待德国的消息。恩格斯1848年3月8—9日和18日的信充满了德国革命即将来临的信念。恩格斯的希望很快就实现了。普鲁士1848年的三月革命给马克思和恩格斯打开了回归祖国的道路。1848年3月21日和25—27日马克思从他的朋友丹尼尔斯和维尔特那里得知柏林和科隆的革命事件。

三月革命后，由马克思和恩格斯领导的共产主义者同盟中央委员会组织几百个德国工人返回祖国。同盟盟员得到马克思恩格斯撰写的《共产党在德国的要求》一文，以之作为行动纲领。这个重要文献确定了德国无产阶级在资产阶级民主主义革命中的战略战术，它的宗旨是建立统一的民主的德意志共和国和进行彻底的社会政治变革。《要求》是同盟盟员在德国革命初期阶段的宣传活动的基础。①

马克思恩格斯领导的一批共产主义者同盟盟员于1848年4月初离开法国。马克思和恩格斯1848年4月5日给卡贝的信表达了他们在这一时刻的心情和希望："我们毫不怀疑，不久我们就可以把关于德国共产主义运动进展的好消息告诉您。"②

1848年4月7日，马克思和恩格斯越过德国边界，前往他们领导的共产主义者同盟中央委员会所在地科隆。4月中旬恩格斯回到他的家乡巴门，5月底返回科隆。马克思和恩格斯在这段时期的信表明：他们认为，在革命形势和德国工人运动发展起来的条件下有必要加强共产主义者同盟的活动，从组织上巩固同盟并积极参加到处都在成立的工人联合会的活动。共产主义者同盟中央委员会的使者被派往德国各地去完成这项任务。

在恩格斯、威廉·沃尔弗、德朗克、约翰·席克耳、沙佩尔、贝格曼、保尔·施土姆普弗和阿道夫·克路斯1848年4月至5月给同盟中央委员会和马克思的信及报道中反映了使者和其他同盟盟员的活动。在这些信和报道中谈到在美因兹、科隆、柏林、维斯巴登、布勒斯劳、巴门、科布伦兹、美因河畔法兰克福、累根斯堡等地成立或加强同盟支部的尝试；这些报道清楚地介绍了德国各地革命事件和工人运动的发展情况。根据同盟盟员的信可以判断当地工人联合会的组织活动和宣传活动。这些信也表明了为实现共产主义者同盟领导的计划，为在共产主义者领导的美因兹工人联合会的主持下成立全德工人联合会总会而进行的尝试。

---

① 参看《共产主义者同盟文件和资料》第526页。
② 参看《马克思恩格斯全集》第1版第27卷第505页。

在1848年4月至5月的信中同德国同盟活动有关的问题占主要地位,后来这些问题在通信中几乎都没有提到。这种情况证明,同盟的中央委员会和地方组织的关系削弱了。一些历史学家把德国同盟内部组织活动的衰落同据说在马克思到达科隆后不久由他执行的形式上解散同盟联系在一起。对此,他们引用了共产主义者同盟盟员彼得·格尔哈德·勒泽尔在1853—1854年科隆共产党人案件后所作的供词。马克思和恩格斯的通信没有证实这个设想。在本卷发表的文件中——在伦敦区部1848年6月18日给科隆中央委员会的季度报告中,在共产主义者同盟盟员奥古斯特·格贝尔特1848年12月21日给恩格斯的信以及同盟盟员如里德尔和艾韦贝克的其他一些信中——没有谈到同盟的解散。在革命时期和次年的其他一些文件中,如在同盟中央委员会1850年的三月讲话里,也没有发现有关同盟解散的论题的证据。

共产主义者同盟的组织活动的中断不仅与同盟解散有关,而且与同盟活动的组织形式的改变有关。这一改变是由革命时期德国国内形势引起的。恩格斯1848年4月25日和5月9日给马克思的信以及4月15日和5月24日给艾米尔·布兰克的信详细地分析了这种形势。恩格斯谈到资产阶级人士对共产主义甚至共和主义的宣传抱敌对态度。他写道:"资产者的态度确实卑劣。工人们正开始有些运动;还很不成熟,但已经是群众性的。"① 在同盟其他盟员给中央委员会和马克思的信中也提到类似的倾向。② 显然,民主自由的存在和当时群众运动的高涨使共产主义者同盟的秘密的密谋活动变得不合适了。马克思和恩格斯根据特使

---

① 参看《马克思恩格斯全集》第1版第27卷第143页。
② 参看《共产主义者同盟文件和资料》第499—500、513—514、545—546页。

的陈述和一些观察得出结论；从现在起同盟盟员的主要任务是进行公开的宣传活动，参加正在迅速扩大的民主运动和工人运动，吸引工人参加政治斗争。

1848和1849年革命事件的发展表明，马克思和恩格斯制定的策略，使共产主义者同盟盟员能够在民主运动和工人运动中、在德国各城市的革命发动中起了重要作用。在马克思1848年11月13日给拉萨尔的信以及他收到的一些信中反映了马克思作为莱茵省民主运动领导人之一的活动。

马克思和恩格斯认为：指导共产主义者同盟进行宣传并为同盟盟员的实践活动指明方向的革命报纸，在实现1848—1849年无产阶级先驱的策略和组织任务时起了决定性的作用。面向广大读者的政治日报，应该捍卫革命成果，促进工人的政治觉悟，为在德国建立独立的革命的群众性政党创造前提。

马克思和恩格斯的通信清楚地表明了《新莱茵报》的创办史。从恩格斯1848年3月26日给布兰克的信可以看出，在利隆出版该报的想法于1848年3月在巴黎就已产生。一些信（威廉·沃尔弗1848年4月18日给同盟中央委员会的信，楚劳夫1848年4月4日给赫斯的信）都有关于赫斯和弗里德里希·安内克试图在科隆创办具有小资产阶级民主倾向的地方机关报的证明。这个尝试没有成功。

马克思和恩格斯在1848年4月11日到达科隆后立即克服一切障碍，筹备出版报纸。马克思和恩格斯以及他们的通讯伙伴关于为该报认股的第一批信写于1848年4月下旬。恩格斯1848年4月至5月的通信证明，他要在巴门和爱北斐特让人们认股的尝试遭到资产阶级人士的反对，他们认为，共产主义者是他们的主要对手，因而不愿意为共产主义者出版报纸提供资助。共产主义者同盟中央委员会特使德朗克在德国西南部各城市为报纸招股时也克服了一些很大的困难。他在1848年4月29日、5月15日和17日向马克思谈到此事。

在马克思和恩格斯1848年4月至5月的通信中，发现有关的出版《新莱茵报》之前进行的组织活动的证据，还谈到有关毕尔格尔斯撰写的报纸目录、编辑部的组成以及通讯员和撰稿人的证据。波尔恩和艾韦贝克在给马克思的信中声明他们同意当柏林和巴黎报纸的通讯员。从艾韦贝克1848年4月30日以共产主义者同盟巴黎区部的名义的信中可以推知，马克思想争取伟大的德国诗人亨利希·海涅为报纸撰稿。

马克思非常关注未来的报纸编辑部同国外民主派机关报，其中有意大利的《黎明报》，建立国际联系。马克思1848年5月底寄出的给该报编辑部的信令人信服地谈到马克思主义奠基人同意大利和波兰人民为他们的独立而斗争的国际团结。后来，《新莱茵报》一直坚持这个立场。

《新莱茵报》第一号于1848年7月1日出版。从那时起直到该报于1849年5月遭到镇压止，主持编辑部的工作是马克思恩格斯活动的主要内容。他们把1848年6月至12月的通信用于解决该报的十分重要的一部分问题。马克思作为该报的主编确定了它的政治方针，并决定同出版该报有关的一切问题。这首先要归功于他能把报纸作为日报发表，并从一开始就仔细探讨德国和其他一些国家的政治和社会生活的最重要的问题《新莱茵报》编辑部成了共产主义者同盟思想和政治的领导中心。马克思把他的忠实朋友和志同道合的人吸收到编辑部。当马克思不在时，例如，1848年8月底至9月初，由恩格斯主持编辑部。就在此时，恩格斯1848年9月1日给德国政论家弗里德里希·科本的信谈到他对德国革命的不彻底性的愤恨，他说，这场革命是"这种庸人的、无聊的滑稽剧"。①

1848年9月,《新莱茵报》编辑们领导了群众反对科隆的革命发动。在该市宣布戒严后,报纸的出版一度中断。普鲁士当局对编辑部的大多数成员提起诉讼,恩格斯、德朗克、斐迪南·沃尔弗和毕尔格尔斯被迫离开科隆,以逃避逮捕。

从1848年10月12日即该报又能出版时起到1848年12月底,马克思在编辑部主持主要工作。他的一些信证明,他必须克服巨大的财政困难。马克思在1848年11月上半月给恩格斯信中谈到一笔较大的款项,这笔款项是他为继续出版报纸于1848年9月在柏林旅行时从波兰民主主义者那里得到的。众所周知,马克思把自己的钱中相当多一笔投资于报纸。他不惜牺牲金钱,表现出极大的毅力和耐心,为了"在任何情况下都要坚守住这个堡垒,不放弃政治阵地"②。马克思1848年11月底至12月初的信证明,他的努力得到回报。虽有种种经济困难和当局设置的障碍,该报的订数仍然增加了,报纸在读者中的威信提高,加强了它对革命进程的影响。

由于编辑部工作的负担过重,马克思几乎没有时间通信。我们觉得,在科隆逗留时期的信保存下来的只有很少一部分,这些信全都是言简意赅的。该报通讯员和读者给马克思和编辑部的信中有关马克思作为《新莱茵报》的主编的活动的一些陈述,具有更大的意义。这些信大部分是第一次发表。

站在左翼即民主运动的无产阶级一翼的《新莱茵报》,抵制反动派的反革命计划,指出巩固和扩大三月革命成果的道路,以及德国民族团

---

① 参看《马克思恩格斯全集》第1版第27卷第509页。
② 参看《马克思恩格斯全集》第1版第27卷第247页。

结和社会制度民主化的道路。

给马克思和《新莱茵报》编辑部写信的一批通讯员和读者是由该报的政治倾向决定的。他们是以民主主义观点为主的德国社会各阶级和阶层——工人、大学生、教授、法学家、教育家、文学家和军人——的代表，通讯员中有民主派联合会和工人联合会的领导人，有民主派报纸的编辑、法兰克福国民议会和普鲁士制宪会议左翼的议员。书信的地理分布也很广，寄自德国的各个城市。

大多数书信里附有一些决定在《新莱茵报》上发表的通讯和各种资料。这些信往往补充和说明了通讯和资料的内容并使人们有可能确定许多通讯的作者，因为这些通讯在报上通常是用通讯符号匿名发表的。在一些情况下，附在信里的文章或作为手搞的笔记都保存下来了（例如，波尔恩1848年6月17日的信、格里佩科文1848年11月16日的信、尤利乌斯·迈耶尔1848年11月12日和泰奥多尔·维尔特11月30日的信①。）如果把这些资料同发表在报上的文字比较一下，就能使人们了解编辑部对通讯稿的修改润色及他门选择发表文章的原则。

在给马克思和《新莱茵报》编辑部的几封信里有关于德国各地民主派的戍就、民主派联合会的成立和活动，以及民主派在同反动派的斗争中取得胜利的消息。抗议当局对民主运动参加者的迫害，在这些信中占有重要地位。特别是从1848年10—12月，当反动势力进攻时，这种镇压加剧了。10月23日，黑普要求发表有关当局迫害哈特海畔的纽施

---

① 参看《马克思恩格斯全集》历史考证版第3部分第2卷第997—998、1049、1047和1068页。

塔特的人民同盟的资料。闵斯德民主派联合会理事会理事施蒂林11月27日建议发表有关军队袭击国民议会和挑起同民主派"清算"的文章。波兰民主派、普鲁士制宪会议议员沃伊基赫·利普斯基在12月3日给马克思的信里，告知普鲁士当局打算对他进行非法的抄家。

一些信含有对以法学家约多库斯·泰梅为首的闵斯德民主派进行镇压的通讯。1849年1月，该报继续为因参加抗税运动而被捕的民主派进行辩护的斗争，并以宣告他们无罪而告终。后来，马克思在1852年1月26日给斐迪南·弗莱里格拉特的信和2月13日给魏德迈的信中，回忆了《新莱茵报》为解救泰梅和其他的闵斯德民主派而进行的斗争。50年代初，面临政府方面对德国共产主义者的镇压，他把这一斗争与德国报界的怯懦行为与这种斗争作了对照。

有一批给马克思和《新莱茵报》编辑部的信，同该报反对普鲁士反革命的进攻和揭露小资产阶级民主派不彻底的、不坚定的立场有关。爱德华·赫莱尔11月18日的信中谈到索林根选民对普鲁士制宪会议的反动议员投不信任票。赫莱尔写道，这个决定是"我们民主派可能在这里获得对资产阶级的第一个胜利"①。海德尔堡工人联合会会员海尔布特在12月25日的信中建议，在报上发表一篇反对小资产阶级三月同盟的文章。马克思发表了海尔布特的文章，后来，马克思在发表于《新莱茵报》的自己的一篇文章里同意海尔布特对三月同盟的评价。

给马克思和《新莱茵报》编辑部的信清楚地表明，该报之所以在德国民主派中声誉日增，是因为报纸坚定不移地维护民主派的思想和权

---

① 参看《马克思恩格斯全集》历史考证版第3部分第2卷第506页。

利。从其他民主派报纸的编辑如哥特弗利德·金克尔和克利斯提安·毕尔格尔斯的信中可以看出,《新莱茵报》获得了多么高的威信。读者来信迅速增加,也证明该报日益上升的影响。如恩格斯后来强调的那样,由于马克思的机智的领导和坚定的路线,《新莱茵报》"成了革命年代德国最著名的报纸"①。

这一发展在普鲁士统治者那里遇到了强烈反抗。他们利用一切可能来阻碍马克思的活动。这在马克思到达科隆后向当局申请恢复其普鲁士国籍时就变得很明显了(1845年1月马克思在比利时放弃普鲁士国籍,以逃避普鲁士政府方面的迫害和刁难)。本卷收入马克思同普鲁士当局的通信:他在1848年4月13日给科隆警察局长的信、警察局长威廉·阿尔诺德·盖格尔8月3日表示拒绝的复信、马克思8月23日给普鲁士内务大臣弗里德里希·冯·屈韦特尔的上诉书,最后,是屈韦特尔9月12日认可科隆警察局的决定的复信。盖格尔和屈韦特尔坚持拒绝恢复马克思的普鲁士国籍,这从他们对马克思的革命活动和政论活动的敌对态度中可以得到说明。从马克思恩格斯1848年10月至12月的通信可以得知,马克思和《新莱茵报》的其他编辑那时就遭到法院的不断迫害。11月中旬,马克思遭到被捕的威胁。但是,普鲁士当局未能下决心采取这一行动。艾曼纽埃尔·弗恩巴赫1848年11月22日寄自柏林的首次发表的信证明,《新莱茵报》的通讯员也遭到普鲁士警察的迫害。

本卷收入维也纳通讯员爱德华·弥勒-捷列林格同马克思和《新莱茵报》编辑部的通信。在本卷第一次发表的弥勒-捷列林格11月27

---

① 参看《马克思恩格斯全集》第1版第21卷第21页。

日、12月12、15和24日的信，让人感到1848年10月人民起义失败后笼罩着维也纳的令人窒息的气氛。还有该报的巴黎通讯员给马克思的信——德朗克1848年11月20日和12月5日左右的信及艾韦贝克12月12日的信——也是第一次发表。最后提到的信，还有共产主义者同盟盟员A.里德尔和住在匈牙利的民主主义者保尔·多尔恩的信有关于该报传播的资料。

1848年6—12月给马克思和《新莱茵报》编辑的许多信主要是对马克思和恩格斯这一时期的信的补充。这些信说明了该报编辑部各种各样的活动，列宁有理由称该报是"革命无产阶级最好最卓越的机关报"①。

1848年年底，恩格斯由于迫在眉睫的逮捕不得不离开德国，一段时间在比利时和法国逗留，后来到瑞士。他于10月下旬到达日内瓦，又在洛桑和纽沙特尔呆了几天，尔后，于11月上旬在伯尔尼住下。他在瑞士也从事政治和政论活动。

恩格斯没有中断给《新莱茵报》撰稿。他从纽沙特尔，后来从伯尔尼把通讯寄往科隆。1848年10—11月，马克思在信中建议恩格斯为该报写文章，并列举了一些受欢迎的题目。根据这些建议，恩格斯写了一篇批判浦鲁东观点的文章（这篇文章没有发表，作为手稿保存下来），此后写了一篇关于匈牙利民族解放运动的内容丰富的文章。从1848年11月初至12月底，恩格斯写了20多篇论述瑞士政治生活的文章。他在其中以讽刺的形式描述了瑞士立法机关即国民议会的活动，强调指出这些政治家目光短浅和国家上层建筑很不完善。从恩格斯和马克

---

① 参看《列宁全集》第2版第26卷第84页。

思1848年11月的一些信中可以看出，① 这一时期对瑞士国家制度的批判是非常现实的。马克思和恩格斯在同小资产阶级民主派的论战中力图证明，瑞士的联邦对未来的统一的德国不适用。

恩格斯在1848年11—12月积极地参加瑞士的民主派运动和工人运动。他在那里逗留，同时筹备瑞士德国民主派联合会和工人联合会的联合代表会议。本卷以书信形式发表的洛桑工人联合会12月8日给恩格斯的委托书，委托他出席12月9—11日在伯尔尼召开的这次代表大会。这封信表明恩格斯在瑞士的德国工人中享有崇高的威信。

恩格斯在这次代表大会上圆满地完成了洛桑工人联合会在信中交给他的任务，他得以使《瑞士德国人联合会总会章程》草案作了重要的修改。根据他的建议，该章程草案里吸收了有关新组织的无产阶级性质的论纲，即该组织不仅以同德国民主派组织联盟，而且也以同德国工人组织联盟为导向。恩格斯成功地本着共产主义者同盟组织原则的精神对章程的一些条文作了修改。章程第1节和第4节的新提法的草案，证明恩格斯参加了所有这些修改。他把该草案亲手记在洛桑联合会12月8日的信的写地址的那一页上。②

恩格斯的建议得到瑞士的这些德国工人联合会代表的支持。40年代，社会主义和共产主义的思想得以在这些代表中传番，显然同盟盟员起了作用。代表大会加强了同同盟盟员，特别是同拉绍德封的工人联合会领导人弗里德里希·施洛特尔贝克的联系。施洛特尔贝克1848年12月29日给恩格斯的信证明了这一点。他在信中谈了工人联合会的事情。

---

① 参看《马克思恩格斯全集》第1版第27卷第148页和《马克思恩格斯全集》历史考证版第3部分第2卷171页。

② 参看《马克思恩格斯全集》历史考证版第3部分第2卷第1077页。

施洛特尔贝克询问《新莱茵报》的预订情况，证明了为该报在瑞士的普及做了许多工作的恩格斯的影响。

1848年12月14日，瑞士德国工人联合会中央委员会举行选举。恩格斯以25对22票当选为该委员会书记。本卷收入恩格斯在1848年12月受中央委员会委托写给斐维联合会和美因河畔法兰克福三月同盟的两封信。给斐维联合会的信证明，恩格斯是以怎样的节奏和怎样坚持不懈地为实现新成立的工人联合会总会的政治路线和组织原则而斗争的。与写给斐维联合会的信比较，写给三月同盟理事会的信则很单调和冷淡。信中表明马克思主义创始人对三月同盟和与它有联系的法兰克福国民议会的批判态度。

恩格斯母亲的六封信写于恩格斯在瑞士逗留期间。恩格斯的双亲1848年3月25日给儿子的信和恩格斯的父亲1848年4月1日给布兰克的信的摘录，表明了恩格斯家庭关系的复杂性和矛盾。伊丽莎白·恩格斯的信充满了她对儿子的爱和对儿子的担忧。同时，在信中可以觉察到恩格斯同双亲之间精神上的疏远以及他们对儿子的革命活动和世界观的公开敌对的态度。

马克思和恩格斯1846年至1848年之间的通信含有许多关于他们相互帮助、相互支持和他们建立在观点的一致和创造性合作基础上的友谊的证明。想引起马克思和恩格斯之间不和的一切企图注定要失败。马克思写道："我能把你丢开不管吗？哪怕是一会儿，那也是纯粹的幻想，你永远是我的最知心朋友，正像我希望的我是你的最知心朋友一样。"①

---

① 参看《马克思恩格斯全集》第1版第27卷第147页。

恩格斯因被迫流亡国外而感到抑郁。1848年11月中旬他就表示，希望他在瑞士逗留的时间不要太久。① 他的期望没有实现。11月他从斯蒂凡·阿道夫·瑙特和维尔特的信中得知，一批9月事件的参加者返回科隆并被宣告无罪。恩格斯在1848年12月28日给马克思的短信中表现出他日益加剧的急躁心情。1849年1月中旬，恩格斯返回科隆，又接受了《新莱茵报》编辑部的工作。

（原载《马克思恩格斯全集》历史考证版第3部分第2卷第19—47页）

（胡惠琴 译 单志澄 校）

---

① 参看《马克思恩格斯全集》历史考证版第3部分第2卷第169页。

马克思和恩格斯在1849—1850年期间的革命活动和理论总结

——《马克思恩格斯全集》历史考证版第3部分第3卷前言*

《马克思恩格斯全集》历史考证版第3部分第3卷收入了马克思和恩格斯在1849年和1850年的通信。除了马克思主义创始人的信件之外，本卷还收入了致马克思和恩格斯以及他们所领导的各种组织的信，例如，致科隆《新莱茵报》编辑部的信、致共产主义者同盟中央委员会的信和致伦敦德国流亡者救济委员会（从1849年11月起为社会民主主义流亡者委员会）的信。此外，还发表了受马克思和恩格斯的委托所写的信件和第三者之间信件的节录以及提供马克思和恩格斯通信情况的其他文献。

马克思和恩格斯之间的通信以及他们致第三者的信尽管在这一时期总数较少，但是却占据着中心地位。众所周知，马克思和恩格斯1849年和1850年的大部分时间是在同一城市，起初住在科隆，后来住在伦敦，因此，没有必要互相通信。从1850年11月底起，恩格斯移居曼彻斯特之后，通信才成为他们之间联系的主要方式。他们致第三者的许多信没有保存下来。

本卷收入的第三者致马克思和恩格斯的信具有重要的传记史料价值，对马克思和恩格斯的丰富多样的活动画面作了重要补充。1849年

---

* 本文选自《马克思恩格斯研究》1993年总第15辑。

和1850年马克思和恩格斯的通信伙伴的圈子很广，成分复杂。有共产主义者同盟方面的朋友和战友，有1848—1849年革命时期民主运动和工人运动的参加者，有在科隆出版的《新莱茵报》的读者、订户和通讯员，以及伦敦的政治流亡者。许多致马克思和恩格斯的信是由参与出版发行日报的续刊，即在汉堡出版的《新莱茵报·政治经济评论》的人写的。本卷还收入了燕妮·马克思、伊丽莎白·恩格斯、玛丽亚·布兰克等马克思和恩格斯亲属的信。

1849年上半年，以1848年法国二月革命为开端的革命斗争还在一系列欧洲国家——法国、德国、匈牙利和意大利继续进行。马克思和恩格斯在最坚决地为德国革命的胜利而斗争的力量中起领导作用。工人们争取联合起来，形成自己的政治立场。为了适应这个形势，马克思和恩格斯开始采取具体步骤来建立一个独立的德国无产阶级政党。

这一时期的信清楚地表明，科学共产主义的创始人在所有革命阶段都信守其在任何历史关头都站在无产阶级解放斗争最前列的原则。例如，恩格斯1849年1月7—8日从瑞士写给马克思的信（他在1848年秋因有被捕的危险而前往瑞士）就证明了恩格斯曾经争取重新回到科隆，回到革命事件的中心，1849年5月6日马克思致海尔曼·布莱梅、爱德华、弥勒－捷列林格和安得列阿斯·施提弗特的信表明，马克思还利用4月中—5月初为《新莱茵报》事务到德国西北部和威斯特伐利亚的一些城市旅行的机会，与德国各地革命参加者进行接触，并巩固和扩大他们之间的联系。马克思在1849年8月23日给恩格斯的信中谈到恩格斯1849年5月初在故乡城市爱北斐特参加人民起义的情形。首次发表的恩格斯的妹夫阿道夫·格里斯海姆的信①，反映了资产阶级圈子里

---

① 参看《马克思恩格斯全集》历史考证版第3部分第3卷第359—360页。

的人对恩格斯积极参与革命事件的极其消极的反应。1849年6月7日马克思致恩格斯的信以及7月25日恩格斯致燕妮·马克思的信和8月24日致雅科布·鲁卡斯·沙贝利茨的信间接反映了1849年5月下半月马克思被驱逐出科隆和《新莱茵报》停刊之后马克思和恩格斯的活动。他们活动的目的是要促使法兰克福国民议会左翼议员以及普法尔茨和巴登临时政府的成员坚决反对反革命。从这些信中可以看出，马克思支持维护帝国宪法运动和任何一次有广大群众特别是还有工人参加的革命斗争。

1849年6月，法国的革命危机日益迫近，为了使德国革命者与法国民主主义者和社会主义者之间建立联系，马克思带着德国民主主义者中央委员会的委托书来到巴黎。1849年6月7日他在写给恩格斯的信中说："我正同全体革命派会晤"①。

前面提到的恩格斯致燕妮·马克思的信和致沙贝利茨的信证明，积极参加南部德国反对反革命的斗争的愿望促使他加入了巴登—普法尔茨军的行列。

马克思和恩格斯及其通信伙伴的信表明，马克思主义创始人坚定不移地运用他们在德国1848年革命开始时制订的策略，使他们成为为把资产阶级民主革命进行到底而斗争的激进力量的领导者。这个策略就是参与民主革命运动，同时保持无产阶级的独立性，坚决维护本阶级的利益。

马克思和恩格斯1849年上半年参与德国革命的主要方式同1848年一样，仍然是出版《新莱茵报》。列宁后来称这份报纸是"革命无产阶级最好最卓越的机关报"②。在革命的各个时期，这份报纸代表了德国

---

① 《马克思恩格斯全集》第1版第27卷第154页。
② 《列宁全集》第2版第26卷第84页。

人民所有进步力量的利益,用各种方式支持革命群众的斗争。它同时还是共产主义者同盟的机关报,它宣传无产阶级先锋队在革命中的策略,建立同盟成员之间的联系。马克思称出版这份报纸是"党的企业"具有"革命作用"①。

保存下来的马克思和恩格斯有关1849年报纸出版情况的信使人们能够了解他们与其朋友和战友一起为保障报纸定期出版所做的大量的组织工作以及他们同时必须克服的困难。② 这一时期马克思和恩格斯之间为数不多的来往信件表明,恩格斯是编辑部最积极的成员,他不在的时候,由马克思担任主编。这些信谈到马克思和恩格斯为了使报纸能够及时地和符合无产阶级原则地对每日事件作出反应而作的不懈努力。为了在困难的条件下保证报纸每日正常出版,无论是马克思、恩格斯,还是他们的战友——编辑部成员,还是固定通讯员都表现出忘我的精神,本卷发表的信证明了这一点。这些信清楚地表明,工人、民主主义者、报纸的读者和订户给予报纸的支持具有多么重要的意义。

1849年1—5月致《新莱茵报》主编或编辑部的信表明,该报不仅在德国而且在其他国家也都对民主运动和工人运动的广大参加者产生影响。F.格劳曼从威斯特伐利亚、J.费舍从巴伐利亚、泰奥多尔·博丹从波美拉尼亚、弗兰茨·莱辛格尔和爱德华·弥勒-捷列林格从萨克森向编辑部报告了这种影响的增加和报纸在莱茵省境外发行的情况。③ 共产主义者同盟成员奥古斯特·海尔曼·艾韦贝克从巴黎写信给马克思说,

---

① 《马克思恩格斯全集》第1版第27卷第524页、545页。
② 参看《马克思恩格斯全集》第1版第27卷第518—520、521—522、522—523页。
③ 参看《马克思恩格斯全集》历史考证版第3部分第3卷第140、149、151、160、211页。

法国小资产阶级民主派和共和派机关报《改革报》和其他法国报刊乐意刊登由他提供的《新莱茵报》文章的译文。① 宪章派革命派领袖乔治·朱利安·哈尼对《新莱茵报》转载《北极星报》上反映英国宪章运动革命分子与改良分子之间斗争的资料予以极大重视。②

在海尔曼·罗莱特发自耶拿的信、阿道夫·夏塞斯发自德累斯顿的信、G.布兰特霍尔斯特发自克雷费尔德的信、弗里德里希·科赫发自阿恩斯贝尔格地区的信、卡尔·毛雷特发自拜伊罗特的信和奥古斯特·西尔伯施泰因发自莱比锡的信③中都称该报是民主派利益的真正代表。在埃梅里赫每周举行的群众集会上，报纸上的资料都被人引用，这一情况是集会的组织者奥托·库斯托第斯向马克思报告的。④

德国工人把《新莱茵报》看作其阶级利益的代表的一个证明是纺织工人海尔曼·埃茨韦勒从古斯多夫写给马克思的信。他以他的同事的名义请求报纸编辑部保护他们，使他们免受雇主专横之害。⑤ 工人 I. P. 施米茨在宾根组织了一个工人教育协会，他来信请求马克思将文字材料寄给他，他将通过这些材料让协会成员了解马克思的观点，并向他们阐发革命民主主义信念。⑥ 这封信以及克嫩、泰森、海尔曼和舒斯基从莱

---

① 参看《马克思恩格斯全集》历史考证版第 3 部分第 3 卷第 260 页。
② 参看《马克思恩格斯全集》历史考证版第 3 部分第 3 卷第 306 页。
③ 参看《马克思恩格斯全集》历史考证版第 3 部分第 3 卷第 125、152、166、243、251、310 页。
④ 参看《马克思恩格斯全集》历史考证版第 3 部分第 3 卷第 281 页。
⑤ 参看《马克思恩格斯全集》历史考证版第 3 部分第 3 卷第 204 页。
⑥ 参者《马克思恩格斯全集》历史考证版第 3 部分第 3 卷第 244 页。

茵省各个城市写给《新莱茵报》编辑部的信①反映了报纸起着德国无产阶级和民主力量的组织者的作用。通过马克思的介绍施米茨与科隆工人协会建立了联系。上面提到的其他信件都是对1849年3月中《新莱茵报》上发表的科隆工人协会的请求所作的答复，科隆工人协会请求各莱茵民主协会将它们的地址寄给报纸编辑部。

致《新莱茵报》编辑部的许多信的书写人都高度评价了马克思和恩格斯探讨革命的热点问题的文章。弥勒-捷列林格和鲁道夫·施拉姆在致马克思的信中谈到《新莱茵报》对读者的影响。② 恩格斯关于匈牙利革命战争的文章在报纸的读者和通讯员中产生尤为强烈的反响。③ 小资产阶级民主主义者哥特弗里德·金克尔编辑出版的《新波恩报》转述了这些文章的内容。④

《新莱茵报》通讯员们的信证明他们积极参加了1849年初普鲁士第二议院选举的准备工作。当时的形势是民主人士对1848年8月5日的普鲁士政变感到不满，无产阶级和农民的政治积极性日益高涨。在这种情况下，马克思及其共产主义者同盟和《新莱茵报》编辑部中的战友指望在第二议院中形成一个反对派，借以对抗政府在普鲁士最终抹杀民主成就的活动。出于这个原因，《新莱茵报》编辑部积极参加选举运动，要求选民选举那些愿意维护人民权利、坚决反对反革命强行制订的

---

① 参看《马克思恩格斯全集》历史考证版第3部分第3卷第296、301、305页。

② 参看《马克思恩格斯全集》历史考证版第3部分第3卷第144、182—183页。

③ 参看《马克思恩格斯全集》历史考证版第3部分第3卷第144、253、269、274、280页。

④ 参看《马克思恩格斯全集》历史考证版第3部分第3卷第130页。

宪法、赞成取消所有封建权利和特权的议员进入第二议院。

　　本卷发表的信透露了报上发表的有关第二议院选举的许多资料的来源。维克多·贝尔、G.布兰特霍尔斯特、A.凯泽尔、滕登灵等人的信①被编辑部用在一组关于选举运动进程和各个城市的选举结果的文章中。根据尤利乌斯·施莱歇尔、弗里德里希·科赫②和其他通讯员寄来的报告，报纸坚决反对政府官员和军队试图以非法途径使他们的候选人入选的阴谋伎俩。科隆警备司令恩格斯上校的信和代理市长格拉埃夫的来信③回答了《新莱茵报》关于军事当局为何以非法途径增加科隆兵营中选民人数的质问，这证明了报纸的影响和权威性。《新莱茵报》的读者来信帮助揭露了反动分子在工人和农民中进行选举宣传的蛊惑伎俩。

　　分析不同地区寄来的消息④使编辑部能够客观地估量第二议院选举期间的力量对比，以此帮助工人们正确评价选举运动的结果和从中得出必要的政治结论。

　　《新莱茵报》曾经利用收入本卷的一系列信件同前一时期一样在1849年还为因积极参加革命事件而受到德国各邦当局迫害的民主主义者进行了辩护。⑤《新莱茵报》对反动派政治上的揭露促进了德国民主

---

　　① 参看《马克思恩格斯全集》历史考证版第3部分第3卷第164、947、166、950—951、170、955、172、957页。

　　② 参看《马克思恩格斯全集》历史考证版第3部分第3卷第161、941、243、1037页。

　　③ 参看《马克思恩格斯全集》历史考证版第3部分第3卷第163、174页。

　　④ 参看《马克思恩格斯全集》历史考证版第3部分第3卷第151和929页、第162和943—944页、第178和964页、第221和1012页。

　　⑤ 参看《马克思恩格斯全集》历史考证版第3部分第3卷第120、140、247—248、267—268、291、313—315和329—331页。

运动的团结。

本卷的资料有助于更好地理解马克思、恩格斯和《新莱茵报》编辑部其他成员对一些一般政治事件的看法。1849年3月，为纪念柏林三月革命一周年在德国举行了一些民主宴会。H.舍费尔在1849年3月11日的信中以佐林根民主协会的名义邀请马克思、恩格斯、斐迪南·弗莱里格拉特、卡尔·沙佩尔和威廉·沃尔弗出席一次这样的宴会，《新莱茵报》编辑部借这次邀请和其他类似邀请之机，再次公开批评三月革命的不彻底性最终使反革命能够在普鲁士得势。编辑部拒绝了所有这些邀请，却参加了为纪念柏林街垒战的参加者而举行的宴会。这次宴会是3月19日由科隆工人协会和民主协会一起举办的。

本卷反映了马克思和恩格斯的策略由于当时新的情况和1848—1849年德国革命期间阶级之间力量对比的变化而作的相应改变。来自不同地区的消息使马克思和恩格斯了解到德国工人运动的新的趋势，并得出结论，建立一个德国工人独立的政治组织已经成为一项实际的任务。1849年1月22日约瑟夫·魏德迈致马克思的信就是其中之一。信中说，1月28日和29日的海德堡工人大会将面临一场使德国南部工人摆脱陈旧的手工业者观点并跟上革命发展的艰苦斗争，① 值得一提的是，据魏德迈估计，存在着建议海德堡大会接受1848年10月柏林民主派第二次代表大会纲领的可能性。这个纲领是在《共产党宣言》和《共产党在德国的要求》这样一些共产主义者同盟纲领性文献的基础上制订的。

1849年6月13日法国小资产阶级民主派的失败、1849年6月和7月巴登—普法尔茨革命军的失败以及此后的匈牙利革命和意大利革

---

① 参看《马克思恩格斯全集》历史考证版第3部分第3卷第157页。

命运动的失败是随后一个时期的主要事件。这些事件证明了欧洲反革命势力对革命运动和民族解放运动的镇压逐步得逞。随之而来的反动派的升级终于导致了德国各邦旧的反动政权的复辟和波拿巴主义在法国的胜利。

德国革命遭到镇压之后,马克思和恩格斯被迫流亡伦敦,对他们来说,1849年下半年和1850年成为对革命风暴年代的事件进行理论总结的时期,对革命失败的原因、革命的发展前途和无产阶级政党在新的条件下的战略和策略这些问题需要在科学分析的基础上作出回答。马克思和恩格斯在1849年12月写道:"目前这个表面平静的时期,正应当利用来剖析前一革命时期,说明正在进行斗争的各政党的性质,以及决定这些政党生存和斗争的社会关系"。①

马克思和恩格斯1850年出版的《新莱茵报·政治经济评论》在总结革命学说和进一步发展马克思主义理论方面起到了重要作用。它是《新莱茵报》的直接继续,是1848—1849年革命之后共产主义者同盟的机关刊物。② 马克思的文章《1848年至1850年的法兰西阶级斗争》(杂志发表时标题是《1848年至1849年》)、恩格斯的《德国维护帝国宪法的运动》和《德国农民战争》、马克思和恩格斯共同撰写的述评以及他们对资产阶级和小资产阶级作家的一些著作的书评决定了这个杂志的理论意义和政治意义。

马克思和恩格斯1849年中至1850年底的信中对欧洲状况的评价和他们关于革命前途的思考,使我们对马克思和恩格斯在他们的著作中所阐述的观点的产生和发展有了完整和充分的了解。这些观点当时或者发

---

① 《马克思恩格斯全集》第1版第7卷第3页。
② 参看《马克思恩格斯全集》第1版第27卷第545页。

表在《新莱茵报·政治经济评论》上，或者在为在共产主义者同盟成员中秘密传阅而起草的中央委员会3月和6月告同盟书中有所阐述。在这个方面，马克思致科隆同盟组织的领导人彼得·格尔哈德·勒泽尔的信具有特殊意义。这些信仅见于勒泽尔后来的复述中①。

本卷发表的信件表明，马克思和恩格斯相信，欧洲将不可避免地发生深刻的革命变革，1848—1849年革命的失败并未动摇他们的这一信念。资产阶级的反动行径、小资产阶级民主派在采取果断的革命行动上的软弱无力使他们更加坚信，在这场变革中只有工人阶级能够起决定性的作用。马克思在1849年7月底写给魏德迈的信中说："……官方民主派所经受的滑铁卢应该看作是一个胜利"②。

1850年中，马克思主义创始人坚信欧洲即将出现新的革命高涨。马克思在1849年12月19日写给魏德迈的信中谈到《新莱茵报·政治经济评论》的出版已准备就绪时这样写道："我几乎不怀疑，还没有来得及出三期或许两期月刊，世界大火就燃烧起来"③。恩格斯1850年4月底认为，欧洲正处于"革命前夕"④。按照马克思的希望，将由法国无产阶级的首创行动引起欧洲新的革命高涨。他把1848年巴黎六月起义日子里的勇敢行动称为法国无产阶级最伟大的贡献，是"工人阶级反对资本家阶级的斗争的最伟大的表现"⑤。这类事件以及1850年3月10日巴黎补选中社会主义者和民主主义者的成功使马克思推断法国已面临新的革命危机。

---

① 《马克思恩格斯全集》历史考证版第3部分第3卷第738—740页。
② 《马克思恩格斯全集》第1版第27卷第531页。
③ 《马克思恩格斯全集》第1版第27卷第538页。
④ 《马克思恩格斯全集》第1版第27卷第554页。
⑤ 《马克思恩格斯全集》第1版第27卷第561页。

在德国，反动派直至1850年底仍未最终巩固自己的地位，德国的状况同样使马克思和恩格斯有理由期待民主和无产阶级力量积极开展活动并获得成功。

但是，在1848—1849年革命经验基础上对革命发展前景的深入思考以及与形成于共产主义者同盟中的维利希－沙佩尔冒险集团的唯意志论计划进行斗争的必要性，使革命进程的长期性和复杂性以及现存社会向共产主义逐步过渡这类问题成为科学共产主义创始人注意的中心。他们还在公开场合，尤其是在马克思1849年至1850年冬天在伦敦德意志工人教育协会所作的报告中以及与战友和同志的通信中表示过这些观点。勒泽尔说过，"马克思认为，它（共产主义）只能通过教育和循序渐进的途径才能实现，并在给我们的一封信中提出在实行共产主义之前必须经过4个阶段"。① 通过对勒泽尔的供述进行批判性的分析和把他的供述与马克思和恩格斯著作，特别是1850年3月的中央委员会告共产主义者同盟书②、书信和其他文献中人们所熟知的观点相比较可以断定，根据马克思当时的考虑，德国革命进程分为以下发展阶段：1.下次革命之前的这个阶段，在这个阶段中，"小资产阶级和无产阶级共同反对王权"；2."小资产阶级当权"的民主共和国，在这个共和国中"共产主义者才真正开始活动，形成反对派"；3."社会共和国"；4."社会共产主义"共和国；5."纯粹的共产主义共和国"③。

关于即将到来的革命进程的发展阶段的观点，包括"纯粹的共产主义共和国"的观点是1848—1849年革命后这个阶段马克思和恩格斯的

---

① 《马克思恩格斯全集》历史考证版第3部分第3卷第740页。
② 参看《马克思恩格斯全集》第1版第7卷第288—299页。
③ 《马克思恩格斯全集》历史考证版第3部分第3卷第740页。

最重要的理论成就。后来，在1875年，这些观点在对哥达纲领草案进行的批判中得到了进一步发展和经典性表述。

在马克思的其他信件中阐发了这样一种思想：社会的革命变革不是一个孤立的、仅与这个或那个国家有关的现象，而是一个受一定社会经济原因制约的过程。欧洲革命是一个统一进程的观点说明了马克思为何在这一时期和随后一个时期潜心研究最重要的欧洲国家的经济发展趋势。如果说他在1849年和1850年对英国这个当时最发达的资本主义国家予以极大关注，那么，这恰恰是因为英国进行无产阶级革命的物质前提比欧洲大陆任何其他国家都要成熟。马克思1849年7月31日致弗莱里格拉特的信和8月17日致恩格斯的信对当时左右英国统治阶级政策的政治和社会经济因素进行了透彻的分析。在分析英国资产阶级旨在将土地贵族逐出政治舞台并消除其对国家经济发展的影响的对内和对外政策时，马克思指出，资产阶级出于这个原因，为了利己的目的，在对外政策上也反对欧洲的反动国家沙皇俄国、奥地利和普鲁士。① 马克思在关于未来革命中英国的作用的思考中利用具体的历史资料阐述了经济危机与革命之间具有内在联系的观点。② 就一般性理论而言，马克思在1848—1849年革命之前就已形成了这种观点，并在《共产党宣言》中有所阐述。马克思在上面提到的一封信中提出了革命高潮不会在经济繁荣的条件下到来的思想："因为现在正好是贸易日益扩大的时候，法国、德国等地的工人群众，以及整个小店主阶层等，也许在口头上是革命的，但是实际上当然不是如此。"③ 此后不久，在1850年秋撰写的第3

---

① 参看《马克思恩格斯全集》第1版第27卷第158页。
② 参看《马克思恩格斯全集》第1版第27卷第538—540页。
③ 参看《马克思恩格斯全集》第1版第27卷第539—540页。

篇述评中，马克思和恩格斯表述了这样一个论点："新的革命只有在新的危机之后才有可能。"①

在1848—1849年革命经验的基础上制订马克思主义理论对马克思和恩格斯的革命实践活动具有直接意义。在那些年里，他们的革命实践活动的主要任务就在于聚集和团结分散的革命力量，为新的阶级斗争组织和准备无产阶级干部。

本卷发表的一部分信件反映了马克思和恩格斯1849年和1850年作为共产主义者同盟领导人所从事的活动，这些信件极大地丰富了有关同盟的一段极复杂而又较少研究的历史的文献资料。

与前一革命时期不同，那时，德国存在着共产主义者在民主组织和工人组织中以及在革命新闻界中从事合法活动的条件，马克思和恩格斯及其最亲密的战友支持建立一个以共产主义者为核心的无产阶级的合法政党。而此时在反动势力日益增长的条件下，必须把革命实践活动的重点重新放在秘密同盟的非法活动上。恩格斯后来在他的著作《关于共产主义者同盟的历史》中写道："像1848年以前一样，形势使得无产阶级任何公开组织都不可能，因此，不得不重新秘密地组织起来。"② 同盟，包括它的中央委员会，必须重新组织起来，并加以巩固，大部分支部和区部都已经瓦解，许多盟员在战斗中牺牲或遭到逮捕，一些盟员退出了运动，地址业已散失，联系已经中断。

1849年秋初，在伦敦重新成立了共产主义者同盟中央委员会。其成员有：马克思、恩格斯、亨利希·鲍威尔、奥古斯特·维利希、阿尔伯特·列曼、卡尔·普芬德、萨洛蒙·弗伦克尔、康拉德·施拉姆、约

---

① 参看《马克思恩格斯全集》第1版第7卷第514页。
② 参看《马克思恩格斯全集》第1版第21卷第256页。

翰、格奥尔格·埃卡留斯。从1850年7月初起沙佩尔也是成员之一。①

一些信件中有关于改组共产主义者同盟的资料。1849年底至1850年初,新建的伦敦中央委员会向大陆上的同盟组织和成员个人了解局势,并发出在各地区恢复活动的最初的指示。马克思1849年12月19日致魏德迈的信、1850年1月11日致弗莱里格拉特的信和致勒泽尔的信②以及1849年12月27—29日左右卡尔·布林德致马克思的信和1850年1月16日魏德迈致马克思的信都报告了中央委员会为了与德国的支部和各个盟员恢复联系所采取的步骤。1850年1月25日艾韦贝克给马克思的复信和1850年2月21日德朗克给恩格斯的复信证明,马克思和恩格斯对共产主义者同盟巴黎区部的状况很感兴趣,并希望通过通信者的帮助与之建立联系,后来在中央委员会的六月告同盟书中,马克思和恩格斯根据艾韦贝克的这封信描述了巴黎区部的状况。③ 在大约1850年5月7日德朗克致恩格斯的信和1850年5月9—14日威廉·沃尔弗致恩格斯的信中,为了回答恩格斯的询问叙述了瑞士的状况。当时有许多从德国流亡的共产主义者同盟成员在瑞士居住。

已经提到的1850年1月11日马克思致弗莱里格拉特的信具有重要意义。从这封信中可以推断出1849年底至1850年初中央委员会的具体决议和活动的内容。这类信件特别重要,因为包括中央委员会会议记录和其他组织内部文献在内的共产主义者同盟领导机构的档案没有保存下来(1850年9月15日的会议记录是个例外),断定这一时期中央委员会的具体活动只能借助于保存下来的从伦敦寄给大陆上的组织和盟员的

---

① 参看《马克思恩格斯全集》历史考证版第1部分第10卷第358页。
② 参看《马克思恩格斯全集》历史考证版第3部分第3卷第738—740页。
③ 参看《马克思恩格斯全集》第1版第7卷第365页。

信件。在马克思的这封信中就谈到了派特使康拉德·施拉姆去美国的决议。他的任务是在流亡美国的盟员和其他1848—1849年革命参加者中间为出版《新莱茵报·政治经济评论》筹集资金，并以不同方式从事宣传活动。由于种种原因，这一决议未能实施，本卷中的信件也探讨了这些原因。

在研究马克思和恩格斯有关共产主义者同盟的通信时，应当考虑到，当时与各个组织和各个盟员的通信联系具有严格保密的性质，并且仅仅是中央委员会领导大陆上同盟改组工作的联络渠道中的一个渠道。从部分信件中可以看出中央委员会为了澄清组织问题和其他问题派往瑞士和德国的特使的活动情况。德朗克大约1850年5月7日致恩格斯的信和7月3日致共产主义者同盟中央委员会的信证明，被中央委员会派往德国散发3月告同盟书的亨利希·鲍威尔参加了美因河畔法兰克福同盟支部的改组工作。从1850年7月17日马克思致布林德的信和1850年6月18日勒泽尔致马克思的信中可以看出，中央委员会曾委托佐林根的工人卡尔·威廉·克莱因将6月告同盟书带到大陆。德朗克1850年7月3日、7月18日和7月底或8月初致恩格斯和致共产主义者同盟中央委员会的信，以及1850年7月3日魏德迈致马克思的信中有关于德朗克作为中央委员会的特使在德国和瑞士的活动的丰富资料。这些信反映了德朗克和魏德迈为了改组和巩固美因河畔法兰克福同盟支部所作的努力，以及德朗克与威廉·沃尔弗一起在苏黎世建立同盟领导区部和在瑞士一些城市特别是日内瓦建立支部的尝试。

许多信表明，中央委员会的特使和其他盟员在一些地区遇到个别盟员，他们受了小资产阶级分子的影响，打算脱离伦敦中央委员会独立活动。例如，德朗克和沃尔弗详细描述了由一些共产主义者同盟成员在瑞士参加建立的革命集中在1850年2月的活动。① 这些信从根本上来说是有关那些小资产阶级组织的主要资料来源，这些组织给在瑞士重建共产主义者同盟支部造成严重困难，妨碍了这些支部重新建立与中央委员会之间联系。

1850年7月17日马克思致布林德的信、1850年8月2日以后康拉德·施拉姆致共产主义者同盟中央委员会的信等文献可以使人了解施拉姆1850年夏作为中央委员会特使被派往汉堡和石勒苏益格－荷尔斯泰因时所肩负的使命。它们证明，同盟中央委员会认为石勒苏益格－荷尔斯泰因人民争取脱离丹麦的斗争具有重要意义；同盟中央委员会不仅及时了解各个事件，而且打算直接参与支持石勒苏益格－荷尔斯泰因的运动。当时这个运动已经在德国开展起来，尤其表现在组织义勇军上。

那些反映共产主义者同盟科隆组织的活动的文献在本卷中占有重要地位。科隆组织在德国是同盟的最重要的组织，同时还是莱茵省和威斯特伐利亚的领导区部。它的成员勒泽尔、罗兰特·丹尼尔斯和亨利希·毕尔格尔斯的信对前面提到的勒泽尔有关未保存下来的马克思致科隆盟员的几封信的供述作了很大补充。这些文献描述了科隆共产主义者的组织和宣传活动，反映了他们与马克思的经常性联系，表明了他们忠诚于科学共产主义观点，并说明了为什么伦敦中央委员会在1850年9月同盟分裂之后，偏偏将它的代理权移交给科隆组织。同时，这些信件当中的一些信件还证明，1850年夏伦敦中央委员会和科隆区部的领导之间

---

① 参看《马克思恩格斯全集》历史考证版第3部分第3卷第543—545、573、574—578、594—596和609—610页。

在组织问题中存在着意见分歧。① 共产主义者同盟中央委员会6月告同盟书中给同盟改组工作做了结论,指出科隆区部"以本身的力量在德国组织同盟"②的做法是这一工作中的缺点。中央委员会认为,这种做法削弱了同盟组织上的统一。显然,科隆盟员不同意这种说法,为此曾交换过意见,这反映在1850年夏马克思与科隆盟员的通信中。

在这一时期,共产主义者同盟中央委员会及其地方组织的活动的一个重要方面就是对盟员进行理论培养和政治教育,以及在广大无产阶级和民主派当中从事宣传工作。1849年至1850年的冬天,马克思在伦敦德意志工人教育协会大会上举办了关于《共产党宣言》和政治经济学的讲座。③ 许多生活在伦敦的共产主义者同盟成员,包括所有中央委员会的成员,都属于这个协会。从1850年2月20日埃卡留斯致马克思的信中可以看出,马克思还在更小的圈子内为盟员举办了政治经济学讲座。1850年10—12月马克思和魏德迈之间的通信④表明,马克思支持魏德迈为工人写一部政治经济学通俗读物的打算。丹尼尔斯在1850年7月19日的信中就与马克思商议过应该以何种方式开展共产主义者同盟的宣传活动。这封信和1850年5月9—14日威廉·沃尔弗致恩格斯的信、7月10日左右科隆领导区部致中央委员会的信以及9月29日德朗克致恩格斯的信表明,各地的同盟组织都努力使其宣传活动以《共产党

---

① 参看《马克思恩格斯全集》历史考证版第3部分第3卷第84、571、586、599页。
② 《马克思恩格斯全集》第1版第7卷第359页。
③ 参看《马克思恩格斯全集》第1版第27卷第541—542页;《马克思恩格斯全集》历史考证版第3部分第3卷第739页。
④ 参看《马克思恩格斯全集》第1版第27卷第563—564页;《马克思恩格斯全集》历史考证版第3部分第3卷第656、659和713页。

宣言》为基础。一些致马克思的信（魏德迈1850年7月3日的信、勒泽尔9月14日、9月25日和11月2日的信）反映了对《宣言》的大量需求和科隆盟员筹备出版《宣言》新版本。

　　本卷发表的许多信涉及《新莱茵报·政治经济评论》的出版情况。1850年，它在马克思和恩格斯的理论、宣传和组织工作中占有重要地位。出版这份杂志是他们领导共产主义者同盟的活动的一个重要组成部分。出版这份杂志与1849—1850年同盟的改组有着直接的联系，尽管这个事实由于同盟的非法性质没有能够分开说明。这些信表明，马克思和恩格斯力图使这份杂志成为聚集无产阶级力量的中心，就像革命年代的《新莱茵报》一样。

　　从1849年7月起，这些信开始反映出马克思在德国出版一份政治经济学杂志的活动。由于相信新的革命高涨即将到来，他设想将杂志改为日报。从通信中可以了解到恩格斯在杂志的组织准备工作中，以及后来他与马克思共同解决各种有关保证杂志定期出版和杂志销售的问题中所起的作用。这些信显然把战友和同志，即从前《新莱茵报》编辑部的成员、共产主义者同盟的成员、宪章运动左翼领袖，还包括民主运动的革命代表都串联在一起了。马克思和恩格斯争取他们参与杂志的工作，[1] 并依靠他们推销杂志。本卷的资料描述了编辑部及其在大陆上的支持者所碰到的政治上和组织上的困难和要找到杂志通向读者的途径所必须克服的障碍。[2] 这些信中有关于杂志上刊登的马克思和恩格斯的文

---

　　[1] 参看《马克思恩格斯全集》第1版第27卷第538—539、541—542和546页；《马克思恩格斯全集》历史考证版第3部分第3卷第425、431、440、446、456、472、486、506—507页。

　　[2] 参看1850年3月13日泰奥多尔·哈根致马克思的信和1850年6月15日魏德迈致马克思的信。

章在德国、瑞士、英国、美国的无产阶级和民主主义者当中的巨大影响的令人信服的陈述。① 它们证明了这份共产主义者同盟的理论机关刊物在1848—1849年革命失败后的这个阶段在团结和加强无产阶级力量方面起到了重要作用。

本卷收入的很多信件都描述了组织救济英国的德国流亡者这一共产主义者同盟活动的重要方面。克里斯提安·约瑟夫·埃塞尔1849年9月28日的信、弗里德里希·威廉·许纳拜恩1849年10月3日的信、弗莱里格拉特1850年1月26日的信、格奥尔格·荣克1850年3月4日的信、魏德迈1850年5月24日的信和哈根1850年6月28日的信都反映了在德国根据伦敦德国流亡者救济委员会的倡议所作的这方面的努力。这个委员会在1849年11月改为社会民主主义流亡者委员会,马克思和恩格斯在委员会中起领导作用。包括新发现的1850年2月19日马克思致《纽约州报》出版者雅科布·乌尔的信在内的这类信件说明了这些活动对于把伦敦德国流亡者中的无产阶级和社会主义一翼团结在共产主义者同盟周围具有政治意义。同时它们还展示了马克思和恩格斯的同情心和对待战友的乐于助人的精神。

同时,本卷的资料还反映了马克思和恩格斯在必须反对偏离革命路线的做法和挫败所有把不成熟的教条和宗派主义策略强加给无产阶级组织的企图的情况下所特有的坚定性和不妥协性。

---

① 参看《马克思恩格斯全集》历史考证版第3部分第3卷第505、516、530—531、537和545页,并见1850年6月2日格奥尔格·维尔特致马克思的信、1850年6月22日和7月28日麦克斯·约瑟夫·贝尔致恩格斯的信、1850年12月9日和16日哈尼致恩格斯的信。

从马克思和恩格斯与共产主义者同盟中维利希和沙佩尔领导的派别所进行的尖锐的思想斗争中也可以看出这一特性。由于在革命前途和革命斗争的策略上存在着深刻的意见分歧,马克思、恩格斯及其拥护者与这一派别的成员分道扬镳了。维利希和沙佩尔不是科学地对待革命运动,他们不理解重视革命的客观条件的必要性,他们不是要彻底地解决革命的民主主义和社会主义任务,而是不顾政治状况如何,冒险地号召立即采取行动,对向共产主义过渡的道路抱有粗陋的观念,并持有其他唯意志论观点。

根据勒泽尔的证词,马克思在 1849—1850 年的冬天就已尖锐地批判了维利希"即使违背全德国的意志也要甘冒风险地"① 为建立共产主义制度而奋斗。本卷首次发表了盟员威廉·罗特哈克尔致马克思的信,所标明的写信时间是 1850 年 7 月—8 月上半月,时间无法更精确。信中反映了伦敦同盟成员中的意见分歧,远非所有伦敦盟员都能够马上理解欧洲新的历史状况的特殊性和无产阶级斗争策略作相应改变的必要性。1850 年秋,与维利希、沙佩尔及其拥护者在策略问题上的争论转化为尖锐的冲突。上面提到的罗特哈克尔的那封信和 1850 年 8 月 27 日、9 月 5 日和 14 日维利希致马克思的信表明,维利希、沙佩尔及其拥护者的活动导致了共产主义者同盟的瓦解。1850 年 9 月 14 日维利希和普芬德致马克思的信说明了由马克思领导的共产主义者同盟中央委员会多数派是在什么情况下被迫召开 1850 年 9 月 15 日的非常会议的。在这次会议上,根据马克思的建议,决定将中央委员会的代理权移交给科隆区部,起草新的章程,并在伦敦建立两个彼此独立的区部,它们将直接

---

① 《马克思恩格斯全集》历史考证版第 3 部分第 3 卷第 739 页。

与科隆的中央委员会保持联系。① 按照马克思的观点，坚决贯彻这些决议可以清除同盟领导中的宗派主义分子，并同时维护组织的统一。然而，维利希、沙佩尔及其拥护者拒绝服从多数派的决议和在共产主义者同盟伦敦区部全体大会上通过的关于成立一个自己的中央委员会的决议，结果成立了宗得崩德，从而导致了分裂。

1850年10—12月致马克思和恩格斯的信反映了德国各地和瑞士的盟员对待这一事件的态度。1850年10月13日、11月10日、12月28日魏德迈的信、10月23日威廉·沃尔弗的信和12月1日德朗克的信证明，那些最亲密的朋友和战友是赞成马克思和恩格斯的这些举动的。他们谴责宗得崩德的分裂路线，积极参与实现中央委员会1850年9月15日的决议。从1850年9月25日和11月2日勒泽尔的信、12月7日丹尼尔斯的信、12月16日威廉·皮佩尔的信和12月19日燕妮·马克思的信中可以看出，新的科隆中央委员会采取了哪些初步措施使它作出将宗派冒险主义的维利希－沙佩尔的宗得崩德的领导成员开除出共产主义者同盟的决定，起草了新的章程和1850年12月1日的告同盟书。

总而言之，与1849年和1850年共产主义者同盟历史有关的信件证明了这两年是马克思、恩格斯及其战友为了维护革命工人运动的科学的战略和策略、为了无产阶级政党、为了在不同的阶级斗争条件下制订全面的理论和具体实现党的原则进行艰苦斗争的两年。

本卷发表的资料表明，马克思和恩格斯把不同国家工人阶级革命代表的国际联合看作欧洲革命胜利的最重要的条件之一。这些资料特别说明了共产主义者同盟与宪章派革命一翼之间联系的进一步巩固。哈尼在

---

① 参看《马克思恩格斯全集》第1版第7卷第616—622页；《马克思恩格斯全集》历史考证版第3部分第3卷第739—740页。

《新莱茵报》出版期间致恩格斯的信证明，该报编辑部曾经支持他与菲格斯·奥康奈尔周围的改良主义分子进行斗争。① 马克思和恩格斯曾帮助哈尼出版宪章派杂志《民主评论》和后来的《红色共和党人》。恩格斯分析法国和德国的政治时事的一系列文章就发表在《民主评论》上。② 1850年4月，马克思和恩格斯同哈尼一起与沉亡中的布朗基主义者签署了建立世界革命共产主义者协会的协议。在哈尼的支持下，他们为了使协议签名者人人严格遵守协会的纲领而进行了斗争。这个纲领中包含科学共产主义关于革命和无产阶级专政的观点。③ 那些小资产阶级组织对这个世界性协会的纲领中所阐述的共产主义目标抱敌对态度，马克思和恩格斯拒绝向它们作出原则上的让步，认为这是决不允许的。④ 哈尼在共产主义者同盟分裂时期支持马克思和恩格斯。亚当、艾曼纽尔·巴特尔米和茹尔·维迪尔1850年10月7日的信⑤流露出与维利希和沙佩尔结盟的伦敦布朗基主义流亡者领导人对马克思、恩格斯及其拥护者的敌对态度。他同马克思和恩格斯一起在给这封信的复信上签了名。这封复信实际上等于取消了与布朗基主义者的协议。然而，1850年底，马克思和恩格斯发现哈尼受到小资产阶级流亡者领导人的影响，他们提醒他，他对小资产阶级流亡者领导人的假革命的惯用词句和在流亡者中建立各种"革命政府"冒险行为的看法不正确。1850年12月9日哈尼致恩格斯的信间接地证明了马克思和恩格斯的这一批评。

---

① 参看《马克思恩格斯全集》历史考证版第3部分第3卷第306、318—319和350页。
② 参看《马克思恩格斯全集》第1版第7卷。
③ 参看《马克思恩格斯全集》第1版第7卷第605—606页。
④ 参看《马克思恩格斯全集》第1版第27卷第556页。
⑤ 参看《马克思恩格斯全集》历史考证版第3部分第3卷第654页。

本卷中的许多资料论述了无产阶级革命者与小资产阶级民主派的关系。马克思和恩格斯鉴于1848—1849年革命的经验，坚信无产阶级政党迫切需要与小资产阶级民主派彻底划清界限，他们在作为改组同盟的思想基础的共产主义者同盟中央委员会三月告同盟书中阐述了这一任务。马克思1849年7月底致恩格斯的信、12月19日致魏德迈的信、1850年1月1日和3月12日致弥勒-捷列林格的信，以及恩格斯1849年7月25日致燕妮·马克思的信、8月24日和12月22日致沙贝利茨的信和1849年12月27—29日左右布林德致马克思的信反映了科学共产主义创始人对这个问题的一贯的坚定立场。在这一时期的书信中反映了聚集在马克思和恩格斯领导的社会民主主义流亡者委员会周围的伦敦德国流亡者与建立起自己的流亡者组织的古斯塔夫·司徒卢威、路易·鲍威尔等领导的小资产阶级分子划清界限的情况。①

1850年12月马克思、皮佩尔和燕妮·马克思致恩格斯的信②通报了宗得崩德与伦敦小资产阶级流亡者阵营加强联系的情况。从这些信和1850年12月17日恩格斯致马克思的信中可以看出，马克思和恩格斯认为，宗得崩德的领导人接近小资产阶级代表是他们与共产主义者同盟决裂和在政治活动中放弃无产阶级阶级立场的合乎逻辑的结果。

本卷收入的信中的许多信件说明了马克思和恩格斯的一些著作的产生历史，并描述了他们在写作方面的合作。例如，1849年7月底马克思致恩格斯的信便说明了撰写《德国维护帝国宪法运动》是马克思的

---

① 参看《马克思恩格斯全集》第1版第27卷第537、553、554—555、556页；《马克思恩格斯全集》历史考证版第3部分第3卷第445页。

② 参看《马克思恩格斯全集》第1版第27卷第167—171页；《马克思恩格斯全集》历史考证版第3部分第3卷第702和707页。

主意。马克思这样写道："你在这样做的时候可以很好地表达《新莱茵报》对民主派的总的态度。"① 恩格斯1849年8月23日致魏德迈的信和8月24日致沙贝利茨的信证明，他完全同意马克思的建议，并开始撰写这篇论文。恩格斯在给沙贝利茨的信中写道："我的这一著作按照《新莱茵报》的精神，对这一段历史提出了与其他可以预期将会出现的说法不同的解释。"② 上面提到的这些信以及1849年12月22日恩格斯致沙贝利茨的信和1849年8月28日威廉·沃尔弗致恩格斯的信提供了恩格斯决定在《新莱茵报·政治经济评论》上发表他的论文之前，为这篇论文寻找出版商的情况。

马克思和恩格斯的许多文章都是根据其朋友和战友的建议而写的。例如，弗莱里格拉特在写信讨论出版《新莱茵报·政治经济评论》的一些问题时，曾建议马克思在杂志上刊登一篇对格奥尔格·弗里德里希·道梅尔《新时代的宗教》一书的评论。马克思和恩格斯起草的对这部书的批判性分析发表在杂志的第2期上。他们把这部书看作是畏惧革命的德国市侩在思想上的破产的一种表现形式。

马克思、恩格斯及其通信伙伴的信涉及科学共产主义创始人的一些未能实现的写作计划。1849年7月底至8月马克思与魏德迈的通信证明，马克思打算为《新德意志报》写一篇关于英国状况的文章。魏德迈认为这篇文章的发表将会巩固报纸的地位。③ 从1849年7月底致魏德迈的信中可以看出，马克思打算用"一篇关于目前情况的政治性短序"

---

① 《马克思恩格斯全集》第1版第27卷第157页。
② 《马克思恩格斯全集》第1版第27卷第533页。
③ 参看《马克思恩格斯全集》第1版第27卷第530、531—532页和《马克思恩格斯全集》历史考证版第3部分第3卷第384页。

对在《新莱茵报》上发表了一部分的著作《雇佣劳动与资本》加以补充，以小册子的形式出版。① 从1849年8月28日魏德迈致马克思的信中可以了解到魏德迈为实现这一计划采取了哪些步骤。马克思1850年12月与恩格斯的通信表明，马克思在考虑以季刊的形式继续出版《新莱茵报·政治经济评论》的计划的同时，曾向恩格斯建议，分析一下朱泽培·马志尼的最新著作和他的拥护者的活动。1850年12月2日马克思致海尔曼·贝克尔的信阐明了以小册子形式出版社会主义丛书的计划。

本卷收入的信证明，1849年和1850年科学共产主义创始人的组织实践、政论和理论活动都是在困难的局势下进行的。这两年，马克思和恩格斯一直受到警察的追踪。在科隆逗留期间，他们作为《新莱茵报》的编辑和革命斗争的积极参加者，常常是警察和司法当局攻击的目标。1849年5月，马克思被以不是普鲁士人为由逐出科隆，恩格斯为了免遭逮捕而不得不离开莱茵省。恩格斯因1848年在科隆的革命活动和参加1849年5月的爱北斐特起义②而受到法庭追究，马克思1849年8月被逐出巴黎③以及马克思和恩格斯移居新的终生流放地英国，④这些事件在信中都有所反映。

居住在英国对马克思和恩格斯来说也并不安全。在致普鲁士驻伦敦大使克里斯提安·卡尔·约西亚斯·冯·本生的信中，马克思和恩格斯

---

① 参看《马克思恩格斯全集》第1版第27卷第530页。
② 参看《马克思恩格斯全集》第1版第27卷第150—151页和第160页。
③ 参看《马克思恩格斯全集》第1版第27卷第156—161页；《马克思恩格斯全集》历史考证版第3部分第3卷第372—373、378—379页。
④ 参看《马克思恩格斯全集》第1版第27卷第160、536页。

揭露了普鲁士反动集团在他们流亡期间对他们的迫害。① 马克思1850年6月8日和27日致布林德的信和由马克思、恩格斯和维利希签名的1850年6月14日致伦敦报纸《旁观者》的信,证实了当时确实存在着托利党政府迫于普鲁士当局的压力将德国政治流亡者逐出伦敦的危险。

马克思1849年和1850年生活处于困难境地不仅是因为警察的迫害,而且还因为缺少固定收入来源造成的物质上的窘境。马克思和他妻子的许多信非常感人地描绘了他们在巴黎和伦敦的贫困的流亡生活、马克思及其家庭成员的病况、1850年11月儿子亨利·格维多的夭折。那几年恩格斯在经济上也一直处于困难之中。本卷发表的他母亲的信尤其证明了这一点。从他母亲的信中还可以看出,恩格斯的革命活动对他的父母、兄弟和姐妹来说是完全格格不入和不可理解的。同时,伊丽莎白·恩格斯的信中还浸透着母爱和对其儿子的命运的深切担忧。

这个时期的信件的背景强烈地衬托出马克思和恩格斯为工人阶级和革命的事业而工作的忘我无私精神。这些信有力地证明了科学共产主义创始人在1849年和1850年得到了许多朋友、战友和同志的支持。它们反映了马克思和恩格斯以他们的远大目光、他们的勇气和他们对共产主义理想的无限忠诚所赢得的崇高威望。

关于把马克思和恩格斯彼此联系在一起的友谊和同心同德的言论具有很大意义。② 本卷反映了恩格斯生活的一个重大转折,这就是1850年11月移居曼彻斯特和加入欧门-恩格斯公司。这次向"卑鄙的商业"

---

① 参看《马克思恩格斯全集》第1版第27卷第558页。
② 参看《马克思恩格斯全集》第1版第27卷第525—527、156—157、160—161、162、170—171页。

（恩格斯本人这样说）的转折主要出于恩格斯的愿望，即能够经常资助马克思及其家庭，以便使马克思能够继续从事理论研究。对马克思的这种帮助是恩格斯为了他们共同为之献身的事业的成功而作出的人类的英雄壮举。

（原载《马克思恩格斯全集》历史考证版第 3 部分第 3 卷）

（朱霞 译　孙魁 校）

1851年马克思和恩格斯在理论创作上的合作

——《马克思恩格斯全集》原文版第3部分第4卷前言*

本卷包括马克思和恩格斯1851年的书信。同《马克思恩格斯全集》原文版第3部分的其他各卷一样，本卷除了马克思和恩格斯本人写的信外也收入了其他人寄给他们的书信，此外，本卷还包括受马克思的委托写的书信以及包含有说明马克思的通信情况的其他人的书信的摘要。

自从恩格斯1850年11月从伦敦移居曼彻斯特之后，通信就成为马克思和恩格斯之间多年不断联系的主要形式。他们的书信除了互通时事信息外，主要还讨论并为自己弄懂共同斗争中的所有理论问题和实践问题。

其他人写给马克思和恩格斯的书信实际上是对他们自己的书信的补充。它们几乎是研究马克思主义创始人活动的各个方面的唯一资料来源。这些方面在1851年主要包括：他们同共产主义者同盟科隆中央委员会的联系；对在德国被捕的同盟成员的援助；同在伦敦与美国的无产阶级流亡者建立联系，以及他们同流亡国外的资产阶级和小资产阶级代表人物进行斗争的许多事例。此外，在这些信中还提到了马克思和恩格

---

* 本文选自《马克思恩格斯研究》1992年总第11辑。

斯的那些没有保存下来或者至今尚未发现的信，在许多情况下可以启发我们了解这些书信的内容。

在1851年里，同马克思和恩格斯保持通信联系的有他们在共产主义者同盟中的朋友和战友，有各国民主运动和工人运动的参加者，其中包括宪章运动的革命派领导人，几家进步报纸的编辑和出版者，马克思的夫人燕妮，恩格斯的父母以及其他人。

本卷的书信表现了马克思和恩格斯在欧洲大陆政治反动的条件下从事的活动。欧洲大陆的政治反动在德意志各国导致受到1848—1849年革命震撼的君主政体的重建，在法国导致了波拿巴主义的胜利。

1850年马克思和恩格斯就得出这样的结论：发达资本主义国家在革命时期就已经开始的经济繁荣巩固了反动势力的地位。他们在1850年秋天撰写的第三篇国际述评中断定①，一个非革命时期开始了。但是，这丝毫没有改变他们所确立的信念，即一场新的革命高潮必然逐渐成熟起来，无产阶级革命终将取得胜利。因此，他们在1851年仍然一再总结1848—1849年革命的经验，继续不懈地集中并教育革命力量，引导他们准备迎接即将来临的阶级大搏斗。

在本卷发表的书信中包含关于马克思和恩格斯在1851年从事科学理论工作的大量资料，包含关于他们一系列著作的产生史的大量资料。特别是，正是1851年的书信全面展现了恩格斯撰写的文章《德国的革命和反革命》的历史。这一组文章是恩格斯应马克思的请求为《纽约每日论坛报》而作的。因为马克思是该报的正式撰稿人，所以这一组文章是以马克思的名字发表的。书信的读者将了解到，写作这组文章的想法是如何产生的，马克思和恩格斯创造性的合作在这一组文章中具体表

---

① 《马克思恩格斯全集》第1版第7卷第492—540页。

现在哪里①。

1851年8—11月的书信包括科学共产主义的创始人就蒲鲁东《十九世纪革命的总观念》一书的发表共同与他展开论战的计划。这些书信是对马克思和恩格斯在他们反对蒲鲁东主义的思想斗争中进行的成果丰硕的合作的重要证明。马克思在7月底读了蒲鲁东的这本书之后，对它的总的评价是"反对共产主义的一场论战"②。马克思在8月8日和14日致恩格斯的信中把这本书的基本思想说成是按照小资产阶级的理想，以社会改革（"社会清算"和"经济力量的组织"）的方案对抗彻底变革社会的共产主义理论的公开尝试，这个方案确定在资本主义的经济基础上降低利率，即减低信用，并且以国库开支赎买不动产以维护小所有者的利益。马克思强调说，"社会清算只是重建'健全的'资产阶级社会的一种手段。"③

蒲鲁东从无政府主义立场出发号召分散国家体制，号召用经济机体"解体"政府，以此来补充他的改良主义思想。马克思看到，蒲鲁东这本书的主要倾向是实际上宣传阶级和平、改良主义以及对政治漠不关心，这是与工人运动的根本利益相悖的。他决定公开批判这种倾向。就像在其他类似情况下那样，马克思请求恩格斯把对此书的意见告诉他。④ 10月底，恩格斯将他对此书的详细批判分析寄给了马克思。⑤ 马克思在11月24日的信中对恩格斯写的简评给予高度评价，并且对不能

---

① 参看《马克思恩格斯全集》第1版第27卷第315—322、322—325、329—532、333—336、359—360和371—372页。

② 《马克思恩格斯全集》第1版第27卷第329、330、329页。

③ 《马克思恩格斯全集》第1版第27卷第329、330、329页。

④ 《马克思恩格斯全集》第1版第27卷第329、330、329页。

⑤ 参看《马克思恩格斯全集》第1版第27卷第382、391页。

出版对蒲鲁东观点的这一批判表示惋惜。他写道:"如果再添上一些我的废话,它可以由我们两人一起署名出版。"①

但是,从马克思12月19日寄给约瑟夫·魏德迈的信中可以明显看到,他在继续为发表一部反对蒲鲁东的论战文章寻找途径。魏德迈这时正在纽约筹办《革命》周刊。马克思请他在该周刊中预告即将以连载的方式发表一篇论文,标题为:《社会主义的最新启示,或比·约·蒲鲁东的〈十九世纪革命的总观念〉。卡尔·马克思》②。魏德迈在1852年1月6日的《革命》周刊第1期上发布了这份预告。然而,马克思并没有写成这样一篇论战文章,因为,他在1851年12月下半月就已忙于一个更迫切的问题——分析在法国发生的波拿巴政变。当他此后又有了写文章的时间时,却已失去了发表的机会,因为《革命》停刊了。恩格斯关于蒲鲁东文章的提纲在他死后许多年才发表。③ 它将被编入《马克思恩格斯全集》原文版第4部分的相应卷次中。

本卷发表的一些书信使人们了解到马克思主义经典著作之一的《路易·波拿巴的雾月十八日》④ 写作的开始阶段。属于这一类的书信主要有恩格斯12月3、10和16日致马克思的信,马克思12月9日致恩格斯和12月29日致魏德迈的信,此外还有理查·莱茵哈特12月4、6、30日和斐迪南·拉萨尔12月12日写给马克思的信,以及燕妮·马克思12月17日写给恩格斯的两封信。

马克思对自从18世纪末资产阶级革命以来对于欧洲的政治发展产

---

① 《马克思恩格斯全集》第1版第27卷第394、618页。
② 《马克思恩格斯全集》第1版第27卷第394、618页。
③ 发表于《马克思恩格斯文库》1948年俄文版第10卷。
④ 《马克思恩格斯全集》第1版第8卷第117—227页。

生了重要影响的法国总是表示出极大的兴趣,并且在他于1850年初写的《1848年至1850年的法兰西阶级斗争》①一书中概括了这个国家的革命斗争的最新经验。但是,他还继续密切地注视着法国政治事件的发展。1851年12月2日的政变受到马克思和恩格斯的特别关注。

恩格斯在政变的第二天就对该事件作出了反应。在12月3日的信中,他尝试着对所发生的巨变进行阶级分析并预言它可能产生的后果。他评价了各个政党和团体的立场,同时特别指出了巴黎无产阶级的消极态度。几个月之后,他在《去年十二月法国无产者相对消极的真正原因》②一文中,推论出这种消极的根源:工人对第二共和国的资产阶级政体——特别是由于它残酷地镇压1848年六月起义——大为失望。

在上面提到的信中,恩格斯在把波拿巴政变同13世纪末法国革命的那些事件进行比较时,将这次政变描述成一出模仿1799年雾月18日的滑稽剧:"……真好像是老黑格尔在坟墓里把历史当作世界精神来指导,并且真心诚意地使一切事件都出现两次,一次是作为伟大的悲剧出现,另一次是作为卑劣的笑剧出现"③。12月16日恩格斯建议马克思为纽约的《革命》周刊撰写一篇关于这次政变的文章。马克思暂时中断了他在英国博物馆进行的经济学研究,开始用他特有的能量,就像燕妮·马克思12月17日给恩格斯的信中所写的那样,"坐下写关于法国情况的自讨苦吃的文章"④。在写草稿期间,马克思不断同恩格斯交换意见并考虑恩格斯的建议。例如,值得重视的是,《路易·波拿巴的雾

---

① 《马克思恩格斯全集》第1版第7卷第9—125页。
② 《马克思恩格斯全集》第1版第8卷第244—256页。
③ 《马克思恩格斯全集》第1版第27卷第403页。
④ 《马克思恩格斯全集》第1版第50卷第523页。

月十八日》把1851年12月2日的事件同拿破仑第一的政变进行比较作为开篇,而这一比较就是从恩格斯1851年12月3日的信中引用过来的。上面提到的当时居住在巴黎的理查·莱茵哈特的那些信对于马克思来说是除了报刊报道和官方资料外的消息来源。

《路易·波拿巴的雾月十八日》是一部极为重要的理论著作,它第一次得出了必须打碎资产阶级国家机器的结论,用列宁的话说,这个结论"是马克思主义国家学说中主要的基本的东西"①。这部著作是1851年12月至1852年3月这段很短的时间里写成的。

为了从理论上运用1848—1849年革命的经验,马克思把阐明经济对革命发展进程的影响放在首要地位。正如本卷的书信所展示的那样,马克思继续从事经济学研究,他曾因革命事件而中断过这项研究并于1850年重又进行。对于马克思来说,50年代是他制定自己的经济学理论过程中的一个新的、成果极其丰硕的阶段。1859年他在《政治经济学批判。第一分册》序言中写道:"英国博物馆中堆积着政治经济学史的大量资料,伦敦对于考察资产阶级社会是一个方便的地点,最后,随着加利福尼亚和澳大利亚金矿的发现,资产阶级社会似乎踏进了新的发展阶段,这一切决定我再从头开始,用批判的精神来透彻地研究新的材料。"② 马克思在这些年里所做的工作,包括历史批判地分析资产阶级政治经济学和深入研究资本主义的经济,主要是就英国的例子来研究。他用批判的精神透彻地研究了英国政治经济学经典作家威廉·配第、亚当·斯密、大卫·李嘉图的著作以及英国、法国、意大利和美国的其他许多资产阶级经济学家的著作,研究了大量关于具体的经济发展的原始

---

① 《列宁全集》第2版第31卷第26页。
② 《马克思恩格斯全集》第1版第13卷第10页。

文献和资料。在《马克思恩格斯全集》原文版第 4 部分各卷中发表的大量摘录笔记展示了他在学术研究上的这一非同寻常的奋斗。

经济研究工作的最初一些成果也反映在马克思和恩格斯的往来书信中。① 从马克思 1 月 7 日和 2 月 3 日的信中可以看出,马克思当时正在研究货币流通、危机和地租等理论。1 月份写的这封信主要探讨地租理论。马克思对李嘉图的以土壤肥力的递减为前提的级差地租理论给予了最初的批判。他认为:"主要问题仍然是使地租规律和整个农业的生产率的提高相符合",只有这样才能解释地租关系的"历史事实"。马克思还提醒说:马尔萨斯是以所谓的土壤肥力递减规律为根据论述他的人口理论的,并且只有对农业状况的问题作出真正科学的解答,"才能驳倒马尔萨斯关于不仅劳动力日益衰退而且土质也日益恶化的理论"。② 马克思继续强调说,地租在农产品价格降低的情况下也能提高是以农业改良耕作为前提的。从而他着重指出了地租提高的程度和在资产阶级社会中占统治地位的生产和交换规律的发展之间的有机联系。③ 马克思 8 月 14 日和 10 月 13 日的信证明,他在继续探讨这些问题。

马克思 2 月 3 日写给恩格斯的信谈的是货币流通,专门批判了李嘉图的货币数量论。根据李嘉图的观点,流通中的货币充当商品价格的调节者,并且通过商品价格充当贸易差额和汇率的调节者与此相反,马克思证明,流通中的货币的数量本身由工业生产的规模和贸易的规模来调

---

① 参看《马克思恩格斯全集》第 1 版第 27 卷第 175—180、189—191、192—198、206—208、219—221、243—245、245—247、247—252、329—332、360—364、376—380 和 380—384 页。

② 《马克思恩格斯全集》第 1 版第 27 卷第 276、179—180 页。

③ 《马克思恩格斯全集》第 1 版第 27 卷第 276、179—180 页。

节①，它在经济发展趋势中起次要的作用，"危机的过程所以和**货币流通**有关系，那只是因为国家政权疯狂地干预调节货币流通的工作，从而更加加深了当前的危机，就像1847年的情况那样"②。马克思的结论不仅具有理论上的意义，它对于抨击蒲鲁东主义还具有现实的价值，蒲鲁东主义鼓吹交换领域内表面上的改革，说它是医治经济危机和贫困的灵丹妙药。恩格斯十分赞同马克思着手解决这个问题。③

马克思在收集了有关经济学问题的丰富材料并部分地加以研究之后，曾希望于1851年5月结束在英国博物馆的这项工作，"在家里研究经济学，而在博物馆里搞别的科学"④。在本卷的书信中所表明的他要为自己的政治经济学著作寻找一个出版商的事实，也证明了这种愿望。⑤ 然而，马克思越来越坚信有必要借助所有新的来源和资料，继续并且扩展在这一领域的研究工作。

移居曼彻斯特使恩格斯有了一些机会来丰富他在军事领域方面的知识。本卷中大量的书信反映了他对军事科学以及系统研究战争艺术史的兴趣。1851年2月恩格斯阅读了"法国和英国历史学家写的执政时代和帝国的历史，特别是从军事角度去阅读"⑥。他所提到的资料来源有：威廉·纳皮尔的《比利牛斯半岛战争史》，阿契波德·艾利生的《从1789年法国革命开始到1815年波旁王朝复辟的欧洲史》，阿道夫·梯

---

① 参看《马克思恩格斯全集》第1版第27卷第194页。
② 《马克思恩格斯全集》第1版第27卷第193页。
③ 参看《马克思恩格斯全集》第1版第27卷第189—199和220页。
④ 《马克思恩格斯全集》第1版第27卷第246页。
⑤ 参看《马克思恩格斯全集》第1版第27卷第311页和《马克思恩格斯全集》原文版第3部分第4卷第459页。
⑥ 《马克思恩格斯全集》第1版第17卷第223页。

也尔的《执政时代和帝国的历史》，安·让·玛丽·勒奈·萨瓦里的《罗维戈公爵阐述拿破仑皇帝统治的回忆录》，雷蒙德·蒙特库库利伯爵的回忆录，此外还有德国、奥地利和波兰的军事理论家卡尔·威廉·维利森、卡尔·克劳塞维茨和约瑟夫·贝姆等人的专门研究。恩格斯特别对纳皮尔的著作给予了高度评价。① 在结束对这部著作的 6 卷的研究之后，他于 6 月 19 日写信给约瑟夫·魏德迈，称它是"到目前为止我读过的战争方面最好的一部作品"②。有时恩格斯在曼彻斯特的各图书馆很难找到他所需要的这本或那本关于战争艺术的书籍，于是他求助于他的朋友们，尤其是马克思和魏德迈。③

马克思和恩格斯认为，进一步制定从工人阶级立场出发的军事理论是很重要的。从这一点考虑，恩格斯于 1851 年 4 月着手写了《1852 年神圣同盟对法战争的可能性与展望》④ 一文的草稿。尽管他自己认为这篇文章只是"一种练习"，"完全不适于出版，它只能作为私人通讯"，⑤ 这篇手稿仍然具有独立的理论意义。恩格斯在这篇文章中除了唯物主义地分析了 18 世纪末到 19 世纪中叶欧洲最重要的国家的军事发展，说明了这些国家的军事经济潜力之外，他还指出了法国大革命和拿破仑战争对完善欧洲国家的军队编制，对军事思想、军队战略战术的进一步发展产生哪些影响，阐述了关于在无产阶级革命胜利后军事艺术如何发展的深刻的思想。

---

① 参看《马克思恩格斯全集》第 1 版第 17 卷第 223、577 页。
② 《马克思恩格斯全集》第 1 版第 17 卷第 577 页。
③ 参看《马克思恩格斯全集》第 1 版第 17 卷第 235、252、575—579 页。
④ 参看《马克思恩格斯全集》第 1 版第 17 卷第 249—250、252 页以及第 7 卷第 546—577 页。
⑤ 《马克思恩格斯全集》第 1 版第 27 卷第 253 页。

恩格斯这些涉及军事科学研究的书信还恰如其分地描述了军事作家和指挥官的特点。① 他在4月11日给马克思的信中对威灵顿特点的描述是他出色的政论风格的一个范例。② 从军事科学的观点来看，恩格斯9月26日给马克思的信具有重大的意义。在这封信里透彻地分析了小资产阶级民主主义者古斯达夫·阿道夫·泰霍夫的文章《未来战争概论》，分析了一旦发生革命事件，欧洲的革命和反革命武装力量的大致比例。恩格斯在这里提出了关于革命军队的特点及其战斗行动的性质的重要思想。③

马克思和罗兰特·丹尼尔斯之间的往来书信具有十分重要的理论意义。它们为证明马克思和恩格斯的最亲密的志同道合者的高度科学水平提供了资料。马克思和恩格斯在创立和发展他们的学说的过程中，与这些知识分子有直接的联系。遗憾的是，马克思1851年写给丹尼尔斯的信没有流传下来。然而，从丹尼尔斯的回信中能够推想出遗失了的马克思书信的内容，并且有可能在某几个场合使这些书信复原，即使只是部分地复原。在本卷中发表了丹尼尔斯的9封信，④ 并单独发表了被丹尼尔斯引用的马克思的两封信的片断。⑤ 马克思关于科学对社会关系的性质的依附性以及关于在共产主义社会里科学成就在实践中加以利用的无

---

① 参看《马克思恩格斯全集》第1版第27卷第222—224、247—252、252—254、257—263和575—579页。

② 《马克思恩格斯全集》第1版第27卷第252—254页。

③ 参看《马克思恩格斯全集》第1版第27卷第372—375页。

④ 《马克思恩格斯全集》原文版第3部分第4卷第308、320、336—341、345—346、355—357、360—364、365、385—387和391—396页。

⑤ 《马克思恩格斯全集》原文版第3部分第4卷第78页和《马克思恩格斯全集》第1版第27卷第575页。

限可能性的表述具有特殊的意义:"共产主义者应当指出,只有在共产主义关系下,工艺学上已经达到的真理方能在实践中实现。"①

马克思和丹尼尔斯1851年2月至6月的往来书信主要是评论丹尼尔斯于1850年,最迟至1851年1月完成的手稿《小宇宙。生理人类学概论》。丹尼尔斯的著作是在自然科学领域运用马克思的思想,把自然科学的唯物主义与马克思和恩格斯创立的辩证法、唯物主义的历史观以及科学共产主义联系在一起的最初尝试。

丹尼尔斯把他的著作寄给了马克思,以便听取他的评定意见,并请求他为这部著作写一篇序言。马克思表示同意,他阅读了手稿并指出了一些欠缺之处。② 恩格斯同样也读过丹尼尔斯的著作,他给予的评价与马克思的意见相一致。③ 马克思和丹尼尔斯在书信中讨论了这部著作的内容,关于人与社会之间,人、人的活动与人的物质生活条件之间辩证的相互关系的问题成为讨论中一个重要的哲学问题。丹尼尔斯在仔细地研究了马克思的评语并再次通读了自己的作品之后,完全接受了他的批评。4月12—13日,他写信给马克思说:"关于我的作品我到现在,也就是再次通读之后,才彻底搞清楚,它在被指摘的篇章中无论如何是有错误的。"④ 丹尼尔斯在他1851年6月13日被捕之前没有时间修改手稿,以后没有再顾及此事,这份手稿便一直没有发表。

为了研究这篇文章,马克思反复向丹尼尔斯求教有关自然科学和技

---

① 《马克思恩格斯全集》第1版第27卷第575页。
② 参看《马克思恩格斯全集》原文版第3部分第4卷第78、336—341页。
③ 参看《马克思恩格斯全集》第1版第27卷第251页。
④ 《马克思恩格斯全集》原文版第3部分第4卷第355页。

术的问题，特别是电能否应用于土地耕作的问题。① 在丹尼尔斯的回信中还包括关于医学和社会关系的关系，关于新的科学发现和发明，关于出版一部新的科学百科全书的计划等等有趣的想法。

具有意义的是，在丹尼尔斯4月12—13日的信中首次出现了"科学共产主义"这一术语，② 这能够提示一点：在此之前马克思在1851年3月20日或4月初写的未流传下来的信中曾使用过这一术语。

共产主义者同盟科隆中央委员会的重要代表丹尼尔斯的信，从了解同盟活动的角度来看，同样具有重要意义。③ 由于必须同产生于1850年夏天的维利希-沙佩尔的冒险主义宗派集团划清界限，1850年9月15日，由马克思和恩格斯领导的伦敦中央委员会的多数派通过了关于把共产主义者同盟中央委员会所在地迁到科隆，并在伦敦组成两个都隶属于中央委员会，同时各自独立的区部的决议。④ 这项由马克思提出并加以说明的决议旨在维护同盟的统一。奥古斯特·维利希、卡尔·沙佩尔及其拥护者们拒绝服从中央委员会的决议，他们建立了有自己的中央委员会的分立组织（马克思和恩格斯讽刺地称这个宗派组织为宗得崩德——特别同盟⑤），这就导致了共产主义者同盟的分裂。

1851年的往来书信证明，马克思和恩格斯在科隆中央委员会活动的这段时期里实际上仍然是共产主义者同盟的领导人，科隆中央委员会

---

① 参看《马克思恩格斯全集》原文版第3部分第4卷第356—357、355—386页。

② 《马克思恩格斯全集》原文版第3部分第4卷第355页。

③ 参看《马克思恩格斯全集》原文版第3部分第4卷第365、387页和第395—396页。

④ 参看《马克思恩格斯全集》第1版第7卷第616—622页。

⑤ 参看《马克思恩格斯全集》第1版第7卷第625页。

把传播为同盟奠定了理论基础的科学共产主义创始人的思想看作是他们最重要的任务之一。经过他们的努力，1851年在德国出版了《共产党宣言》第1版和《共产党在德国的要求》的新的修订版；印有由马克思和恩格斯译成德语并撰写前言①的路易·奥古斯特·布朗基的献词的传单，得到了广泛的传播。通过科隆中央委员会的文件宣传马克思主义的观点，通过共产主义者同盟成员在报刊（其中有自1851年1月起由路德维希·施泰翰在汉诺威编辑出版的报纸《德意志工人俱乐部》）上发表的文章，通过在工人中间直接进行宣传活动宣传马克思主义的观点，这样就把同盟成员武装起来，为反对资产阶级和小资产阶级的思想影响而斗争。

  从本卷的文献中可以清楚地看出，科隆中央委员会在其存在的全部时间里无条件地与马克思、恩格斯一起共同站在反对特别同盟的立场上。科隆中央委员会的活动始终不渝地以共产主义者同盟中央委员会1850年3月的告同盟书②为指导，告同盟书在总结1848—1849年革命经验的基础上，概述了无产阶级在对未来的战斗的准备阶段和新的革命过程中的策略。科隆中央委员会表示坚决反对日益接近小资产阶级民主派的特别同盟拥护者的行动，这些行动的客观目的在于，使无产阶级再次丧失其独立的政治立场。③ 同时，科隆中央委员会遵照三月告同盟书而没有拒绝与小资产阶级民主派一道同反动势力作斗争。④ 马克思随时

---

① 《马克思恩格斯全集》第1版第7卷第630—632、288—299页。
② 《马克思恩格斯全集》第1版第7卷第630—632、288—299页。
③ 参看《马克思恩格斯全集》原文版第3部分第4卷第437、450—453、385、403页。
④ 参看《马克思恩格斯全集》原文版第3部分第4卷第437、450—453、385、403页。

得到有关中央委员会成员所采取的行动的报告，他赞成这方面的一切具体措施。①

在1851年的书信中，反映了马克思和恩格斯为重建党的机关报所作的努力，这种机关报对于宣传革命思想，巩固共产主义者同盟的阵地是十分必要的。马克思1月6日和22日写给恩格斯的信表明了他们想把1850年底停刊的《新莱茵报。政治经济评论》作为季刊重新出版的打算。然而事实证明，在当时条件下实现这个计划是不可能的。② 当这一点在1851年春变得明朗之后，科隆中央委员会的成员和当时在法兰克福（美因河畔）活动的约瑟夫·魏德迈一道发起出版月刊《新杂志》。马克思十分关注这个刊物的筹备工作，并答应给予一切支持和帮助。③ 在这方面，贝克尔于4月5日写给马克思的信具有特殊的意义，在信中他把月刊的筹备过程告诉了马克思，并请求他为该刊第1期寄些材料。马克思在1851年4月9日就把海尔曼·贝克尔希望得到的材料寄给了他，遗憾的是，关于这些材料的性质和内容的说明一点也没有流传下来。然而，月刊由于1851年5月开始的对共产主义者同盟成员的逮捕而没有出版。

本卷中发表了一系列书信，反映出初次尝试出版《马克思文集》的那段历史。在当时的形势下，出版《马克思文集》对于从思想上武装共产主义者同盟成员去进行反对宗派主义和小资产阶级思想的斗争是完全必要的。马克思和贝克尔早在1850年12月就已经开始就有关文集

---

① 参看《马克思恩格斯全集》第1版第27卷第572、280页。
② 参看《马克思恩格斯全集》第1版第27卷第183、211页。
③ 参看《马克思恩格斯全集》原文版第3部分第4卷第344、368、375页和《马克思恩格斯全集》第1版第27卷第572、271页。

在科隆的出版事宜进行商谈。① 1851年4月贝克尔发表了一份关于《马克思文集》的广告，其中他告知计划出版两册，每册大约包括25印张。② 海尔曼·贝克尔1月27日、2月3日、3月1日、3月16日和5月7日，阿道夫·贝尔姆巴赫6月24日，拉萨尔6月26日写给马克思的信以及马克思5月3日写给恩格斯的信，都说明了为实现这一计划所遇到的困难。由于贝克尔1851年5月被捕，《马克思文集》的出版工作在第1分册（包括摘自《莱茵报》的马克思的文章）印刷之后就停止了。

从书信中可以看到，科隆中央委员会为在各地建立共产主义者同盟的支部并为同盟发展新的成员做了大量的工作。5月马克思写信给恩格斯："科隆人很活跃。从9月以来，他们的使者就到各地去。他们在柏林有两个很好的代表；而由于民主派不断到科隆去请教，所以他们经常阻碍其他一些先生的活动。"③ 从这封信还可以得知，科隆中央委员会打算在近期召开一次同盟代表大会。然而这个计划由于警察对共产主义者实行镇压而遭到破产。

关于共产主义者同盟成员受反动派，特别是受普鲁士政治警察迫害的材料在本卷中占有很大篇幅，这种迫害从1851年中起越发变本加厉了。普鲁士当局与其他德意志国家以及欧洲国家的反动势力勾结在一起，力图最终扼杀革命运动和工人运动并清算任何形式的反对派。流亡的共产主义者和工人运动的其他领导人在他们居留的国家里遭到迫害、驱逐和逮捕。马克思主义的创始人自己也被迫采取防范措施，因为他们

---

① 参看《马克思恩格斯全集》原文版第3部分第3卷第719页。
② 参看《马克思恩格斯全集》原文版第1部分第10卷第493—497页。
③ 《马克思恩格斯全集》第1版第27卷第280页。

也不断受到警察的迫害和暗中监视,他们的书信有时受到秘密检查。①威廉·沃尔弗和恩斯特·德朗克在瑞士受到多方面的迫害。②

1851年5月,共产主义者同盟成员在德国开始遭到逮捕。警察当局首先迫害科隆中央委员会及其当时居留在德国不同城市的特使。彼得·诺特容克在莱比锡,海尔曼·贝克尔和彼得·勒泽尔在科隆,③亨利希·毕尔格尔斯在德累斯顿,④弗里德里希·列斯纳在美因茨以及6月份属于最后一批的罗兰特·丹尼尔斯在科隆都遭到了逮捕。⑤与此同时,马克思和恩格斯在英国也受到了警方更加严密的监视。因此恩格斯于8月1日写信给马克思:"你要把你的文件妥善地保存在可靠的地方,不要放在家里。一些时候以来,我在这里被人严密监视着,每次出外,总有两三个密探盯在后面。"⑥

本卷中的材料(特别是恩格斯5月27日、7月17日、8月1日和21日写给马克思的信,马克思5月28日、6月16日和12月1日写给恩格斯的信,以及恩格斯7月9日写给德朗克的信)详细地反映了如何着手准备科隆共产党人案件,这个案件在长时间的拖延和一再延期之后于1852年10月开庭审理。⑦许多报纸都不约而同地详细报道了这一案

---

① 参看《马克思恩格斯全集》第1版第27卷第269、274、315页。
② 《马克思恩格斯全集》原文版第3部分第4卷第298—299、347—348、349—350、359、447—449、476页。
③ 参看《马克思恩格斯全集》第1版第27卷第381、389页。
④ 参看《马克思恩格斯全集》第1版第27卷第381、389页。
⑤ 参看《马克思恩格斯全集》第1版第27卷第291页。
⑥ 参看《马克思恩格斯全集》第1版第27卷第315页。
⑦ 对于案件发生之前和发生过程的详细情况请参看《马克思恩格斯全集》第1版第8卷第445—536页和《马克思恩格斯全集》原文版第3部分第5卷第6卷。

件，普鲁士当局妄图以此案为借口，不仅最终破坏工人组织，而且要消灭民主主义的，甚至自由主义的反对派。为了达到这一目的，反动派不惜使用任何形式的伪造、贿赂、伪证和挑衅。

有关案件准备工作的消息，马克思和恩格斯主要是从他们的朋友和战友那里得到的。① 阿道夫·贝尔姆巴赫6月24日、7月10日、8月18日和10月22日的信中提供了特别详尽的消息。

马克思和恩格斯不仅密切注视着不断发展的事件，同时作出巨大努力，从道义上支持被捕者及其家庭并揭露普鲁士当局和警察的阴谋诡计。② 12月1日马克思把几封"反对普鲁士司法"的信寄往巴黎，"以便把这个问题在那里的报纸上披露出来"。③ 他委托威廉·沃尔弗给美国和瑞士的报纸写文章维护被捕的共产主义者同盟成员，此外他请求恩格斯"写出一篇给英国的文章，还要写一封给《泰晤士报》编辑的私人信"④。可是资产阶级的报刊上连一行为科隆的政治犯辩护的话也没有，而且也不反对普鲁士法院当局的独断专行。然而马克思和恩格斯后来在科隆共产党人案件审判期间成功地、广泛地开展了维护被捕的共产主义者同盟成员的运动并揭露了这次反动的诉讼案的主谋。

本卷中表明了马克思和恩格斯不断关心无产阶级革命家的思想发展。⑤ 这种努力明显表现在他们与宪章运动的革命派，特别是与这一运

---

① 参看《马克思恩格斯全集》原文版第3部分第4卷第385—387、389、398—399、414—416、420、440和456—458页。
② 参看《马克思恩格斯全集》原文版第3部分第4卷第227页。
③ 《马克思恩格斯全集》第1版第27卷第399页。
④ 《马克思恩格斯全集》第1版第8卷第241—243页。
⑤ 参看《马克思恩格斯全集》第1版第27卷第583—586、591—594、603—605页等等。

103

动的领导人乔治·朱利安·哈尼，尤其是与厄内斯特·琼斯的关系上。马克思和恩格斯密切注视宪章派左翼的活动，参加他们的集会，深入研究他们的观点，并且帮助他们维护革命的立场。①收入本卷的琼斯写的和他收到的信也专门谈到了这一点。虽然哈尼在1850年秋季共产主义者同盟分裂后的最初时期还支持马克思和恩格斯，②但是在1850年底就已明显看出，他受到了形形色色的，特别是法国小资产阶级流亡者的影响。③他开始在他出版的杂志上，特别是《人民之友》上刊登亚历山大·奥古斯特·赖德律-洛兰、路易·勃朗、马尔克·科西迪耶尔等人的文章。恩格斯2月5日给马克思的信中在表示打算在《人民之友》上发表一组批判形形色色的流亡者团体的领导人——马志尼、赖德律-洛兰、卢格等人的文章时，指出了哈尼的这一"不光彩的行径"。这项工作的目的一方面在于揭露资产阶级和小资产阶级流亡者策略上错误的一面，另一方面是想对哈尼本人产生影响。恩格斯认为："一篇有明显的论战文章对哈尼的帮助总是要比任何辩论大些。"④但是由于哈尼与小资产阶级民主派的代表人物继续接近，恩格斯放弃了在《人民之友》上发表他的文章。⑤马克思和恩格斯坚决地谴责了哈尼的动摇不定，谴责了他不时地背离他早在宪章运动时期所持的革命的无产阶级立场。⑥

---

① 参看《马克思恩格斯全集》第1版第27卷第181—183、190—191页和《马克思恩格斯全集》原文版第3部分第4卷第297页。

② 参看《马克思恩格斯全集》原文版第3部分第3卷第89、694页。

③ 参看《马克思恩格斯全集》原文版第3部分第3卷第89、694页。

④ 《马克思恩格斯全集》第1版第27卷第199页。

⑤ 参看《马克思恩格斯全集》第1版第27卷第209、219—270页。

⑥ 参看《马克思恩格斯全集》第1版第27卷第204—206、206—224、228—230、583—586页。

此后，厄内斯特·琼斯成为在马克思和恩格斯的影响下继续坚定不移地追求革命目标的唯一的宪章派领导人。他完全站在我们一边，恩格斯写道，"现在他企图在英国人中间宣传《宣言》"。① 琼斯按照马克思和恩格斯的建议行事。他的政治路线在1848—1849年革命之后以及在共产主义者同盟分裂之后的时间里毫不动摇：他努力使宪章运动在一个新的、革命的基础上复苏。他的活动目的在于团结宪章派的力量，提高工人阶级的阶级觉悟，并最终把宪章派的组合变为一个独立的、革命的工人阶级政党。②

1851年5月，琼斯开始出版周刊《寄语人民》，马克思和恩格斯积极地支持他的出版工作。③ 马克思在7月31日给恩格斯的信中建议他为琼斯的报纸写文章，并且强调："他在自己的刊物上干得不错，他好学……《寄语人民》蒸蒸日上。而《人民之友》日暮途穷。"④ 由于马克思和恩格斯以及他们的一些亲密战友的合作，琼斯的周刊成为具有革命志向的英国工人为实现其阶级利益而进行斗争的重要帮手。

从琼斯和马克思之间的往来书信中可以得知，琼斯本人对于马克思和恩格斯在《寄语人民》上的合作赋予多么重大的意义。⑤ 5月23日他请求马克思写一篇关于法国宪法的文章。马克思于6月上半月就把文章寄给了琼斯。⑥ 这篇文章全面揭露了资产阶级法制的狭隘性和阶级本

---

① 《马克思恩格斯全集》第1版第27卷第584页。
② 参看《马克思恩格斯全集》第1版第27卷第181—183、265、312、315页等。
③ 《马克思恩格斯全集》第1版第27卷第181—183、265、312、315页等。
④ 《马克思恩格斯全集》第1版第27卷第312页。
⑤ 参看《马克思恩格斯全集》原文版第3部分第4卷第382—384、388、397、411、431、446、475页。
⑥ 《马克思恩格斯全集》第1版第7卷第578—592页。

质,它在宪章派机关刊物上的发表十分有助于教育英国工人对资产阶级的政治制度采取不妥协的态度。

琼斯的工作受到了马克思的高度评价,马克思称他是宪章派"最有才能的代表"①。

本卷收载的许多书信反映了马克思和恩格斯为使无产阶级政党的思想立场和策略立场保持独立性和纯洁性并帮助党抵御资产阶级和小资产阶级思想影响所进行的斗争。在伦敦的德国小资产阶级流亡者继续坚持毫不延迟地在德国发动一场革命的冒险计划。为了这一目的,他们的代表人物在欧洲和美国开展了一场组织所谓的革命公债的运动。②1850年底,维利希和沙佩尔领导的特别同盟就已经与在伦敦的小资产阶级流亡者阵营建立了密切的联系,③1851年初他们事实上已联合在一起了。双方对马克思和恩格斯及其拥护者的敌对态度促成了这种联合。在实现联合之后,小资产阶级分子及维利希和沙佩尔的拥护者转而采取公开的行动来反对共产主义者同盟。④

马克思2月10日、11日和25日、5月3日和21日、8月25日和31日写给恩格斯的信,恩格斯2月12日、3月19日、5月23日、6月27日、9月23日写给马克思的信,马克思6月27日和8月2日写给魏德迈的信,恩格斯8月7日写给魏德迈的信等等,都是反对工人运动中左倾宗派主义、冒牌革命家的夸夸其谈和冒险主义的范例。马克思和恩

---

① 《马克思恩格斯全集》第1版第27卷第614页。
② 参看《马克思恩格斯全集》第1版第27卷第336—345、384—385页,《马克思恩格斯全集》原文版第3部分第4卷第80页。
③ 参看《马克思恩格斯全集》第1版第27卷第167—169、171—172和635页,《马克思恩格斯全集》原文版第3部分第3卷第702、707页。
④ 参看《马克思恩格斯全集》第1版第27卷第218—219页。

格斯认为这些倾向的主要危险在于，它们把运动的参加者从日常的真正的革命的组织工作和宣传工作中引开了，而试图引导他们走暴动和冒险的道路，这样做势必引起混乱和瓦解。马克思在2月28日给海尔曼·贝克尔的信以及其他一系列书信中，以维利希－沙佩尔集团的政治演变为例指出，派别活动和宗派主义不可避免地要滑到反无产阶级的立场上去，并导致在思想上依附于资产阶级。

冒险主义的计划和号召，即唯意志论地呼吁采取刻不容缓的革命行动，为反动势力迫害真正的无产阶级革命者提供了机会。搞派别活动的人和小资产阶级流亡者，由于炫耀自己的行动并且完全蔑视密谋行为，而正如马克思和恩格斯反复强调的那样，客观上帮了警察的大忙，他们不由自主地成了警察的帮凶。特别是马克思和贝克尔之间的书信，① 包含有对维利希在德国的冒险主义计划的这类评价。马克思认为，恰恰是这种行动为在德国逮捕共产党人提供了机会。当得知1851年夏天在伦敦被普鲁士警探盗窃的特别同盟的档案成为对科隆共产党人起诉的根据之时，马克思大为震怒："因此，这些无赖是在阻碍和危害现实的运动，并使警察找到踪迹。"②

但是，马克思8月25日写给恩格斯的信中有关沙佩尔对所谓的"流亡者上层"的态度发生了某种变化的消息也值得重视。马克思写道，沙佩尔说，"宁肯让他们扭下他的脑袋，他也不去找'这些狗东西'"。③ 这是沙佩尔对分裂分子的活动表示失望的最初迹象，这种失望

---

① 参看《马克思恩格斯全集》第1版第27卷第567—572页，另参看《马克思恩格斯全集》原文版第3部分第4卷第334—335、368页。
② 《马克思恩格斯全集》第1版第27卷第288、345、206—207页。
③ 《马克思恩格斯全集》第1版第27卷第288、345、206—207页。

使他后来重又回到了无产阶级革命者的行列中。

　　本卷中的许多书信,特别是马克思1月22日,2月10日、11日和25日写给恩格斯的信,威廉·皮佩尔和马克思3月22日写给恩格斯的信,马克思7月13日和8月25日写给恩格斯的信以及恩格斯1月25日、2月5日和12日写给马克思的信,包含有对在伦敦和美国的形形色色的流亡者组织的领导人的尖锐批判,他们是:小资产阶级民主主义者阿尔诺德·卢格、哥特弗利德·金克尔、卡尔·海因岑、古斯达夫·司徒卢威以及法国小资阶级社会主义者路易·勃朗等。例如,恩格斯在2月12日给马克思的信中指出了"聪明过度的路·勃朗的愚蠢的小人的虚荣心",并且赋予在伦敦的流亡一个显著的特征,称它是"一所真正的诽谤和下流的学校,在这里最众的蠢驴会成为祖国的头号救主"。① 他把由卢格、司徒卢威、恩斯特·豪格、约翰奈斯·隆格和金克尔创立的德国事务委员会描述成一个行骗局并且无情地嘲笑了它的组织者② 们。马克思在他12月2日写给海尔曼·艾布纳尔的信中对流亡者组织的活动及其冒险勾当进行了揭露。马克思和恩格斯后来在写作抨击性小册子《流亡中的大人物》③时部分地利用了这封信中的材料。

　　本卷包括对在革命以后这一时期的民族解放运动中的著名领导人,如朱泽培·马志尼和拉约什·科苏特的活动的许多原则评价。虽然马克思和恩格斯充分肯定两人在1848—1849年革命中的功绩,但是也指责了他们在流亡中的某些行为,这些行为使小资产阶级民主派的领导人有可能为自己的假革命儿戏而利用他们的赫赫声名。他们之所以批评科苏

---

① 《马克思恩格斯全集》第1版第27卷第288、345、206—207页。
② 参看《马克思恩格斯全集》第1版第27卷第242页。
③ 《马克思恩格斯全集》第1版第8卷第259—380页。

特，特别是因为他参加了为所谓的革命公债募捐的活动。①

在评价马志尼的活动以及他于1850年建立的旨在使来自不同国家的资产阶级和小资产阶级流亡者联合起来的欧洲民主派中央委员会时，马克思和恩格斯指出了马志尼对社会主义者和共产主义的敌对态度。②在9月11日给魏德迈、9月13日给恩格斯的信中，马克思谴责马志尼忽视受地主剥削的意大利农民的利益和拒绝吸收农民群众参加意大利的民族解放和统一的斗争。他指出，"使意大利获得独立的第一步就是使农民得到完全的解放"，③并且强调，只有一切劳动者广泛地参加民族解放运动，才能给运动提供真正的力量和动力，才能确保运动的胜利。

本卷中收载的材料使我们看到，科学共产主义的创始人是在何等困难的条件下从事理论、政论以及实践活动的。正如已经提到的，马克思甚至在伦敦也经常觉察到受警察注意。由于小资产阶级流亡者组织的首领的诽谤和挑唆，这种情况变得更为严重。④

此外，由于缺少正常的收入来源以及自己和家属的疾病，马克思还忍受着物质匮乏之苦。马克思和恩格斯之间的往来书信，使这段时间里的生活清苦之状跃然纸上。⑤恩格斯在曼彻斯特的欧门-恩格斯公司办事处任职，主要也是为了能够在物质上援助马克思及其家庭；他不得不从理论研究和党的工作中挤出很大一部分精力和时间，以便履行作为职

---

① 《马克思恩格斯全集》第1版第27卷第391、614、406页。

② 参看《马克思恩格斯全集》第1版第27卷第198—202、206—208页。

③ 《马克思恩格斯全集》第1版第27卷第604页。

④ 参看《马克思恩格斯全集》第1版第27卷第183—185、236—237、255、262—263、314、315页和第243—247、309—312、315—322页。

⑤ 参看《马克思恩格斯全集》第1版第27卷第183—185、236—237、255、262—263、314、315页和第243—247、309—312、315—322页。

员应尽的令他烦恼的义务。他自己也经常处于困境之中,因为他的收入恰恰在他初入商界的这段时间里非常有限,并且他的支出受到父亲的严格控制。① 从恩格斯和他父母的往来书信中——与前些年的往来书信——可以看到,他们完全不理解儿子的精神需要和对政治的兴趣,他不得不与父亲让他放弃革命活动、成为一个普通商人的愿望进行分辩。恩格斯不顾父母的告诫,对自己的理想、对他与马克思的无双的友谊坚定不移。"……如果不是恩格斯牺牲自己而不断给予资助,马克思不但无法写成《资本论》,而且势必会死于贫困。"②

几乎每一封在本卷中发表的马克思和恩格斯之间的书信,都是证明他们不同寻常的友谊关系的文献资料,他们的友谊,用列宁的话来说,"超过了古人关于人类友谊的一切最动人的传说"③。

(原载《马克思恩格斯全集》原文版第3部分第4卷第15—33页)

(张延春 译 卢晓萍 校)

---

① 参看《马克思恩格斯全集》第1版第27卷第259页。
② 《列宁全集》第2版第26卷第51页。
③ 《列宁全集》第2版第2卷第10页。

《马克思恩格斯全集》历史考证版第三部分第五卷前言[*]

本卷包括马克思和恩格斯1852年1月至8月之间的通信。同《马克思恩格斯全集》历史考证版第三部分的其他卷次一样,本卷除收入马克思恩格斯的亲笔书信外,还收入了其他人写给他们的书信,此外还有马克思委托他人写的书信,以及包含对马克思通信情况的记述和对他的未留传下来的书信的摘要等内容的各种人的书信。

第三者写给马克思和恩格斯的书信大大补充了他们的亲笔书信,是研究他们的生平活动的一个重要资料来源,是他们的思想在许多国家的革命无产阶级当中传播的一个生动的证明。马克思和恩格斯在1852年的通信伙伴包括众多来自共产主义者同盟的朋友和战友、民主运动和工人运动的参加者——如约瑟夫·魏德迈、阿道夫·克路斯、威廉·沃尔弗、厄内斯特·琼斯、斐迪南·弗莱里格拉特、格奥尔格·维尔特、威廉·皮佩尔、恩斯特·德朗克、康拉德·施拉姆、彼得·伊曼特、斐迪南·拉萨尔、海尔曼·艾韦贝克和理查·莱茵哈特——以及马克思的夫人燕妮、恩格斯的父母等。

1852年1月至8月这段时间正处于1848—1849年革命失败后的反

---

[*] 本文选自《马克思恩格斯列宁斯大林研究》2001年第4辑。

动时期。1851年12月2日法国波拿巴政变之后，欧洲各国加紧镇压一切进步活动。

在这段时间里，马克思和恩格斯继续总结1848—1849年欧洲革命的经验，并继续作为伦敦共产主义者同盟区部（在科隆中央委员会的成员于1851年春天和夏天相继被捕以后，它实际上是同盟的领导机关）的领导成员积极活动。

本卷大量书信所反映的一个中心问题是由反动势力策划的1852年年底科隆共产党人案件的来龙去脉，这个案件不仅是针对共产主义者同盟的，而且也是针对整个革命运动的。马克思恩格斯和他们的亲密战友在这段时间里做了大量艰巨的工作，收集为被判刑者进行辩护所需的材料，寻求与在科隆被捕的共产党人建立可靠联系的途径。他们抗议拖延审判，为改善被捕者的境遇而努力动员欧洲和美国的公众舆论，并揭发暂时与维利希-沙佩尔集团合作的资产阶级和小资产阶级民主派对于革命事业极其有害的冒险宣传和行动。

马克思和恩格斯在这段时间里所写的大部分政论文章与共产主义者同盟的活动有着紧密联系。本卷书信反映了他们与宪章运动左派领导人之间的牢固关系。他们与住在美国的共产主义者同盟盟员魏德迈和克路斯的广泛通信是他们的同盟工作的组成部分，尤其是因为伦敦的区部委员会一向主管美国各支部。1852年3月5日马克思写信给在纽约的魏德迈，并随信寄去现行的共产主义者同盟章程。①

马克思主义创始人在他们的书信中探讨了法国波拿巴政变的特征与后果，并论及资本主义世界经济发展的普遍问题，评价当时国际舞台上

---

① 《马克思恩格斯全集》第1版第28卷第510页和第2版第10卷第742—743页。

各种政治力量的组合，并阐明相互对立的阶级和政党的特征。

马克思和恩格斯的通信反映了他们为继续发展革命理论，为团结教育欧洲和美国的无产阶级革命者而进行的不懈努力。在政治反动的条件下，他们对群众进行坚持不懈的耐心工作。他们寻找新的途径和方法，在工人中传播科学共产主义思想，为此，必须抵制宗派分子的影响及其危险的冒险主义。

在这种条件下，创办无产阶级自己的机关报的呼声越来越高。本卷书信表明，1852年年初，马克思和恩格斯对在纽约出版《革命》周刊寄予很大希望；他们积极支持魏德迈和克路斯为出版该刊而进行的筹备工作。《革命》周刊计划宣传共产主义思想，发表马克思、恩格斯及其战友的文章，阐明无产阶级革命者在反对宗派分子的斗争中的策略路线，开展同意识形态敌人的论战。本卷的一大部分书信讨论研究该周刊的出版计划、资金筹措问题、寻找撰稿人、印刷和发行问题以及读者对已出版的一期的反应。马克思在2月20日给魏德迈的信中说，他把给《革命》周刊撰稿看做自己以及亲密战友的重要的党的工作①，马克思和恩格斯争取到原《新莱茵报》编辑威廉·沃尔弗、斐迪南·沃尔弗、弗莱里格拉特、维尔特以及琼斯、格奥尔格·埃卡留斯、皮佩尔、卡尔·普芬德等人做《革命》周刊的撰稿人②。燕妮·马克思受马克思的委托在2月13日写给魏德迈的信中说："我的丈夫为您几乎向我们这里所有的共产主义笔杆子征了稿……"③

---

① 《马克思恩格斯全集》第1版第28卷第493页。
② 《马克思恩格斯全集》第1版第28卷第5、8—9、28—29、469—470、475—476、485—486页等。
③ 《马克思恩格斯全集》第1版第28卷第490页（译文有改动）。

尽管付出巨大时努力，周刊却只出版了两期，后来还出版了两期不定期，刊名为《革命。不定期刊物》①。在《革命》停刊之后，马克思和恩格斯千方百计地寻找机会，在其他报刊上发表所有为该报撰写好的文章②。

本卷相当大的一部分书信包含有关于《路易·波拿巴的雾月十八日》的写作、发表和传播等情况的内容。这部杰出的著作对1848—1849年革命做了总结，揭示了法国1851年12月2日政变的原因、本质与后果，并指出波拿巴政权的最重要的本质特征。在1852年1月至3月这段时间里，马克思继续撰写1851年12月已动笔写的这一著作，它最初是作为系列文章准备在《革命》上发表。③ 这些书信使我们能够确定各个手稿的写作和向纽约邮寄的日期。④

由于出版延误和后来《革命》停刊，马克思、恩格斯和他们的战友在书信中探讨发表的其他可能性。⑤ 马克思的《路易·波拿巴的雾月十八日》于1852年5月在不定期刊物《革命》第一期上刊印。通信介

---

① 《马克思恩格斯全集》历史考证版第1部分第11卷第605—619页。
② 《马克思恩格斯全集》第1版第28卷第46、511—512、525—526、532—533页等。
③ 马克思1851年12月9日给约·魏德迈的信。见《马克思恩格斯全集》第1版第27卷第414、618页和历史考证版第1部分第11卷第679—680页。
④ 《马克思恩格斯全集》第1版第28卷第11—12、469—470、473—474、478—479、488、492—493页。
⑤ 《马克思恩格斯全集》第1版第28卷第492—495、511—512页；魏德迈1852年12月6日给克路斯的信以及魏德迈1852年4月6日给马克思和恩格斯的信，见历史考证版第3部分第5卷第237页和308页。

绍了这个版本在印刷和传播方面所遇到的严重困难。①

本卷书信的内容还使我们有可能确定马克思撰写《路易·波拿巴的雾月十八日》时使用的一系列材料来源。如恩格斯1月23日给魏德迈的信所证明的，马克思和恩格斯把英国报刊，主要是《每日新闻》看做有关法国事态的重要材料来源。②此外，马克思从法国流亡者那里以及从目击者的书信，例如莱茵哈特的书信中，得到关于事件、关于不同阶级和政党对政变所持立场的详细报告。③

马克思的战友给予这部著作以高度评价。例如，弗莱里格拉特在6月8日给马克思的信中写道："亲爱的马克思，你的《雾月十八日》，我已经收到并阅读。祝贺你。关于这段历史，还没有出版过比它更好、更令人信服、更有趣的东西。"④克路斯在7月4—5日写给马克思的信中说："我非常喜欢你的小册子，任何人都不能否认的事实通过如此理智的思考而联系起来，以致我们似乎根本无法理解，先前这些事实为何在我们头脑里那样混乱不清、杂乱无章……非同寻常的文采必然使它成为受到几乎所有人都欢迎的读物……"⑤

---

① 马克思1852年5月6日给恩格斯的信。见《马克思恩格斯全集》第1版第28卷第63—65页；魏德迈和克路斯1852年4月24和25日给马克思的信，见历史考证版第3部分第5卷第116页和329页；克路斯1852年6月6日和8月2日给魏德迈的信，载于《科学与社会》1996年第4期第436—437、535、546页。

② 《马克思恩格斯全集》第1版第28卷第480页。

③ 理·莱茵哈特1852年2月15日和5月23日给马克思的信，见《马克思恩格斯全集》历史考证版第3部分第5卷第251—257、363—366页；第1部分第11卷第680—683页。

④ 《弗莱里格拉特与马克思恩格斯通信集》第49页。

⑤ 阿·克路斯1852年7月4—5日给马克思的信，《马克思恩格斯全集》历史考证版第3部分第5卷第432页。

马克思、恩格斯和他们的战友认为这部著作在欧洲的传播、德文版再版的准备和翻译成法语和英语具有重大意义①。关于《路易·波拿巴的雾月十八日》法文版的现实意义,魏德迈在4月12日给马克思和恩格斯的信中写道:"对法国人来说,对于他们本国情况的这一评论无论如何是很有益的,它有助于使他们从蒲鲁东、路易·勃朗等人的废话中摆脱出来。"②

在写完《路易·波拿巴的雾月十八日》以后,马克思仍继续关注法国的事件并细心收集所有他能够得到的材料。本卷的大量书信分析了波拿巴政权的政策及其前途。

许多书信包含有马克思和恩格斯在随后一段时间里对于波拿巴主义特点所做的详细的科学阐述的概要。他们揭露了蛊惑社会的宣传掩盖下的路易·波拿巴的内政与外交政策敌视人民的本质。波拿巴所宣布的"社会主义"措施,包括消除贫困的许诺,没有实现而且也不可能超越通常的资产阶级改革的框框。③ 波拿巴政权的特征从一开始就是镇压、大规模逮捕和驱逐出境、严厉的书报检查、禁止集会以及采用特务制度和煽动挑拨。本卷书信包含有许多关于路易·波拿巴及其亲信赤裸裸的

---

① 《科学与社会》1966年第4期第436—437页;燕·马克思1852年2月27日给魏德迈的信,见《马克思恩格斯全集》第1版第28卷第643页;威·沃尔弗1852年4月16日给魏德迈的信,见历史考证版第3部分第5卷第516页。

② 魏德迈1852年4月12日给马克思和恩格斯的信,见《马克思恩格斯全集》历史考证版第3部分第5卷第317页。

③ 《马克思恩格斯全集》第1版第28卷第38—39、472—473、480、536页;理·莱茵哈特1852年5月23日给马克思的信,见历史考证版第3部分第5卷第364—365页。

冒险主义、关于腐败、关于交易所和金融操纵的真实情况。①

马克思和恩格斯揭露了路易·波拿巴的外交路线，尤其是他的兼并企图和迫在眉睫的战争冒险。他们强调指出波拿巴自诩为被压迫人民的保护者这一蛊惑人心的企图的危险性，例如他与匈牙利、意大利和波兰的流亡者的秘密谈判②。马克思和恩格斯强调指出，路易·波拿巴的内政和外交活动已激起法国广大群众的不满，并预示即将爆发一场新的革命③。

恩格斯在1月6日给马克思的信中说，波拿巴政权成为一个超越法国国界的现象。在其他国家也有效仿路易·波拿巴的人，尤其是普鲁士和奥地利正准备采用波拿巴的统治手段。

本卷发表的书信还包括有关马克思和恩格斯制定革命理论其他重要方面的证明材料。1852年，马克思继续进行关于世界经济发展和资产阶级政治经济学的系统研究，其成果便是对资产阶级经济学家的著作、官方的议会出版物、统计汇编等的大量摘录笔记本④。马克思8月19日给德国出版商亨利希·布罗克豪斯的信证明，马克思希望在这些材料的基础上出版一本以《1830年至1852年的英国现代政治经济学文献》为题，不仅分析政治经济学一般性著作，而且分析人口理论、殖民地、银行、保护关税、贸易自由等专题论著。⑤

---

① 《马克思恩格斯全集》第1版第28卷第480页；莱茵哈特1852年2月15日和5月23日给马克思的信，见历史考证版第3部分第5卷第251—255、364页。

② 恩格斯1852年1月14日给燕妮·马克思的信，见《马克思恩格斯全集》第1版第28卷第27页。

③ 《马克思恩格斯全集》第1版第28卷第10—11、472—473页。

④ 《马克思恩格斯全集》历史考证版第4部分第9卷和第10卷。

⑤ 《马克思恩格斯全集》第1版第28卷第546页。

1852 年，马克思和恩格斯取得了关于资本主义生产过剩危机本质的新的根本性成果。马克思在 4 月 30 日给魏德迈的信中谈到危机延缓①主要原因是在加利福尼亚和澳大利亚发现了新的金矿。恩格斯在 8 月 24 日给马克思的信中，同样指出在许多方面与开发新金矿相关联的资本主义世界市场的极大扩展，并得出结论，在这个问题上继续发展《共产党宣言》中所阐述的经济危机的观点已成为必要②。

　　在一系列书信中，马克思和恩格斯批判了诸如美国经济学家亨利·查理·凯里和小资产阶级民主主义者卡尔·海因岑这些资产阶级制度辩护士的观点，他们试图证明，在美国，一个没有阶级对抗和阶级斗争的和谐的社会正在形成③。从魏德迈 2 月 9 日给恩格斯的信和恩格斯 2 月 27 日给魏德迈的信中可以看出，马克思和恩格斯赞同魏德迈对海因岑的论战④。因为海因岑毫无道理地试图将宪章派有关英国工人运动政治目标的观点与两位马克思主义创始人的观点对立起来，所以琼斯应马克思的建议于 1852 年 3 月 3 日撰写一份《针对卡尔·海因岑的声明》⑤，由魏德迈在《革命》上发表。马克思是在 3 月 5 日把这份《声明》寄给魏德迈的，并在同一天给恩格斯的信中表示自己完全同意琼斯的立场⑥。

----

①　《马克思恩格斯全集》第 1 版第 28 卷第 521—522 页。
②　《马克思恩格斯全集》第 1 版第 28 卷第 115 页。
③　《马克思恩格斯全集》第 1 版第 28 卷第 58—59、508—509 页。
④　《马克思恩格斯全集》第 1 版第 28 卷第 500、504 页；《科学与社会》1966 年第 4 期第 434 页。
⑤　《马克思恩格斯全集》第 2 版第 11 卷第 708—710 页。
⑥　马克思 1852 年 3 月 5 日给恩格斯的信，见《马克思恩格斯全集》历史考证版第 3 部分第 5 卷第 68 页。

马克思 3 月 5 日写给魏德迈的信具有特殊的理论意义。马克思在这封信中非常简练和准确地阐述了马克思主义关于阶级和阶级斗争学说的本质,无产阶级作为资本主义掘墓人和新的无产阶级的社会制度创造者的历史地位。马克思赞赏他的先行者,资产阶级经济学家和历史学家大卫·李嘉图、奥古斯坦·梯叶里、弗朗索瓦·基佐、约翰·威德等人在研究社会的阶级结构和阶级斗争在历史上的作用所取得的成就,并表述自己的理论的特点:"我的新贡献就是证明了下列几点:(1)**阶级的存在仅仅同生产发展的一定历史**阶段相联系;(2)阶级斗争必然要导致**无产阶级专政**;(3)这个专政不过是达到**消灭一切阶级**和进入**无产阶级**的过渡。"① 弗·伊·列宁对此写道:"在这一段话里,马克思极其鲜明地表达了两点:第一,他的学说同先进的和最渊博的资产阶级思想家的学说之间的主要的和根本的区别;第二,他的国家学说的实质。"②

本卷有几封信表明,恩格斯继续他在 1850 年年底迁居曼彻斯特之后开始的关于军事问题的系统研究。他钻研关于战争史的专门分析考查,详细分析各个战役并收集 1848—1849 年革命战争的材料。

从恩格斯 5 月 7 日和 8 月 16 日给马克思的书信中可以看出,他在写一本关于匈牙利 1848—1849 年革命的书③。为撰写此书他还要利用在 1848 和 1849 年《新莱茵报》上发表的几篇有关匈牙利人民自由战争的文章。他在 7 月 6 日给马克思的信中说:"当时我们根据奥地利的公报在《新莱茵报》上非常准确地叙述过匈牙利战争的进程,并且出色地、

---

① 《马克思恩格斯全集》第 1 版第 28 卷第 509 页。
② 《列宁全集》第 2 版第 31 卷第 31 页。
③ 《马克思恩格斯全集》第 1 版第 28 卷第 68、81、107 页。

尽管是谨慎地作了预言。"① 可惜恩格斯未能完成此书。在给马克思的信中，他对他所研究的书籍及其作者，对各个战役和统帅发表了见解，强调指出军队确保胜利的物质因素和道德因素。在5月7日给马克思的信中，恩格斯对普鲁士军官和军事工程师亨利希·金策尔的《近代筑城的战术要素》表示赞赏。他在同一封信中对卡尔·威廉·冯·维利森的著作《关于1848年意大利战局》持批判态度。②

恩格斯具有突出的语言才能，他在3月18日给马克思的信和4月16日给魏德迈的信表明，他当时正加紧学习俄语、塞尔维亚语、捷克语和斯洛文尼亚语等斯拉夫语言以及梵语。③

本卷有几封书信还包括另一部重要理论著作，即恩格斯的《德国的革命和反革命》的写作、发表和传播情况的极有价值的资料，这部著作从历史唯物主义的立场出发，对1848—1849年革命的前提、性质和推动力进行了分析。随着这部著作（由马克思署名）以一组文章的形式发表，两位马克思主义创始人便开始为美国资产阶级民主派报纸《纽约论坛报》撰稿。他们力争在革命失败后条件复杂的情况下，仍然为了无产阶级的利益利用这一机会对国际舆论施加影响并宣传革命思想。④ 本卷发表的恩格斯给马克思的书信可以证明这组文章的第7—19篇的撰写

---

① 《马克思恩格斯全集》第1版第28卷第80—91页。

② 《马克思恩格斯全集》第1版第28卷第67—68页。恩格斯在这封信中评论的是威·维利森的《关于1831年俄波之战中运用的大规模战争的理论》，此处似为原文之误。——译者注

③ 《马克思恩格斯全集》第1版第28卷第37、516页。

④ 马克思1851年8月8日给恩格斯的信，见《马克思恩格斯全集》第1版第27卷第315—316页。

日期和寄往纽约的日期。① 从恩格斯4月1日的信中可以清楚地看到，恩格斯利用《新莱茵报》，尤其是其中对法兰克福国民议会大会的报道和通讯作为撰写这部著作（主要是第12—16篇文章）的重要资料来源②。另外一个资料来源是1849年出版的布鲁诺·鲍威尔的《法兰克福议会的灭亡》一书③，这从1852年2月18日马克思给恩格斯的信以及1852年2月19日和4月1日恩格斯给马克思的信中可以得到证实。

马克思和恩格斯的战友的许多来信表明，他们对恩格斯发表在《纽约论坛报》上的文章给予了高度评价。克路斯在5月2—3日给威·沃尔弗的信中强调指出这组文章对美国革命运动的重大意义。④ 4月19日克路斯在给马克思的信中写道，尤其是第12篇文章"引起了轰动和普遍的赞扬。'政治激进主义'低下头颅，悲伤地摇晃着蓬乱的鬃毛沉默不语——这是绝妙的嘲弄、辛辣的讥讽和一切字里行间的东西使然"⑤。克路斯在8月5日给马克思的信中写道："你的第15篇文章，我在论坛报上读到了。对'议会迷'特征的描写入木三分。"⑥《纽约论坛报》

---

① 《马克思恩格斯全集》第1版第28卷第8—9、14、44、80、87、90、108、113页以及第2版第11卷第45—112页。

② 《马克思恩格斯全集》第1版第28卷第44页。

③ 《马克思恩格斯全集》第1版第28卷第23、24、44页。

④ 阿·克路斯1852年5月2—3日给威·沃尔弗的信，见《马克思恩格斯全集》历史考证版第3部分第5卷第521页。

⑤ 阿·克路斯1852年4月19日给马克思的信，见《马克思恩格斯全集》历史考证版第3部分第5卷第323页。

⑥ 阿·克路斯1852年5月8日给马克思的信，见《马克思恩格斯全集》历史考证版第3部分第5卷第460页。

的编辑查理·德纳在3月12日给马克思的信中强调，报纸所发表的文章在美国的读者那里引起了反响并被其他报纸转载。①

本卷发表的材料显示，马克思和恩格斯与《纽约论坛报》编辑部的关系是复杂的。为扩展报纸的读者和通讯员的范围，编辑部在侨居美国的流亡者不同派别之间见风使舵，并在他们的报纸上甚至发表那些歪曲革命的历史和歪曲无产阶级革命者立场的作者的文章。② 为了便于马克思和恩格斯给报纸撰稿，魏德迈和克路斯定期邮寄有关美国的内政问题、有关美国公众舆论、有关《纽约论坛报》上发表的各种材料和有关对恩格斯文章的反映的信息。他们多次请求马克思继续撰稿。对此起重要作用的论据是，《纽约论坛报》是"所有起主导作用的美国报纸中惟一在这里介绍社会思想和使之为人倾听的报纸"③。

1852年8—9月间《纽约论坛报》发表了马克思的一组文章《英国的选择。——托利党和辉格党》④，《宪章派》⑤，《选举中的舞弊》⑥ 和《选举的结果》⑦。从这时起，马克思实际上已开始为《纽约论坛报》撰稿。这组文章中的思想在书信中许多有关英国的言论中可以找到。马克

---

① 查·安·德纳1852年3月12日给马克思的信，见《马克思恩格斯全集》历史考证版第3部分第5卷第298页。

② 《马克思恩格斯全集》第1版第28卷第24—25、31—32、66、494—495页；魏德迈1852年3月5日给马克思的信，弗莱里格拉特1852年3月13日给马克思的信，见历史考证版第3部分第5卷第291—292、302页。

③ 阿·克路斯1852年3月18日给马克思和威·沃尔弗的信，见《马克思恩格斯全集》历史考证版第3部分第5卷第302页。

④ 《马克思恩格斯全集》第2版第11卷第411—414页。

⑤ 《马克思恩格斯全集》第2版第11卷第422—431页。

⑥ 《马克思恩格斯全集》第2版第11卷第398—404页。

⑦ 《马克思恩格斯全集》第2版第11卷第439—445页。

思主义创始人极其重视这个高度发达的资本主义国家的社会经济形势和政治局势、国家结构、英国社会各阶级、政党斗争、选举制度、外交和殖民政策、英国的工人运动和民主运动。恩格斯在3月2日和5月22日的信中强调指出英国经济不稳定的特点、加紧寻找销售市场和随创办各种形式股份公司而来的滥设企业热①。马克思恩格斯的一些书信揭露了英国宪法自由和社会平等的神话，并令人信服地证明，在议会的所谓民主政体的外表下面掩藏的是农村贵族和资产阶级的寡头政治统治，这些书信有着特殊的意义。联系1852年夏天面临的下院选举和1852年初展开的竞选运动，马克思和恩格斯在书信中表达了他们对剥夺大多数人民的选举权和伴随不加掩饰的选举舞弊的英国选举制度的真实特征的看法。关于对选举结果的分析，马克思在7月20日给克路斯的信中谈论阶级斗争的加剧时写道："到目前为止，不论在哪次选举中，实际多数同由于选民的特权而造成的官方的多数之间，矛盾都没有表现得这样尖锐过。"②他们的许多书信包括对轮沉执政的居统治地位的两大政党——托利党和辉格党的特征的明确阐述，并强调国家制度的瓦解过程已经开始③。马克思和恩格斯强调指出，在英国激进的社会经济和政治改革势在必行，而这种改革没有来自外部的群众压力是不可能实现的④。

本卷的大量书信反映了马克思和恩格斯的革命思想在欧洲和美国的传播，以及他们对民主运动和工人运动发展的实际影响。他们因为与政

---

① 《马克思恩格斯全集》第1版第28卷第32—34、71—72页。
② 《马克思恩格斯全集》第1版第28卷第536页。
③ 《马克思恩格斯全集》第1版第28卷第32—33、71—72、82、499、501—502、536—537页等。
④ 《马克思恩格斯全集》第1版第28卷第536—537页。

治流亡者联系密切和对报刊有彻底的研究，所以对这一运动在各国的状况有很好的了解。了解这些情况对培养工人的革命精神和宣传那些从最近的阶级大会战中所积累的政治经验和组织经验作出了贡献。马克思和恩格斯，为特别是在英国和美国创建独立的无产阶级组织和相应的机关报而全力以赴。

尽管共产主义者同盟盟员遭到警察迫害，但马克思、恩格斯及其战友们仍在同盟内积极进行活动。从许多书信中可以看到，他们每星期三都在伦敦的区部委员会会议上讨论同盟的迫切任务：揭露资产阶级和小资产阶级民主派的冒险行动，开展为被监禁在科隆监狱的共产党人辩护的运动，在美国建立同盟支部，定期宣读并讨论来自美国的书信和文件①。

马克思和恩格斯在这段时间里对维利希－沙佩尔集团的斗争被视为共产主义者同盟的一项主要任务。这个集团不负责任地玩弄革命，它与资产阶级和小资产阶级民主派无原则地联盟是极其危险的，因为这些都被反动势力用来作为迫害共产党人的借口，并导致新的逮捕。恩格斯在5月7日写信给马克思说："在目前策划暴动，这是愚蠢而又卑鄙的行动。"② 1851年9月这个集团的密谋策略导致它的巴黎支部成员被捕，以及法国警察与普鲁士警察策划所谓德法密谋案。为反对把科隆共产党人与这起密谋案牵连起来的反动企图，马克思收集了揭露这个集团的冒险主义的文件③。

马克思、恩格斯和他们的战友运用各种形式和方法与他们的意识形

---

① 《马克思恩格斯全集》第1版第28卷第40—41、109—110、510、513页。
② 《马克思恩格斯全集》第1版第28卷第67页。
③ 《马克思恩格斯全集》第1版第28卷第73—74、83页。

态敌人作斗争,揭露他们对共产主义者同盟及其个别成员的诽谤。马克思在5月中旬给克路斯的信中写道,"我们作为一个政党如果不准备好反击,我们就会经常放马后炮"。① 从马克思1月23日、2月20日和3月25日给魏德迈的信中可以清楚地看到,根据伦敦区部委员会的倡议,作为与奥·维利希影响下的伦敦德意志工人协会的平衡力量,在1852年1月成立了新的伦敦工人协会。这个工人组织的领导人是共产主义者同盟盟员路德维希·施泰翰和皮佩尔。他们的宗旨是在工人中进行合法的教育工作,首先是宣传科学共产主义思想。

为了公开揭发欧洲的,尤其是德国的小资产阶级流亡者有害的革命儿戏,反对他们对无产阶级革命者的攻击,马克思和恩格斯决定撰写一个抨击他们的领袖——"流亡中的大人物"的小册子②。本卷收入的许多书信包括关于这个计划的产生,关于收集必要的文献资料(如书信、报纸、书籍、呼吁书、回忆录等)的情况,这些情况描绘了那些大人物的形象,描绘了他们在1848—1849年革命中的实际作用,描绘了他们的前后不一和摇摆不定。

为这个小册子收集文献资料的还有燕妮·马克思、魏德迈、克路斯、弗莱里格拉特、威·沃尔弗、威·李卜克内西、伊曼特、普芬德和德朗克③。马克思和恩格斯从他们的朋友那里得到的这些文献资料主要

---

① 《马克思恩格斯全集》第1版第28卷第526页。
② 马克思和恩格斯1852年5月6日至6月28日在恩·德朗克的参与下完成的《流亡中的大人物》的写作和流传,见《马克思恩格斯全集》第2版第11卷第838—839页。
③ 《马克思恩格斯全集》第1版第28卷第56—57页;历史考证版第3部分第5卷394、400—401、402页;《科学与社会》1966年第4期第435页;《弗莱里格拉特与马克思恩格斯通信集》第49页。

用在这一论战性著作的第 10—13 章①里。

马克思早在 1852 年 3 月—4 月初就写出了几个草稿②。从通信中了解到，他计划分两个阶段撰写手稿：第一阶段（5 月 6—27 日），马克思在德朗克的参与下在伦敦撰写；第二阶段（5 月 27 日—6 月 21 日），马克思前往曼彻斯特，与恩格斯共同完成手稿③。

马克思和恩格斯不断向他们的美国朋友通报有关小册子撰写的进展情况，向他们邮寄关于《老鼠与青蛙之战》（通信中对流亡者之间争执不休的形象称呼）的个别草稿④，并请求他们寄来其他文献材料。

应马克思的请求，克路斯向伦敦邮寄了许多此类文献，其中有旅美德国流亡者的报纸。例如，他在 5 月 27 日给马克思的信中附有他从巴尔的摩出版的《德国通讯员》报抄写的德国小资产阶级民主主义者格奥尔格·爱德华·维斯的两篇文章的全文⑤。马克思在这些文章中旁边划线和下面划线的地方⑥均在小册子中被引用⑦。

马克思和恩格斯 1852 年 6 月底已经完成小册子的第一部分⑧，但仍

---

① 《马克思恩格斯全集》第 2 版第 11 卷第 359—401 页。
② 《马克思恩格斯全集》第 1 版第 28 卷第 58—59 页。
③ 《马克思恩格斯全集》第 1 版第 28 卷第 65、67、70、74、529 页。
④ 阿·克路斯 1852 年 5 月 30 日给魏德迈的信，见《马克思恩格斯全集》历史考证版第 3 部分第 5 卷第 527—528 页。
⑤ 阿·克路斯 1852 年 5 月 27 日给马克思的信，见《马克思恩格斯全集》历史考证版第 3 部分第 5 卷第 935—942 页。
⑥ 阿·克路斯 1852 年 5 月 27 日给马克思的信，见《马克思恩格斯全集》历史考证版第 3 部分第 5 卷第 936、938、941—942 页。
⑦ 《马克思恩格斯全集》第 2 版第 11 卷第 403—404 页。
⑧ 马克思和恩格斯在恩·德朗克参与下完成的《流亡中的大人物》的写作和流传情况，见《马克思恩格斯全集》第 2 版第 11 卷第 838—939 页。

继续收集有关"流亡中的大小物"的材料,打算撰写第二部分,来揭露哥特弗里德·金克尔、阿曼德·戈克等流亡美国的领袖们的活动,揭露他们推销所谓德美革命公债的努力在政治上的疑点。克路斯1852年6月至8月的书信以及随信所附提供给马克思的大量材料证实了这一点①。

按照无产阶级国际主义精神组织和教育工人的一个方法是,在马克思和恩格斯的领导下为警察迫害和司法迫害的牺牲者开展声援运动。同时,揭露科隆共产党人案件的政治背景,对不断推迟开庭和残酷对待被捕者提出抗议。对于正在准备中的诉讼案,普鲁士警察当局有意故弄玄虚,制造轰动效应。恩格斯在7月22日给马克思的信中强调指出,"此外,诉讼是针对科隆人的,同样也是针对我们的"②。普鲁士当局在搜查时加紧搜寻马克思的书信绝非偶然,其目的就是在诉讼中利用这些信件来反对共产党人③。1852年10—11月的科隆审判表明,对于普鲁士、法国等国的反动统治集团来说,为镇压革命运动他们可以不择手段。

马克思和恩格斯不顾警方百般阻挠仍找到与科隆定期联系的途径。在这方面,共产主义者同盟盟员、科隆法学家阿道夫·贝尔姆巴赫为他们作出了难以估价的贡献。本卷的一些书信反映出马克思和恩格斯努力借助报刊引导欧洲和美国的公众舆论关注被捕者的命运,以及揭露警方在共产党人审判案中施用的拖延诡计。然而马克思和恩格斯寄给各编辑

---

① 1852年6月20日、7月4—5日、8月22日、8月5日和8月末至9月1日阿·克路斯给马克思的信。见《马克思恩格斯全集》历史考证版第3部分第5卷第413—416、427—432、433—434、444—446、457—460、476—483页。

② 《马克思恩格斯全集》第1版第28卷第90页。

③ 《马克思恩格斯全集》第1版第28卷第544页;阿·克路斯1852年5月3日和7月9日给马克思的信,见历史考证版第3部分第5卷第336、436页。

部的有关通报没有发表①。马克思在 1 月 26 日给弗莱里格拉特的信中写道:"但是这些民主派和自由派畜生们正在为他们的共产主义敌人这一次清除而欢呼。"② 他在 2 月 13 日给魏德迈的信中强调指出,"像《科隆》一类的自由派报纸由于胆怯而沉默,'民主派'报纸……由于对共产党人的仇恨……而沉默"。③

马克思和恩格斯的最亲密战友威·沃尔弗、弗莱里格拉特、皮佩尔、魏德迈、克路斯等积极参与为科隆人所进行的辩护。例如,马克思的书信中引用的有关拖延对科隆共产党人审判的事实材料被克路斯用于 1852 年 4 月 14 日发表在美国的德国流亡者的激进派报纸《高地哨兵》上的文章《关于在科隆被关押的共产党人的境况》,被德纳用于 1852 年 5 月 4 日发表在《纽约每日论坛报》上的文章《普鲁士的司法》,被魏德迈用于 1852 年 7 月 2 日发表在《纽约刑法报》上的文章《普鲁士的司法和〈普鲁士报〉》④。

马克思、恩格斯和他们的战友支持琼斯领导的宪章派革命的左翼争取在新的社会基础上复兴宪章运动的努力。他们认为,在英国创建无产阶级政党、使英国工人阶级从政治上联合起来的条件业已存在。他们把宪章运动革命地复兴视为达到这一目标的途径。马克思和恩格斯赞赏琼

---

① 《马克思恩格斯全集》第 1 版第 28 卷第 11—14、16、17 页。
② 《马克思恩格斯全集》第 1 版第 28 卷第 484 页。
③ 《马克思恩格斯全集》第 1 版第 28 卷第 489 页。
④ 《马克思恩格斯全集》第 1 版第 28 卷第 524—525、528 页;魏德迈和阿·克路斯 1852 年 2 月 6 日给马克思的信,查·安·德纳 1852 年 4 月 20 日给马克思的信;见《马克思恩格斯全集》历史考证版第 3 部分第 5 卷第 238 和 327 页;《科学与社会》1966 年第 4 期第 435—436 页;《马克思恩格斯全集》第 2 版第 11 卷第 711—714、715—717、722—724 页。

斯唤起工人对剥削者的阶级仇恨，反对英国工人中尚存的强烈的民族主义偏见的革命信念、国际主义和才能①。他们在与琼斯的私人会面和通信中探讨英国和其他国家工人运动的重要问题和现实问题。他们以各种方式支持宪章运动的机关报《寄语人民》和《人民报》的出版和传播。马克思向魏德迈推荐《寄语人民》是"可以找到英国无产阶级的全部现代史"②的一家报纸。恩格斯是宪章运动报刊的积极撰稿人③。琼斯曾对1852年2月初收到的恩格斯为《寄语人民》撰写的题为《去年十二月法国无产者相对消极的真正原因》发表的第一篇文章④给以热情答复。

马克思和恩格斯积极帮助宪章运动的领导人创办一份新的报纸《人民报》。他们欣慰地强调指出琼斯从英国工人那里得到道义上和物质上的支持这一事实⑤。他们不仅亲自为报纸写文章，而且还争取到皮佩尔、埃卡留斯、克路斯和弗莱里格拉特成为撰稿人。他们向琼斯推荐文章题目并向他提供必要的事实材料。在1852年7—9月，马克思直接参与了报纸的编辑。在这段时间里报纸发表了由马克思、恩格斯及其最亲密战友撰写的材料⑥。

---

① 《马克思恩格斯全集》第1版第28卷第37—38页。
② 《马克思恩格斯全集》第1版第28卷第495页。
③ 《马克思恩格斯全集》第1版第28卷第8—9、25—26、36—37、43—44页；厄·琼斯1852年1月16日和20日给恩格斯的信，威·皮佩尔1852年2月6日给恩格斯的信，见历史考证版第3部分第5卷第216、221页以及第235页。
④ 厄·琼斯1852年2月5日给恩格斯的信，见《马克思恩格斯全集》历史考证版第3部分第5卷第233页；第2版第11卷第259—271页。
⑤ 《马克思恩格斯全集》第1版第28卷第62、146、514、569—570页。
⑥ 《马克思恩格斯全集》历史考证版第1部分第11卷第492—494页。

马克思强调指出，宪章运动左翼在1852年的选举斗争中提出了一个独立纲领，规定通过劳动人民取得政权而实行激进的政治改革与社会改革和彻底改造社会生活。马克思和恩格斯批评了由资产阶级激进主义者和宪章派的妥协分子提出的只同意给予小资产阶级和高薪工人以选举权的选举制度的改革纲领（所谓小宪章）。

通信令人信服地证明，马克思和恩格斯在1852年支持琼斯反对哈尼的尖锐斗争，因为后者在公众中、在集会和报刊上宣传资产阶级改革派的观点。他们在这方面面临严峻的困难，例如大批工人群众在1848年宪章运动失败后的政治冷淡以及工联领袖们、资产阶级合作社社员和基督教社会主义者在工人中日益增长的影响。

本卷还有一些材料证明，马克思和恩格斯十分关注法国的工人运动、民主运动和社会主义运动，相信法国工人的革命潜力，相信他们不会受骗去参加法国小资产阶级流亡者的假革命行动。2月4日和27日给恩格斯的信表明，马克思在伦敦与法国流亡者保持交往，与他们进行政治交谈并向他们证明，小资产阶级社会主义的教条，首先是蒲鲁东主义的教条是有害的①。

在为保持无产阶级革命者的思想观点和策略观点的纯洁性和独立性而进行的斗争中，马克思和恩格斯并非孤军奋战。他们有战友们、共产主义者同盟盟员、民主运动和工人运动的参加者的可靠帮助。克路斯在写给马克思的一封信中强调指出，来自伦敦的信息和建议是他、魏德迈和美国其他共产主义者同盟盟员的行动指南②。

---

① 《马克思恩格斯全集》第1版第28卷第19、29—30页。
② 阿·克路斯1852年1月2日给马克思的信，见《马克思恩格斯全集》历史考证版第3部分第5卷第202页。

马克思和恩格斯与魏德迈和克路斯的通信在本卷占有重要地位。这些信证明,科学共产主义创始人在欧洲反动的条件下赋予美国的工人运动的发展多么重大的意义。在美国存在公开宣传科学共产主义和建立无产阶级组织的可能性。这些通信同时表明,马克思和恩格斯也看到组建一个独立的工人政党所面临的严重困难。首先是美国工人阶级的民族成分复杂,同时由于西部有一部分工人居无定所造成工人流动性很大。而且形形色色的小资产阶级观点广泛流传,致使庸俗民主主义的宣传鼓动者时而产生显著的影响,并可能唤起人们对不久即将在欧洲爆发一场新的革命的幻想。

马克思和恩格斯密切注视美国的社会经济发展和政治发展,工业的快速增长,生产和资本的集中,殖民扩张以及与欧洲、亚洲和大洋洲的贸易扩展。他们观察北部的工业资产阶级与受到北部各州的金融资产阶级集团支持的南部农场主和奴隶主之间的尖锐的内部矛盾。有关这些问题的详细信息,马克思和恩格斯是从克路斯和魏德迈那里获得的。

本卷首次发表的魏德迈和克路斯的书信,是研究美国工人运动史和马克思主义在美国传播初期的极有价值的原始史料。魏德迈和克路斯与已经存在的德国流亡工人的组织——工会、教育协会、体操协会和合作社协会建立了联系。他们在这些各种各样的组织的基础上开始创建共产主义者同盟的支部。"我们在此产生影响和掌握各协会的惟一途径是把同盟组织移植到美国的土地上……"① 他们认为,社会改革协会是美国"最好的协会",由于该协会卓有成效的工作②,1852 年 5 月他们成功地

---

① 约·魏德迈 1852 年给恩格斯的信,见《科学与社会》1966 年第 4 期第 434 页。
② 约·魏德迈 1852 年给恩格斯的信,见《科学与社会》1966 年第 4 期第 434 页。

和这个组织最有觉悟的一些成员建立了无产者同盟，并于 8 月在纽约建立了一个共产主义者同盟支部①。在华盛顿和巴尔的摩也进行了建立同盟支部的尝试。

魏德迈和克路斯在德国流亡者组织——纽约社会主义体操联合会（在美国许多城市都有其分会在活动）做宣传工作。这一工作形式多样，如为联合会机关刊物《体操报》撰稿，公开出席集会和代表大会，参加由德国流亡者组织的一年一度的歌唱节，与众多进步人士接触联络等等②。

马克思和恩格斯在美国的朋友们努力传播马克思主义创始人的著作，例如《哲学的贫困》、《共产党宣言》以及发表在《德法年鉴》和《新莱茵报。政治经济评论》上的文章，1849 年科隆出版的载有马克思作为《新莱茵报》主编在 1849 年 2 月对该报进行的法庭诉讼中发表的演讲的小册子《两次政治诉讼》③。

在美国宣传马克思主义成为魏德迈和克路斯的新闻活动的主要内容。他们在美国民主派报刊如《体操报》、《纽约民主主义者报》、《巴尔的摩警钟报》上宣传普及马克思和恩格斯的文章，并阐述马克思恩格斯有关美国的民主运动和工人运动具体任务的策略目标。1 月 5 日魏德

---

① 约·魏德迈 1852 年给恩格斯的信，见《科学与社会》1966 年第 4 期第 435、436—437 页。

② 魏德迈 1852 年 2 月 17 日给马克思和恩格斯的信，阿·克路斯 1852 年 4 月 15 日、7 月 22 日和 8 月 5 日给马克思的信。见《马克思恩格斯全集》历史考证版第 3 部分第 5 卷第 259、320、445、449 页。

③ 《马克思恩格斯全集》第 1 版第 28 卷第 469—470、513 页；历史考证版第 3 部分第 5 卷第 238 页；魏德迈 1852 年 3 月 10 日给马克思的信，见《马克思恩格斯同时代人书信选编 1844—1852 年》第 292 页。

迈告诉马克思，他利用马克思的著作《1848年至1850年的法兰西阶级斗争》而撰写的文章《无产阶级专政》在《体操报》上发表了①。1852年5月，魏德迈为在美国宣传马克思主义开始起草一个早在1851年就计划写的政治经济学系列讲座②，这一系列讲座在1853年8月作为一组文章发表在纽约《改革报》上。不论是魏德迈，还是克路斯都力求从马克思主义的立场出发去深入研究美国历史和那里正在发生的社会经济和政治进程。

　　马克思和恩格斯一贯支持他们的美国朋友们在组织工作、出版工作和新闻工作方面的计划。他们在书信中阐述他们对现实的理论问题和实践政治问题的观点，寄送必要的事实材料和写好的现成文章，供魏德迈和克路斯写文章时使用。例如魏德迈在他发表于1852年6月8日纽约《总汇报》上的文章《德国的运动及其"尖顶"》里就使用了马克思有关伦敦的德国流亡者的革命空话和冒险行为的资料③。魏德迈在6月7日把这篇文章中的一段寄给恩格斯并写道："我在所附的文章中有一些是抄袭马克思的，他不会怪我的，因为这样做'用意是好的'"。④魏德迈在他发表于1852年8月27日《纽约刑法报》上的《关于1852年的英国议会选举》的文章中还使用了马克思7月20日给克路斯的信中包

---

　　① 魏德迈1852年1月5日给马克思的信，见《马克思恩格斯全集》历史考证版第3部分第5卷第205页。

　　② 魏德迈1852年5月19日和25日给恩格斯的信，见《马克思恩格斯全集》历史考证版第3部分第5卷359、368页。

　　③ 《科学与社会》1966年第4期第435—437页；魏德迈《德国的运动及其"尖顶"》，见《马克思恩格斯全集》第2版第11卷第718—721页。

　　④ 《科学与社会》1966年第4期第435页。

含的关于下院选举的资料①。

  魏德迈和克路斯则向马克思和恩格斯详细通报有关他们的活动、流亡美国的共产主义者同盟盟员的命运、在美国宣传马克思主义的成功与失败、小资产阶级民主派代表的行径等情况,他们经常邮寄马克思感兴趣的在美国发行的报纸的剪报或文章与文件的手抄本。马克思大都把这些美国来信寄给恩格斯并把书信的内容告诉其他战友,如,琼斯、弗莱里格拉特、皮佩尔、维尔特、德朗克等人,有些书信曾在共产主义者同盟伦敦区部的每周会议上进行过讨论。

  本卷所收入的书信反映了马克思、恩格斯及其战友反对资产阶级和小资产阶级民主派政治上的有害活动、反对他们的阴谋诡计和出版华而不实的宣言、反对他们为组织暴动而募集钱款的斗争。马克思和恩格斯坚持谴责所谓德美革命公债的发起人金克尔、维利希、戈克等。流亡者领袖们野心勃勃地要求取得未来独裁者的角色,要求在流亡中建立的"政府"内分配职权,这些要求损害了革命事业。马克思和恩格斯严厉地批判诸如亚历山大－奥古斯特·赖德律－洛兰、路易·勃朗、阿尔诺德·卢格等资产阶级和小资产阶级民主派的领导者们的社会纲领的局限性和他们对客观社会经济规律的无知。马克思主义创始人认为自己对党的义务是,告诫工人和所有进步力量,警惕朱泽培·马志尼、拉约什·科苏特等民主主义运动和民族解放运动的领导人的有损革命利益的倾向,不要轻信法国波拿巴主义者的诺言②。

---

  ① 《马克思恩格斯全集》第 1 版第 28 卷第 536—637 页;第 2 版第 11 卷第 728—730 页。

  ② 《马克思恩格斯全集》第 1 版第 28 卷第 120—121、495、523—524 等页。

本卷的大量书信内容涉及马克思和恩格斯不断进行创造性合作、增进他们克服流亡生活的种种困难和坚持革命斗争的无双友谊的材料。在撰写《路易·波拿巴的雾月十八日》和系列文章《德国的革命和反革命》等等著作时，马克思和恩格斯就原则问题经常通信。恩格斯的信中所包括的事实材料和评价，在马克思的《路易·波拿巴的雾月十八日》中都可以找到。他们在书信中讨论恩格斯的《德国的革命和反革命》这组文章中个别篇章的总的结构和内容。马克思在把每篇文章寄往纽约之前都要进行阅读。1852年2月中旬，魏德迈通报说，《纽约论坛报》上发表了法兰克福国民议会前议员、小资产阶级民主派路德维希·西蒙攻击马克思和恩格斯的一篇文章，马克思接到这个通报后在2月18日给恩格斯的信中建议说，"现在必须在《论坛报》上加倍攻击法兰克福左派，特别是当你谈到'三月同盟'的时候"①。恩格斯接受了这一建议，他在第12篇文章中尖锐地批评了国民议会中资产阶级领导者的政策，他们内在的"议会迷"和对革命群众的恐惧。②

1852年1—8月间，马克思全家经受了非常严峻的考验（马克思、他的妻子和孩子患病，女儿弗兰契斯卡夭折和经济陷入困境）。困难的生活状况由于警察的迫害和大量意识形态敌人、公开的和隐蔽的敌人的诽谤而更加严重。在马克思的书信中我们可以读到下面的话："一个星期以来，我已经达到非常痛快的地步：因为外衣进了当铺，我不能再出门，因为不让赊账，我不能再吃肉。"③ 在这段时间里，恩格斯也在同严峻的困难进行斗争，这从恩格斯给马克思的书信中可以得到证明，由

---

① 《马克思恩格斯全集》第1版第28卷第23页。
② 《马克思恩格斯全集》第2版第11卷第70—77页。
③ 《马克思恩格斯全集》第1版第28卷第28页。

于同欧门-恩格斯公司的伙伴关系变得越来越复杂,加上契约的更改,使得他在公司里的工作条件明显恶化,他的职责范围增大到他几乎再没有时间从事学术活动和党的工作。他充满绝望地写信告诉他的朋友,"最令人讨厌的是,我现在必须把自己的全部注意力放在这该死的生意上"①。然而由于他继续在曼彻斯特做商人,他才有能力为马克思和他的家人提供重要的物质帮助。

本卷发表的马克思妻子燕妮的书信是研究马克思生平的一个重要资料来源,这些书信有力地证明,这个非同寻常的女人一向是她的丈夫实现其伟大计划的忠实助手。在邮寄给出版商之前,都是燕妮把马克思的手稿誊清的;燕妮与他的党内同志通信并向他们转达马克思托办的事。她在回忆录《动荡生活简记》中写道:"卡尔的秘书最初是威·皮佩尔,后来由我来担任;我坐在他的小房间里转抄他那潦草不清的文章的那些日子,是我一生中最幸福的时刻。"② 她勇敢而体面地承受着流亡生活的一切烦恼。

本卷提供了许多关于马克思和恩格斯体贴和关心他们的朋友和战友,关于马克思主义创始人担当无产阶级战士的杰出的导师和教育者的角色的事实材料。马克思和恩格斯既了解并赞赏无产阶级运动参加者的强势,也看到其弱点,他们努力避免可能发生的错误,对无原则、摇摆不定和背离党的革命路线等现象毫不妥协。

尽管本卷收入的只是相对较短一段时间内的通信,但它介绍了马克思和恩格斯生活中大量生动的事实,包括许多极有价值的材料,其

---

① 《马克思恩格斯全集》第 1 版第 28 卷第 22 页。
② 《摩尔和将军》,人民出版社 1982 年版第 48 页。

中还有至今不为人知或者鲜为人知的、体现他们作为勇敢的科学家和对工人阶级的敌人毫不妥协、对同志体贴关心的不屈的革命者的品格的材料。

（原载《马克思恩格斯全集》历史考证版第 3 部分第 5 卷）

（李妍 译）

研究马克思恩格斯 1844—1851 年的理论及实践活动的重要资料

——《马克思恩格斯全集》英文版第 38 卷说明[*]

马克思恩格斯的书信将收入《马克思恩格斯全集》英文版（莫斯科）第 38—50 卷。这十几卷将包括他们相互间的通信以及他们与自己的合作者、朋友、亲属和其他人的通信。附录中将包括第三者应马克思恩格斯的要求而写的信和第三者写给他们的信，以及其他一些文献。这些文献可供我们了解目前尚未发现的马克思和恩格斯书信中包含的思想观点和其他传记资料。

书信部分以保存下来的恩格斯写给马克思的最早的一封信，即 1844 年 10 月初的那封信为开篇。他们在 1844 年 8 月巴黎的历史性会见之前写给其他人的信与那些年代他们单独发表的著作一起收入本版第 1—3 卷。在巴黎会见之前，他们的思想发展和工作还没有直接关系。从 1844 年秋开始，马克思恩格斯的著作就越来越成为他们亲密合作的产物。他们的书信反映了他们所阐述的思想及其对工人阶级争取解放斗争的影响。

马克思恩格斯给各种组织、报刊编辑以及政府官员等写的书信、呼吁书和声明未收入书信卷，它们都发表在本版第 4—28 卷中。

---

[*] 本文选自《马克思恩格斯列宁斯大林研究》1999 年第 3 辑。

马克思恩格斯的书信包含着极为丰富的思想，充满对人类的关怀。在这些书信中，马克思恩格斯谈到了他们的创作计划，他们在不同的知识领域所进行的大量研究工作，还广泛地涉及哲学、经济学、社会学以及其他方面的问题。他们比较自己的工作成果，交换读书心得，讨论同时代的思想家的各种学说和理论，评论其他学者的成就——例如，在自然科学和工艺学方面所取得的进步——并且评论他们耳闻目睹的事件和现象。

这些书信表明，马克思恩格斯一贯关注经济和社会现象，关注总的政治，特别是革命运动的发展。他们对时事、阶级冲突、外交争端、战争、政党、政治思潮、政治家和国务活动家的分析非常有助于用马克思主义观点来解释现代史，而且应当牢牢记住，他们在书信中往往比他们在公开发表的著作中对事件和人物的评论要尖锐、有力和激烈得多，无产阶级的阶级斗争是他们通信中主要的和经常性的话题之一。作为工人阶级的理论家、无产阶级组织的直接参加者和领导人，他们最关心工人运动及其发展的条件和阶段，关心它的纲领和目的以及它的策略和组织。这些书信是马克思恩格斯为建立工人阶级的革命政党、为精心制定国际无产阶级运动的纲领和策略而进行斗争的有力证明，他们在制定无产阶级运动的纲领和策略时既充分考虑阶级斗争的一般规律，又充分考虑这个斗争在不同历史时期和不同国家的具体特点。许多书信都对工人阶级思想上和政治上的敌人以及机会主义、改良主义、宗派主义和教条主义在工人运动中的种种表现进行了尖锐的批判。马克思恩格斯的全部书信都贯穿着对无产阶级斗争问题的科学的和唯物主义的深刻观点，对革命立场的坚决捍卫和始终一贯的国际主义，对被压迫和被剥削人民的斗争的坚决支持以及同他们的敌人的势不两立。

列宁写道："如果我们试图用一个词来表明整个通信集的焦点，即其中所抒发所探讨的错综复杂的思想汇合的中心点，那么这个词就是辩证法。运用唯物主义辩证法从根本上来修改整个政治经济学，把唯物主义辩证法运用于历史、自然科学、哲学以及工人阶级的政治和策略——这就是马克思和恩格斯最为关注的事情，这就是他们作出最重要、最新的贡献的领域，这就是他们在革命思想史上迈出的天才的一步。"①

书信卷是研究马克思恩格斯的理论活动和实践活动的重要资料来源，它们表明了马克思恩格斯是多么自然地把他们革命工作的这两个方面结合起来的。他们的书信反映了马克思主义的三个组成部分——辩证唯物主义与历史唯物主义、政治经济学和科学社会主义——的发展，以及他们对一系列互相联系的学科的研究，尤其是对世界史、法律、语言学、文学史、美学、自然科学和军事科学的研究。此外，这些书信还表明，马克思恩格斯作为工人阶级革命斗争的组织者和领导者，他们的书信包含着丰富的资料，这些资料增加了我们对马克思恩格斯所创立的共产主义者同盟、第一国际和其他无产阶级组织的纲领和策略文件的了解。

同时，他们的书信也是他们公开发表的许多著作、草稿和未完成的著作的手稿的重要补充，因为在这些书信中往往包含关于一些重要的理论和策略主张的原始资料，表明了某些思想是如何构思出来的，最初是怎样提出来然后又得到发展的。有些书信是地道的论文，还有一些书信特别珍贵，因为它们所包含的思想从未在马克思恩格斯公开发表的著作中提出过。许多书信揭示了由于某种原因而没有实现的研究和写作计划，还有一些书信可以证明这样的写作计划确实存在。这些书信可以使我们大致了解马克思恩格斯这些著作的主要内容。

---

① 《列宁全集》第 2 版第 24 卷第 276 页。

这些书信对于研究马克思恩格斯不能定期为报刊写作的那些时期是尤为重要的，他们在这些时期的通信往往为研究他们的生平和事业提供了最好的或惟一的原始资料。不幸的是，他们在这些时期某些年份的书信只保存下来很少一部分，而这部分书信自然也能有助于我们了解一些关于马克思恩格斯的已反映在他们公开发表的著作中的思想和活动情况。

马克思恩格斯的书信是研究他们生平的最好的原始资料。读者不仅能从中了解他们的著作和出版经过以及他们的理论活动和社会政治活动的发展过程，而且还能了解他们的家庭生活和与朋友的交往以及马克思恩格斯的生活环境、日常工作和个人感情等等。他们的书信还清楚地表明了两位无产阶级革命家在同现存国家制度进行斗争的过程中所经受的严峻考验：警察迫害、起诉、驱逐、被迫流亡、出版商拒绝出版他们的著作、敌人的辱骂和诽谤、家庭和个人的苦难。尤为严重的是——就马克思的情况而言——他的贫困导致了他的几个子女的相继夭折，并使他本人疾病缠身。

但是，他们的书信仍然洋溢着乐观主义精神。在遇到所有这些困难时，他们表现出来的坚韧不拔的意志是令人惊奇的。他们的力量来源于他们对自己的革命使命、对为工人阶级的解放事业服务的崇高信念的忠贞不渝。对于遭受了几个子女悲惨死亡的沉重打击的马克思来说，他在1867年4月30日给齐格弗里特·迈耶尔的信中所写的那段话是有重要意义的："我嘲笑那些所谓'实际的'人和他们的聪明。如果一个人愿意变成一头牛，那他当然可以不管人类的痛苦，而只顾自己身上的皮。"①

---

① 《马克思恩格斯全集》第1版第31卷第544页。

人生的坎坷没有使他们的意志或精神消沉，没有削弱他们献身工人阶级事业的决心，也没有摧毁他们对共产主义思想最终胜利的信念，或者动摇他们的历史乐观主义、他们的勇气和天生的开朗性格。在马克思逝世后不久，一个德国资产阶级新闻记者说马克思是个"可怜的人"，为此，恩格斯在1883年6月义愤地写道："这些蠢货要是有机会读一读摩尔和我的通信，简直会惊讶得目瞪口呆。海涅的诗篇同我们的泼辣而欢乐的散文相比，不过是儿戏而已。摩尔有时会狂怒，但从来不消沉！"①

　　这些书信证明了马克思和恩格斯的理论观点的一致以及他们在思想上和感情上的亲密无间。尽管他们的个性完全不同，但是，他们的哲学观点和政治观点非常相似，所以他们对主要问题的看法总是完全一致的。我们可以经常看到他们如何通过讨论得出共同的观点，然后他们两人又如何在著作中或在给第三者的书信中把这些观点表达出来。这种创造性合作的例子不胜枚举。

　　他们的伟大友谊意味着他们相互之间经常保持着接触。因此在他们偶然分开后——像在19世纪50年代和60年代那样，他们几乎每天都通信，就不足为奇了。他们的书信谈到了他们之间的相互尊重和浓情厚谊，以及他们彼此之间完全和真诚的信任。

　　第38卷收载了马克思和恩格斯从1844年10月至1851年12月这一时期的书信。这一时期包括了马克思主义发展的三个阶段。第一组书信反映了作为工人阶级的科学世界观的马克思主义的形成和发展，还表明了马克思恩格斯为把共产主义理论同工人运动结合起来并组织一个无产阶级政党所采取的最初一些实际步骤。他们的努力获得了成功：1847

---

① 《马克思恩格斯全集》第1版第36卷第36页。

年无产阶级的国际共产主义组织——共产主义者同盟——成立了：1848年2月该同盟的纲领——《共产党宣言》发表了。第二组书信涉及1848—1849年欧洲资产阶级民主革命这个时期，这个时期是对马克思主义及其理论原理和策略原则的第一次历史考验。第三组包括1849年底至1851年的书信，当时的首要任务是从理论上总结革命经验，进一步发展无产阶级革命者的战略和策略，在反动势力日益猖獗的情况下把革命力量统一起来，改组共产主义者同盟。

保存下来的马克思和恩格斯1844年10月至1848年2月的书信表明，他们把主要精力集中在阐述将为工人运动提供科学基础的理论工具上。他们对于这一任务的紧迫性的认识，从恩格斯在巴黎会见马克思并于1844年秋返回巴门后从那里写给马克思的第一批书信中就可以明显地看出来。恩格斯在向他的朋友报告在德国共产主义和社会主义的宣传进展迅速时写道，只要我们的"原则还没有从以往的世界观和以往的历史中逻辑地和历史地作为二者的必然继续在几个著作中发挥出来，人们就仍然不会真正清醒，多数人都得盲目摸索"。①

当时，工人运动受空想社会主义的影响很大。工人运动中的思想混乱，由于各种胡说八道、不成熟的学说，特别是在1843—1845年鼓吹主观唯心主义和无政府个人主义思想的青年黑格尔派的学说的传播而加强了。这就是恩格斯所以要在他的信中反复敦促马克思尽快完成旨在反对布鲁诺·鲍威尔和其他青年黑格尔派的《神圣家族》一书，尽快完成马克思计划写的政治经济学著作的原因。1845年1月，恩格斯写道："人们的情绪已经成熟了，就要趁热打铁……我们这些德国理论家还根本不能发挥我们的理论，我们甚至还没有发表批判荒谬言论的文章，而

---

① 《马克思恩格斯全集》第1版第27卷第6页。

现在正是时候了"。①

本卷所发表的书信有助于我们了解诸如《神圣家族》、《英国工人阶级状况》和《德意志意识形态》这些重要著作的写作过程，以及有些没有实现的计划，比如，马克思打算分两卷写作《政治经济学批判》，马克思和恩格斯计划发表对德国资产阶级经济学家弗里德里希·李斯特的观点的评论，以及他们计划创办一份附有批判性的评论的《外国杰出的社会主义者文丛》（德文版）②。这些书信还让我们看到了马克思和恩格斯所从事的政论活动，他们给各种报纸投稿的情形，促使他们从事政治活动的原因，以及他们所撰写的许多文章的特点。

关于《德意志意识形态》的写作以及有关打算出版它的一系列情况，在马克思和恩格斯的通信以及他们给第三者的通信中得到了说明，其中马克思于1846年5月14—16日给约瑟夫·魏德迈的信③于1968年首次发表。马克思和恩格斯在《德意志意识形态》中，把他们的作为一个完整概念的唯物主义历史观同麦克斯·施蒂纳和其他青年黑格尔派的唯心主义观点，以及路德维希·费尔巴哈的不彻底的唯物主义相对照。从他们的书信中可以清楚地看出，马克思和恩格斯最初打算以论文集的形式连同他们的合作者所写的著作一起发表这部著作，并批判各种资产阶级和小资产阶级思潮。为发表这些著作，他们想创办一个季刊④，但是，这些计划也像他们试图把这些手稿付印的其他想法一样未能实现。然而，马克思和恩格斯并未气馁，因为，正像马克思

---

① 《马克思恩格斯全集》第1版第27卷第18—19页。
② 《马克思恩格斯全集》第1版第27卷第26—30页。
③ 《马克思恩格斯全集》第1版第27卷第446—469页。
④ 《马克思恩格斯全集》第1版第27卷第466—467页。

在1859年为《政治经济学批判》所写的序言中所说，他们已经达到了他们的主要目的——"自己弄清问题"。①

当马克思和恩格斯阐发他们的辩证唯物主义世界观并努力在新的革命学说的基础上加紧团结先进工人和知识分子时，他们越来越敏锐地感觉到必须克服宗派主义空想学说的影响，这些学说阻碍了工人阶级思想意识的形成。在这些学说中，有魏特林的平均共产主义和带有小资产阶级情调的"真正的社会主义"。对工人运动特别有害的是蒲鲁东向工人灌输这样的幻想，即改造资本主义使之为小手工业者和农民的理想服务是可能的。

许多书信，尤其是1846年恩格斯在巴黎给布鲁塞尔共产主义通讯委员会写的信件，表明恩格斯不得不同在旅居巴黎的德国手工业者和工人中有影响的魏特林分子作斗争，以及同蒲鲁东改良主义计划的支持者和用"真正的社会主义"的精神来解释这些计划的卡尔·格律恩作斗争。恩格斯在1846年10月23日的信中描述了在他参加过的一次工人会议上进行长时间的讨论的情形，在讨论过程中，他成功地使大多数与会者改变了自己的思想，使他们确信蒲鲁东和格律恩的观点是毫无根据的，并且还明确地规定了共产主义者的宗旨，这些宗旨是："（1）维护同资产者利益相反的无产者的利益；（2）用消灭私有制而代之以财产公有的手段来实现这一点；（3）除了进行暴力的民主的革命以外，不承认有实现这些目的的其他手段。"②

与蒲鲁东的思想作斗争，这同成熟的马克思主义的第一批著作之——《哲学的贫困》的写作有直接联系。在这部著作中，马克思阐

---

① 《马克思恩格斯选集》第2版第2卷第31页。
② 《马克思恩格斯全集》第1版第27卷第71页。

发了他先前在《德意志意识形态》中提出的历史唯物主义概念。这是马克思作为经济学家所发表的第一部著作。他于1846年12月28日给俄国自由派作者巴·瓦·安年柯夫的信可被视为这本书的简单扼要的草稿。马克思在这封信中简明地阐述了一些主要论点,认为蒲鲁东的哲学观点和社会学观点是毫无根据的,他的改良主义计划是空想的,蒲鲁东没有把资本主义关系和社会过程当作一个整体来分析它们的性质,或者说他无法理解无产阶级的阶级斗争的重要意义。马克思清楚地看到了小私有生产者这个阶级的情绪和世界观在蒲鲁东的思想中的反映,这个阶级正在被资本主义的发展所消灭,它想消除资本主义的"坏的一面"而原封不动地保持基础。马克思写道:"蒲鲁东先生彻头彻尾是个小资产阶级的哲学家和经济学家。"①

蒲鲁东唯心主义地认为,历史是那些具有"从上帝那里窃取隐秘思想"的能力的杰出人物活动的结果②,为了批判这种观点,马克思扼要重述了历史唯物主义关于社会发展的一般规律的基本原理。他指出了生产力在这个发展过程中所起的决定作用,以及生产力和生产关系(有意思的是,在这里生产关系不再像在《德意志意识形态》中那样被称为"交往方式",而是更精确地被称为"经济关系"和"社会关系")之间的辩证的相互作用,还揭示了所有其他的社会机构和上层建筑现象,包括思想领域在内,归根结蒂对生产方式的依赖性。不断发展的生产力同过时的生产关系之间的矛盾,客观上不可避免地导致变革,即改变旧的生产方式,代之以新的、更加进步的生产方式,这种生产方式还将使整个社会上层建筑发生变化。马克思指出,逐渐过时的生产关系不仅阻

---

① 《马克思恩格斯全集》第1版第27卷第487—488页。
② 《马克思恩格斯全集》第1版第27卷第486页。

碍社会的进步，而且实际上导致社会的倒退并使之丧失"文明的果实"。① 马克思指出，历史的真正创造者——生产物质财富的群众——主要是通过参与发展生产力而影响历史进程。但是，人们不能任意创造历史，因为人们不能自由地选择自己的生产力，"后来的每一代人所得到的生产力都是前一代人已经取得"② 的。

马克思强调，应把某一历史时代的各种生产形式看作是历史的和暂时的，同时指出了科学的历史性原则。他指出，这个原则对于从真正科学的、辩证唯物主义的角度来研究社会现象是很有必要的。

马克思和恩格斯 1846—1847 年的书信反映了他们在组织无产阶级政党，建立和巩固同各国工人运动和社会主义运动的代表的联系，在比利时、德国、英国和法国成立共产主义通讯委员会等方面所作的努力。马克思在 1846 年 5 月 5 日给蒲鲁东的信中对一系列文件所规定的这些委员会的任务也作了说明，在这封信里，马克思仍然希望蒲鲁东参加革命宣传工作，"……我们这种通讯活动的主要目的，是要让德国的社会主义者同法国和英国的社会主义者建立联系，使外国人经常了解德国不断发展的社会主义运动，并且向德国国内的德国人报道法国和英国社会主义运动的进展情况。通过这种方式，可以发现意见分歧，从而得以交流思想，进行无私的批评。这是文字形式的社会运动为了摆脱民族局限性而应当采取的一个步骤"。③

正如马克思和恩格斯所计划的那样，共产主义通讯委员会就是为了发现意见分歧，批判不成熟的、空想的和宗派主义的观点，制定一种为

---

① 《马克思恩格斯全集》第 1 版第 27 卷第 478 页。
② 《马克思恩格斯全集》第 1 版第 27 卷第 478 页。
③ 《马克思恩格斯全集》第 1 版第 27 卷第 454 页。

运动中的真正革命分子所能接受的思想纲领和理论纲领，从而为组织一个国际无产阶级政党打下基础。

马克思和恩格斯这时建立的联系中心是他们所领导的布鲁塞尔共产主义通讯委员会。恩格斯在1846年8月19日和10月23日前后从巴黎写给马克思的信和哈尼在1846年3月30日写给恩格斯的信（收入本卷附录）中都详细说明了这个通讯委员会的工作。

马克思和恩格斯作为理论家、政论活动家和宣传组织者，他们的活动帮助了19世纪30年代中期出现的德国工人和手工业者的一个秘密组织（参加这个组织的还有其他国家的工人）——正义者同盟盟员的思想的发展。马克思和恩格斯早在1843—1845年就已和同盟的伦敦领导人——卡尔·沙佩尔、约瑟夫·莫尔和亨利希·鲍威尔——建立了联系，在以后的几年里，尽管他们批评了同盟领导人理论上的不成熟和立场上的不坚定以及同盟的组织结构的宗派主义性质和密谋性质[1]，但他们仍然保持了这一联系。只是在他们断定伦敦领导人已开始吸收科学共产主义思想，并且表明他们准备按照这种精神进行活动的时候，马克思和恩格斯才于1847年1月同意加入同盟，参加同盟的改组，并在他们宣布过的原则的基础上起草新的纲领。

从马克思和恩格斯1847年的书信中，我们可以看出他们是怎样指导他们所创立的共产主义者同盟的工作的。他们试图加强同盟在群众中的影响，并且鼓励同盟盟员在无产阶级中从事系统的宣传和组织工作。他们自己也在他们于1847年8月创立的布鲁塞尔德国工人协会中进行这类工作，这个情况我们可以从恩格斯1847年9月28—30日给马克思

---

[1] 《马克思恩格斯全集》第1版第27卷第55、71—72、80—82页。

的信①中了解到。不仅如此，他们还把共产主义者同盟看作是将把工人阶级的一切战斗力量统一起来的、未来的群众性无产阶级政党的核心。

马克思和恩格斯强烈反对脱离一般革命运动的宗派主义行为，他们引导共产主义者同盟与国内和国际的民主派建立联盟，以便联合起来同反人民的制度作斗争。但同时，国际无产阶级组织在思想立场和政治立场上的独立性以及它对自己的同盟者的错误和不彻底性公开进行批判的权利被严格地保留下来了。恩格斯为争取团结在《改革报》周围的法国民主派和社会主义者的合作而作了不懈的努力。他在1847年10月25—26日、11月14—15日以及1848年1月14日和21日的信中，向马克思详细报告了他同编辑斐·弗洛孔和路易·勃朗进行商谈的情况，他在最尖锐地抨击路易·勃朗著作中的改良主义倾向以及"这个矮小的著作界大老爷"的傲慢态度时，认为对勃朗的观点公开进行批判是很有必要的。②

在马克思和恩格斯的积极参与下，国际性的民主团体于1847年秋在布鲁塞尔成立了。他们两个以及共产主义者同盟的其他几个盟员在这个组织中起了领导作用③。马克思和恩格斯同宪章派左翼领导人乔·朱·哈尼和厄·琼斯以及在伦敦建立的国际性民主团体——民主派兄弟协会保持着经常的联系。④

为了广泛传播共产主义思想，同盟需要有自己的报纸，马克思和恩格斯在他们的书信中反复提到这一点。⑤ 1846—1847年马克思几次试图

---

① 《马克思恩格斯全集》第1版第27卷第98—108页。
② 《马克思恩格斯全集》第1版第27卷第129—131页。
③ 《马克思恩格斯全集》第1版第27卷第98—108、495—496页。
④ 《马克思恩格斯全集》第1版第27卷第116—119页。
⑤ 《马克思恩格斯全集》第1版第27卷第69、81、492页。

以股份公司的形式创办一个理论刊物。在最近发现的马克思 1847 年 9 月 29 日给韦尔纳·冯·韦尔特海姆的信中,他说计划创办的这个杂志的主要任务之一,是从唯物主义立场出发,经常批判"政治的、宗教的和社会的党派及其观点",因此,在这一份杂志中,"政治经济学将起领导作用"。① 但是,这个计划没有实现。

为了进行共产主义宣传,马克思和恩格斯还想利用一家侨民报纸——《德意志—布鲁塞尔报》(参看 1847 年 8 月 8 日马克思给海尔维格的信以及其他一些信②),他们通过控制编辑工作,成功地把这家报纸变成共产主义者同盟的非正式的机关报,变成传播共产主义纲领和策略原则的先锋。

恩格斯于 1847 年底写的书信很有意义,这些书信表述了他在撰写共产主义者同盟纲领草案方面所做的工作,这个草案在同盟的第二次代表大会上获得通过。1847 年 11 月 23—24 日,恩格斯写信给马克思说,他不满意最初写这个文件时所用的那种教义问答或自白的形式(在当时这是许多工人组织所使用的传统形式),并打算称这个文件为《共产主义宣言》。列宁说,这封信勾画了未来的纲领文件的一般轮廓,"清楚地表明,把马克思和恩格斯两个人的名字作为现代社会主义奠基人的名字并列在一起是很公正的"。③

作为共产主义者同盟的纲领而写成的《共产党宣言》是 1848—1849 年革命前马克思和恩格斯的理论活动和实践活动的最高成果,在《宣言》中第一次系统地阐述了马克思主义革命学说的原理。1848 年 2

---

① 《马克思恩格斯全集》英文版第 38 卷第 131 页。
② 《马克思恩格斯全集》第 1 版第 27 卷第 491—493 页。
③ 《列宁全集》第 2 版第 24 卷第 281 页。

月它的发表标志着国际工人运动发展的一个崭新阶段的开端。

保存下来的马克思和恩格斯1848—1849年的书信,增加了我们对他们作为革命的民众代言人和政论活动家、作为总的民主革命运动中的无产阶级一翼的思想家和领导人,以及革命的战略家和策略家的了解。

随着革命的爆发,比利时当局被巴黎二月事件引起的反响吓破了胆,命令马克思立即离开这个国家,然后于3月3日晚逮捕了他和他的妻子。他们被释放时,规定他们必须离开这个国家的期限——24小时已经过去了。马克思夫妇连同他们的三个孩子不得不迅速离开布鲁塞尔。恩格斯在1848年3月8—9日和18日写给马克思的信中告诉后者说,这种粗暴的行为在比利时民主派公众中引起了愤慨,还告诉他,报纸上发表了抗议书,议会里进行了质询。

官方当局如此粗暴地干扰马克思的生活已不是第一次了。马克思和恩格斯选择了政治斗争的道路后,他们两人都已遭受了反动政府的迫害、书报检查官的专横和警察密探和间谍的暗算。在普鲁士大使的坚决要求下,基佐政府于1845年2月把马克思驱逐出巴黎,迫使他在比利时寻求政治避难。恩格斯在信中对他说:"但是我所担心的是,在比利时他们终究也会找你的麻烦。"① 的确,他的担心于三年后被比利时警察的行动所证实。1846—1847年恩格斯住在巴黎并在那里的德国工人中从事革命宣传工作,从他的信中我们可以看到,他当时也同样担心随时可能被捕和被驱逐。1848年1月底这件事终于发生了。等待着这两个朋友的还有更多的迫害:检察官办公室的传唤、法庭的起诉、逮捕的威胁、驱逐,等等。

---

① 《马克思恩格斯全集》第1版第27卷第23页。

1848 年 3 月 4 日到达巴黎的马克思和在布鲁塞尔的恩格斯密切注视着事态的发展。在他们看来，很明显，已经开始的革命将使无产阶级和资产阶级之间的矛盾变得更加尖锐。马克思于 1848 年 3 月 16 日在巴黎写信给恩格斯说：" 这里资产阶级又极端无耻和反动起来了，但是有一天会够它受的。"① 恩格斯移居巴黎后，于 1848 年 3 月 28 日写信给埃米尔 · 布兰克说，这里 " 大资产者和工人是直接对立的 "②。

当他们看到德国资产阶级民主革命已经开始并考虑无产阶级革命者在这场革命中如何开展活动时，他们坚决反对任何人为地加速事件的进程或向德国输出革命的企图。在这方面，他们猛烈地批判了格 · 海尔维格和阿达尔贝特 · 冯 · 伯恩施太德的冒险主义计划，这两个人想组织一支由德国侨民组成的武装部队入侵德国领土，并在那里宣布成立共和国，而不是动员进步的德国工人——主要是那些参加共产主义者同盟的工人——逐个返回家园以便参加革命斗争。马克思和恩格斯对小资产阶级民主派的计划所采取的不妥协的态度，清楚地表现在 1848 年 3 月 16 日马克思给恩格斯的信和 3 月 18 日恩格斯给马克思的信以及其他一些书信中。③

1848 年 4 月他们返回德国后的往来信件，谈到了那里的形势，阶级力量对比以及共产主义者同盟地方组织的状况。革命促进了德国工人的政治活动，但是，工人运动的自发性和不成熟的特征随处可见。自由资产阶级和小资产阶级民主派的动摇分子所采取的妥协政策符合封建君主派的反革命目的。这些从自己所遭到的失败中苏醒过来的反革命势力

---

① 《马克思恩格斯全集》第 1 版第 27 卷第 137 页。
② 《马克思恩格斯全集》第 1 版第 27 卷第 501 页。
③ 《马克思恩格斯全集》第 1 版第 27 卷第 137、140、500 页。

正在越来越公开地重新出现。恩格斯在确定窃据政府之首的普鲁士资产阶级自由派领导人的立场时，于1848年5月底写道："在柏林，康普豪森无所事事地消磨时日，而反动派、官僚和贵族集团却愈来愈猖狂，因而激怒了人民，人民起来造反了。康普豪森的软弱无能和胆小怕事，直接引导我们走向新的革命。德国现在的情况就是这样！"①

在这种形势下，马克思和恩格斯清楚地看到，他们的主要而紧迫的任务是把德国工人阶级的行动纳入总的民主运动的主流，同时使它在思想上不受小资产阶级民主派的影响，并为使德国工人阶级始终坚持革命路线而斗争。马克思和恩格斯以及他们的共产主义者同盟的同志在科隆创办的周报《新莱茵报》成了无产阶级民主派左翼的机关报。

保存下来的这一时期的几封信反映了马克思和恩格斯为保证该报的出版、组织通讯员网以及保证报纸的发行所做的大量工作。编辑们也有他们的苦衷，资产阶级股东不赞成报纸的革命政策，普鲁士当局为报纸的出版设置了种种障碍，还有经费困难。为了使报纸办下去，马克思把他的私人积蓄都用完了，1848年11月他在给恩格斯的一封信中说，"但是问题在于，在任何情况下都要坚守住这个堡垒，不放弃政治阵地"。②

1848年10—11月马克思给恩格斯的信（当时恩格斯正面临被逮捕的威胁，他被迫暂时移居瑞士），1848年12月5日马克思给爱德华·冯·弥勒-泰勒林的信以及12月29日前后给威廉·施梯伯的信，反映了马克思和他的合作者当时所面临的警察迫害和法律起诉的险恶处境，他们就是不得不在这种处境下保卫他们的"堡垒"的。但是，报纸在

---

① 《马克思恩格斯全集》第1版第27卷第508页。
② 《马克思恩格斯全集》第1版第27卷第147页。

原则问题上从未作过让步。它发动了一场反对日益猖獗的反革命势力的顽强斗争，它把无产阶级团体和国家中的所有民主力量团结起来，并且根据不断变化的条件决定无产阶级革命的策略。报纸的坚定立场和战斗精神使它在德国和其他国家中获得了良好的声誉。①

恩格斯被迫在瑞士逗留期间，于1848年12月28日及1849年1月7—8日从伯尔尼写信给马克思，信中充满了活力、战斗精神、对朋友的忠诚以及绝妙的幽默感。

1849年5月初，德国革命的后卫战斗在萨克森、莱茵普鲁士、巴登和普法尔茨进行。当莱茵省的起义失败以后，普鲁士当局做了一件他们长期以来就打算要做的事：把马克思驱逐出普鲁士，并采取措施迫害《新莱茵报》的其他编辑。5月9日该报用红色油墨印刷出版了最后一号。马克思在德国西南部作了短暂的停留之后，就前往巴黎了，他预料在法国会发生新的革命事件。从他1849年6月7日给恩格斯的信中可以明显看出，他试图同法国革命团体建立联系。② 当时在凯撒斯劳滕的恩格斯参加了维利希的志愿军团，这支军队是巴登辖区起义军的一部分。从马克思和恩格斯1849年7月和8月的通信，以及恩格斯给燕妮·马克思、约瑟夫·魏德迈和雅科布·沙贝利茨的信中可以看出，恩格斯多么积极地参加了反对猖狂的普鲁士反革命军队和其他反革命军队的战斗。1849年7月25日他写信给燕妮·马克思说："我参加了四次战斗，其中有两次，特别是拉施塔特会战，是相当重要的。"③

马克思和恩格斯一开始就很明白，巴登—普法尔茨运动的小资产阶

---

① 《马克思恩格斯全集》第1版第27卷第148—149、150—152页。
② 《马克思恩格斯全集》第1版第27卷第154页。
③ 《马克思恩格斯全集》第1版第27卷第525页。

级领导人没有能力指导革命斗争，因此它是注定要失败的。但是，恩格斯由于处在事件中心，所以"有机会看到了许多事情，懂得了许多事情"，并且在后来能够揭露"平庸的极端共和主义者的幻想"和"领袖们用大话掩盖起来的怯懦"。① 恩格斯随同维利希的掩护起义军撤退的分遣队一起越过德国—瑞士边界并暂时住在瑞士，因为如果他返回家乡，他就会因为参加起义而被枪毙。1849 年 7 月底马克思在给他的一封信中建议他"就巴登—普法尔茨革命写一部历史或一篇抨击性文章"②，这个建议正好与恩格斯自己打算发表他的"普法尔茨—巴登革命闹剧的回忆录"③ 的想法不谋而合。1850 年他的打算实现了，他在《德国维护帝国宪法的运动》④ 这个总标题下，发表了一组论文。

1849 年 7 月 13 日在民主派山岳党的行动失败后，法国当局对无产阶级和民主派的积极分子，包括外国人在内，进行了更加残酷的迫害。新的威胁笼罩着马克思。7 月，警察局长签署命令，把马克思放逐到布列塔尼的莫尔比昂这个多沼泽的、不利于健康的地方。这道命令于 8 月 23 日执行。马克思把这个行动看作是摧残他的生命的"隐蔽的企图"，他决定完全离开法国。1849 年 8 月 26 日他到达伦敦——一个新的，而且正像后来证明的那样，也是他流亡生活的最后一个地方。恩格斯在瑞士度过了几个月后，于 1849 年岁末也来到了英国。对他们两个人来说，他们生活和工作中的一个新阶段开始了。

本卷中相当大一部分书信（1849 年秋至 1851 年底）是革命处于低

---

① 《马克思恩格斯全集》第 1 版第 27 卷第 533 页。
② 《马克思恩格斯全集》第 1 版第 27 卷第 156—157 页。
③ 《马克思恩格斯全集》第 1 版第 27 卷第 532 页。
④ 《马克思恩格斯全集》第 1 版第 27 卷第 127—235 页。

潮时期的书信。那时，反动派已经取得胜利，而其他反动政权也将在受到革命冲击的一些国家内建立。在这个时期，马克思和恩格斯为自己提出的任务是，从理论上总结1848—1849年革命的经验，进一步发展无产阶级革命理论，保存和培养无产阶级革命干部。

早在1849年7月底马克思就写信告诉恩格斯说，他"开始商谈在柏林出版一种定期的政治经济杂志（月刊），写稿的主要应该是我们两人"。① 从随后的书信中我们可以看到，他为实现这个计划作出了多么艰苦的努力，他认为这份杂志多么重要——这份杂志将使他们能够继续他们的理论工作和宣传工作，帮助他们团结因革命失败而分散的共产主义者同盟盟员，并且使他们能够重新组织和恢复同盟的活动。马克思和恩格斯最终创办的这个杂志是《新莱茵报·政治经济评论》，它存在的时间是1850年1月到11月。在杂志的专栏中，发表了马克思主义的一些重要著作，如马克思的《法兰西阶级斗争》，恩格斯的《德国维护帝国宪法的运动》和《德国农民战争》，还有他们合写的一系列《时评》，论述新的条件下革命党的各种理论问题和策略问题的文章，以及批判反无产阶级思想倾向的文章。

在杂志的印刷地（汉堡）和主要发行地德国，日益加剧的警察专横以及经费的极端匮乏，使马克思打算把杂志逐渐改为双周刊和周刊②的计划遭受挫折，事实上，在第5、6两期合刊出版后，马克思和恩格斯就不得不停止出版该杂志了。

从1850年稍晚一些时候和1851年的书信中，我们可以看到，马克思从到达英国后不几天就开始，后来同恩格斯一起，为恢复已中断的国

---

① 《马克思恩格斯全集》第1版第27卷第157页。
② 《马克思恩格斯全集》第1版第27卷第544—545页。

际联系、把无产阶级革命分子团结在他们已完成改组的共产主义者同盟周围，做了大量工作。这项工作部分地是在马克思和恩格斯所领导的德国政治流亡者社会民主主义救济委员会的帮助下完成的。他们为流亡者和他们的家庭募捐，帮他们找工作，在力所能及的范围内资助那些参加过革命战斗而现在被迫流亡的人。我们从下列书信中可以看到这一点，这些书信是：1850年4月9日和25日马克思和恩格斯分别给约瑟夫·魏德迈的信，5月13日恩格斯给泰奥多尔·舒斯特的信，1850年7月17日马克思给卡尔·布林德的信，以及许多其他的书信。在这些艰难的日子里，尽管马克思和恩格斯自己也很困难，但他们总是乐于帮助其他同志。同时，这些书信还表明，当他们不得不同背离革命路线的行径作斗争，或者挫败任何想把不成熟的教条和宗派主义策略强加给无产阶级组织的企图时，他们在原则问题上是多么坚定和不妥协。

马克思和恩格斯在他们的拥护者同以奥古斯特·维利希和卡尔·沙佩尔为首的动摇的宗派主义集团进行尖锐的思想斗争的过程中，最鲜明地表现出来的正是这种坚定的性格。他们同这个集团在理论上的分歧早已达到顶点。我们从彼得·勒泽尔后来比较忠实地转述的马克思写给科隆的共产主义者同盟盟员的信①中，可以大致了解到1849—1850年冬马克思同维利希在伦敦德意志工人教育协会上进行争论的情况。马克思尖锐地批评了维利希认为共产主义制度一下子就能建立起来的幻想。至于这个制度本身，维利希把它描绘成一种像兵营一样的社会组织。马克思写信给科隆的共产主义者同盟盟员说，维利希确信共产主义"在下次革命中就会实行，只要通过断头台的威力就行了"，他企图按照他"自己

---

① 《马克思恩格斯全集》英文版第38卷第551—552页。

的意志而违背德国每个人的意志"① 来实现它。为了证明这些唯意志论观点的毫无根据,马克思解释说,对社会实行革命的共产主义转变是一个相当长的过程,它要经历几个阶段。他在同维利希的争论中,发展了科学共产主义的一些重要原理。他强调说,向共产主义过渡必然是渐进的——通过资产阶级民主革命到无产阶级社会主义革命,然后,即在工人阶级取得政权后,通过一个过渡阶段再进入新社会,而新社会本身的发展至少还必须经过两个阶段。在彼得·勒泽尔的转述中被称为"社会的"、"社会—共产主义的"以及"纯共产主义共和制的"一定类型的社会政治组织正好同这个过渡时期以及新社会发展的两个阶段相一致。在这里,马克思第一次提出了他关于社会主义和共产主义是共产主义社会的两个阶段这个学说的大概轮廓。这个思想在1875年的《哥达纲领批判》中得到了发展。

1850年秋,同维利希及其拥护者的分歧发展成为策略问题上的尖锐冲突。这时,马克思和恩格斯得出结论说,鉴于经济的高涨以及反动政权的巩固,在最近的将来不可能爆发革命。因此,必须立即重新考虑共产主义者同盟的策略方针。形势表明,为了将来的战斗,应当把无产阶级革命者集合起来并对他们进行训练——这是一个需要耐心和恒心的任务。但是,宗派小集团却无视客观历史条件,坚持立即采取革命行动,对马克思和恩格斯所执行的路线进行猛烈攻击。结果,1850年9月15日共产主义者同盟中央委员会会议以分裂而告结束。同维利希和沙佩尔领导的宗派集团的斗争在以后几个月中继续进行。

马克思和恩格斯的书信表明,他们同维利希和沙佩尔的用极"左"的革命词句掩盖起来的教条主义和宗派主义,同分裂主义者想把工人运

---

① 《马克思恩格斯全集》英文版第38卷第551页。

动推上政治冒险主义和政治暴动的危险道路的企图是势不两立的。他们对维利希试图动员1850年秋在普鲁士和奥地利发生冲突时建立的莱茵军团，以便在德国西部迅速发动一场革命性攻击的狂热计划进行了嘲讽。① 维利希和沙佩尔分裂主义组织的行动使该组织和抱有类似的假革命计划的小资产阶级流亡者接近，并很快成为他们的附庸。马克思和恩格斯在他们的书信中指出，派别活动和宗派主义必然要滑向反无产阶级的立场，并且在思想上成为资产阶级和小资产阶级的附庸。②

马克思和恩格斯特别担心的是，维利希和沙佩尔宗派集团以及其他流亡者团体的冒险主义行动会给警察提供借口来进行各种挑衅，制造关于"共产主义者的阴谋"的流言蜚语，从而对工人运动中的杰出人物进行迫害。③ 1851年5月在德国开始的对共产主义者同盟盟员的逮捕以及德国当局打算对共产主义者进行公开审判的企图，迫使马克思和恩格斯在报纸上发表声明以保护被拘留者。④

马克思和恩格斯领导的无产阶级革命者同在英国和美国进行活动的小资产阶级民主派的各种流亡者的代表间的关系越密切，就越使马克思和恩格斯明白，赞成建立各种"革命委员会"和临时政府、赞成"输出革命"等等的叫嚣，对民主运动，特别是工人运动是有害无益的。小资产阶级流亡者浮夸的、华而不实的词句分散了工人对自身问题的注意，而且也把他们当中的一些人引上追随小资产阶级领导的错误道路。不仅如此，对无产阶级革命者的讽刺和诽谤也是从这些流亡

---

① 《马克思恩格斯全集》第1版第27卷第203、207—208、635—636页。
② 《马克思恩格斯全集》第1版第27卷第569—571页。
③ 《马克思恩格斯全集》第1版第27卷第287—290页。
④ 《马克思恩格斯全集》第1版第27卷第398—400页。

者中流传开来的。因此，有充分理由可以说明为什么马克思和恩格斯在他们1851年的通信中总是严厉地批评德国各种流亡者团体的领袖——阿尔诺德·卢格、哥特弗里德·金克尔、卡尔·海因岑、古斯塔夫·司徒卢威以及其他人——玩弄空洞辞藻、醉心于小小的阴谋和争论不休的行径。

马克思在给法兰克福新闻记者海尔曼·埃布讷的两封信（1851年8月和12月）中，辛辣地嘲讽了德国小资产阶级流亡者团体的领袖们。① 后来，他在1852年与恩格斯合写《流亡中的大人物》② 时，为这些人物画了素描。

马克思和恩格斯严厉地批判了阶级的和民族主义的狭隘思想的各种表现形式，批判了对革命任务的错误理解以及包括法国、匈牙利和意大利流亡者在内的各流亡者团体的失误和错误。例如，马克思在1851年9月13日给魏德迈的信以及在9月13日给恩格斯的信中，批判了意大利资产阶级民主派人士马志尼，批判他在争取意大利民族统一以及从奥地利的统治下解放出来的计划中无视被剥削的意大利农民的利益，批判他认识不到农民是民族解放运动的主要动力之一。马克思强调指出，只有在全体劳动人民都参加这一运动的情况下，才能使这个运动获得真正的广度和力量，并保证它取得胜利。马克思在上述给魏德迈的信中说："使意大利获得独立的第一步就是使农民得到完全的解放，并把他们的分租佃制度变为自由的资产阶级所有制。"③

马克思和恩格斯充分利用革命后的间歇来丰富他们的革命学说，并

---

① 《马克思恩格斯全集》第1版第27卷第594—602、610—614页。
② 《马克思恩格斯全集》第1版第8卷第259—380页。
③ 《马克思恩格斯全集》第1版第27卷第604页。

且还劝他们最亲密的同事和学生努力掌握理论知识。在这个时期，马克思主要致力于研究政治经济学和继续构思他在19世纪40年代就打算写的一部重要的经济学著作的大纲。当他着手进行这项工作时，这部著作具有了越来越具体的形式，并获得了深度和广度，马克思非常仔细地选择和准备了必要的材料来批判政治经济学领域中前人和同时代的学者的种种观点。1851年1月7日他在给恩格斯的信中第一次批判了李嘉图的地租理论，表述了他自己在地租理论上的某些论点，并于2月3日阐述了他的货币流通思想。①

在全面考察经济问题时，马克思开始研究许多其他学科，其中包括，技术和农业化学、经济史、各国尤其是当时典型的资本主义国家英国的经济。他和恩格斯从他们当时对经济状况的分析中都得出了这样的结论，即革命后的工业高涨只是暂时现象，新的经济危机是不可避免的。②

马克思对经济学的研究使他产生了写一篇批判蒲鲁东的新书——《十九世纪革命的总观念》的想法。1851年8月8日和14日，他把自己对这本书的意见写信告诉了恩格斯，他认为这本书的直接目的是反对无产阶级的革命世界观。他说这本书整个来说首先是"反对共产主义的一场论战"③。马克思要求恩格斯把他对这本书的意见告诉他。大约两个月后恩格斯把自己对该书的意见寄给了马克思。马克思非常赞赏恩格

---

① 《马克思恩格斯全集》第1版第27卷第175—180页和英文版第38卷第273—278页。

② 《马克思恩格斯全集》第1版第27卷第352—354、360—364、380—384、376—380页。

③ 《马克思恩格斯全集》第1版第27卷第329页。

斯对蒲鲁东的彻底的批判性分析①，他于1851年11月24日写信给他的朋友说："我在这里又读了一遍你的批判。可惜不能出版。如果再添上一些我的废话，它可以由我们两人一起署名出版……"②

这时，恩格斯已经着手研究军事科学，他认识到在未来的阶级斗争中，军事方面肯定要起重要的作用。1851年6月19日他写信给魏德迈说："我自从迁来曼彻斯特以后，就开始啃军事……军事在最近的运动中将具有的重大意义、我往日的爱好、我在报纸上发表的匈牙利军事通讯，以及我在巴登的光荣经历所有这些都促使我在这方面下功夫……"③

马克思竭力鼓励他的朋友进行研究，并且给他提供材料和信息。例如，1851年9月23日他在信中向恩格斯介绍了小资产阶级民主派古斯塔夫·泰霍夫发表在美国报纸上的《未来战争概论》一文的详细内容。恩格斯在回信中分析了在欧洲革命出现新的发展情况下武装的革命力量和反革命力量之间的关系可能会是什么样子，同时就革命军队的具体构成以及他们在战斗中的行为提出了重要思想。④

从恩格斯和马克思在这一时期的通信中可以看到恩格斯的《德国的革命和反革命》⑤的写作过程。这部著作是他们创造性合作的又一典范。1851年8月初马克思收到《纽约论坛报》编辑查理·德纳请他担任该报通讯员的建议，但是由于那时马克思正全力以赴地研究政治经济

---

① 《马克思恩格斯全集》英文版第11卷第545—570页。
② 《马克思恩格斯全集》第1版第27卷第394页。
③ 《马克思恩格斯全集》第1版第27卷第376页。
④ 《马克思恩格斯全集》第1版第27卷第372—375页。
⑤ 《马克思恩格斯全集》第1版第8卷第3—115页。

学，于是他请求恩格斯写一组关于1848—1849年德国革命的文章。① 他的朋友立刻同意了，并在1851年底之前准备好了三篇文章（其他的写于1852年）。在写这些文章的过程中，他与马克思保持着经常的联系，这些文章都由马克思读过以后才寄往美国。

轮到马克思的时候，他也毫不犹豫地接受了恩格斯在1851年12月3日的信中提出的撰写《路易·波拿巴的雾月十八日》的想法。恩格斯在这封信中谈到了他关于1851年12月2日波拿巴政变的意见，他称这个政变是拿破仑·波拿巴1799年11月9日（共和历雾月十八日）政变的拙劣的模仿剧，他把第二共和国及其领袖同法国革命时期的法国和它的雅各宾派领袖进行比较，回忆了黑格尔说过的那句关于历史现象重复发生的名言，恩格斯所作的这一比较非常恰当，所以马克思决定在自己的著作中使用它。②

本卷中的材料表明了他们的友谊在他们的理论工作、党派斗争以及个人生活方面对他们两人来说有多么重大的意义。这种友谊帮助马克思在伦敦度过了重重难关，他在那里没有任何固定收入，有时候连生活必需品都没有。经常为钱的事烦恼，损害了他的健康，耗掉了他的全部力量和大量时间，使他不能集中精力去从事重要的理论研究。马克思的妻子在1850年5月20日和6月20日写给约瑟夫·魏德迈的信③中，生动地描绘了他们家庭生活的困难情形。正是在马克思一筹莫展的关键时刻，恩格斯不愧是一位能作出自我牺牲的真正朋友，他又回到欧门－恩格斯公司去工作了，他从曼彻斯特寄去的汇款单不止一次地把马克思一

---

① 《马克思恩格斯全集》第1版第27卷第332页。
② 《马克思恩格斯全集》第1版第27卷第401页和第8卷第121页。
③ 《马克思恩格斯全集》第1版第27卷第629—633、634—635页。

家从灾难中拯救出来。

马克思和恩格斯给约瑟夫·魏德迈、威廉·沃尔弗、罗兰特·丹尼尔斯、恩斯特·德朗克、阿道夫·克路斯和其他共产主义者同盟盟员以及革命斗争的参加者的信，表明他们两人多么珍惜他们的友谊纽带和相互帮助，多么关心进一步从理论上和政治上教育自己的同志这件事。

马克思给亨利希·海涅、斐迪南·弗莱里格拉特、格奥尔格·海尔维格（直到1848年初，由于海尔维格的冒险主义计划，马克思同他断绝关系为止）的信具有重要的历史意义。这些书信表明了马克思主义的创始人同杰出的德国作家之间的友好关系，也表明了他们在进步的德国作家中享有的威望。

第38卷包括马克思和恩格斯写的239封书信。其中172封首次翻译成英文；67封在以前已用英文发表过，其中37封只是部分用英文发表过。较早用英文发表的书信都在注释中作了说明。附录中的17份文献，只有两件以前用英文发表过，这两封信是乔治·朱利安·哈尼1846年3月30日给恩格斯的信和燕妮·马克思1848年3月17日给约瑟夫·魏德迈的信。

在准备付印《马克思和恩格斯全集》历史考证版第3部分的最初几卷时所进行的研究工作的成果，在本卷的正文和参考资料中得到了利用。本卷中一些书信的日期是根据这些卷中包含的材料确定的，也有专门进行研究的结果。

（原载《马克思恩格斯全集》英文版第38卷）

（闫月梅 摘译）

马克思逝世至 1886 年底恩格斯书信的价值与意义
——《马克思恩格斯全集》纽约国际出版社 1995 年英文版第 47 卷说明*

《马克思恩格斯全集》英文版第 47 卷收入了恩格斯 1883 年 4 月至 1886 年 12 月的书信。

本卷开头的一些谈及马克思逝世的书信是写给俄国、德国、荷兰、英国、美国和意大利的民主运动和工人运动的参加者的，这些书信反映了全世界对这一悲伤事件的关注。

马克思逝世之后，恩格斯的通信大大增加了。从世界各地不断涌来的信件就是欧洲和美国的工人运动和民主运动壮大的见证，也是恩格斯对这个发展过程产生了影响以及他与各社会主义党派领导人的联系日益扩大的见证。

与他保持通信的人当中出现了一些新名字，例如赫·施留特尔、约·林·马洪、帕·马尔提涅蒂和弗·凯利－威士涅威茨基夫人。他不仅给朋友、同志和追随者写信，而且也给向他求教或者求他帮助的陌生

---

* 本文选自《马克思恩格斯列宁斯大林研究》2000 年第 3 辑。

人写信。① 对恩格斯来说，维持和扩大他的国际交往是一项十分迫切的任务。1883 年 4 月 30 日他在写给奥·倍倍尔的信中说：“要知道从各国自愿在马克思书房里聚集起来的那许多联系，我们是一定要保持的，我将尽力这样做。”②

马克思指定恩格斯和爱琳娜·马克思为他的"遗著处理人"，恩格斯集中力量出版马克思未完成的著作，首先是出版马克思以不同的手写稿本的形式留下来的《资本论》第 2 卷和第 3 卷，此外还要出版《资本论》第 1 卷的各种新版本。③ 恩格斯还打算根据现有的大量书信以及马克思档案中的其他材料着手写一部完整的马克思的传记，这部传记将同 1843—1863 年间的德国社会主义运动史和 1864—1872 年间的国际的历史融为一体。④ 但遗憾的是，恩格斯未能动笔。恩格斯在他的书信中反复谈到了国际工人协会的历史，并着重强调了马克思在其中所起的作用。1883 年 6 月 24 日他在（用英文）写给劳拉·拉法格的信中说："摩尔的一生，要是没有国际，便成了挖去了钻石的钻石戒指。"⑤

1883 年底之前，恩格斯完成了马克思生前就已开始的《资本论》第 1 卷德文第 3 版的付印准备工作。为此他付出了大量艰苦的劳动（这一点从他的一些信中，如 1883 年 6 月 29 日给阿·左尔格的信中可以看出来）。为了保证其他文种的《资本论》的出版，他不怕麻烦⑥，仔细挑选译者，并常常帮助他们校订译文。他还同赛·穆尔、爱·艾威林和

---

① 《马克思恩格斯全集》第 1 版第 36 卷第 9、27、72、305—306 页。
② 《马克思恩格斯全集》第 1 版第 36 卷第 20 页。
③ 《马克思恩格斯全集》第 1 版第 36 卷第 42 页。
④ 《马克思恩格斯全集》第 1 版第 36 卷第 20、44 页。
⑤ 《马克思恩格斯全集》第 1 版第 36 卷第 44 页。
⑥ 《马克思恩格斯全集》第 1 版第 36 卷第 95 页。

爱琳娜·马克思一起，组织并编辑了《资本论》第1卷的第一个英译本，① 这花费了他"近一年的时间"。②

恩格斯的许多书信都提到了他为了将马克思的《资本论》第2卷和第3卷付印所做的准备工作。这些书信充满了对他的亡友的尊敬，也充满了要让工人阶级和进步知识分子读到马克思的这些著作的希望。恩格斯在1883年5月22日给约·菲·贝克尔的信中写道："……这需要花费不少的劳动，因为像马克思这样的人，他的每一个字都贵似金玉。但是，我喜欢这种劳动；因为我又和我的老朋友在一起了。"③

其他同样内容的书信清楚地说明恩格斯如何为《资本论》的经济学手稿操劳——他怎样费力地辨认马克思的字迹，如何确定年代顺序，核对注释，对比不同的稿本，检查引文，并最终誊写全卷，编好整洁的付印本。④ 他不可能让其他任何人做这件事，因为，如他所说："……现在活着的人中只有我才能辨认这种字迹、这些缩写的词以及整个缩写的句子"。⑤

后来，第3卷的准备工作拖延了下来，该卷直到1894年才付印。恩格斯在1884年6月21—22日给卡·考茨基的信以及1885年4月2日给约·菲·贝克尔的信和其他一些信件中，强调指出了《资本论》第2卷和第3卷的科学意义。⑥

恩格斯非常关注马克思的思想的传播。他的一些信件谈到法国社会

---

① 《马克思恩格斯全集》第1版第36卷第464—465页。
② 《马克思恩格斯全集》第1版第36卷第523页。
③ 《马克思恩格斯全集》第1版第36卷第28页。
④ 《马克思恩格斯全集》第1版第36卷第31、35、46、47、57、97页。
⑤ 《马克思恩格斯全集》第1版第36卷第102页。
⑥ 《马克思恩格斯全集》第1版第36卷第168、288页。

主义者加·杰维尔写的介绍《资本论》的通俗读物，这些信件具有重要意义。恩格斯关心的是，对马克思主义经济学基本原理所作的阐述应该让工人看得懂，而不能过于深奥。① 他在给弗·凯利－威士涅威茨基夫人的信中，建议出版杰维尔的和保·拉法格的通俗著作。他认为，这可以把《资本论》及其思想介绍到美国。② 恩格斯也为考茨基的《卡尔·马克思的经济学说》的出版感到高兴，这本书很受公众的欢迎。③

19世纪80年代，有些经济学著作，尤其是所谓的"讲坛社会主义者"写的经济学著作指责马克思，说他从洛贝尔图斯那里剽窃了剩余价值理论。④ 必须彻底驳斥这种指责马克思剽窃的说法，因为在社会民主党人中，已经有一些人受到讲坛社会主义者的影响。恩格斯在给爱·伯恩施坦和卡·考茨基的书信中对洛贝尔图斯的主要著作进行了分析批判，他形象地称洛贝尔图斯的书为"俾斯麦名利社会主义者的福音",⑤这些书信的内容与最初恩格斯在为马克思的《哲学的贫困》德文第1版所写的序言（《马克思和洛贝尔图斯》）以及为《资本论》第2卷第1版所写的序言⑥中表达的思想是一致的。

这些书信中经常提到，恩格斯为翻译和出版马克思和他本人的其他许多重要著作做了大量工作。这些书信表明，恩格斯在选择这些著作时，他的首要标准是满足工人运动的需要，目的是使不懂理论的新人不断地加入到这一运动中来。

---

① 《马克思恩格斯全集》第1版第36卷第67页。
② 《马克思恩格斯全集》第1版第36卷第494页。
③ 《马克思恩格斯全集》第1版第36卷第517—518页。
④ 《马克思恩格斯全集》第1版第36卷第150—151页。
⑤ 《马克思恩格斯全集》第1版第36卷第151页。
⑥ 《马克思恩格斯全集》第1版第21卷第205—220页和第24卷第3—25页。

19世纪80年代，一些国家的工人运动受到无政府主义者的极大影响。无政府主义者同社会民主党人论战的焦点就是国家问题。恩格斯在1883年4月18日答复美国人菲·范派顿提出的关于马克思对待无政府主义者的态度这个问题时，阐述了国家未来的历史命运。他把无政府主义者的惯用语——无产阶级革命应当从废除国家开始——称为"无政府主义的谬论"，因为这就等于是破坏"胜利了的无产阶级能用来行使自己刚刚获得的政权……的惟一机构"。① 恩格斯还在给伯恩施坦的一封信中对这个问题作了详细阐述，这次谈及这个问题是因为伯恩施坦在报刊上对一些同样没有理解马克思国家学说的美国社会主义者进行了抨击。恩格斯让伯恩施坦去看马克思的《法兰西内战》，并摘录了《哲学的贫困》和《共产党宣言》中的一些段落②。为了让那些刚刚加入社会主义运动的人了解马克思主义的国家学说，恩格斯重新出版了上述著作和其他一些著作（马克思的《路易·波拿巴的雾月十八日》、恩格斯的《反杜林论》和《论住宅问题》）。

恩格斯在《家庭、私有制和国家的起源》③ 中考察了国家的实质和阶级本质。他指出，他撰写这部著作是为了完成马克思的心愿。马克思读过美国自由派学者路·亨·摩尔根的《古代社会》，并曾经计划写一部关于这个问题的书。④

恩格斯在19世纪80年代的书信表明，他对社会主义革命理论作了进一步阐述。他首先研究了策略问题，尤其是研究了德国社会民主党对

---

① 《马克思恩格斯全集》第1版第36卷第10页。
② 《马克思恩格斯全集》第1版第36卷第81、94页。
③ 《马克思恩格斯选集》第2版第4卷第1—179页。
④ 《马克思恩格斯全集》第1版第36卷第112、113、127页。

未来革命性质的错误估计这一问题。恩格斯考察了19世纪80年代资本主义世界的发展，并且得出结论说，在那些还存在半专制政体的残余和封建的农业关系的国家（例如德国）里，社会主义革命必须先经过一个资产阶级民主革命阶段。他在1883年给伯恩施坦的信中说："在我们这里，革命的第一个直接结果，按其形式来说，同样只能是而且一定是一个资产阶级共和国。"① 到那时，并且只有到那时，工人阶级与资产阶级之间的斗争才会遵循典型的路线，即为"无产阶级和资产阶级之间直接的、非隐蔽的阶级斗争"铺平道路。② 与此同时，恩格斯还警告说，不要"把革命想象成一夜之间就能完成的事情。事实上，它是群众在加速情况下的多年发展过程"。③

恩格斯一生都在考察资本主义经济动态。他同马克思一样，注意到了经济周期的变化以及为期五年的中间危机的出现。他把这种情况同主要大国的不平衡发展以及大不列颠在世界市场上的地位逐渐衰落联系在一起。④ 当然，并不是恩格斯的所有预言都变成了现实。经济的"无尽期的危机"的思想就是其中之一，这是他在1886年2月8日给尼·丹尼尔逊的信和1886年2月3日给弗·凯利－威士涅威茨基夫人的信中所预言的。⑤ 恩格斯在19世纪90年代指出资本主义具有相当大的稳定性和日益扩大的影响，从而进一步发展了他的观点。

恩格斯在许多书信中，都谈到了19世纪80年代中期出现的各种国

---

① 《马克思恩格斯全集》第1版第36卷第56页。
② 《马克思恩格斯全集》第1版第36卷第55页。
③ 《马克思恩格斯全集》第1版第36卷第26、90页。
④ 《马克思恩格斯全集》第1版第36卷第430、424页。
⑤ 《马克思恩格斯全集》第1版第36卷第380—381、519—520、512—513、542—543、545—547页。

际问题，这些问题的产生是由于欧洲列强在巴尔干半岛的争夺、德国的侵略政策以及法国某些想把在1871年被普鲁士占领的国土要回来的集团的主张。① 恩格斯分析了欧洲的外交把戏、力量对比以及军事冲突可能产生的后果，从而帮助欧洲的社会主义者制定战争与和平问题的策略。恩格斯在给奥·倍倍尔、约·菲·贝克尔和弗·阿·左尔格的信中强调指出，各国工人应该坚决反对军国主义制度和战争危险。尽管恩格斯承认，战争可能会为工人阶级的胜利创造有利条件，但是他并没有把革命及革命的胜利直接同战争联系起来。相反，他确信，战争会使我们付出难以置信的高昂代价，并"迫使我们的运动后退"。②

特别应当提一下恩格斯给德国社会主义工人党成员的信，恩格斯说，这个党是当时在欧洲居于领导地位的工人政党。③

德国工人运动在1883—1886年受到了俾斯麦的反社会党人非常法的苛刻限制。19世纪80年代中，该党把合法手段与非法手段结合起来，设法在广大人民中扩大影响。恩格斯把该党在帝国国会选举中的胜利描述为对力量的一次检验。④

他认为，社会主义政党应当参加选举运动和议会活动，但他并不把这些活动看作是惟一的或主要的斗争形式。恩格斯在总结德国社会民主党人的经验时提醒他们注意，在何种情况下他们可以提出自己的法案，而又不损害他们的原则。他在1884年11月11日给伯恩施坦的一封信中说，可以制定这样的法案而"对小资产阶级偏见毫不让步"，这样的

---

① 《马克思恩格斯全集》第1版第36卷第381、514页。
② 《马克思恩格斯全集》第1版第36卷第381、514页。
③ 《马克思恩格斯全集》第1版第36卷第39页。
④ 《马克思恩格斯全集》第1版第36卷第214页。

法案也可以避免成为空想。① 他在1886年1月20—23日给倍倍尔的一封信中详细阐述了这个观点。②

恩格斯帮助德国社会民主运动中的左翼进行反对在社会民主党国会党团中占多数的改良主义分子的斗争。恩格斯认为，导致改良主义传播的根源是小资产阶级的影响。他在1885年6月15日给约·菲·贝克尔的信中指出："在德国这样一个小市民的国家里，党也必然有一个小市民的'有教养的'右翼。"③党团的大多数成员都具有小资产阶级背景，这是由于议员没有薪水，阻碍了许多有希望的工人代表进入帝国国会。

社会民主党党团内部在国家为轮船公司提供津贴的法案这一问题上出现了分歧，为此恩格斯在给倍倍尔等人的信中表达了他对党内团结的看法。④ 他认为，在反社会党人非常法的背景下，让事情发展到公开与右翼决裂的地步，这是非常令人不快的，它只会削弱党：在没有讲坛来进行公开讨论的情况下，普通党员是很难理解分裂的原因及其实质的。恩格斯在1884年6月5日给伯恩施坦的信中说："我们应当避免一切使他们有口实说我们搞分裂，即把分裂的罪名加在我们身上的行动。这是党内斗争的常规，而现在比任何时候更应当遵循这一常规。"⑤

从恩格斯的书信中，我们看出，恩格斯是德国社会主义工人党的中央机关报《社会民主党人报》的忠实读者，他确实乐于帮助伯恩施坦领导的编辑部成员。他的信常常作为社论的核心内容发表，因此广为德

---

① 《马克思恩格斯全集》第1版第36卷第234页。
② 《马克思恩格斯全集》第1版第36卷第415—416页。
③ 《马克思恩格斯全集》第1版第36卷第325页。
④ 《马克思恩格斯全集》第1版第36卷第258—259、291—292、307—309页。
⑤ 《马克思恩格斯全集》第1版第36卷第158页。

国工人所知。①

恩格斯给德国社会民主党左翼领导人奥·倍倍尔的信涉及的问题特别广，恩格斯在谈到倍倍尔时说："他是整个德国党内头脑最清楚的人，而且绝对可靠，从不茫然失措。"②

1983年首次发现了恩格斯在1886年1月2日写给威·李卜克内西的信，这封信的英译文首次在此发表，原来我们所见到的他们之间的书信是不完整的，这封信填补了空白。

在那段时期，恩格斯很关注英国工人阶级的独立的运动，尤其是社会主义运动在英国"突然地爆发"。③ 他认为，这一运动（在欧文主义和宪章运动消失了几十年之后）复兴的"秘密"在于，美国和德国的竞争逐渐削弱了英国在世界市场上的垄断地位，而且自1873年以来就一直延续的经济萧条也产生了很大的影响。④ 十多年的萧条增加了失业，毁灭了佃农，加速了农村人口向城市的迁移，同时增加了无家可归者和失业者的数量。一些具有激进思想的知识分子和在政治上很积极的工人，因对自由派感到失望而转向社会主义，以求缓解经济压力和社会矛盾。"社会主义"一词挂在每个人的嘴边。恩格斯在给那时在巴黎的劳拉·拉法格的一封信中提到，"社会主义在伦敦又'很风行'"。⑤

恩格斯的书信表明，他对1881年由亨·迈·海德门建立并领导的民主联盟（这一组织在1884年改名为社会民主联盟）持批评态度。他持谨慎态度是由于该组织的成员成分混杂，有一些"在资产阶级中间出

---

① 《马克思恩格斯全集》第1版第36卷第151—154、357—359页。
② 《马克思恩格斯全集》第1版第36卷第218页。
③ 《马克思恩格斯全集》第1版第36卷第90页。
④ 《马克思恩格斯全集》第1版第36卷第90页。
⑤ 《马克思恩格斯全集》第1版第36卷第103页。

现"的青年人。① 他写道，这些人"在精神上和理性上"是不大相同的，他们在工人阶级中也没有基础。② 他在1883年8月30日给倍倍尔的信中说："现在表现积极的分子，在承认了我们的理论纲领，从而站到坚定的立场上之后，是能够起一些作用的，但这只有在这种情况下才有可能，就是在这里开始展开群众性的工人运动，并且他们能够掌握这个运动。"③

恩格斯在读了民主联盟宣言之后评论说："现在他们终于不得不公开承认我们的理论，而我们的理论在国际存在时在他们看来却是从外强加的。"④ 但是，把马克思主义的一条原则——生产资料的社会化——纳入其纲领，并不意味着一个群众性的工人阶级政党已经出现了。然而，恩格斯早在1881年为《劳动旗帜报》写的文章⑤中就极力主张英国工人建立这样一个政党。工联运动远远地脱离了社会主义思想。但是以海德门为首的社会民主联盟的领导人却拒绝同有组织的工人保持联系。恩格斯在1884年2月写给劳·拉法格的信中说："……新的'可敬重的'社会主义运动在这里确实进行得很好，它成了时髦的东西，但是工人阶级还是不去理它。一切都取决于这一点。"⑥

恩格斯批判了海德门的无所顾忌，他对政治原则的漠视以及对待其他民族的沙文主义态度。恩格斯也斥责了他的过度膨胀的野心以及玩弄

---

① 《马克思恩格斯全集》第1版第36卷第59页。
② 《马克思恩格斯全集》第1版第36卷第90页。
③ 《马克思恩格斯全集》第1版第36卷第59页。
④ 《马克思恩格斯全集》第1版第36卷第59页。
⑤ 《马克思恩格斯全集》第1版第19卷第304—307页。
⑥ 《马克思恩格斯全集》第1版第36卷第115页。

政治阴谋的倾向。① 当然，马克思在1881年就与海德门断绝关系这件事也导致恩格斯对海德门采取谨慎态度。②

恩格斯在与赛·穆尔、爱·艾威林和爱琳娜·马克思共同将《资本论》第1卷译成英文的过程中，对刊登在《今日》月刊上的海德门对《资本论》第1卷某些章节的翻译表示怀疑。③ 在《不应该这样翻译马克思的著作》一文④中批评了海德门的译文。尽管如此，在经恩格斯编辑加工之后于1887年单独出版之前，《资本论》大段大段地在社会主义报刊上发表，这有助于在工人和知识分子中传播马克思的经济学理论。

恩格斯的书信表明，他对诸如《正义报》和《今日》这些社会主义期刊非常了解，从这些期刊上他对那些在19世纪80年代前半期就参加了社会主义运动的人有了大致了解。⑤ 他还了解到由爱琳娜·马克思、爱·艾威林、威·莫利斯、贝·巴克斯和其他左翼成员领导的社会民主联盟的活动情况。接近1884年年底，海德门的宗派主义策略使联盟内部产生了深刻的分歧，致使其左翼成员退出联盟，转而成立了一个新的组织，即社会主义同盟。恩格斯在给伯恩施坦和左尔格的信中阐述了这一分裂的经过。⑥ 在后来的几年里，他向在德国和美国与他保持通信的人介绍了那两个社会主义组织的活动情况。

---

① 《马克思恩格斯全集》第1版第36卷第130、135、168、179、255—256、268、394—395页。

② 《马克思恩格斯全集》第1版第35卷第194—196页。

③ 《马克思恩格斯全集》第1版第36卷第140、340、451页。

④ 《马克思恩格斯全集》第1版第21卷第266—276页。

⑤ 《马克思恩格斯全集》第1版第36卷第94、124—125、134—135、451—452页。

⑥ 《马克思恩格斯全集》第1版第36卷第255—258、265页。

虽然恩格斯批评了社会民主联盟的领导人，但他还是赞同联盟为保护失业者的利益而采取的一些行动（举行示威游行、派代表去见下院议员等等）。然而，他把联盟的领导人用"社会革命"这样的极左口号来吸引广大工人的企图描绘为不顾后果的"革命狂叫"①。但是，他在1886年秋承认，"社会民主联盟正在成为一支力量，因为群众根本找不到任何一个可以聚集在其周围的其他组织"②。然而，恩格斯认为，在社会民主联盟、东头那些激进俱乐部以及社会主义同盟里比较活跃的社会主义者当中，没人能够领导大规模的失业者的运动。③恩格斯与社会主义同盟的成员有着密切的联系，他支持他们的报纸《公益》，同时也很担心其队伍中出现的"幼稚病"、宗派主义和无政府主义影响的征兆。④

虽然采取了一些成功的行动，但是19世纪80年代前半期英国的社会主义运动还是分裂了，并且这场运动根本无公众支持可言。恩格斯在给左尔格的信中说："……群众还远远地站在一边，虽然这里也看到了运动的苗头。但是还要过一个时候，群众才能开始行动，这样也好，因为真正的领袖的成长是需要时间的。"⑤

恩格斯在一系列书信中都提到了法国历史以及法国工人运动的具体特征。他指出，自从1789年以来，法国的政治斗争始终是按照典型的形式进行的，接连更换的几届政府都是"越来越向左转"。⑥ 1885年，

---

① 《马克思恩格斯全集》第1版第36卷第437、455页。
② 《马克思恩格斯全集》第1版第36卷第564页。
③ 《马克思恩格斯全集》第1版第36卷第559—560、568—569页。
④ 《马克思恩格斯全集》第1版第36卷第466、476、500—501页。
⑤ 《马克思恩格斯全集》第1版第36卷第524页。
⑥ 《马克思恩格斯全集》第1版第36卷第162、369页。

恩格斯为茹·费里内阁的垮台叫好，这个内阁代表大资产阶级和在殖民征服中押入大笔赌注的交易所投机商的利益进行统治。恩格斯还预言，激进派在即将来临的选举中将会获胜。他希望，这会为阶级斗争创造有利的条件。① 他认为，有可能阻碍法国工人运动发展的因素是，这一运动理论水平低，还存在着马克思主义产生以前的各种社会主义思想的影响。② 在他看来，法国工人运动还没有完全从巴黎公社的失败中恢复过来。③

  这些书信是关于19世纪80年代前半期法国社会主义运动进程的重要资料来源。1882年，这一运动分裂为改良主义派（可能派）和集体主义派两个独立的组织，集体主义派包括工人党在内，基本上是科学社会主义的拥护者。恩格斯的书信阐述了他自己以及工人党的领导人对关系着党的未来发展的两个关键问题的看法。这两个问题是：同可能派的关系，以及利用资产阶级议会为工人的利益服务。

  在工人党与可能派进行激烈斗争的复杂时期，恩格斯敦促工人党的领导人学习理论。他给拉法格的一些书信以文章的形式刊登在法国社会主义报刊上。④ 他称赞拉法格和杰维尔在法国宣讲马克思的学说，也赞扬他们在报刊上与马克思主义的反对者进行辩论。⑤

  恩格斯对下议院中独立的工人派别的出现表示欢迎。第一次公开响起为德卡兹维耳罢工的矿工进行辩护的工人自己的声音。工人议员渐渐

---

① 《马克思恩格斯全集》第1版第36卷第291、392页。
② 《马克思恩格斯全集》第1版第36卷第198—199、368—369页。
③ 《马克思恩格斯全集》第1版第36卷第227页。
④ 《马克思恩格斯全集》第1版第36卷第254—255、275—277页。
⑤ 《马克思恩格斯全集》第1版第36卷第117—118、146—147、125、194—199页。

同激进派决裂,这在恩格斯看来是个"大事件"。① 虽然这个派别还很弱小,但工人党在当时毕竟拥有了一个公开的政治讲坛。

恩格斯在给倍倍尔、李卜克内西、保·拉法格和劳拉·拉法格的信中,一再提到他对1885年秋扩大了影响的资产阶级激进派的看法。他的一些论断过高地估计了形势。这首先表现在他关于激进派的历史命运的观点上,也表现在他对法国社会主义者很快会出现在政治舞台中心的过于乐观的预言上。②

恩格斯给他的老朋友,美国社会主义者弗·阿·左尔格的信以及给翻译了他的一些著作的弗·凯利－威士涅威茨基夫人的信在本卷中占有显著地位。他的书信表明,他是多么深刻地了解美国的特点,美国是这样一个国家,它没有封建的过去,它是"一切资产者的理想:一个富裕、辽阔、正在发展的国家,建立了没有封建残余或君主制传统的纯粹资产阶级的制度,没有固定的、血统的无产阶级"。③ 但是,在那里大工业的出现仍然导致了土生土长的工人阶级的产生。

1886年,工人们为了争取八小时工作制采取了强有力的行动,有11500个企业卷入了罢工。恩格斯把这场罢工运动以及法国社会主义者取得的成功称为当年"两个具有世界历史意义的事件"④。这场罢工摧毁了欧洲资产阶级在竞选运动中所宣扬的一个没有对抗的美国的形象。"运动如此鲜明地表现为工人运动,又发生得如此突然,如此强烈,正

---

① 《马克思恩格斯全集》第1版第36卷第438、442、445、470—471页。
② 《马克思恩格斯全集》第1版第36卷第324—325、341、369—370、499—500页。
③ 《马克思恩格斯全集》第1版第36卷第481页。
④ 《马克思恩格斯全集》第1版第36卷第499页。

是这些情况把这些人完全吓昏了。"①

19世纪美国的社会主义运动受到了德国移民的强烈影响,但这种影响并不完全是积极的。拉萨尔派主张进行根本的政治斗争,结果常常是削弱了只提出经济要求的地方工联。成立于1876年的社会主义工人党几乎全是由德国移民组成的。它拥有自己的报纸,即《纽约人民报》和《社会主义者报》,这两种报纸都是用德文出版的。有时,在美国的德国社会主义者的运动被其成员看成是欧洲的德国社会主义运动的分支。恩格斯严厉批评了在美国的德国社会主义者书呆子式的教条主义。② 恩格斯在1886年12月给弗·凯利-威士涅威茨基夫人的信中,对他们的宗派主义以及他们不参加1886年的美国工人运动表示痛惜。③他对美国工人运动缺乏团结和统一而深感忧虑,并在书信中详细探讨了这一问题,同时强调了它的重要性。④

这些书信表明,恩格斯把劳动骑士团这一主要是由白人和黑人中的非熟练工人组成的组织看作是促使在美国建立一个真正的工人阶级政党的出发点,但这并不是说他无视该组织的领导人的错误。他认为,它是一支真正的力量,他明确指出,应当从内部使劳动骑士团革命化,必须"在他们中间进行工作……培养一个核心,这一核心了解运动和运动的目的"。⑤ 恩格斯在1886年11月24日写劳拉·拉法格的信中对统一工人党的建立表示欢迎,然而,事实证明,无论是劳动骑士团还是统一工人党都是没有发展前途的。

---

① 《马克思恩格斯全集》第1版第36卷第568页。
② 《马克思恩格斯全集》第1版第36卷第566页。
③ 《马克思恩格斯全集》第1版第36卷第575—577页。
④ 《马克思恩格斯全集》第1版第36卷第499、558—559页。
⑤ 《马克思恩格斯全集》第1版第36卷第566、576页。

当凯利-威士涅威茨基夫人请求恩格斯允许她翻译和出版他的《英国工人阶级状况》一书时，恩格斯表示同意，并答应校订译文。他写了《美国工人运动》①一文作为此书的序言，文中提出了一些在与凯利-威士涅威茨基夫人的通信中探讨过的问题②，并对美国庸俗经济学家亨·乔治进行了透彻的分析。

恩格斯的书信反映了他对俄国的社会经济史和政治史以及俄国革命运动的浓厚兴趣。1883—1886年，他主要与俄国的尼·丹尼尔逊、彼·拉甫罗夫、维·查苏利奇保持通信。他们的书信，再加上一些期刊和其他文献，是恩格斯了解俄国生活的一个持续不断的资料来源。

恩格斯认为，俄国的特点是，在那里，"社会发展"的各个阶段，"从原始公社到现代大工业和金融寡头都存在，所有这一切矛盾都被无与伦比的专制制度用强力压制着"。③他预言了财政崩溃即将来临，并强调了所有社会集团对俄国国内局势的不满。他评论说，1861年"所谓的农民解放"并没有完全解放农民，封建关系的残余仍然在农村存在着。19世纪70年代，在恩格斯与俄国革命者的通信中，一个主要的内容就是俄国革命的前景问题。当时恩格斯写道，沙皇政府已经"陷于困境"，俄国不久就会有自己的1789年，这显然过高地估计了俄国的革命情绪。④他的乐观主义部分是由一个革命组织民意党的活动激起的。⑤

1885年4月23日恩格斯在给维·查苏利奇的信中阐述了他对即将来临的俄国革命的性质和动力的看法。他讨论了几种可能的革命方案，

---

① 《马克思恩格斯全集》第1版第21卷第383—392页。
② 《马克思恩格斯全集》第1版第36卷第90—91、558、564、575—576页。
③ 《马克思恩格斯全集》第1版第36卷第302页。
④ 《马克思恩格斯全集》第1版第36卷第122、364—365页。
⑤ 《马克思恩格斯全集》第1版第36卷第276—277、364—365页。

从宫廷政变到人民革命,他把这种人民革命比作 1793 年的雅各宾专政。当他举出法国革命中的两个重要日期 1789 年和 1793 年时,他显然想到的是革命周期中各个阶段的更替,即从资产阶级革命到资产阶级民主革命。①

恩格斯同马克思一样,确信俄国革命会摧毁沙皇制度这个"最后的反动堡垒"②,并由此影响欧洲其他地方的政治形势,结束沙皇政府的侵略政策。③

恩格斯的书信表明,他对俄国革命力量的增长表示欢迎,并与劳动解放社中的第一批俄国马克思主义者建立了密切联系。

对于那些把卡·马克思的《哲学的贫困》(1886)、《资本论》第 2 卷(1885)以及恩格斯本人的《社会主义从空想到科学的发展》(1884)等著作翻译成俄文的俄国社会主义者,他从不拒绝给予支持。他称赞了他们的专业技能。他在 1883 年 6 月 29 日写给左尔格的信中说:"翻译《宣言》是异常困难的,俄译本是目前我看到的所有译本中最好的译本。"④

1883—1886 年的书信是关于恩格斯生平的一份宝贵资料,也是他对马克思无比尊重的见证。为了永远纪念他的朋友,他常常不顾已经恶化的健康状况,在书桌旁工作 8—10 个小时,编辑马克思的手稿。⑤ 他意识到,他的责任给他带来很大压力,他在 1884 年 10 月 15 日给约·菲·贝克尔的信中说:"……不幸的倒是,自从我们矢掉了马克思之后,

---

① 《马克思恩格斯全集》第 1 版第 36 卷第 123、302、305 页。
② 《马克思恩格斯全集》第 1 版第 36 卷第 516 页。
③ 《马克思恩格斯全集》第 1 版第 36 卷第 364、548—549 页。
④ 《马克思恩格斯全集》第 1 版第 36 卷第 46 页。
⑤ 《马克思恩格斯全集》第 1 版第 36 卷第 214、218、485、523 页。

我必须代替他。我一生所做的是我注定要做的事,就是拉第二小提琴,而且我想我还做得不错。我高兴我有像马克思这样出色的第一小提琴手。当现在突然要我在理论问题上代替马克思的地位去拉第一小提琴时,就不免要出漏洞,这一点没有人比我自己更强烈地感觉到"。①

这些书信向我们描绘了一幅生动的、极具吸引力的恩格斯的画像,他是一个革命的国际主义者、理论家,是一个敏感的、富有同情心的朋友,是一个充满活力和乐观精神的人。这些书信证明,恩格斯对马克思的女儿充满了令人感动的慈爱,而且对工人运动的老战士如弗·列斯纳、约·菲·贝克尔、乔·朱·哈尼等人表现了深切的关怀。

第47卷共收入恩格斯的310封书信。其中180封首次用英文发表;另130封以前用英文发表过,其中65封只是部分发表过。凡以前发表过的书信都在注释中作了说明。

(原载《马克思恩格斯全集》纽约国际出版社1995年版第47卷)

(闫月梅 译)

---

① 《马克思恩格斯全集》第1版第36卷第219页。

马克思恩格斯1846年以前的书信对于研究他们的早期生活和创作的意义*

〔俄〕索菲娅·列威沃娃

从《马克思恩格斯全集》原文版第3部分第1卷开始将在马克思和恩格斯著作的全集中发表他们的书信遗产,此卷收彔了截至1846年4月为止这两位科学共产主义的创始人的往来书信,不仅有他们彼此之间的通信及他们写给其他人的书信,而且还有其他人写给他们的书信。在马克思和恩格斯生活和创作的这个早期,他们的世界观——科学共产主义的理论正逐渐形成,这个时期他们开始了创造性的合作和革命活动。

读者可以首次看到迄今为止所发现的、保存下来的马克思主义创始人在那些年代写的全部书信遗产,以及其他人写给他们的信,其中包括以前从未公开发表的一些信件。①

《马克思恩格斯全集》原文版发表的往来信件在历史传记方面的意义怎样估价都不算过高。由于马克思在1835年和1836年写的信一封都没有保存下来,因而他父亲的信就成了了解马克思的学生时代的主要材

---

* 本文选自《马克思恩格斯研究》1992年总第11辑。

① 该卷首次发表了恩格斯的两封信以及其他人写给两位马克思主义创始人的15封信。此外尚有马克思和恩格斯的10封信以及其他人写给他们的19封信首次全文发表。

料来源。亨利希·马克思对他儿子来说就像一位老朋友一样,马克思把他青年时代写的诗献给自己的父亲,他也把自己的思想和计划告诉父亲。

从他父亲的信中,可以很清楚地看到,青年马克思考验了自己在各个方面的能力。这些信件表明,马克思在波恩大学法律系学习期间,他的研究领域并不仅仅局限于官方规定的专业范围。他对一切人文科学都产生了强烈的兴趣。他花了很多时间来研究诗歌和文学,同时还认真地学习文学史。在1835年冬至1836年夏,马克思用心听德国浪漫主义代表人物弗里德里希·施勒格尔关于古希腊罗马的文学讲演,他父亲在1836年2—3月初写的一封信中提到了马克思加入了波恩大学的诗人小组,这个小组是一群正在成长中的作家联合组成的。① 大家知道,艾曼努埃尔·盖贝尔和卡尔·格律恩都是这个小组的成员,它与哥丁根大学的诗人小组建立了联系,摩里茨·卡利埃尔、泰奥多尔·克罗伊采纳赫及卡尔·路德维希·贝尔奈斯都是哥丁根大学诗人小组的成员,两个小组打算共同出版一本诗歌年刊。波恩的诗人小组具有进步思想,当局对它的创建人,特里尔中学的毕业生约翰·米夏埃尔·比尔曼提出了起诉,控告他撰写革命诗歌。

1836年10月中旬,18岁的马克思转入柏林大学,继续攻读法律专业。从他父亲的信中可以看出,马克思对研究法学根本没有兴趣,并且抨击了当年的法律,这使马克思父亲感到担心,这可能会影响儿子的前

---

① 参看《马克思恩格斯全集》第1版第40卷第835—839页,赫尔穆特·德克尔特《卡尔·马克思和他的同学在波恩作为施勒格尔的听众——关于萨克森州立图书馆收藏的一份马克思手稿》,载于《汉斯·吕尔芬纪念文集》1966年莱比锡版第41—42页。

程。① 1837年8月和9月，马克思打算开始他的文学生涯，和他父亲谈起为一家文学评论杂志撰稿或在戏剧评论领域开展研究的计划，然而他倾向于批判地评价他自己的第一批文学习作。②

在柏林，马克思同青年黑格尔派小组建立了密切的联系。青年黑格尔派小组就是所谓的博士俱乐部，鲍威尔兄弟及弗里德里希·科本都在这里发表自己的见解和主张。布鲁诺·鲍威尔写给马克思的一些信件以及科本的一封信是相当鲜见的资料，从中可以了解到马克思在30年代末和40年代初的思想发展状况。当时马克思虽然还在课堂里听课，然而已经在他的老朋友当中受到很大的尊敬，并且对这些人产生了无可争议的影响。从布鲁诺·鲍威尔的信中可以了解到马克思在1840年和1841年的一系列没有实现的写作计划：撰写一本反对有神论哲学家卡尔·菲力浦·费舍的小册子；撰写一本批判海尔梅斯主义，即批判神学家格奥尔格·海尔梅斯及其信徒的观点的小册子，因为这些人试图将哲学和天主教教义二合为一；马克思还打算批判特伦德伦堡的著作，此人从亚里士多德逻辑学的观点出发来评价黑格尔。③ 1841年3、4月间，鲍威尔向马克思谈到要出版一本哲学刊物，它的主要任务就是批判宗教，从同时代的书信以及《马克思恩格斯全集》原文版注释中转载的当时激进刊物的言论中可以看出，这份计划出版的刊物名称是：《无神

---

① 参看《马克思恩格斯全集》第1版第40卷第849—853页。
② 参看《马克思恩格斯全集》第1版第40卷第862—866、868—874页。
③ 参看《马克思恩格斯全集》原文版第3部分第1卷第341、344、354页。——马克思在1841年春天完成的博士论文中就包含有对特伦德伦堡的批判及同他的论战。（参看《马克思恩格斯全集》第1版第40卷第183—285页）

论文库》，除了马克思外，鲍威尔还打算劝说费尔巴哈参加。①

马克思虽然和青年黑格尔派的关系很友好，但是在 40 年代初他并不完全同意他们的观点。这特别表现在布鲁诺·鲍威尔试图争取马克思与他合作编写一本反对右翼黑格尔分子的小册子的活动上。② 鲍威尔随后开始了该书第 2 部分的写作，马克思也应邀参加了。③ 1842 年 1 月底，当鲍威尔将他写的那部分手稿连同序言——他在序言中说此书是与马克思合写的——寄往莱比锡的出版商维干德的时候，马克思改变了主意。从 1842 年 2 月和 3 月马克思致卢格的信中可以看出，马克思此时计划要写作一部巨著——《黑格尔法哲学批判》，这时他无论是对那本小册子的文学形式，还是对其中的专门用语和论证以及对写作计划本身不再感到满意了。④ 为了撰写《宣告》第 2 部分，马克思曾经研究过宗教史和艺术史，他在波恩所做的一些摘要证明了这一点。⑤

---

① 参看《马克思恩格斯全集》原文版第 3 部分第 1 卷第 353 页，以及第 751 页的注释。

② 马克思显然没有参加《对黑格尔、无神论者和反基督教者的末日的宣告》一书的第 1 部分的写作，此书 1841 年 11 月在莱比锡出版，有几个青年黑格尔分子——如格奥尔格·荣克——认为马克思是此书的作者之一。（参看 1841 年 11 月 29 日格奥尔格·荣克致阿尔诺德·卢格的信，载于《马克思恩格斯年鉴》（柏林）第 1 卷第 346 页）现代研究通过分析此书的内容证明这个说法是错误的。参看奥古斯特·科尔纽《卡尔·马克思和弗里德里希·恩格斯生平和著作》第 1 卷（1818—1844 年）1954 年柏林版第 250—251 页。

③ 参看 1841 年 12 月 6 日布鲁诺·鲍威尔致阿尔诺德·卢格的信，载于《马克思恩格斯年鉴》（柏林）第 1 卷第 347 页，1841 年 12 月 24 日布鲁诺·鲍威尔致阿尔诺德·卢格的信，载于《马克思恩格斯年鉴》（柏林）第 1 卷第 348 页。

④ 参看《马克思恩格斯全集》第 1 版第 27 卷第 419—425 页。

⑤ 这些材料将发表在《马克思恩格斯全集》原文版第 4 部分第 1 卷。

马克思为《莱茵报》撰稿以及后来担任这家报纸的编辑是他革命世界观形成的一个重要阶段,《马克思恩格斯全集》原文版中发表的致马克思的信件包含有关于他这个时期活动的丰富材料。1841 年底,马克思认识了这家报纸的创办人和出版者之一,格奥尔格·荣格,此人是科隆黑格尔派小组的成员。① 1842 年 4 月,马克思开始为《莱茵报》撰稿。他在波恩期间同该报的编辑部保持着密切的联系。从 7 月初开始,他对编辑部的影响越来越大。这一点可以从下面这个事实中得到证明:1842 年 8 月 7 日卢格把为《莱茵报》撰写的一篇文章寄往波恩,让马克思先过目后再寄回科隆给荣格。② 马克思在 1842 年 8—9 月间给奥本海姆的信中阐述了他后来从 1842 年 11 月起开始领导的编辑部的政治行动纲领。马克思在《莱茵报》的出现对同时代人产生的影响,我们可以从 1842 年 7 月和 11 月卢格致马克思的信中作出评价。③

在马克思的主持下,《莱茵报》选择了一条革命民主主义的方针,这使得马克思和"自由人"协会——以布鲁诺·鲍威尔为首的柏林黑格尔派小组之间产生了隔阂。早在 1842 年夏,马克思在他的信中就严厉谴责了这些"自由人",谴责他们脱离具体的政治现实和社会现实的

---

① 参看 1841 年 11 月 29 日格奥尔格·荣克致阿尔诺德·卢格的信,载于《马克思恩格斯年鉴》(柏林)第 1 卷第 346 页。从燕妮·冯·威斯特华伦的信来看,马克思在 1841 年夏天曾多次前往科隆,并拜访了那里的黑格尔小组即科隆的青年黑格尔派。(参看《马克思恩格斯全集》第 1 版第 40 卷第 900 页。)

② 参看 1842 年 8 月 7 日阿尔诺德·卢格和卡尔·里德尔致马克思的信,载于《马克思恩格斯全集》原文版第 3 部分第 1 卷第 377 页。

③ 参看阿尔诺德·卢格在 1842 年 7 月 9 日前写给马克思的信,载于《马克思恩格斯全集》原文版第 3 部分第 1 卷第 375 页,1842 年 10 月 2 日阿尔诺德·卢格致马克思的信,载于《马克思恩格斯全集》原文版第 3 部分第 1 卷第 378 页。

抽象的批判，谴责他们没有积极的政治纲领和他们的那些煽动性言论。11月底，马克思停止在报纸上刊登他们的文章，并以柏林通讯的形式发表了经过他编辑的海尔维格致《莱茵报》编辑部的信。① 比较一下海尔维格的来信和在《莱茵报》上发表的通讯，② 可以看出，马克思对海尔维格的评价给予了一定的肯定，同时强调指出，"自由人"的出现败坏了民主主义者的声誉，马克思的坚决态度给报纸的读者留下了深刻的印象。用卢格的话来说，《莱茵报》上发表的短文像"霹雳"一样震惊了他。③

马克思在1842年11月底对"自由人"的批判是他同青年黑格尔派分道扬镳的开始。当布鲁诺·鲍威尔得知《莱茵报》上的短文出自马克思之手时，便在1842年12月13日给马克思写了一封无礼的信，④ 这是保存下来的鲍威尔致马克思的最后一封信，但是两人的公开决裂还是后来的事情。

马克思在1842年底和1843年初的书信可以使我们跟踪考察马克思政治观点的形成过程。作为革命民主主义者，马克思是一位彻底的共和

---

① 参看1842年11月22日格奥尔格·海尔维格致《莱茵报》编辑部的信，载于《马克思恩格斯全集》原文版第3部分第1卷第379页。

② 参看《海尔维格和卢格对"自由人"的态度，经过马克思编辑的格奥尔格·海尔维格的信》，载于《马克思恩格斯全集》原文版第1部分第1卷第371—372页。

③ 参看1842年12月4日阿尔诺德·卢格致马克思的信，载于《马克思恩格斯全集》原文版第3部分第1卷第381页。

④ 参看1843年12月布鲁诺·鲍威尔致马克思的信，载于《马克思恩格斯全集》原文版第3部分第1卷第386—387页。

主义者，是君主立宪制的敌人，而资产阶级自由派则极力主张君主立宪制。①

马克思于1842年11月以报纸发行人雷纳德的名义写信给莱茵省总督冯·沙培尔，它证明了马克思作为《莱茵报》编辑面对普鲁士当局的无休止的恶意刁难和迫害为维护该报的合法权利而进行了坚决斗争。这封信是马克思作为对当局的一系列最后通牒式的要求的答复。② 正像从马克思在这个时期所写的其他书信中可以看出的那样，他认为，为了维护报纸的生存，使之成为同反动派的压迫相抗衡的手段，以及为了"挫败当局为了实现它的意图对我施加的暴力"③，利用弗里德里希·威廉四世政府所做的某些有利于出版自由的许诺具有重要的政治意义。这封信是马克思对当局提出的责难的强有力的回答。它在很多方面和马克思稍后写的《评内阁训令的指控》很相近。④

由于马克思的个人努力，也由于他的勇气和坚强的意志，使《莱茵报》得以继续存在几个月，正像海尔维格在给他的未婚妻埃玛·西格蒙德的一封信中所强调的那样，马克思"为报纸献出了一切"⑤。

《莱茵报》的被查封向马克思清楚地表明，在封建君主制的普鲁士，人们不可能在报刊上捍卫革命民主主义的观点。1843年初，他打算为海尔维格准备在苏黎世出版发行的激进杂志《来自瑞士的德意志通

---

① 参看《马克思恩格斯全集》第1版第27卷第421页。
② 参看《马克思恩格斯全集》第1版第40卷第317—321页。
③ 参看《马克思恩格斯全集》第1版第27卷第434页。
④ 参看《马克思恩格斯全集》第40卷第349—355页，第27卷第438—440页。
⑤ 参看1843年1月30日或31日格奥尔格·海尔维格致玛·西格蒙德的信，载于《马克思恩格斯全集》原文版第3部分第1卷第538页。

报》撰稿。① 这个计划由于海尔维格被驱逐出苏黎士而没有实现。马克思便接受了卢格的建议，和他一起出版一份新的杂志，这份杂志的名字叫《德法年鉴》。

《马克思恩格斯全集》原文版首次收载了马克思和卢格之间在1843年关于创办这个杂志的全部往来信件，其中有马克思致卢格的两封信，经卢格加工后在《年鉴》上发表（这两封信的原始手稿没有保留下来）。这些往来信件证明，早在这份新杂志的创办阶段，马克思和卢格在最重要的意识形态问题和政治问题上的立场分歧就越来越大。② 他们对德国历史发展的前景及进步的哲学的任务均做了不同的评价。

在这组书信中，马克思在1843年9月写的最后的纲领性信件具有特别重要的意义。从根本上来说卢格是站在自由主义的立场上，对在德国爆发革命充满希望的马克思在同卢格的论战中强调指出，哲学的主要任务应该是积极参与政治斗争和无情地批判现存的社会制度和政治制度。③

马克思对共产主义的若干问题的论述与他发表在《莱茵报》上的文章相比具有某些新的因素。他批判了同时代的空想主义的流派，批判了他们的教条主义和脱离现实，他认为，准备为改造社会而斗争的革命

---

① 参看《马克思恩格斯全集》第1版第27卷第440页，1843年1月30日或31日格奥尔格·海尔维格致埃玛·西格蒙德的信，载于《马克思恩格斯全集》第1版第3部分第1卷第538页，1843年3月8日阿尔诺德·卢格致格奥尔格·海尔维格的信，载于《马克思恩格斯全集》原文版第3部分第1卷第539页。

② 参看《约阿希姆·霍普勒的导言》，载于《德法年鉴》（1844年由阿尔诺德·卢格和卡尔·马克思出版），1973年莱比锡版第30—36页。

③ 参看《马克思恩格斯全集》第1版第1卷第416页。

知识分子应当同无产阶级联合起来，共同努力。① 这样，根据马克思在1843年夏秋的往来书信中可以得出结论：在此期间他完成了向共产主义的转变。

《马克思恩格斯全集》原文版中发表的马克思和费尔巴哈在1843年的往来信件包含一些新的有趣的资料。马克思和卢格力图争取费尔巴哈为计划创办的杂志撰稿。1843年3月中旬，当时在德累斯顿的马克思打算和卢格一起去拜访在布鲁克贝尔格的费尔巴哈，然而这次旅行并没有实现。②

1843年10月3日，马克思在致费尔巴哈的信中向他建议，在《德法年鉴》上发表一篇批判谢林的反动哲学的文章。由于费尔巴哈在他的《基督教的本质》一书第2版的序言中对谢林作了尖锐的评述，所以马克思要求这位德国哲学中公认的进步思潮的代表撰文揭露谢林的"启示哲学"的空洞性和折中主义。马克思在自己的信中强调指出了揭露谢林的可疑的政治角色的重要性，谢林代表了普鲁士反动分子的观点，和进步的哲学流派针锋相对。③ 列宁认为，马克思的信是他向唯物主义立场转变的证明。④

费尔巴哈在收到马克思的信后的考虑和怀疑在保留下来的他的复信草稿以及他写的有关谢林的札记中都有记载。⑤

---

① 参看《马克思恩格斯全集》原文版第3部分第1卷第52—53页。
② 参看沃尔弗冈·蒙克的《马克思在德累斯顿》（1843年5月10日至24日），载于《德国工人运动史论丛》1978年第6卷第1033—1038页。
③ 参看《马克思恩格斯全集》第1版第27卷第443—446页。
④ 参看《列宁全集》第2版第18卷。
⑤ 这些札记首次按照手稿在原文版的注释中完整地发表（参看《马克思恩格斯全集》原文版第3部分第1卷第797—800页）。

直到最近，这封唯一保留下来的费尔巴哈在1843年10月24日写给马克思的信的誊清稿和草稿的片断才公诸于世，誊清稿的片断（原件现在收藏在阿姆斯特丹国际社会史研究所）首次发表在《马克思恩格斯全集》原文第1版中。① 草稿在作者死后以删节的形式发表在费尔巴哈书信和遗著第1版中。费尔巴哈的书信和遗著的出版是在100年前由小资产阶级政论家和作家卡尔·格律恩经办的。② 20年代，在准备出版《马克思恩格斯全集》原文第1版时，既没有找到马克思信件的原稿，也没有找到费尔巴哈复信的草稿，于是这两份文献只好根据格律恩的版本来刊印。③

大约10年前，在原民主德国发行的费尔巴哈全集的出版人维尔纳·舒芬豪威尔在收藏有费尔巴哈遗著的慕尼黑大学的图书馆发现了那封致马克思的信的手稿，他把这个文献同格律恩当时发表的信做了比较，把他发表的这个手稿称为第1稿，并于1965年在他的著作《费尔巴哈和青年马克思》中发表了这个手稿。④

在准备《马克思恩格斯全集》原文版书信第1卷的时候，本文作

---

① 参看《马克思恩格斯全集》原文第1版第1部分第1卷第2册第319—320页。

② 参看卡尔·格律恩《路德维希·费尔巴哈的书信、遗著及哲学思想的发展》第1卷，1874年莱比锡—海德堡版。

③ 参看《马克思恩格斯全集》原文第1版第1部分第1卷第2册第XLIII页——这里费尔巴哈的草稿和誊清稿都用了一个共同的标题，文稿来源只是作了一个概括的说明。因此，后来有些研究者产生了一种错觉，以为格律恩发表的草稿的原件20年代保存在德国社会民主党的档案馆中。

④ 维尔纳·舒芬豪威尔《费尔巴哈和青年马克思。论马克思主义世界观的形成史》1965年柏林版第198页。

者在慕尼黑大学图书馆找到了费尔巴哈致马克思的信那份草稿,格律恩当时就是以此作为资料来源的。费尔巴哈在详细考虑怎样答复马克思时所写的有关谢林的笔记有7页,费尔巴哈给马克思的回信的手稿有6页,对照舒芬豪威尔发表的文献可以看出,不久前发行的手稿是这封信的第1稿,费尔巴哈在此详细阐述了他拒绝马克思的建议的原因。这个非常难认的手稿,是用费尔巴哈所特有的半速记式缩写字写成的,边上有很多补充,还有很多改正和删节。与此相反,早些时候发现的手稿几乎没有修改和删节。

研究不久前发现的手稿,还可以看到,格律恩发表的文献有一系列重大的遗漏。例如,格律恩把费尔巴哈赞同马克思对谢林的评价的第1页删去了。① 格律恩在他出版的《冯·谢林先生》这本书的末尾,为了弥补原件中没有作者的署名而加上了大写字母"L. F."(路·费·——译者注)。

费尔巴哈的信是在作了大量的准备工作和经过深思熟虑后写成的,这个情况清楚地表明,费尔巴哈多么重视对马克思的建议的答复,不管他作出了什么决定。

这封信(它首次根据手稿完整地发表了)的草稿,使我们看到,这个有声望的哲学家对青年马克思的评价多么高。这份文献表明了马克思和费尔巴哈对谢林哲学观点的反动政治作用,空洞性和狂妄自大的评价上的一致性,这也是很有意义的。

---

① 参看1843年10月6日至25日之间路德维希·费尔巴哈致马克思的信。第1稿载于《马克思恩格斯全集》原文版第3部分第1卷第413页。——尤其是费尔巴哈重复了马克思称谢林为"德意志联邦第38个成员"这一中肯的特征描述。(参看《马克思恩格斯全集》第1版第27卷第444页)

然而费尔巴哈拒绝了马克思的建议。1843年11月14日费尔巴哈在自己的朋友克里斯蒂安·卡普的一封信中谈到了拒绝的原因,后者在同年的9月发表了一篇论谢林的文章。① 费尔巴哈在信中写道:"巴黎的那份新德法杂志给我提供了一次论述您的文章的机会。该杂志认为,我应该对谢林进行评论,因为人们忽视了在一些单行本(如您的著作)中对谢林所作的论述和评价。不顾种种阻挠在至少在法国自由发行的一家报纸上发表一篇评论,是可以实现的。这个想法很好,它使我明白,作为一种外在地必要的东西要我接受并且使正想回到自己的天地中去的我和自己发生激烈冲突。最后我强迫自己这样做。为此目的,我找来了保路斯出版的讲演录,从头到尾阅读了这部无耻的近乎胡说八道的巨著。而现在当我瞄准这个家伙的时候,仿佛又像坠入了五里雾中,我再也找不到目标了。让我的思想集中到这种令人作呕的、毫无意义的、丑恶的东西上面来是不可能的。"②

这位"布鲁克贝尔格的隐居者"虽然公开同情革命民主主义者,却不愿参与意识形态斗争和政治斗争。这符合费尔巴哈哲学的内省性质,马克思早在1842年就已经对费尔巴哈的这个特点表示了自己的看法。③

1843年11月3日,费尔巴哈致函卢格,告诉他自己拒绝接受马克

---

① 克里斯蒂安·卡普《弗里德里希·威廉·约瑟夫·冯·谢林》1843年莱比锡版。

② 《路德维希·费尔巴哈和克里斯蒂安·卡普的往来书信》(1832—1848年),奥古斯特·卡普编辑出版,1876年莱比锡版第235—236页。

③ 参看《马克思恩格斯全集》第1版第27卷第442—443页。

思的建议，卢格在 11 月 11 日给费尔巴哈的复信中赞同他的这个决定，① 这进一步证明了在 1843 年秋马克思和卢格的立场有原则性分歧，马克思把反对反动哲学体系的斗争看作是反对普鲁士专制主义的意识形态斗争的一种形式。而卢格却认为批判谢林的观点没有现实意义，并且鼓励费尔巴哈继续走抽象的"人道主义"的道路。

费尔巴哈拒绝给《德法年鉴》撰稿并没有给他和马克思之间的关系产生任何消极影响。从 1844 年 8 月 11 日马克思给费尔巴哈的信中可以清楚地看到，他非常推崇费尔巴哈这位唯物主义哲学家，认为推广他的著作并在工人中间宣传他的著作具有重要意义。马克思还把自己的想法和打算告诉了他。②

马克思和费尔巴哈之间的关系一再成为马克思主义哲学家的研究对象。③

目前，费尔巴哈等哲学家对青年马克思的影响问题成了意识形态上的激烈争论的焦点，各资产阶级和修正主义流派的代表都竞相努力，有

---

① 参看 1843 年 11 月 11 日阿尔诺德·卢格致路德维希·费尔巴哈的信，载于《马克思恩格斯全集》原文版第 3 部分第 1 卷第 540 页。

② 参看《马克思恩格斯全集》第 1 版第 27 卷第 449 页。——在马克思的提议下，巴黎《前进报》在 1844 年 8 月中旬至 10 月刊载了费尔巴哈的著作《路德所说的信仰的本质》的摘要。（还可参看《马克思恩格斯全集》第 1 版第 27 卷第 454—455 页）

③ 除了舒芬豪威尔的著作《费尔巴哈和青年马克思》——此书在相当短的时间内（1965 年和 1972 年）曾两次再版——之外，还要提一下瓦尔特劳德·宰德尔-霍普纳的文章《路德维希·费尔巴哈和德国工人运动》。（《德国工人运动史论丛》1965 年第 1 卷第 69—77 页）

意地夸大费尔巴哈的学说对马克思主义哲学的形成的影响。① 正因如此，马克思和费尔巴哈之间往来信件的发表具有非常重大的意义。

《马克思恩格斯全集》原文版发表的恩格斯在1838年至1842年的书信包含有丰富的历史传记材料。恩格斯致以前的中学同学格雷培兄弟的信以及致他妹妹玛丽亚的信从多方面展示了他的思想和感情以及他的思想发展的飞速进步。恩格斯按照他父亲的愿望不得不提前离开中学到不莱梅一家商店里当学徒，因此他没有机会参加中学考试，但是他还是坚持不懈地继续钻研，怀着强烈的兴趣学习哲学和历史，他如饥似渴地接受进步思想。他在1839年和1840年写的信充满了对德国反对派运动的同情和对君主制度及其代表——普鲁士国王的憎恨。

恩格斯很早就开始检验自己在文学方面的才能，但是他在别的艺术领域——绘画和音乐方面也有天赋。他的一些最亲密的朋友和妹妹玛丽亚最先知道他最初进行的文学尝试，他曾把自己的诗歌、讽刺短诗、长诗和剧作寄给他们，1838年底至1839年初，恩格斯加入了爱北斐特的一个文学小组，1841年春又加入了柏林的一个文学小组。②

青年恩格斯在书中谈到了他在1838年至1842年间的紧张的文学创作活动和后来的政论活动。他的文章发表在不莱梅和汉堡的不同报纸和

---

① 参看维尔纳·舒芬豪威尔《费尔巴哈和青年马克思》1972年柏林版第149—151页。

② 参看《马克思恩格斯全集》第1版第41卷第437页，1840年7月19日卡尔·德·哈斯致阿道夫·舒尔茨的信，载于《马克思恩格斯全集》原文版第3部分第1卷第537页，——很显然，恩格斯在1840年或1841年为这个小组写了剧本草稿《科拉·迪·里恩齐》，参看恩格斯《科拉·迪·里恩齐，一部不为人知的剧本草稿》，由米夏埃尔·克尼里姆编辑出版，1974年乌珀塔尔版，这个剧本草稿还载入《马克思恩格斯全集》第1版第41卷第648—683页。

杂志上。从1839年起，他是青年德意志的机关报《德意志电讯》的长期撰稿人，后来又成了奥格斯堡《总汇报》的通讯员。①

恩格斯曾经受过宗教思想的教育，克服这种宗教思想有助于恩格斯的革命民主主义世界观的形成。在和格雷培兄弟的往来信件中，恩格斯进行了无止境的神学辩论，恩格斯的书信展示了对圣经传统的批判如何发展成为对宗教正统观念的批判②，也展示了他的无神论观点是如何发展起来的。

恩格斯世界观的形成和他在1841年及1842年的活动在书信遗稿中远远没有得到充分的反映。遗憾的是，那些致恩格斯的信件也未能填补这个空白，因为这个时期的信件一封也没有保存下来。

1842年11月，当担任《莱茵报》通讯员的恩格斯拜访该报主编马克思的时候，他们在科隆的会晤是仓促的。在出版《德法年鉴》的过程中，他们的思想开始接近起来，从1844年8月11日马克思致费尔巴哈的信中可以看出，马克思对住在曼彻斯特的恩格斯的文学创作计划和创作活动了如指掌。③ 很明显，那时他们彼此已经有书信往来，可以断定，恩格斯正是因为这个缘故在从英国返回故乡的途中在巴黎逗留，并在马克思那里呆了10天的。

保留下来的恩格斯致马克思的最早的书信标明日期是1844年秋，

---

① 有关恩格斯在1840年和1841年政论活动的新材料包含在下面这本出版物中：汉斯·佩格尔和米夏埃尔·克尼里姆《弗里德里希·恩格斯——斯图加特〈知识界晨报〉和奥格斯堡〈总汇报〉的不来梅通讯员》，载于《卡尔·马克思故乡书简》第15册，1975年特里尔版。

② 恩格斯在1841年和1842年继续进行宗教领域的批判研究。与此有关的文献摘录发表在《马克思恩格斯全集》原文版第4部分第1卷中。

③ 参看《马克思恩格斯全集》第1版第27卷第450、5—9页。

这些书信是在1844年8、9月间他同马克思在巴黎进行的具有重要意义的会晤的影响下写成的，这次会晤成了他们之间亲密友谊的开始，也成了他们两人不间断的创造性合作的开始。

在1844年和1845年恩格斯致马克思的信中（马克思在这个时期的书信未能保存下来）记载了恩格斯在德国传播共产主义思想的过程中所起的作用。40年代中期，德国工人运动的发展还处在自发阶段，并且受到空想社会主义和共产主义的影响。革命的知识分子和进步工人对社会主义和共产主义的思想还存在非常模糊的认识。因此，正如恩格斯在1844年10月初致马克思的一封信中所强调指出的那样，探讨共产主义的理论问题和公开阐明唯物主义和共产主义的原则具有特别重要的意义。①

《马克思恩格斯全集》原文版发表的信件给研究马克思和恩格斯某些著作的写作计划和创作过程提供了可能性。这些信件还包含了同时代人对这些著作的反应的资料。

马克思和恩格斯以及他们的通信伙伴在1844年和1845年的书信反映了马克思和恩格斯共同创作的第一部著作——《神圣家族》②的不同阶段。早在1843年秋马克思就开始对柏林青年黑格尔派的主要代表人物布鲁诺·鲍威尔的著作发表批评意见。这从1843年11月11日卢格致费尔巴哈的信中可以看出。这封信摘要发表在《马克思恩格斯全集》原文版书信第1卷的附录里。③ 批评涉及布鲁诺·鲍威尔在1843年发表

---

① 参看《马克思恩格斯全集》第1版第27卷第450、5—9页。

② 参看沃尔弗冈·蒙克《马克思恩格斯合著的第一部著作〈神圣家族〉》，1972年柏林版。

③ 参看1843年11月11日阿尔诺德·卢格致路德维希·费尔巴哈的信，载于《马克思恩格斯全集》原文版第3部分第1卷第540页。

的著作《基督教真相》。① 这个时期马克思在撰写《论犹太人问题》一文，在这篇文章中，他首次公开反对鲍威尔。可以肯定，马克思在1844年6月同恩格斯会晤之前就已经打算撰写一篇文章批判青年黑格尔派了。② 作为对马克思在1844年7月写的一封没有保存下来的信的答复，荣克可能向他寄去了载有鲍威尔及其拥有者文章的若干份《文学总汇报》。③ 1844年8月，马克思致函费尔巴哈，说明他想出版一本小册子来批判青年黑格尔派的构想。④ 从1844年10月7日马克思致康培的信中可以看出，马克思和恩格斯最早计划将这一著作写成一本小册子。⑤ 恩格斯离开巴黎之后，马克思便继续进行手稿的写作，结果突破了原先的写作计划，使篇幅大大扩充了。

1844年秋，马克思同德国和巴黎的出版商进行谈判。⑥ 谈判可能持续到了11月下半月。随后，马克思把手稿交给美茵河畔法兰克福的"文学社"出版。当恩格斯在巴门怀着迫不及待的心情等待了几个月之后终于拿到这本书时，他在3月17日写信给马克思，告诉他自己对该

---

① 布鲁诺·鲍威尔《基督教真相——对18世纪的回忆和对19世纪危机的评论》，1843年苏黎世和温特图尔版。——马克思在1844年和1846年多次批判了这部著作，参看《马克思恩格斯全集》第1版第42卷第43—131页，第2卷第3—268页。

② 参看1844年7月3日莫泽斯·赫斯致马克思的信，载于《马克思恩格斯全集》原文版第3部分第1卷第434—435页。

③ 参看1844年7月31日格奥尔格·荣克致马克思的信，载于《马克思恩格斯全集》原文版第3部分第1卷第436—437页。

④ 参看《马克思恩格斯全集》第1版第27卷449页。

⑤ 参看《马克思恩格斯全集》第1版第50卷第403页，第27卷第16页。

⑥ 参看《马克思恩格斯全集》第1版第50卷第403页，第27卷第454—455页。

书的最初印象。①

荣克是最早对《神圣家族》的出版作出反应的人之一。他对这部著作的论述以下面这段话作为结束语："您现在在整个德国必定会成为您在您的朋友的心中已经成为的那种人，——靠您卓越的写作才能和强有力的论证，您必定而且将会在这里获得成功，您必将成为一位伟人。"②

恩格斯在撰写《英国工人阶级状况》一书的时候，他在1844年11月告诉马克思，说他打算开始撰写一部有关英国社会史的著作，关于这部书的出版问题，马克思已同出版商列斯凯进行磋商。③

从1844年的一系列的书信中可以看出，马克思和他的朋友们参与了巴黎《前进报》的出版和编辑工作，他们试图利用这份报纸来宣传共产主义思想。④马克思于1844年8月在这家报纸上发表的一篇文章是抨击卢格的。⑤他强调了无产阶级革命者同资产阶级民主主义者公开划清界限的重要意义。1844年夏西里西亚纺织工人的起义以及因对这次起义的评价而引起的有关无产阶级的作用和无产阶级斗争的历史意义的

---

① 参看《马克思恩格斯全集》第1版第27卷第27页。

② 参看1845年3月8日格奥尔格·荣克致马克思的信，载于《马克思恩格斯全集》原文版第3部分第1卷第458页。

③ 参看《马克思恩格斯全集》第1版第27卷第9页，1845年5月14日、6月7日卡尔·弗里德里希·尤利乌斯·列斯凯致马克思的信，载于《马克思恩格斯全集》原文版第3部分第1卷第465页和469页。

④ 参看雅克·格朗荣克《1844的〈前进报〉，马克思和巴黎的共产主义者，论马克思主义的产生》，1974年柏林—波恩—巴特戈德斯贝格版，瓦尔特·施米特《1844年巴黎〈前进报〉的历史》，原载1844—1845年《前进报》，1975年在莱比锡重新发表，未作修改。

⑤ 《马克思恩格斯全集》第1版第1卷第468—499页。

争论促使马克思撰写了这篇文章。与坚持无产阶级激进主义立场的卢格相反，马克思宣布，在社会未来的共产主义变革中，无产阶级将起决定性的作用。

正如恩格斯在1844年11月9日致马克思的信中所说的那样，像荣克这样的小资产阶级民主主义者是无法理解共产主义者同卢格之间的原则区别的。① 这个时期荣克开始脱离革命运动。而这个运动从丹尼尔斯致马克思的一封信中可以看出，在1846年初正呈现出蓬勃发展的势头。②

马克思对《前进报》编辑活动的日益扩大的影响对于争取德国革命知识界的优秀分子为该报撰稿起了积极的作用，他在巴黎逗留期间还结识了亨利希·海涅，后者在1844年夏为《前进报》撰写了大量文章，这在很大程度上要归功于马克思。和马克思的友好关系对海涅的诗歌创作产生了卓有成效的影响，海涅在这个时期写的长诗《德国，一个冬天的童话》是他创作的顶峰。1844年9月21日海涅把这部作品的校样从汉堡寄给马克思，请求马克思为作品加几句序言后在《前进报》上发表。③ 马克思在1844年10月7日致海涅的出版商尤利乌斯·康培的信中答应，马上在报纸上刊登诗人的新作。④ 10月19日海涅的序言在《前进报》上发表，在序言之前编辑部加了一个按语对海涅的革命创作

---

① 参看《马克思恩格斯全集》第1版第27卷第9页。
② 参看1846年1月30日罗兰特·丹尼尔斯致马克思的信，载于《马克思恩格斯全集》原文版第3部分第1卷第500页。
③ 参看1844年9月21日亨利希·海涅致马克思的信，或于《马克思恩格斯全集》原文版第3部分第1卷第443页。
④ 参看《马克思恩格斯全集》第1版第50卷第403页。

予以了高度评价。① 毫无问题，这个按语是马克思身边的人写的。

马克思和恩格斯在1845年的往来书信包含了一系列对于他们打算在这个时期要做的事情——出版空想社会主义和共产主义著作丛书的提示。

研究和批判地吸收18和19世纪空想社会主义的思想在马克思和恩格斯制定科学共产主义理论的过程中起了很大的作用，他们在1843年到1845年撰写的一系列文章表明他们对空想社会主义者有深刻的认识。由于40年代在德国几乎没有法国和英国空想社会主义经典作家的著作的好译本，所以空想社会主义者的思想只好由资产阶级和小资产阶级的作家以庸俗和简单化的形式向广大读者介绍。因此，马克思和恩格斯认为，在德国普及空想社会主义者的著作是必要的。②

1844年9月至12月，《前进报》摘要发表了摩莱里的著作，还刊登了欧文和巴贝夫的文章。③ 可能和出版这些著作的事宜有关，恩格斯在1845年2、3月间拟定了一个出版一系列法国和英国杰出的空想主义者的著作的计划，④ 发表这些著作时要加上序言和历史注释。⑤ 和这个

---

① 这个按语的一段摘要首次刊登在《马克思恩格斯全集》原文版的注释中（参看《马克思恩格斯全集》原文版第3部分第1卷第690页）。
② 参看《马克思恩格斯全集》第1版第37卷第109页。
③ 参看《前进报》，在巴黎出版的德文报纸，1844年9月7日和11日、10月30日、11月9日、13日和30日及12月7日和11日的第72、73、87、90、91、96、98和99号。
④ 参看雷纳特·梅尔克耳《马克思和恩格斯计划出版的空想社会主义者文丛》，载于《德国工人运动史论丛》1966年第5卷第860—867页。
⑤ 参看《马克思恩格斯全集》第1版第27卷第22、27页。

打算相关，马克思拟就了计划出版的丛书的草稿，① 恩格斯翻译了傅立叶著作的一个片断并加上了一篇序言和结束语。② 马克思就出版这一丛书同出版商列斯凯进行了商谈，后者在1845年5月答应出版，③ 但后来他又改变了主意，④ 显然是因为出版这些书籍带有"煽动"性。

《前进报》编辑部在马克思的影响下采取的革命立场，以及该报公开反对普鲁士专制制度的行为，使它的撰稿人遭到了法国政府的迫害。1845年1月，马克思被驱逐出法国。

马克思在被迫离开巴黎前往布鲁塞尔之前和列斯凯签订了关于出版他在当时计划发表的经济学巨著的合同。此书暂时定名为《政治和国民经济学批判》。正像列斯凯在1845年5月14日的信中所说的那样，马克思想在这本书中批判地考察法国经济学家的构想。⑤ 他对毕莱、萨伊及德斯杜特·德·特拉西等人的著作所作的加上评论的摘要和在《1844年经济学哲学手稿》中对这些问题的处理都可证明他有这个打算。

此外，这些书信使我们能够追溯《德意志意识形态》一书的计划

---

① 这个草稿保存在1844—1847年马克思的笔记本中，还可参看卡·马克思《〈外国杰出的社会主义者文丛〉计划》，载于《马克思恩格斯全集》第1版第42卷。

② 这篇著作发表在1846年《德国公民手册》上，参看弗·恩格斯《傅立叶论商业的片断》，载于《马克思恩格斯全集》第1版第42卷。

③ 参看1845年5月14日卡尔·弗里德里希·尤利乌斯·列斯凯致马克思的信，载于《马克思恩格斯全集》原文版第3部分第1卷第465页，1845年6月7日列斯凯致马克思的信，载于《马克思恩格斯全集》原文版第3部分第1卷第469页。

④ 参看1845年12月6日列斯凯致马克思的信，载于《马克思恩格斯全集》原文版第3部分第1卷第492页。

⑤ 参看1845年5月14日列斯凯致马克思的信，载于《马克思恩格斯全集》原文版第3部分第1卷第465页。

形成的经过。反对青年黑格尔派思想家的一个直接原因显然是施蒂纳的著作《唯一者及其所有物》①的发表,从马克思致《前进报》出版人亨利希·伯恩施太因的信中可以看出,马克思打算在1844年12月底到1845年1月初作为《前进报》的继续的《前进》月刊撰写一篇评论刚刚出版的青年黑格尔分子施蒂纳的著作的文章。② 由于多方面的原因,这个打算没有实现。恩格斯和赫斯在1845年1月的书信中透露了马克思对施蒂纳著作的评价的某些设想。③

从恩格斯致马克思的信中以及从列斯凯的信④中都可以看出,马克思和恩格斯打算发表一篇批判弗里德里希·李斯特的贸易保护制度的文章。1845年春,马克思通过皮特曼在列斯凯那里订了劳的论李斯特的书。⑤ 马克思对1841年在斯图加特,和蒂宾根出版的李斯特的著作《政治经济学的国民体系》所作的摘要以及保存下来的马克思论述这位

---

① 麦克斯·施蒂纳《唯一者及其所有物》1845年莱比锡版。
② 《马克思恩格斯全集》第1版第27卷第455页。——这份杂志的名称定为《前进》(巴黎,德文月刊),1845年1月1日该刊发表了1845年度工作计划的说明书,但由于马克思和其他工作人员被驱逐出法国而停止出版。
③ 参看1845年1月17日莫泽斯·赫斯致马克思的信,载于《马克思恩格斯全集》原文版第3部分第1卷第450页。
④ 参看《马克思恩格斯全集》第1版第27卷第9、27页,1845年5月14日列斯凯致马克思的信,载于《马克思恩格斯全集》原文版第3部分第1卷第465页,1845年6月7日列斯凯致马克思的信,载于《马克思恩格斯全集》原文版第3部分第1卷第469页。
⑤ 卡尔·亨利希·劳《评弗·李斯特的〈政治经济学的国民体系〉》,1843年海德堡版。

经济学家的手稿的片断，都证明了他在这方面所做的工作。①

40年代中期，马克思和恩格斯同工人运动的联系加强了。马克思最早和进步工人有接触是他在巴黎逗留的时候，正如他在1844年和1845年同费尔巴哈和艾韦贝克的往来书信所表明的那样，马克思在这个时期了解了德国工人的第一个政治组织正义者同盟的活动，以及法国人协会的状况。1845年马克思和恩格斯对德国和法国工人运动的早期活动的意义做了高度评价，这一点特别明显地可以从1845年6月9日克利盖致马克思的信中看出，这封信复述了马克思和恩格斯的看法。②

马克思在《前进报》上发表的一篇文章中高度评价德国空想共产主义者威廉·魏特林是德国无产阶级利益的代表。③ 1844年10月，魏特林给马克思写了一封信，从此他们相识了。④ 1844年和1845年马克思和恩格斯力图争取魏特林宣传共产主义思想。

1845年夏马克思和恩格斯前往英国，同伦敦的宪章派左翼领袖及正义者同盟的领袖建立了联系。英、德两国工人组织的领导人相互接近的结果是，民主派兄弟协会国际组织成立了。马克思和恩格斯通过魏特林、维尔特及哈尼的书信密切注视着这个组织的活动。

---

① 参看《马克思恩格斯全集》第1版第42卷第239—271页，《新发现的一份卡尔·马克思手稿》，载于《德国工人运动史论丛》1972年第3卷第423—446页。——马克思的摘要将发表在《马克思恩格斯全集》原文版第4部分第2卷中。

② 参看1845年6月9日海尔曼·克利盖致马克思的信，载于《马克思恩格斯全集》原文版第3部分第1卷第470页。

③ 参看《马克思恩格斯全集》第1版第1卷第468—489页。

④ 参看1844年10月18日威廉·魏特林致马克思的信，载于《马克思恩格斯全集》原文版第3部分第1卷第445页。

马克思和恩格斯关于宣传共产主义思想的许多写作计划和打算首先由于书报检查制度对在德国出版他们的著作所造成的困难而没有实现。因此马克思和恩格斯认为在国外创办一份革命机关刊物有重要的意义。从他们的朋友及志同道合者在1845年和1846年的书信中可以看出,为了实现这个目的曾提出各种方案。1845年5月,在魏特林的参与下,一份共产主义杂志眼看在伦敦就要创刊了。① 这个计划没有实现的原因之一,可能是魏特林和正义者同盟的领导成员之间这时产生了分歧。从维尔特致马克思的一封信中可以看出,1845年12月,有一个在布鲁塞尔出版杂志的计划。② 1846年初,他们准备出版一本汇集不同作者的著作的书,其中也包括《德意志意识形态》在内。马克思建议贝尔奈斯参与出版这部文集的工作。③ 过了一段时间,马克思和恩格斯再次把他

---

① 参看1845年5月6日以后威廉·魏特林致马克思和恩格斯的信,载于《马克思恩格斯全集》原文版第3部分第1卷第462—463页。

② 参看1845年12月18日格奥尔格·维尔特致马克思的信,载于《马克思恩格斯全集》原文版第3部分第1卷第493页。

③ 参看1846年1月21日卡尔·路德维希·贝尔奈斯致马克思、恩格斯及赫斯的信,载于《马克思恩格斯全集》原文版第3部分第1卷第498页,还可参看第860页的注释。——我们持有蒙克和安德雷阿斯的论点,他们认为马克思和恩格斯打算在《德意志意识形态》一文中采用贝尔奈斯的手稿(参看沃尔弗冈·蒙克《研究赫斯的新材料》1964年柏林版第100页,贝尔特·安德雷阿斯和沃尔弗冈·蒙克《有关〈德意志意识形态〉的新材料》,载于《社会史档案》,1968年汉诺威版第8卷第28—29页)是没有说服力的。赫尔穆特·希尔施在他所著的贝尔奈斯传略中也持这种观点(参看赫尔穆特·希尔施《卡尔·路德维希·贝尔奈斯,海涅40年代的战友》),载于《海涅年鉴》1974年汉堡版第88页。

们出版一份共产主义刊物的打算告诉了他们在德国和英国的朋友。① 从1846年4月30日魏德迈致马克思的信中可以看出，还拟订了一个集股出版一份报纸的计划。②

正像从书信第1卷的信件中可以看出的那样，在这个时期马克思和恩格斯的朋友和战友已开始聚集在他们周围，这些人后来组成了第一个无产阶级政党——共产主义者同盟的核心。

马克思的未婚妻和后来的夫人，他的忠实朋友和生活伴侣燕妮的书信在这些信件中占有重要的地位。马克思和燕妮有深厚的感情，这种感情经受住了生活的许多考验，这种感情也反映在19岁的马克思致父亲的一封信中，还表现在1843年1月和3月马克思在结婚前不久写给卢格的两封信中。③ 燕妮和马克思在1836年秋订婚，此事在很长一段时间里是瞒着燕妮的父母的，只有马克思的父亲，这对年青人的亲密朋友知道这件事。④ 燕妮同反对他们婚姻的家庭进行了多年艰难的抗争。

在书信第1卷的附录中发表的燕妮的书信反映了她的丰富的感情生活，语言生动而鲜明，年青的马克思不是没有根据地向父亲保证说，他的未婚妻的信是"在一切方面包括文体在内……出自一位妇女之手的最

---

① 参看1846年3月7日罗兰特·丹尼尔斯致马克思的信，载于《马克思恩格斯全集》原文版第3部分第1卷第513—514页，1846年3月30日格奥尔格·尤利安·哈尼致恩格斯的信，载于《马克思恩格斯全集》原文版第3部分第1卷第523页。

② 参看1846年4月30日约瑟夫·魏德迈致马克思的信，载于《马克思恩格斯全集》原文版第3部分第1卷第53页。

③ 参看《马克思恩格斯全集》第1版第27卷第438、440页。

④ 参看《马克思恩格斯全集》第1版第40卷第846、857、862页。

好的信"①。早在青年时代，燕妮就对周围的现实持批判态度，这很能反映她的性格特征。所以她在1838年6月24日致马克思的信中（这封信首次发表在《马克思恩格斯全集》原文版中）称她的故乡特里尔城为"古老的宗教小巢"②。燕妮的观点和评价逐渐趋向更加成熟，她的政治观点具有了更加明确的性质。1844年6月她发出了必须对现存制度进行革命的变革的心声。在1844年8月初的一封信中，燕妮讽刺了特里尔市侩在刺杀普鲁士国王的行动失败后表现出来的臣民意识。马克思在《前进报》上发表了这封信。③

燕妮生来具有很强的理解力和求知欲，她积极参与了马克思在思想上感兴趣的事情并且参与考虑他的那些具有创造性的计划。卢格在马克思结婚不久即在克罗茨纳赫拜访了他，并高度评价了燕妮对当时最新的哲学文献的理解。1843年8月19日卢格在致费尔巴哈的信中谈到这一点，这封信首次摘要发表在《马克思恩格斯全集》原文版的注释中。④

---

① 《马克思恩格斯全集》第1版第40卷第19页。
② 《马克思恩格斯全集》第1版第40卷第888页。
③ 参看《马克思恩格斯全集》原文版第3部分第1卷第439页。——格朗荣克认为，贝尔奈斯和伯恩施太因在马克思不知道的情况下，发表了这封信。（参看雅克·格朗荣克《1844年的〈前进报〉，马克思和巴黎的德国共产主义者……》第55页）我们不能同意这种说法。很难想象，他们怎么能搞到燕妮的这封信的原文。此外要是那样，马克思就不会像他在给费尔巴哈的信中（参看《马克思恩格斯全集》第1版第21卷第449—453页）所做的那样，透露该信是他妻子写的，他只是认为，有必要提一下，此信是在"作者不知道的情况下"发表的，而"作者"指的就是冯·燕妮。
④ 参看《马克思恩格斯全集》原文版第3部分第1卷第603页的注释。

* * *

在像《马克思恩格斯全集》原文版这个历史考证版中印刷正文并作出它们的注释需要进行全面广泛的综合性的研究工作。为了使收入《马克思恩格斯全集》的正文具有很高的质量和高度的真实可靠性，必需对原文手稿进行分析，这不仅有告知资料来源的意义，而且对于精确地再现一切文章的特点也是必要的。在加工原文的过程中出现的复杂问题往往只有通过审阅原稿才能弄清。原稿展示了文献的结构、它的精确的篇幅、特点和校样的顺序，以及第三者的批注——总之，原稿展示了文献的特点，对文献进行考证分析以及对于理解正文和正确地再现正文往往具有首要意义的一切因素。

众所周知，要弄清马克思的难以辨认的手稿和马克思恩格斯的原始草稿以及他们在文章和书信上加的批注是资料研究的一项极其困难的任务。在加工收入《马克思恩格斯全集》原文版的信件时，辨认马克思和恩格斯的一些通信伙伴的手迹（他们的书信发表在附录中）也有相当大的困难（例如辨认布鲁诺·鲍威尔的难以辨认的手迹）。

有时候研究文献和书信的原稿——这些原稿已多次按照影印件发表——会取得意外的收获：不仅能重新辨认出正文中某些有疑问的地方，而且还能使文献本身的结构变得更精确。

例如，把《马克思恩格斯全集》原文第1版中根据影印件发表的马克思的父亲和妹妹的信同阿姆斯特丹国际社会史研究所保存的原稿相比，就会发现，《马克思恩格斯全集》原文第1版中发表的这些文献有些地方不正确或者不完整，之所以出现这种情况，是由于在辨认影印件时看错和疏忽。在发表1837年11月27日亨利希·马克思致儿子的那封信时，把同年9月16日写的另一封信中附有地址的那一页作为最后一页发表了。① 这样一来，在《马克思恩格斯全集》原文第1版中刊出的地址就同11月17日的信的内容发生矛盾了：从这封信中可以看出，马克思的父亲这时还不知道马克思的地址，并对此事表示不满。② 这封信的第4页手稿（在20年代没有照相复制）上有一行不知道是谁写的字："致卡尔·马克思，他的父亲寄"，地址和邮戳都没有。从信的内容可以看出，亨利希·马克思匆匆忙忙将信写完，以便马克思的姐姐索非娅能在邮局下班前及时将信送到威斯特华伦家，威斯特华伦家的人愿意把马克思父亲的信连同他姐姐的信一起寄往一个他们知道的地方。

亨利希·马克思在1836年7月1日发表的同意卡尔移居柏林的声明连同一封短信被寄给了儿子，在这封信的背面写有地址。③ 这封信的影印件被错误地附在1836年3月19日亨利希·马克思致儿子的那封信的影印件上了，并在《马克思恩格斯全集》原文第1版中作为3月19日那封信的附言发表了。④ 可是这两份文献均有作者标明的日期，相应的邮戳也证明了这一点。

在辨认难读的地方或破损的地方时查阅手稿是非常必要的。在有些情况下，例如，信件长期保存在潮湿的房间里，影印件上的正文有的部分就会出现不透明的黑斑而使文字无法辨认，这些地方就需要借助手稿来阅读，在亨利希·马克思的书信中，这种情况特别多。有时一封信上半页上写的字会由于折叠而印到下半页上去，这样的影印件中就出现了

---

① 参看《马克思恩格斯全集》原文第1版第1部分第1卷第1册第213、223页。
② 参看《马克思恩格斯全集》第1版第40卷第874页。
③ 参看《马克思恩格斯全集》第1版第40卷第843页。
④ 参看《马克思恩格斯全集》原文第1版第1部分第1卷第1册第191、193页。

正文的缺损。例如，1838年10月9—10日和1839年4月10日恩格斯写给他的妹妹玛丽亚的两封信的情形就是这样。

手稿和影印件的关系还有另外一面。保存在原苏共中央党务档案馆里的马克思恩格斯著作影印件的大部分是在20年代准备出《马克思恩格斯全集》原文第1版和俄文第1版时制作的。从那以后，这些手稿经历了漫长而艰难的道路，它们远远没有得到最好的保存。在第二次世界大战期间它们被辗转运往各地，最后被送到阿姆斯特丹社会史研究所。这样一来便加快了手稿的自然破损过程，使得手稿的页边被撕破和丢失，修复工作做得不很细致，粘贴的地方墨迹逐渐消失，破损的页边被剪掉了。

有时私人保存的信件情况也不见得比这好一些。比如，1838年至1842年恩格斯给他妹妹玛丽亚的几封信就是如此。有一封信被一块化了的封蜡盖住了一些字；另一封信信纸中间掉了一块；还有一封信的信纸在折叠处破损并且出现了一个洞。这几封信的影印件都是在手稿尚未破损的时候制作的。书信的全文就是根据这些影印件完整地复制出来的。亨利希·马克思在1835年11月18—29日写的信，以及在1837年8月20日写的信的情况也是这样，所以有时影印件能客观地再现过去年代里手稿的较好的状况。要完整地再现全文就只有综合利用原件和影印件才行。

在不少场合，认真分析手稿能够确定文献的准确日期，或者使原来确定的日期变得更精确。

1837年11月马克思写给父亲的保存下来的唯一一封信是马克思的外甥女卡洛琳·史密斯在其母亲，马克思的姐姐索菲娅·施马尔豪森的信件中找到的，卡洛琳·史密斯将它转交给了马克思的小女儿爱琳娜·马克思－艾威林，后者在几个月后于1898年把这封信连同自己加的注解一起在《新时代》杂志上发表了。《马克思恩格斯全集》原文第1版的发行人没有得到这封信的手稿，于是他们只好根据初次印刷的文本来翻印。① 直到1931年4月，这个文献才在爱德华·伯恩施坦的私人档案室里被发现。② 接着手稿从那里被转移到德国社会民主党的档案馆，现在保存在阿姆斯特丹国际社会史研究所里。在《马克思恩格斯全集》俄文第2版以及《马克思恩格斯全集》德文版中，这封信是根据影印件刊印的。

在准备出版《马克思恩格斯全集》原文版书信卷时，对这份手稿进行了分析研究。通过研究发现，马克思在致父亲的信中所标明的日期——1837年11月10日——需要作点补充。马克思在信的末尾提到，他是在深夜或者说得更确切些是在第2天凌晨写完这封信的。在信的最后两页（此信共有16页），他的字迹潦草，很零乱，墨迹也有些辨认不清。因此这封信在《马克思恩格斯全集》原文版书信中标明的日期是1837年11月10—11日。③

对手稿的分析研究帮助弄清了两份文献的日期和相互关系。这里指的是恩格斯给他的弟弟海尔曼和妹妹玛丽亚的信。在这两封信中，第2封信是第1封信的继续。关于这一点，以下两种情况可以证明：在致海尔曼的信的末尾有一个附加语："往下参看给玛丽亚的信"；而在玛丽亚的信的开头则写有"给海尔曼的信的继续"这几个字。然而第1封

---

① 参看爱琳娜·马克思-艾威林《青年马克思的一封信》，载于《新时代》（斯图加特版）1898年第16年卷第4—12页，还可参看《马克思恩格斯全集》原文第1版第1部分第1卷第1册第XLIII页。

② 参看 J. P. 迈尔《马克思致其父亲的信，马克思研究的一个重要发现》，载于《前进报》（柏林版）1931年4月15日第174号增刊第2页。

③ 参看《马克思恩格斯全集》第1版第40卷第8—19页。

信标明的日期是"2月11日"和"2月12日",第2封信则是"3月12日",迄今为止这个情况使人们对日期作出了种种解释。事实证明,这两封信是用同一张信纸的两个半页写的,信纸被折叠裁开,两个半页上水印的"不莱梅亨利希·洛伊波尔德"的字样还能辨认得出。这就证实了早先的看法,即恩格斯在第1封信上写错了日期,两封信是先后接着写成的,即在1839年3月11—12日和3月12日写成的。①

给那些作者没有标明日期的文稿和信件确定日期和说明根据是《马克思恩格斯全集》原文版准备过程中审查正文工作的重要组成部分。在《马克思恩格斯全集》原文版第3部分中,通过对正文内容的分析及考证一大批文献和历史传记资料,确定了很多信件的写作日期,或者对早先确定的日期作了更正。这涉及马克思和恩格斯写的33封信和其他人写给他们的35封信。

例如,马克思致莱茵省总督沙培尔的信,当时德国著名历史学家汉森标明的日期是1842年11月17日。②《马克思恩格斯全集》原文第1版和俄文第1版中都使用了汉森所标明的日期,是以科隆市历史档案馆中保存的信件的手抄本和科布伦茨国家档案馆中保存的信件和誊清本上

---

① 参看《马克思恩格斯全集》第1版第41卷第452—453页。
② 参看《马克思恩格斯全集》第1版第40卷第317—321页。——约瑟夫·汉森在他主编的文献汇编《有关1330—1850年政治运动历史的莱茵书信和文件》(1919年埃森版第1卷第377—380页)中发表了这封信。在20年代,汉森作为科隆市历史档案馆的馆长对于原莫斯科马克思恩格斯研究院出版《马克思恩格斯全集》原文第1版给予了重要的帮助。(参看《马克思恩格斯全集》原文第1版第1部分第1卷第1册第XXVII和LXVII页)。

面的日期为根据的。① 通过对科隆市历史档案馆②中保存的马克思的手稿的研究，人们把马克思本人的墨迹（删改和增补）同不知何人用铅笔在信的正文中和页边上所加的注释（很有可能出自《莱茵报》主管人奥本海姆之手）区别开来了。马克思和《莱茵报》主管人谈论过他写的这封信的内容。《莱茵报》编辑部对这封信作了若干修改，其目的在于使马克思的某些措词变得缓和一些。该信是在复制副本的时候进行修改的，这个副本也保存在科隆档案馆里。副本大概是由对《莱茵报》的出版向当局负法律责任的雷纳德复制的，它有一些漏洞，有几个在马克思的手稿中无法辨认的字是由奥本海姆加进去的。这个副本是该文件经过校编的新稿本，由雷纳德签字后寄往莱茵省省城科布伦茨的呈文的最后定稿就是以这个副本为蓝本的。难以想象的是，对马克思起草的全文的讨论、修改和这封信的两种副本（每一种副本的篇幅都占有 5—7 页的草稿纸）的复制都是在同一天进行的。由于这封信是对科隆行政区长官格尔拉赫 1842 年 11 月 12 日向《莱茵报》编辑部提出的要求的回答，它可能是在 11 月 12 日至 17 日之间写的，在《马克思恩格斯全集》原文版中也注明了这个精确的日期。

在《马克思恩格斯全集》原文版第 3 部分第 1 卷中，人们还弄清了两封费尔巴哈致马克思信的草稿的完成日期。③ 费尔巴哈的信件的誊清稿标明日期是 1843 年 10 月 25 日，过去这两封信发表时标明的日期就

---

① 科隆市历史档案，《莱茵报》第 53 号，科布伦茨国家档案馆，Abt 403，第 3202 号。
② 科隆市历史档案馆，《莱茵报》第 30 号。
③ 参看 1843 年 10 月 6 日路德维希·费尔巴哈致马克思的信的第 1 稿，载于《马克思恩格斯全集》原文版第 3 部分第 1 卷第 413—417 页，还可参看这封信的第 2 稿，载于《马克思恩格斯全集》原文版第 3 部分第 1 卷第 418 页。

是这一天。然而这个日期同费尔巴哈为了给马克思写回信而进行的长时间思考（对此费尔巴哈亲手写的大量的笔记可以作证）是矛盾的。因此回信的草稿可能是在收到马克思的信（根据邮戳，马克思的信是在1843年10月6日到达布鲁克贝尔格的）之后到费尔巴哈的回信的誊清稿缮写完毕（1843年10月25日）这一段时间里写成的。

研究正文的重要一环就是检验笔迹。将笔迹检验同内容分析以及一系列文献的比较结合起来常常有助于确定某些信件的作者。

在恩格斯给他妹妹玛丽亚的信件中——这些信件至今仍为私人所收藏——发现了一封过去鲜为人知的信，一封用西班牙文写的短信，标明日期是"不来梅，奥古斯特1840年12月。"作者在信中请求偿还借款以及归还从他那里借走的意大利文和西班牙文书籍。原来，这封乍一看莫名其妙的信和恩格斯的往来信件有直接的关系。1840年12月21日恩格斯给妹妹写了一封信："我将送你一顶新帽子。也许你们学校有人能懂一些西班牙文，而我则是一窍不通。"① 经笔迹专家鉴定表明，这封故意用变化了的字体书写的西班牙文短信出自恩格斯之手，他住在不来梅期间刻苦学习了多种外文，其中也包括西班牙文。② 这样一来，我们可以得出如下结论：恩格斯在这里同他的妹妹开了一个小玩笑。青年时期的这种玩笑在他这个时期的往来信件中并不少见。在这些玩笑中我们不仅看到了对蹩脚的拉丁文的讽刺，也看到了对矫揉造作的语言的讽刺。③ 恩格斯的这封西班牙文短信首次在《马克思恩格斯全集》原文版

---

① 参看《马克思恩格斯全集》第1版第41卷第582页。
② 参看《马克思恩格斯全集》第1版第41卷第487、562页。
③ 参看《马克思恩格斯全集》第1版第41卷第447、535页。

中发表。①

在为《马克思恩格斯全集》原文版准备往来信件的过程中由于有些信件没有署名，所以有时会把写给马克思和恩格斯的信混淆起来。在这种情况下，只能依靠分析信件内容和同其他信件相比较，以及分析笔迹来确定信件的作者，人们用这种办法证实了一封首次发表没有标明日期的致马克思的信②的作者是亨利希·毕尔格尔斯，这封信是在1846年2月底写的。

1844年亨利希·毕尔格尔斯在巴黎结识了马克思并同他建立了友谊。在马克思的影响下，毕尔格尔斯具有了革命民主主义观点。当马克思被基佐政府驱逐，于1845年2月初离开法国前往布鲁塞尔的时候，毕尔格尔斯一直陪伴着他。③ 毕尔格尔斯回到德国后住在科隆，他一直同马克思保持着联系。正如现在所确定的那样，毕尔格尔斯致马克思的第1封保存下来的信不是像以前推测的那样写于1846年8月11日，而是写于同年2月底。

有些致马克思和恩格斯的信件中没有称呼和地址，在发表这些信件的时候，并不总是能明确地确定它们是致马克思的还是致恩格斯的抑或是致其他人的。1845年和1846年马克思、恩格斯和赫斯在旅居布鲁塞尔期间彼此是近邻——都住在同盟路——相互间常有来往。由于这个原因，很多朋友和来信人，如维尔特、魏特林或贝尔奈斯等同时写给他们三人的信，有时就寄到马克思那里去，有时则寄到恩格斯或赫斯那里

---

① 参看《马克思恩格斯全集》原文版第3部分第1卷第210页。
② 参看1846年2月底亨利希·毕尔格尔斯致马克思的信，载于《马克思恩格斯全集》原文版第3部分第1卷第506—508页。
③ 参看亨利希·毕尔格尔斯《回忆斐迪南·弗莱里格拉特》，载于《福斯报》1876年11月26日第278号。

去。例如贝尔奈斯的一封迄今尚未发表的写于1846年2月14日的信就是这种情况。由于不能明确确定此信是写给恩格斯的还是写给赫斯的，所以只能将它发表在书信卷的注释中。①

科学共产主义创始人的往来信件像一条纽带将他们的文献遗产的各个部分联系在一起，使我们能广泛而深入地了解马克思和恩格斯科学创造思想的发展过程。在《马克思恩格斯全集》原文版中发表的马克思和恩格斯的往来信件对于研究马克思主义的起源和发展具有重要意义，这些信件展示了马克思和恩格斯在工人运动发展中的作用以及他们为创建一个革命的无产阶级政党而进行的斗争。

全面利用《马克思恩格斯全集》原文版中的马克思和恩格斯的遗产将有助于在全世界传播马克思列宁主义的思想理论。

[原载《马克思恩格斯年鉴》（柏林）第1卷]

（汪继兵 译 李俊聪 校）

---

① 参看《马克思恩格斯全集》原文版第3部分第1卷第860页注释。

关于恩格斯1848年的通信[*]

〔俄〕索菲娅·莱维奥娃

通信是双方互相往来的一个过程,这里不仅包括一个寄出的而且还包括别人寄给他的信。只有这些信的总和才具有关于通讯内容、思想交流和写信人相互影响的完整概念。《马克思恩格斯全集》历史考证版的出版,使我们第一次得以综合探讨和系统研究科学共产主义创始人的通信。在这套全集的第3部分里,不仅有已发表的和举世皆知的马克思恩格斯书信,而且还有他们通信伙伴的书信。虽然马克思恩格斯的许多书信已经——全文或摘要——在各种版本上发表,但是至今在相当大程度上只在研究者的狭窄范围内知道。

《马克思恩格斯全集》历史考证版第3部分第1卷收入马克思恩格斯活动初期(至1846年4月)的书信,第3部分第2卷收入马克思恩格斯1846年5月至1848年12月的书信。

本文的课题是恩格斯通信即1848年他写的和别人——其中有马克思——写给他的信中的疑难点。这些信都载于《马克思恩格斯全集》历史考证版第3部分第2卷。

恩格斯1848年的通信按年代顺序和主题分为下述几个主要阶段:

1. 1848年1月,这时恩格斯在巴黎。

---

[*] 本文选自《马克思恩格斯研究》1994年总第16辑。

2. 1848年3—4月初，这时恩格斯先在布鲁塞尔，后来约在3月21日前往巴黎。

3. 1848年4—5月，这时恩格斯在巴门和爱北斐特逗留。

4. 1848年10—12月，这时恩格斯被迫从德国流亡国外，在比利时和法国作短时逗留后暂居瑞士。

正如从上述几个阶段可以看出的，其中没有1848年2月和6—9月恩格斯的或别人写给他的信（1848年9月1日恩栓斯给科本的信除外）。通信的这两个空缺可用下述情况来说明：恩格斯从1848年1月31日起同马克思一起在布鲁塞尔，而6月至9月，他还有马克思，在科隆，他的全部时间和精力都用在为《新莱茵报》撰稿和参加编辑部的活动上。

1848年1月马克思和恩格斯参加《德意志—布鲁塞尔报》的编辑出版工作，这在他们的活动中占有重要地位。他们对报纸的方针产生了决定性的影响，该报出版人阿达尔贝特·伯恩施太德是个政治观点相当不稳定的人，而且与科学共产主义思想格格不入。他同意马克思和恩格斯及其朋友参与该报工作，因为他希望以此来改善处于犹豫不决状态的编辑部事务。马克思和恩格斯则利用《德意志—布鲁塞尔报》来宣传科学共产主义思想，并与小资产阶级社会主义的各种思潮作斗争。

从恩格斯的信中可以看出，他有计划地为该报撰稿，同时为该报在巴黎的德国工人中的传播做了许多工作。他考虑到，德国流亡工人经济拮据，往往订不起《德意志—布鲁塞尔报》，因此他坚持为工人们提供一些特殊条件。

他在1848年1月14日写信给马克思说："请告诉伯恩施太德：对这里的工人，他不应当在订阅方面采取那种商业上的严格态度，否则他会失去他们所有的人……"①

　　恩格斯除政论活动即继续积极为宪章派的机关报《北极星报》和法国民主派报纸《改革报》撰稿外，于1848年初在巴黎逗留期间特别注意同法国小资产阶级民主派建立联系。马克思和恩格斯决意同民主主义者共同活动，同时保持和捍卫共产主义立场。恩格斯在1848年1月给马克思的信中谈到同法国小资产阶级社会主义者领导人路易·勃朗和斐迪南·弗洛孔的会晤和交谈。《改革报》编辑之一弗洛孔在1847年10月就结识了恩格斯，那时他受他的朋友、英国宪章派左翼领导人哈尼的委托拜访了恩格斯。恩格斯向弗洛孔谈了宪章派运动的发展情况，并向他建议——从1847年10月25—26日他给马克思的信可以得知——让《改革报》的读者了解宪章运动。结果是，在这家法国社会主义者的报纸上发表了恩格斯论宪章运动的一组文章。② 弗洛孔在1848年初同恩格斯交谈时表示了他对马克思和恩格斯发表在《德意志—布鲁塞尔报》和《北极星》报上的文章的热情。他认为，在反对法国温和的小资产阶级共和派及其机关报《国民报》的斗争中，马克思和恩格斯是他的同盟者。

　　1848年1月14日恩格斯写信给马克思说："甚至对路·勃朗和赖德律-洛兰的批评，以及我声明我们现已决定在伦敦公开以共产主义者身份进行活动的话，都没有使他不安。"③ 这个报道证明，恩格斯以某种方式使他的交谈者了解了共产主义者同盟第二次代表大会的结果，特

---

① 《马克思恩格斯全集》第1版第27卷第128页。
② 参看《马克思恩格斯全集》第1版第4卷第316—318、375—380、403—404页。
③ 《马克思恩格斯全集》第1版第27卷第125页。

别是关于发表共产党纲领文件的决议。

弗洛孔准备同共产主义者同盟领导人合作,但并不是说他在思想上站在科学共产主义立场上。弗洛孔对尤其是在法国进行共产主义宣传一事表示了不同意见和担忧,用他的话说,因为那里有1100万小农。弗洛孔在结束同恩格斯的交谈时承认他同德国共产主义者合作的愿望和必要性:"归根结蒂,我们的原则彼此太接近了,我们应该携起手来;至于我们,我们将尽自己的力量支持你们。"①

弗洛孔忠于自己的诺言。法国二月革命后,即在上面提及的他与恩格斯的交谈后一个多月,他加入法兰西共和国的临时政府;当他得知马克思被逐出比利时时,立即邀请马克思去法国。1848年3月底,弗洛孔帮助德国工人——大多是共产主义者同盟盟员——获得回国的资助。1885年恩格斯满怀深情地回忆了此事并写道,弗洛孔是"我们的老友"②。

马克思和恩格斯1848年3月上半月(这时马克思在巴黎,恩格斯在布鲁塞尔)的几封信,是有关他们在欧洲革命初期的活动以及由他们领导的共产主义者同盟的策略的重要文献。

法国二月革命和推翻七月王朝的消息对恩格斯来说并不意外。他在1848年底写的《1847年的运动》一文就用下述一句预言结尾的:"刽子手就站在门前"③。巴黎革命的消息使恩格斯内心充满了对德国革命的革命热情和期待。恩格斯在1848年3月9日这样写道:"德国别处的消息很好……就让弗里德里希-威廉四世仍然顽固下去吧!那时一切都

---

① 《马克思恩格斯全集》第1版第27卷第126页。
② 《马克思恩格斯全集》第1版第21卷第254页。
③ 《马克思恩格斯全集》第1版第4卷第515页。

赢得了，过几个月就会发生德国革命"①。要了解德国三月革命为什么妥协和不成功，关键就在于洞察普鲁士的状况。普鲁士国王对推翻法国的路易－菲力浦和柏林的街垒战胆战心惊，于是急忙让步，同意实施一些民主自由，在普鲁士进一步发展革命，并给大资产阶级——他们害怕人民群众登场的程度不亚于国王——提供机会与王室勾结，以出卖他们昔日的同盟者。事实上，正是这些情况阻碍了工人和农民。

马克思1848年3月中旬写给恩格斯的一些信里反映了他作为共产主义者同盟领导人在巴黎活动的情况。马克思接到要把他逐出布鲁塞尔的命令后，新成立的布鲁塞尔中央委员会决定把该委员会的所在地迁到巴黎，并委托马克思酌情在巴黎重新组建中央委员会。②马克思到达巴黎后立即着手改组共产主义者同盟的领导。

关于成立巴黎中央委员会的资料，来源于马克思1848年3月7—12日期间写给恩格斯的信。信中说："中央委员会已经在这里成立，因为琼斯、哈尼、沙佩尔、鲍威尔、莫尔都在这里。我被选为主席，而沙佩尔被选为书记。委员是：瓦劳、鲁普斯、莫尔、鲍威尔和恩格斯。"③

正如Е. Л. 坎德尔在其文章里正确认定的那样，④把这一文献同伦敦区部在此期间写给巴黎共产主义者同盟中央委员会的信⑤相比较可以较准确地确定中央委员会成立的日期是1848年3月6日或7日。

1848年3月，以马克思为首的共产主义者同盟领导不得不解决组

---

① 《马克思恩格斯全集》第1版第27卷第132—133页。
② 《马克思恩格斯全集》第1版第4卷第586页。
③ 《马克思恩格斯全集》第1版第27卷第135页。
④ 参看Е. Л. 坎德尔《请注意资料》，载于《马恩著作室科学情报资料汇编》1972年莫斯科版第21期第43—47页。
⑤ 参看《共产主义同盟。文件和资料》第1卷第483—486页。

织和策略问题。

法国二月革命后,在巴黎的德国小资产阶级流亡者成立了德意志民主协会,著名的诗人格奥尔格·海尔维格、《德意志—布鲁塞尔报》的昔日出版人伯恩施太德——当时是共产主义者同盟盟员——等人担任领导职务。他们开始组织一个打算前往德国并在那里宣布成立共和国的德意志"民主军团"。马克思认为,这个计划的冒险性从一开始就很清楚,它只能导致不必要的牺牲和彻底破坏德国共和运动的名声。

Я.Г.罗基强斯基用内容丰富的、相当新的资料详细研究了共产主义者同盟领导反对巴黎德意志民主协会的斗争。①

如果把同马克思恩格斯1848年3月至4月初的通信直接有关的资料合在一起,就可以看出这里叙述的事件的顺序。

1848年3月8日,共产主义者同盟巴黎区部会议作出决定,成立针对德意志民主协会的德国工人俱乐部,并委托马克思起草该俱乐部章程。② 为了达到宣传目的,这个公开的工人协会应该是共产主义者秘密同盟(类似伦敦德国工人教育协会或布鲁塞尔德国工人协会)活动的合法场所。共产主义者同盟中央委员会委员是工人俱乐部的领导。他们大家,首先是马克思,领导反对成立军团计划的积极宣传。

当德意志民主协会于1848年3月15日决定转入直接筹备出征德国

---

① 参看Я.Г.罗基强斯基《马克思及其战友对巴黎德意志民主协会冒险计划的新资料》,载于《马恩著作科学情报资料汇编》1973年莫斯科版第25期22—46页;还可参看Я.Г.罗基强斯基《共产主义者同盟领导反对建立巴黎德意志军团的斗争》,载于《德国工人运动史论丛》1975年第3期第468—488页。

② 参看《马克思恩格斯全集》第1版第4卷第589页。

的军团后,① 马克思采取了同该协会领导人正式划清界限的措施。3月16日他告诉恩格斯:"伯思施太德和海尔维格做事像个流氓。他们在这里建立了一个黑红黄三色协会反对我们。前者今天将被开除出盟。"②恩格斯在3月18日的复信里完全同意所采取的措施:"你们把伯恩施太德赶出去,好得很。这家伙已经证明他太不可靠,确实必须把他开除出盟。"③

必须用公开的声明来补充说明同共产主义者同盟内的冒险策略的追随者划清界限,因为德意志民主协会的领导人大叫大嚷,称自己是巴黎全部流亡者(其中也有共产主义者)的代表,这会使各国共产主义者同盟盟员大惑不解。因此,燕妮·马克思受其丈夫的委托,请约瑟夫·魏德迈在《威斯特伐里亚汽船》杂志上就此事发表声明:在巴黎成立的德国工人俱乐部同德意志民主协会毫无共同之处,并"尽可能广泛地在德国报纸上报道"④ 这一声明。声明上一一列举了同共产主义者同盟中央委员会意见一致的工人俱乐部领导人(直至波尔恩),并提到不在巴黎的恩格斯(人们期待他尽快到达),所有这一切使这一声明具有了同盟领导的正式措施的性质。

根据现有的研究,这一曾由马克思催促发表的声明,没有在德国报刊上发表。

几天后,约在3月21日,恩格斯前往巴黎。那时,德意志民主协会的活动已进入一个新阶段。该协会发布一系列告巴黎居民和法国人民

---

① 参看 Я.Г.罗基强斯基《共产主义者同盟领导反对建立巴黎德意志军团的斗争》,载于《德国工人运动史论丛》1975年第3期第477页。
② 《马克思恩格斯全集》第1版第27卷第137页。
③ 《马克思恩格斯全集》第1版第27卷第140页。
④ 《马克思恩格斯全集》第1版第27卷第625页。

书,呼吁他们募集服装、金钱和武器来支持出征德国的筹备工作。恩格斯在 1848 年 3 月 26 日给艾米尔·布兰克的信中强调说:"我们同那个从这里出发去捞取德意志共和国的伟大的十字军征讨毫无关系。"①

因为在德国报纸上发表声明的最初尝试毫无结果,马克思和恩格斯及其朋友决定在这方面采取别的措施。

3 月 24 日,他们给《特里尔日报》寄了一篇谈论共产主义者同盟和德意志民主协会相对立的文章,该文作为巴黎来讯于 3 月 29 日发表在《特里尔日报》上。

正如 Я.Г.罗基强斯基令人信服地证明的那样,② 这篇文章出自马克思左右的人,而且是受马克思的委托写的。

同时,马克思和恩格斯给法国空想共产主义派别的领导人、巴黎《人民报》的编辑埃蒂耶纳·卡贝写信,请他在下期发表反对德意志民主协会的声明。这两篇文献是作为恩格斯撰写的手稿保存下来的。③ 在给卡贝(正如写信人所强调的,卡贝是个知心人)的信里谈的是"为了共产党"(即共产主义者同盟)"的利益而发表意见,发表声明……"在信和声明里,共产主义者同盟被称作"德国工人联合会"。这个组织具有国际性,"是完全由共产主义者组成的,并公开宣布自己是共产主义的组织……"与恩格斯同弗洛孔的交谈(恩格斯在 1848 年 1 月向马克思谈了此事)一样,这里所谈的也是共产主义者同盟第二次代表大会的决议和《共产党宣言》。必须着重指出的是,信里强调指出了德意志

---

① 《马克思恩格斯全集》第 1 版第 27 卷第 500 页。
② 参看 Я.Г.罗基强斯基《共产主义者同盟领导反对建立巴黎德意志军团的斗争》,载于《德国工人运动史论丛》1975 年第 3 期第 481—485 页。
③ 参看《马克思恩格斯全集》第 1 版第 5 卷第 609—610 页注释 2。该信和声明的原文,参看《马克思恩格斯全集》第 1 版第 5 卷第 6—7 页。

民主协会纲领的反共产主义性质：它"不承认无产阶级和资产阶级之间的对抗和斗争。"

这一随同给卡尔的信寄出的声明上有共产主义者同盟中央委员会委员马克思、沙佩尔、鲍威尔、恩格斯、莫尔和威·沃尔弗的签名。有趣的是，在同一天写的共产主义者同盟纲领性文件《共产党在德国的要求》上也有中央委员会委员按同样顺序的签名。该声明是寄发给"德国工人联合会在欧洲各国的各个支部"即共产主义者同盟各组织的。

《人民报》上没有发表共产主义者同盟领导寄给卡贝的声明。卡贝与德国流亡者的各个区部保持着联系，因而宁愿不介入共产主义者和小资产阶级民主派之间的冲突。

马克思和恩格斯相信，他们反对德意志民主协会领导人的冒险策略和反对共产主义者同盟的下述盟员，如沙佩尔和维尔特（他们首先受到军团组织的鼓动）的立场是正确的。马克思和恩格斯的策略同时也意味着同小资产阶级民主主义者的一个广泛集团——其中也有几年来与马克思和恩格斯保持友好关系和通讯往来并受他们思想影响的那些人——划清界限。尤其是涉及德国政论家卡尔·路德维希·贝尔奈斯，他在1844年至1846年接近马克思，然后接近恩格斯。然而，贝尔奈斯的极端不稳定和不明确的世界观，没有越出小资产阶级民主主义的范围。

1848年3月，曾任海尔维格的秘书的贝尔奈斯，成了德意志民主协会的积极追随者之一。① 这导致他和马克思之间的彻底决裂，贝尔奈斯1843年3月31日的信证明了这一点。② 这是我们所知的贝尔奈斯给

---

① 参看 Я. Г. 罗基强斯基《共产主义者同盟领导反对建立巴黎德意志军团的斗争》，载于《德国工人运动史论丛》1975年第3期第477、486—487页。

② 藏于原莫斯科苏共中央马列主义研究院中央党务档案馆。

马克思的最后一封信。

关于严厉批判德意志民主协会领导人的活动的文章在《特里尔日报》上的发表，引起他们的强烈反应。1848年4月1日，伯恩施太德、伯恩施太因、福尔克和勒文费尔斯给马克思写了封最后通牒式的信，要求立即说出通讯作者的名字。① 复信当天就写好了。马克思和恩格斯（复信是恩格斯起草的②）坚定沉着地驳斥了他们对手的最后通牒式的要求。

这是科学共产主义创始人持续近一个月之久的紧张斗争的终结。他们的主要目的是抵制小资产阶级民主派领导人的冒险的革命儿戏，并在业已开始的资产阶级民主主义革命中制定无产阶级及其先锋队——共产主义者同盟——的策略。共产主义者同盟领导人用他们制定的纲领——《共产党在德国的要求》——和组织同盟盟员一个一个地回国直接参加正在开展的群众运动，来对抗组织德国军团不声不响地出征的人所发表的喧嚣声明和自夸词句。

恩格斯在巴黎逗留时期的信中只有他给艾米尔·布兰克的两封信保存下来了。令人感兴趣的是，恩格斯在这两封信中评述了法国二月革命后头一个月的阶级关系和政治力量。恩格斯以自己特有的才能，迅速而准确地着重探讨了现实政治事件，确切地描述了法国现状：工人的政治积极性及其对《改革报》派的社会主义的同情，无产阶级和大资产阶级之间尖锐明显的对抗，临时政府里小资产阶级领导人的优柔寡断及其在资产阶级和工人之间的摇摆不定；农民对《国民报》的资产阶级自由党的支持；临时政府的妥协政策。临时政府向工人许下种种无法兑现

---

① 藏于原莫斯科苏共中央马列主义研究院中央党务档案馆。
② 参看《马克思恩格斯全集》第1版第27卷第504页。

的诺言，而又不下决心采取革命民主主义的措施来对付资产阶级。①

恩格斯写自巴黎的信还证明，马克思和恩格斯在1848年3月底，即在他们返回德国前，就打算去莱茵省的省会科隆，并且草拟出版自己的机关报的计划。

恩格斯在3月26日的信里提及此事，当他收到布罗克的复信时，在3月28日强调说："《莱茵报》已经给你订了。"②

马克思和恩格斯回国后全力以赴地筹备出版报纸。1848年4—5月，即在《新莱茵报》出版前两个月，他们紧张地工作，动员资金，挑选未来的撰稿人和通讯员。这段时间马克思几乎都呆在科隆；恩格斯于1848年4—5月在巴门和爱北斐特，他不仅为报纸征股，而且还是中央委员会的特使，其目的是建立同盟支部。③

恩格斯在给马克思和艾米尔·布兰克的信里描述了他家乡的情况。在三月革命后的最初几个月里，他已觉察到德国自由资产阶级的特征，即害怕提出社会问题。1848年4月25日恩格斯在给马克思的信中说："这些人都像害怕鼠疫一样害怕讨论社会问题，他们把这叫做煽惑人心。"④ 他强调说："资产者的态度确实卑劣"，而"最安静的市民都真正的狂怒起来了"。⑤ 恩格斯谈到保守的资产者对共和国的仇视：巴门最进步的资产者认为，《科隆日报》是他们的机关报，但是在恩格斯的父亲看来，这家具有传统的温和的自由主义色彩的报纸竟是"叛逆的顶

---

① 参看《马克思恩格斯全集》第1版第27卷第501—502页。
② 《马克思恩格斯全集》第1版第27卷第501页。
③ 参看《马克思恩格斯全集》第1版第27卷第141—144页。
④ 《马克思恩格斯全集》第1版第27卷第142页。
⑤ 《马克思恩格斯全集》第1版第27卷第143页。

峰"。^① 恩格斯试图争取他的父亲认购《新莱茵报》的股票，这引起老弗里德里希·恩格斯的极大不满，正如恩格斯给马克思的信所说的那些，他"宁愿叫我们吃1000颗子弹，也不会送给我们1000塔勒"[②]。莱茵省是德国经济和政治最发达的地区，但是在这个省，甚至有激进思想的资产者代表都对革命宣传持保留态度，而且充满敌意，他们根本不打算资助共产主义者出版的报纸，恩格斯写道：他们"把我们看成是他们的未来的主要敌人"，不愿意"把武器交到我们手里，因为我们很快会把它掉转过来反对他们自己"。[③]

恩格斯在1848年5月底返回科隆后写给布兰克的信里谈到他对反革命势力进军德国尤其是进军普鲁士，对法兰克福国民议会的积极态度以及康普豪森的资产阶级自由派内阁面对柏林封建君主主义派系的积极活动不闻不问等事件的初步印象，并以此补充了上面对莱茵省政治形势的分析。恩格斯的文章里探讨了所有这些问题，文章发表在《新莱茵报》第1号上。[④]

恩格斯发表的对工人的情绪和对德国工人运动发展水平的评论相当透彻。他在给马克思的信中强调说："工人们正开始有些动；还很不成熟，但已经是群众性的。他们立即组成了团体。但是这恰好对我们有妨碍。"[⑤] 他以这种方式把注意力投向德国工人的尚未成熟的阶级觉悟及其在德国革命初级阶段的斗争的经济性质。这些情况使工人们难以加入为实现普遍民主要求而进行的政治斗争。

---

① 《马克思恩格斯全集》第1版第27卷第143页。
② 《马克思恩格斯全集》第1版第27卷第506页。
③ 《马克思恩格斯全集》第1版第27卷第142页。
④ 《马克思恩格斯全集》第1版第5卷第14—20页。
⑤ 参看《马克思恩格斯全集》第1版第27卷第143页。

恩格斯在1848年4—5月对英国状况的分析连同伦敦各地区其他的中央委员会特使的报道，对马克思和恩格斯在1848年春夏之际制定策略起了决定性作用。恩格斯后来写道：他们正是在那时相信，直接宣传共产主义纲领（如在《共产党在德国的要求》一文里所制定的）的行动，在工人那里恐怕不会引起反响。① 马克思和恩格斯参加民主主义群众运动，出现在他们的左翼即无产阶级一翼孜孜不倦地进行革命宣传（这种宣传很明确首先是针对工人的），这给在他们领导下的《新莱茵报》及其战友带来了成功和在广大人民群众中的声誉。

1848年9月底，当普鲁士当局采取大规模镇压手段并宣布城市实行戒严时，恩格斯被迫离开科隆，因为他参加群众运动和在民众大会上发言而面临被捕的危险。恩格斯和恩斯特·德朗克在比利时避难的尝试未能成功：他们被逮捕了，并被押上囚车越过边界进入法国。② 恩格斯在巴黎短暂逗留后，作了一次为时两个星期的徒步旅行，横穿法国东南部前往瑞士，约在10月24或25日到达日内瓦。

在恩格斯逗留瑞士期间（1848年10—12月）的马克思恩格斯通信里，与出版《新莱茵报》有关的一系列问题占主要地位。

在这几个月里，该报情况危急。科隆实行戒严不仅使该报中断出版达两个星期之久，而且也使它在较长一段时间只聘请到几个编辑和撰稿人。恩格斯、德朗克、斐迪南·沃尔弗和亨利·毕尔格尔斯离开科隆③，威廉·沃尔弗被迫躲着警察。也曾参加该报编辑工作的沙佩尔，

---

① 参看《马克思恩格斯全集》第1版第21卷第18—19页。
② 参看《马克思恩格斯全集》第1版第5卷第601页。
③ 参看德朗克1848年11月7日给恩格斯的信。藏于前莫斯科苏共中央马列主义研究院中央党务档案馆。

被关在牢里。编辑部工作的全部重担都落在马克思肩上,只有维尔特协助他,后来弗莱里格拉特加入编辑部。此外,该报还遇到严重的财政困难。这些困难又因涉及马克思和编辑部其他成员的一些诉讼案还悬而未决以及马克思被不断传唤到检查官那里接受审问和作解释而加重了。

尽管有这些不利情况,马克思仍然成功地保证了报纸的正常出版,使该报在广大读者中的威信继续增长和更受欢迎,马克思在给恩格斯的信中谈到此事,他强调说,必须坚守住《新莱茵报》这个革命力量的战斗阵地,这个堡垒,要竭尽全力地坚守住。① 1848年10月12日发表在解除戒严后该报第1号上的声明反映了马克思的坚定立场。② 声明说,编辑委员会原有成员不变(增加了弗莱里格拉特)。从马克思1848年11月上半月给恩格斯的信可以看出,马克思不顾资产阶级股东施加压力企图改变该报的政治方针,并迫使他放弃与其朋友们(这些人受到法院的追究,被迫离开科隆)的合作,仍然发表了这一声明。③

1848年这个恶劣的秋天对马克思和恩格斯之间的友谊提出了考验。从通信资料中可以看出,这段时期有人试图破坏他们的互相信任,并且在他们之间播种不和的种子。

1848年秋,恩格斯和他家庭之间的关系紧张。恩格斯在《新莱茵报》编辑部里的活动,特别是他在科隆的革命行动使他与其双亲更为疏远。从他母亲1848年10月的一些信里可以看出,载三《科隆日报》上的通缉恩格斯的命令以及有关恩格斯在1848年9月20日科隆民众大会

---

① 参看《马克思恩格斯全集》第1版第27卷第147页。
② 参看《马克思恩格斯全集》第1版第5卷第493页。
③ 参看《马克思恩格斯全集》第1版第27卷第147页。

为维护法兰克福起义参加者所作的发言的报道①，给他双亲造成极其强烈的印象。资产阶级的《德意志报》上关于恩格斯第一篇讲话的带有倾向性的通讯，在他母亲眼里是恩格斯受叛逆思想影响走上堕落道路的见证。她请求儿子不要返回科隆，不要参加革命斗争，并按其父亲的吩咐，到美国去从事体面的商业活动。②恩格斯的父亲利用儿子在瑞士流亡时艰难的物质境遇，试图用下述声明对儿子施加压力：只要他放弃政治活动，就向他提供正常的资助。他母亲在1848年12月5—6日写信给恩格斯说：“亲爱的弗里德里希，你一定不相信，你父亲在信中建议你去布鲁塞尔没有得到我的同意，我完全同意他的意见并希望你会接受去美国的建议，或者，如果你不能再从我们这里得到钱，那么希望你会决定采取别的方法去谋生。”③

他母亲为了消除她认为的马克思对其儿子的危险影响，试图让恩格斯相信，他的朋友都在困难中离开了他，报纸编辑也不要他参与工作了。爱利莎·恩格斯在1848年10月30日断言：“你的好朋友马克思等人都平平静静地呆在科隆给《新莱茵报》撰稿，他们说，他们不再接受你参与工作了。”④ 这些有关马克思和该报其他编辑对恩格斯的态度的诽谤性传言来自恩格斯的住在恩格耳斯基尔亨的亲戚。这一结论是从

---

① 参看《马克思恩格斯全集》第1版第5卷第600页和1848年9月27日《德意志报》第262号附刊第2页。

② 参看格尔哈德·贝克尔《爱利莎·恩格斯1848—1849年给她儿子的书信》，载于《历史科学杂志》1970年第10期第1340页。

③ 参看格尔哈德·贝克尔《爱利莎·恩格斯1848—1849年给她儿子的书信》，载于《历史科学杂志》1970年第10期第1343页。

④ 参看格尔哈德·贝克尔《爱利莎·恩格斯1848—1849年给她儿子的书信》，载于《历史科学杂志》1970年第10期第1342页。

他母亲的一些信以及阿道夫·格里斯海姆1848年11月30日左右给恩格斯的信①中得出来。恩格斯在给母亲的复信中为他的朋友辩护,驳斥了对他的攻击和怀疑,并谈了他从马克思那里得到资助的事。为了在儿子面前辩解,爱利莎·恩格斯这样写道:"如果马克思是像你在信中所写的那些做的,我对他就不再说些什么了,而且对此也决不怀疑了,他已做到他能做的一切,为此我对他表示衷心的感谢。"②

1848年秋冬之际,有人受莫泽斯·赫斯的鼓动,企图诽谤马克思心目中的恩格斯,并冷淡他们之间的关系。当时赫斯在巴黎,而且对共产主义者同盟中一个极不坚定的盟员海尔曼·艾韦贝克(他是同盟的巴黎区部的领导,《新莱茵报》的巴黎通讯员)产生了很大影响。从他1848年11月1日和14日写给赫斯的信可以看出,共产主义者同盟里对马克思和恩格斯搞阴谋诡计的这个小组(民主主义者中央委员会委员德斯特尔在一段时期也支持这个小组)的目的,在于削弱以马克思为首的科隆中央委员会的影响,破坏马克思和恩格斯的友谊及革命的合作。照艾韦贝克(他在柏林第二届民主主义者代表大会上与德斯特尔会晤)的说法,德斯特尔"还迫不及待地请求我想方设法在马克思面前说一些友好的话,严肃地提醒他注意:他对恩格斯的同情苹有危险性。因此,应该立即把这个意思从巴黎写信告诉伦敦方面……也应该给那些山区……写信,以便防止恩格斯的各种花招……"③

然而,所有这一切阴谋诡计对马克思毫无影响。艾韦贝克与马克思

---

① 藏于前莫斯科苏共中央马列主义研究院中央党务档案馆。
② 参看格尔哈德·贝克尔《爱利莎·恩格斯1848—1849年给她儿子的书信》,载于《历史科学杂志》1970年第10期第1344页。
③ 《共产主义者同盟。文件和资料》第1卷第610页。

在科隆会晤和交谈后于 11 月 14 日写信给赫斯说："马克思十分爱慕恩格斯，把他誉之为'在精神方面、道德方面和性格方面'都是很出色的人物。马克思说，这个恩格斯为了美好事业现住在瑞士。"①

在这几个月的艰难日子里证明了马克思和恩格斯之间的牢不可破的友谊。这种友谊的基础是两人志同道合，观点一致以及随时准备互相帮助。

在这方面特别重要的是马克思给恩格斯的两封信。其中第一封信以前在《马克思恩格斯全集》俄文版上出现时所注日期是 1848 年 10 月 26 日，而现在在历史考证版第 3 部分第 2 卷里是 1848 年 10 月 29 日或 30 日。这是一封对恩格斯寄自日内瓦的未保存下来的信的复信，恩格斯在信中迫切请求寄钱给他。马克思在科隆收到恩格斯的信时已是晚上，那时他还在《新莱茵报》编辑部里。马克思为朋友的困境担忧，立即采取措施，毫不迟疑地向朋友伸出援助之手。他写道："因为你的信今晚才到，我已没有时间去张罗期票。甚至没有时间自己回家一趟，现在我尽我手头所有给你寄去，此处还有一张舒耳茨寄给日内瓦一个公民的 50 塔勒汇票，从这个公民那里你还能够得到另一些资助。"②

马克思在 11 月上半月写的信是为了答复恩格斯因为还没有收到钱而表示的不满（由此可以说明，恩格斯那时已从日内瓦到纽沙特尔，并从那里前往洛桑）。复信说："我能把你丢开不管吗？哪怕是一会儿，那也是纯粹的幻想，你永远是我的最知心朋友，正像我希望的我是你的最知心朋友一样。"③

---

① 《共产主义者同盟。文件和资料》第 1 卷第 615 页。
② 《马克思恩格斯全集》第 1 版第 27 卷第 145 页。
③ 《马克思恩格斯全集》第 1 版第 27 卷第 147 页。

列宁在1913年摘录的《马克思和恩格斯通信提要》里在"我是你的最知心朋友，反之亦然。（马克思1848）"这两句话旁边划了两道竖线。①

从马克思1848年写的信中可以看出，马克思多么重视恩格斯给《新莱茵报》撰稿。这些信中的每一封信，甚至匆匆写就的便条，都有请恩格斯为该报写些文章和通讯的请求。

马克思于1848年11月上半月给在洛桑的恩格斯写的信中还说："你在洛桑办好钱的事情之后，最好去伯尔尼，完成你预定的计划。此外，你可以写些你愿意写的东西。"② 能这很可能是指恩格斯在日内瓦开始并在伯尔尼继续撰写的《从巴黎到伯尔尼》的旅途随笔。这是一篇非常有趣的具有独特风格的文章，但没有完成。

当马克思得知恩格斯去伯尔尼时，他在1848年11月29日出了一些题目建议恩格斯写。③ 恩格斯完全实现了这个计划。他写了《蒲鲁东》一文，该文作为手稿保存下来。他还写了《匈牙利人的斗争》和其他有关这个题目的文章。他经常给报纸寄些关于瑞士的文章和通讯（其中一部分发表于《马克思恩格斯全集》俄文版第6卷，另一部分摘要发表于第43卷）。恩格斯在瑞士逗留期间（约两个半月）总共为《新莱茵报》写了大约30篇文章和笔记。

恩格斯于1848年11月9日到达伯尔尼，打算在伯尔尼住一段较长的时间。恩格斯在向地方当局提出准许居留伯尔尼的申请书中，陈述了他被迫离开科隆的情况，并说明了使他选择伯尔尼为居留地的原因：这

---

① 《列宁全集》第2版第58卷第230页。
② 《马克思恩格斯全集》第1版第27卷第147页。
③ 参看《马克思恩格斯全集》第1版第27卷第148页。

个州离德国边境很远,有可能逃脱德国政府部门对在瑞士的德国流亡者的刁难和迫害。此外,恩格斯强调说,伯尔尼是瑞士联邦的立法机关即联邦议会的所在地,因此,伯尔尼能给他"一个机会,按照瑞士联邦议会的实例来研究宪法的实际运用,从这里面,德国无论如何是能为自己吸取许多东西的,特别是在德国人民可能在自己国内实行在某种程度上相似的宪法的时候。"① 这里影影绰绰地表达了马克思在11月29日的信和恩格斯的《新莱茵报》上几篇文章②里显露出来的相同的思想:这指的是以马克思恩格斯为一方与以小资产阶级民主主义者为另一方的关于德国未来的国家建设问题的论战。同时,当马克思和恩格斯指出把国家改造为一个统一的民主主义共和国的必要性时,小资产阶级共和派却抱有按照瑞士模式建立一个联邦制德国的计划。因此,马克思和恩格斯力图用瑞士的例子说明,这样一种政治制度对德国来说是不可接受的。恩格斯在1848年12月6日写于伯尔尼的《国民院》一文里强调说:"所以,我们德国人无论如何要关心瑞士。瑞士人现在所想、所说、所做的一切,最近就有可能拿来作为我们效法的典范","现在我已经知道,有不少一本正经的共和主义者总在幻想从莱茵河彼岸把具有大大小小的联邦委员会、国民院、联邦院等等的瑞士的政治制度通盘搬来,就是说要把德国变成一个幅员广大的瑞士……"③

伯尔尼这个城市是瑞士工人运动中心之一,这一情况对恩格斯决定选择它为自己的居留地来说并非无关紧要。那里有当时最大的瑞士工人

---

① 《马克思恩格斯全集》第1版第6卷第677页。
② 参看《马克思恩格斯全集》第1版第27卷第148页;第5卷第44—48、263—337页;第6卷第42页。
③ 《马克思恩格斯全集》第1版第6卷第98页。

组织——伯尔尼工人联合会。它是由最先进的德国工人组成的。恩格斯成了伯尔尼工人联合会会员,并积极参加那时为成立瑞士的德国工人联合会总会而开展的运动。

一些学术著作致力于研究恩格斯这方面的活动,其中有著名的马克思主义历史学家罗尔夫·德卢贝克的一篇有意义的文章。① 他在伯尔尼档案馆里发现了有关恩格斯参加瑞士工人运动的新文献。如文献中确认的那样,恩格斯作为洛桑工人联合会的代表参加了瑞士工人联合会的伯尔尼代表大会,并对大会的决议施加了很大影响。他被选进新成立的联合会——瑞士工人联合会中央委员会的领导班子。

说到这里,重要的是强调一下:不仅恩格斯在1848年12月以中央委员会名义撰写的文献《致斐维联合会领导》和《致三月同盟领导》,而且他的1848年12月的全部通信,都包含有他在瑞士工人运动中所起的作用的重要资料。

1848年12月8日洛桑工人联合会寄给恩格斯的委任状上有他亲手记的后经伯尔尼代表大会通过的瑞士工人联合会联合章程第一条的草案②。把这个草案同该章程的最后定稿比较一下,就可以说明代表大会接受了由恩格斯建议的关系新组织的性质和任务的提法。恩格斯维护了新成立的工人联合会总会的独立性,排除了小资产阶级的影响,并为制定民主集中制意义上的组织原则作了辩护。

恩格斯在伯尔尼与参加代表大会工作的共产主义者同盟盟员进行了密切的联系。恩格斯在给斐维联合会的信中明示了共产主义者同盟盟员

---

① 参看罗尔夫·德卢贝克《谈谈弗里德里希·恩格斯1848年底—1849年初在瑞士的政治活动》,载于《德国工人运动史论丛》1960年第4期第742—786页。
② 藏于前莫斯科苏共中央马列主义研究院中央党务档案馆。

厄博姆（他生活在伯尔尼时的名字是拿破仑·贝格尔）的地址就是工人联合会中央委员会的地址。① 共产主义者同盟盟员奥古斯特·格贝尔特（他在巴黎流亡时期结认了恩格斯）从共产主义者施洛特尔贝克（他在代表大会上代表拉绍德封工人联合会）处得知恩格斯在伯尔尼居住。格贝尔特在1848年参加过巴登的共和派起义。他属于共产主义者盟盟员维利希领导的所谓伯桑松纵队。② 格贝尔特在1848年12月21日给恩格斯的信中请恩格斯告诉他柏林、科隆、伦敦组建同盟以及整个同盟的情况。

施洛特尔贝克12月29日给恩格斯的信③同伯尔尼代表大会活动的结果直接有关，施洛特尔贝克告知他打算把代表大会记录寄往伯桑松，并请恩格斯把中央委员会给柏林民主派中央委员会的号召书原文（没有保存下来）和给法兰克福三月同盟的号召书原文寄给他。根据工人联合会会员的请求，他很关注《新莱茵报》的订阅条件。

马克思和恩格斯十分重视《新莱茵报》在工人中的传播。他们常常免费给他们的朋友——工人和共产主义者同盟盟员寄报。马克思和恩格斯在布鲁塞尔流亡时期就认识的工人、共产主义者同盟盟员里德尔，在1848年12月5日写自列日的信中感谢马克思寄给他报纸，并答应他找到工作后就付钱。④ 当《新莱茵报》的主要出版人通知里德尔，他必须支付下一年度的预订费时，他让马克思回忆一下恩格斯的许诺（他在1848年10月初见过恩格斯）："恩格斯在这里时曾亲口对我说过，有

---

① 参看《马克思恩格斯全集》第1版第27卷第514页。
② 参看《共产主义者同盟。文件和资料》第1卷第625—628、629—630、807—808页。
③ 《共产主义者同盟。文件和资料》第1卷第625—628页。
④ 《共产主义者同盟。文件和资料》第1卷第629—630页。

人会免费给你寄报。当然我认识一些工人,他们很喜欢看这种报纸,他们说,只要有办法,他们也愿意付一些钱……"①

恩格斯在1848年参加瑞士工人运动时实现了他和马克思在1848年春就提出的战略计划:建立群众性的工人组织,依靠这个组织就可在工人中宣传科学共产主义思想,促使工人的阶级政治觉悟的成熟,从而筹备建立独立的无产阶级政党,由于工人运动的分散和工人的阶级觉悟尚未成熟,地方工人联合会总会按照全德标准在1848年4—5月建立这样一个组织的尝试没有成功。从1848年冬至1849年,马克思和他的战友通过科隆工人联合会的改组重新在这方面奋发工作。恩格斯在瑞士同他的朋友在国内一样,都进行这方面的活动。

恩格斯力图尽快返回科隆,因为马克思和他的朋友在那里继续办报。1848年12月初恩格斯从维尔特1848年12月3日写的信②中获悉,科隆民主主义运动和工人运动的一些参加者(法院曾就九月事件对他们进行审问)被宣判无罪时,决定在适当时候回国。12月28日他写信给马克思说:"怎么一回事?现在哥特沙克和安内克已被宣判无罪,我还不能在最近回去吗?普鲁士的恶狗现在必定很快就不再愿意同陪审员打交道了……不管怎样,整个九月事件毫无结果。一个接一个地又回去了。因此,请你写信来吧。"③ 显然,马克思为朋友的命运担心,劝他别急于回国,因为恩格斯在1849年1月7—8日的信中再次回到这个话题:"但是我总觉得,我很快就能回去了。像这样无所事事地呆在国

---

① 《共产主义者同盟。文件和资料》第1卷第807—808页。
② 参看布鲁诺·凯泽尔编《格奥尔格·维尔特全集》1957年柏林版第5卷第292页。
③ 《马克思恩格斯全集》第1版第27卷第149页。

外……是令人十分难以忍受的。我很快就会产生这样的看法：即使在科隆遭到审前羁押也比呆在自由的瑞士好。"① 此后不久，即1849年1月中旬，恩格斯返回科隆。

在《马克思恩格斯全集》历史考证版第3部分第2卷里第一次全部发表的恩格斯1848年的通信，包含了有关他在1848年革命开始和最初阶段的活动的丰富的、多方面的和真正取之不尽的资料。这些书信使我们更全面了解了恩格斯作为共产主义者同盟领导人的活动，他在民主主义运动和工人运动中的作用，他参加革命无产阶级机关报《新莱茵报》出版工作的情况。

通信在具有浩瀚的学术资料的《马克思恩格斯全集》历史考证版里发表，是对马克思恩格斯研究、对撰写工人运动史的极大贡献。

[原载《马克思恩格斯研究论丛》（柏林）第1辑]

（胡慧琴 译）

---

① 《马克思恩格斯全集》第1版第27卷第151页。

对马克思和恩格斯在 1848 年革命前后的书信的考证*

〔苏〕Г. Л. 戈洛维娜

《马克思恩格斯全集》原文版第 3 部分第 2 卷的编辑工作已经完成,该卷收入马克思和恩格斯 1846 年 5 月至 1848 年 12 月的书信。在编辑这一卷的资料卷的过程中,曾研究了大量有关这个时期的史料和特种文献。这一卷的资料卷用的全部是新的文献资料,并对人名和历史事件作了更详细的说明。

在编辑这一卷的注释和索引的过程中,在吸收文献资料的基础上,对马克思和恩格斯书信中以前出版时未作任何说明的许多地方也加了注释。

在恩格斯 1846 年 9 月 18 日写给马克思的一封信中,有一小段就同时提到几个事件:"科隆的资产者动起来了。他们向大臣们提出了抗议,这是德国市民所能做到的极限。可怜的柏林说教者啊!他同本国的所有市政委员会都发生了争吵:先是柏林的神学争论,后来在布雷斯劳也发生同样的事情,现在又是科隆事件。"②

"说教者"的名字在俄文第 2 版第 27 卷中注明是指弗里德里希-威

---

* 本文选自《马克思恩格斯研究》1990 年总第 3 辑。
② 《马克思恩格斯全集》第 1 版第 27 卷第 56—57 页。

廉四世。但同他的名字有某些联系的事件是什么呢？仍然不清楚。

亨利希·毕尔格尔斯在1846年8月底至9月中写给马克思和恩格斯的一封信中所谈的事同恩格斯给马克思的那封信的内容有些相似："……自从市民与当局发生了那件事起［市民委员会对在科隆8月3—4日事件作的调查报告，这个报告的起草人就是该委员会主席卡尔·德斯特尔。——作者注］。① ——成立了民事纠察队，总检察长四处活动，官方进行了报道和歪曲。——简言之，所发生的这一切，包括国王本人对市政委员会的声明的答复，在当时出版的一个小册子里都作了详细论述。"②

毕尔格尔斯信中提到的上述文献证明，恩格斯信中所说的就是科隆市民对官方关于1846年8月3—4日事件所作的报道的抗议。当时在科隆举行市政大选前夕发生了同军队的冲突。由三位大臣（陆军大臣博宁、内务大臣博德尔施文克和司法大臣代表、司法部总顾问鲁宾塔尔）签名的这个报道发表在《科隆日报》上。③ 这个公然歪曲事实的报道激怒了千百名科隆市民，他们在同一天聚集在市政府大楼前，按照施泰因贝格尔市长的提议，起草了一份反对以上三位签名者的抗议书。当时还建议派一个代表团向国王陈述事件的真相，并请求"今后杜绝不幸的八月事件后出现的这种歪曲事实真相和激起民愤的官方报道。"④

这种抗议方式不能不使恩格斯作出讽刺性的评论。

---

① 《关于1846年8月3—4日科隆事件和后来几天情况的报告》1846年曼海姆版。

② 《马克思恩格斯全集》原文版第3部分第2卷第300—301页。指弗兰茨·拉沃《关于8月3—4日科隆事件及其后果》1846年曼海姆版。

③ 1846年9月10日《科隆日报》第253号第1页。

④ 《关于1846年8月3—4日科隆事件的报告》第81—82页。

至于柏林的神学争论，这里显然指的是正教最高会议。为了巩固路德教和宗教改革派之间的教会合并，一向对正统的跬德教徒偏爱的弗里德里希－威廉四世，1846年夏在柏林召开了正教最高会议，会上试图通过授任圣职仪式的统一规格（就职仪式表格）。这一尝试遭到了失败。这样一来，恩格斯为什么称普鲁士国王为不幸的"说教者"也就一清二楚了。

恩格斯在1848年3月18日给马克思信中提到比利时一位司法官员布里库尔就马克思被驱逐出比利时一事在众议院会议上的发言。他对比利时当局的这一行为提出严厉的质问，在以前各版资料卷中，对这个事实都没做过说明。这里顺便指出，格尔哈德·贝克尔的《新发现的马克思的两封信》一文就马克思试图于1848年4月恢复自己的普鲁士国籍作了详细的论述，文中对前面提到的问题提供了一些新的资料。例如，作者指出，普鲁士政府曾要求普鲁士驻布鲁塞尔大使冯·津肯多尔夫提供有关马克思的材料。1848年7月17日，大使寄去的材料有：比利时警察当局关于马克思从1845年至1848年在比利时的活动报告和法文版"1848年3月3日共产主义者同盟中央委员会决议"全文。[①] 贝克尔写道："在比利时警察当局的报告中，也提到马克思及其夫人离开布鲁塞尔前夕被捕的情况……报告最后指出，这次被捕事件在比利时议院遭到质问。"[②] 同时，贝克尔还引用《比利时议会年鉴》中关于1848年3月11日会议的报告。

在马恩室资料室（苏共中央马列主义研究院。——译者注）收藏

[①] 《共产主义者同盟》第1卷第172、713—714页。
[②] 格尔哈德·贝克尔《卡尔·马克思的两封新发现的信》，载于1968年柏林《历史科学杂志》35年度第3期第314页。

的资料中，已经在报刊上找到有关布里库尔的质问的情况。例如，1848年3月14日的《列日报》报道说："1848年3月11日，在众议院会议上布里库尔先生就马克思在布鲁塞尔被捕一事向司法大臣提出了质问。"1848年3月15日，《爱北斐特日报》从比利时发回的消息也报道了此事。

很遗憾，马列主义研究院收藏的《议会年鉴》①的影印件只有1848年3月3日的第1203页的材料和3月31日众议院会议1193—1194页的材料，这里有布里库尔的第二次发言。他提到自己3月11日的那次发言。②

布里库尔的质问内容，在比利时社会主义运动历史学家路易·贝尔特朗的一本书中也曾复述过。

布里库尔讲述了马克思及其夫人被比利时当局逮捕的详情后说：

"先生们！这样的事件太严重了。对于这个事件，法国报刊上已经报导过一些情况。而我们却在颂扬自己的自由主义措施。这个事件驳斥了我们的言论，并迫使国外的人们想一想，在我们这样自由的比利时，各级警察当局就居然可以非法而粗暴地破坏司法、道德和法律吗？

为了祖国的荣誉，我有必要对这种丑恶行为提出抗议。我要给政府一次机会去严肃地纠正这种令人发指的不公正行为。这是政府的职责，政府必须完成它，否则对其代理人的令人愤慨的行为要负部分责任。

我所列举的事实，显然是非法行为。在这里破坏了住宅不受侵犯的权利，因为夜间闯入了马克思博士的住所。显然他住的是旅馆，但他所

---

① 《比利时议会年鉴。1847—1848年》。
② 路易·贝尔特朗《1830年以来比利时民主主义和社会主义史》1907年莫斯科版第1卷第265—268页。

占用的那部分房屋，当然不能属于公共场所。

这里之所以说是随意逮捕马克思博士，是因为这种逮捕是没有逮捕令而进行的。这是随意逮捕。马克思夫人，先对她设置了卑鄙的圈套而出其不意把她抓起来。这也是随意逮捕。比利时人日果先生，他一直居住在布鲁塞尔，是全国闻名的人物，甚至没有说明逮捕的理由而把他拘留在狱中达13个小时之久。

此外，这里触犯了1835年9月22日颁布的法律第3条：一旦驱逐外国人出境时，最少要给其24小时的安排个人事务的限期。

与这个规定正相反，在驱逐令宣布以后，只允许马克思博士在这个国家停留到第二天，几乎同他被当地警察局释放在同一个时候。

我自己并不认识马克思博士，但有人对我谈过他，马克思是特里尔一位颇受人尊敬的律师的儿子。23岁时，他就已在德国哲学界享有很高的声誉，被邀请参加《莱茵报》的编辑工作。在报纸编辑方面，他具有非凡的才干，因而使这家报纸变成德国最受欢迎的报纸，在普鲁士政府以行政程序查封该公开的报纸之前，它已办得相当出色……

我希望，只要让政府了解这样的事实，它就会把所有罪犯送交法庭审判。这关系到政府的荣誉，也关系到整个国家的荣誉。"①

由此可见，从布里库尔的发言中。我们不仅能了解马克思及其夫人被捕的详情，而且还可以判断比利时进步社会人士对马克思及其家属此次被捕及随后被逐的反应。布里库尔的发言，令人信服地证实恩格斯对马克思这次被捕的论述："这里的律师们都非常激愤。……这个事件引

---

① 路易·贝尔特朗《1830年以来比利时民主主义和社会主义史》1907年莫斯科版第1卷第267—268页。

起了很大的轰动,并且非常有助于缓和对德国人的憎恶。"①

那么这个与马克思全家素不相识的人,是从哪儿了解这样详细情况的呢?布里库尔本人在发言一开头就说明,这些事实他是从"一位值得完全信赖的、受人尊敬的人"②那里了解到的。有一点是无可怀疑的,这个人只能是一个非常了解马克思的人。在上述恩格斯给马克思的信中写道:"你也要给众议院议员布里库尔先生写几句,他在议院里为你说话说得很好,他应迈因茨的请求向大臣提出了严厉的质问,并且促成了对这一事件③进行调查。他是沙勒罗瓦的代表,卡斯提奥走后,他是最好的。"④

早在1848年3月8—9日的信中,恩格斯说道:"……迈因茨希望起诉,……昨天迈因茨已将必要的文件提供给卡斯提奥,以便就此事提出质问;我想明天或者后天就会提出。"⑤但是卡斯提奥已去巴黎,因此,布里库尔是代替卡斯提奥发言的。这就是说,布里库尔不是从卡斯提奥就是从迈因茨那里获得这些情报的。

德国法学家卡尔·古斯达夫·迈因茨(1812—1882)于1833年侨居比利时,在布鲁塞尔法院获得律师职位,并在布鲁塞尔大学讲授法学

---

① 《马克思恩格斯全集》第1版第27卷第132页。
② 路易·贝尔特朗《1830年以来比利时民主主义和社会主义史》第2卷第265页。
③ 上面已谈到,1848年3月31日,布里库尔又在众议院发言指责侦查委员会。他声明说,他得知这次侦查很不全面,而且还没有进行完毕。在卡斯提奥的支持下,他要求延期讨论这个问题,但是议会拒绝他的要求。(见《比利时议会年鉴1847—1848年……》第1193—1194页。)
④ 《马克思恩格斯全集》第1版第27卷139页。
⑤ 《马克思恩格斯全集》第1版第27卷第132页。

课。众所周知，马克思从巴黎移居比利时以后，1845年2月2日至9日住在小萨勃隆广场24号迈因茨家里。① 迈因茨也是1847年秋成立的布鲁塞尔民主协会会员。这个协会把无产阶级革命者（其中主要是德国的革命流亡者）以及资产阶级和小资产阶级民主先进分子团结在自己的队伍中。马克思和恩格斯在该协会中起了最积极的作用，马克思被选为协会副主席。马克思被逐以后，协会的活动就开始有了较狭隘和地方主义的性质，到1849年它实际上已停止进行活动。

有意思的是，恩格斯在1848年3月5日给宪章派中央机关报《北极星报》编辑的信中，也扼要地叙述了同样的事实。② 因此，迈因茨可能是从恩格斯那里获得信息的。

在编辑《马克思恩格斯全集》原文版第3部分第2卷的人名索引的过程中，对个别人名简介做了一些比《马克思恩格斯全集》俄文第2版更加详细的说明。例如，马克思在1848年3月7—12日给恩格斯的信中写道："阿拉尔直到现在还没有被革命抛弃到一边去。"③ 我们在27卷的人名索引中可以看到："阿拉尔是法国民主主义者。"那么他为什么要"被革命抛弃到一边去"呢？经过考证发现，恩格斯是指另一个阿拉尔——让·巴蒂斯特·比埃尔·阿拉尔（1798—1877），军队将领，从1839年起在法国政府任过一系列重要职务。

马克思在1848年1月14日和3月18日写给恩格斯的两封信中提到的比利时民主主义者，只能是普罗斯佩尔-安托万·埃塞伦（1817—

---

① 霍斯特·施勒希特《卡尔·马克思及其在布鲁塞尔的影响》（比利时档案文件）载于1966年《工人运动史论文集》第1期第110页。
② 《马克思恩格斯全集》第1版第4卷第544—549页。
③ 《马克思恩格斯全集》第1版第27卷第135页。

1878），而不可能是第 27 卷人名索引中说的克利斯提安·埃塞伦。这两封信中所谈的都是关于发生在列日的事件，而克利斯提安·埃塞伦则是美因河畔法兰克福的小资产阶级民主主义者。普罗斯佩尔－安托万·埃塞伦的生平材料，我们是在发表在《前进报》（1878 年 7 月 26 日第 87 号第 3 页）上的悼念文章中发现的。

恩格斯在 1847 年 9 月 28—30 日给马克思的信中，在谈到布鲁塞尔建立民主协会时，多次提到了莫腊斯这个名字。对这个名字第 27 卷作了如下简介：“德国流亡者，1847 年为布鲁塞尔民主协会会员。”

然而，信的内容本身却使我们对莫腊斯是否能成为民主协会会员表示怀疑。此人在建立这个组织方面起了消极的作用。恩格斯证实，他出于极端的个人动机而玩弄阴谋诡计。在若特兰写的《路易·斯皮特霍恩》一书中有民主协会会员的名单，其中未曾提到莫腊斯这个名字，就是在前不久出版的《社会主义》杂志上发表的名单里也没有提及这个名字。①

《德意志政治警察通报》上有关于一个叫谢扎尔·莫腊斯的报道，此人是克勒弗的文学家，卡尔·海因岑的内弟。1847 年莫腊斯因传播"造反"文学而在美因兹被捕，但在押往受审地科布伦茨的途中，被热尔门·梅特涅和雅科布·马斯曼解救走了。② 有一点不清楚，莫腊斯不知逃往何处？

在《德意志总汇报》（1847 年 9 月 23 日第 266 号第 1 栏第 2298 页）上有一篇简讯中报导说，《弗赖堡报》刊登了海因岑给他内弟莫腊

---

① 弗兰西斯·萨尔托里乌斯《民主协会（1847—1848）》，载于 1976 年 7 月《社会主义》第 135 期第 250—268 页。

② 《德意志政治警察通报》1855 年德累斯顿版第 53 页。

斯的信。1847年10月18日，《德意志—布鲁塞尔报》（第3栏第2页）发表了莫腊斯就报界因他的被捕而作的各种诽谤性的报道的声明。莫腊斯要求报社编辑部对这个事件的真相解释清楚。而对我们来说，在这篇简讯中下述情况是重要的：《弗赖堡报》及后来几家德文报纸都发表了海因岑给莫腊斯的信。

与此同时，恩格斯写道："至于莫腊斯，则是因为他没有能够把《布鲁塞尔报》争取到海因岑那边去而感到恼火。"①

看起来好像是指同一个莫腊斯。这个推断可以证实是有凭有据的。在1961年《斗争阵地》杂志上的"文献"专栏中发表了原奥地利首相梅特涅收藏的有关民主协会成立的档案材料。② 这就是布鲁塞尔警察局长奥迪（A. W. Hody）于1847年12月21日向比利时司法大臣德·豪希的报告。有两份报告提到莫腊斯是协会会员。是的，奥迪在他的第一份报告中附带说，他是从报刊上知道这些人的名字，几乎所有同民主协会的创建有关系的人都是些政治流亡者，所以他有他们的案卷。③

至于谈到莫腊斯，奥迪一字不差地作了如下报告："克勒弗人莫腊斯，曾在美因兹被捕……后从政府代表人手中逃脱流亡比利时。"④ 毫

---

① 《马克思恩格斯全集》第1版第27卷第98页。参看恩格斯《共产主义者和卡尔·海因岑》（《马克思恩格斯全集》第1版第4卷第297页）。

② 埃马努埃尔·哈利奇《1847—1848年在布鲁塞尔的国际民主协会》，载于《斗争阵地》1961年华沙版第3期第100—127页（100—118页文件为法文，后译成波兰文）。

③ 埃马努埃尔·哈利奇《1847—1848年在布鲁塞尔的国际民主协会》，载于《斗争阵地》1961年华沙版第3期第104—105页。

④ 埃马努埃尔·哈利奇《1847—1848年在布鲁塞尔的国际民主协会》，载于《斗争阵地》1961年华沙版第3期第106页。

无疑问,这个人就是克勒弗的谢扎尔·莫腊斯。

根据奥迪的说法,莫腊斯是民主协会会员。而仔细研究了这个文件就可以发现,1847年9月27日莫腊斯在布鲁塞尔举行的民主派国际宴会上的发言,是奥迪能作出这个结论的唯一根据。在这里,他引用了刊有莫腊斯发言的1847年10月7日《德意志—布鲁塞尔报》。① 恩格斯写信告诉马克思的就是这次发言:"接着莫腊斯慷慨陈词,说的仅仅是他个人的琐事。"②

从恩格斯的信中可以看出,莫腊斯和许多其他德国侨民,包括克吕格尔在内,企图把民主协会这个组织掌握在自己手中。恩格斯写道:"所有这些先生们都热切地想找机会表现自己的首倡精神,即使一次也好,而且这些胆怯的坏蛋们认为,干这件事最恰当的时机是你不在这里的时候。③ 但他们可耻地打错了算盘。"④ 被选入筹建协会组织委员会的恩格斯向比利时民主主义者声明说:"德意志协会对星期一(9月27日。——作者注)所发生的事情不负丝毫责任;克吕格尔、伯恩施太德、莫腊斯、载勒尔和海尔堡等人连会员都不是;在德意志协会一无所知的情况下发生的整个这事件,其目的显然是要同协会竞争。"⑤ 因此,为什么在民主协会会员名单中没有莫腊斯就清楚了。

---

① 埃马努埃尔·哈利奇《1847—1848年在布鲁塞尔的国际民主协会》,载于《斗争阵地》1961年华沙版第3期第106页,第112页和1847年10月7日《德意志—布鲁塞尔报》第80号第1页第4行和第2页第1行。

② 《马克思恩格斯全集》第1版第27卷第100页。

③ 1847年9月底,马克思住在荷兰莱昂·菲力浦斯姨父的家里,处理钱财问题。(见《马克思恩格斯全集》原文版第3部分第2卷第106—109页)。

④ 《马克思恩格斯全集》第1版第27卷第99页。

⑤ 《马克思恩格斯全集》第1版第27卷第106页。

编辑《马克思恩格斯全集》原文版资料卷的过程中，对恩格斯1848年9月26日以后在巴门的逗留问题做了更详细的说明（见《马克思恩格斯全集》第1版第5卷中《马克思和恩格斯生平事业年表1848年3—11月》一栏）。

第3部分第2卷中发表的材料（1848年12月5—6日①恩格斯致母亲的信和1848年11月15日②恩格斯致伯尔尼洲司法和警察当局的申请书）证明，1848年9月恩格斯不在巴门。在上述的信中爱利莎·恩格斯对儿子写道："科隆骚乱一开始，《新莱茵报》就临时停刊了，我们马上就知道，你在前一天已去韦尔维耶。但是为什么，谁也不知道……后来才收到你从列日寄来的信……"③

对这次离开科隆的原因，恩格斯是这样解释的："我曾住在科隆（莱茵普鲁士），从事著述。由于今年9月25日和26日在这个城市发生的骚乱，我受到法院的侦查，并且有被捕的危险。我只是由于逃亡才躲开了这次逮捕……

到瑞士之后，我之所以愿意居留伯尔尼……"④

最后要指出，编辑《马克思恩格斯全集》原文版第3部分各卷工作中，特别是第三者的书信，可能会碰到一些什么问题。

例如，在第3部分第2卷中，收入的一封德国激进派政论家亨利希·毕尔格尔斯致马克思的信，以前没有全文发表过。在文献资料集

---

① 《马克思恩格斯全集》原文版第3部分第2卷第527—529页。
② 《马克思恩格斯全集》原文版第3部分第2卷第169—170页；又见《马克思恩格斯全集》第1版第6卷第676—677页。
③ 《马克思恩格斯全集》原文版第3部分第2卷第527页和第10—12，17页。
④ 《马克思恩格斯全集》第1版第6卷676页。

《共产主义者同盟》第 1 卷里，此信的写作日期注的是约 1846 年 8 月中。① 较仔细地对文献资料进行研究和分析，就能得出准确的日期。毕尔格尔斯在自己的信中请求当时住在布鲁塞尔的马克思说明在比利时发生的政治事件的实质："就是说，同盟中的激进派获得了胜利，那么，韦尔哈根被打倒了吗？今天的《科隆日报》是这样报道的。请问，'特鲁'果真由于改变了自己的纲领而获得如此大的影响，或者说他已获得成功吗？"②

《科隆日报》1846 年 8 月 15 日第 227 期的附刊里有一篇布鲁塞尔的通讯，题为"'同盟'已分裂；自由主义者代表大会将召开"。通讯报道说，继列日事件以后，在全比利时的自由主义的小天地——布鲁塞尔"同盟"协会里，"新""老"自由主义者之间产生了更加严重的分歧。报上报导说："到目前为止，尽管在它的成员中间意见远不是完全一致，但一切进行得还比较顺利。这个以'特鲁'（这是个离'同盟'聚会的地方不远的一家小旅馆的名称）命名而出名的、由激进分子组成的、活跃而又使人不安的派别，一开始就引起了协会的保守成员，或者老自由主义者们的恐惧。十分明显，只要有一点点导火线就会发生分裂，而且这种导火线已经出现。目前，'同盟'还没有正式的出版机构。作为它的一个'通报'的《观察家》③ 又转入协会副主席韦尔哈根先生的心腹手里，但这个人引起协会中的激进派盟员的猜疑。激进派盟员认为'同盟'必须要有自己的日报，它的任务是要宣传协会并捍卫

---

① 《产主义者同盟》第 1 卷第 396 页。
② 《马克思恩格斯全集》原文版第 3 部分第 2 卷第 286 页。
③ 《比利时观察家》——1835—1860 年在布鲁塞尔出版的比利时的一家日报；资产阶级自由派的机关报。

协会的学说。其次，他们建议召开自由主义者代表大会，并把这个在他们看来非常重要的问题提交大会审核。上星期，这个建议在'同盟'中进行了讨论。辩论进行得非常激烈。韦尔哈根先生遭到'特鲁'成员猛烈抨击，他竭力进行反击，因此讨论变成了互相辱骂……最后，不顾韦尔哈根的建议而决定在11月召开自由主义者代表大会。这样一来，激进派就取得了胜利，而且如果这种状况能一直保持到最后的话，那么这个取得胜利的少数就将迫使'协会'制定规章。"①

根据毕尔格尔斯所说的这篇文章，这封信的写作日期完全可以确定是：1846年8月15日。

在确定日期的同时，也就有可能对恩格斯称之为"资产阶级激进派的团体"②的"同盟"协会提供广泛的历史的情况。

1830年革命以后，比利时两个主要政党就是天主教党和自由党。前者已具有组织形式，而后者则无正式的组织。但是它1839年以前，即同荷兰签订和约以前一直同天主教党保持着联盟的关系，当时比利时的独立还未得到列强的正式承认。1839年以后，两党之间开始出现严重的分歧，于是，自由主义者面临的问题就是必须建立组织。1841年4月15日，自由主义者成立了布鲁塞尔"同盟"协会，它是自由主义者进行积极宣传鼓动和同天主教党人进行坚决斗争的中心。1846年可以说是"同盟"最兴旺发达的一年，然而协会内部却始终未能达到统一。一批较激进的青年自由主义者建立了一个命名为"洞穴"（Le Trou）的独立派别。1847年大选前夕，"同盟"已彻底分裂。一些从协会中退出的会员成立了一个带有温和色彩的新组织——自由主义者协会。这样一

---

① 1846年8月15日《科隆日报》第227号附刊第1页第1行。
② 《马克思恩格斯全集》第1版第4卷第549页。

来，"洞穴"派实际上就成了新的"同盟"的核心了。

1847年的大选中，自由主义者协会推荐一般候选人的企图没有获得成功"同盟"协会的候选人取得了胜利。因此，1848年革命爆发之前，在比利时，包括在布鲁塞尔，存在两个势力强大的政治组织：一个是民主协会，这是个国际性的组织；另一个就是"同盟"协会，照恩格斯话说，这个协会以"决定再等等看，因而脱离了运动"。①

所以，在编辑第三者的书信的资料卷时，一定要注意那些不同的问题之间的内在联系：信件的写作日期的确定与信的内容的注释之间的联系问题（如"特鲁"这个词，仅从毕尔格尔斯的信的上下文看，像是人的名字）。因此，必须仔细分析原文，深入研究马克思和恩格斯的著作，以及与这个时期有关的一切文献资料。这是一项非常细致而复杂的研究工作，然而正是这样一些新的史实才得以发现。

（原载苏共中央马克思列宁主义研究院《纪念卡尔·马克思诞辰160周年论文集》1978年莫斯科版）

（王孝勇 译　鲍世明 校）

---

① 《马克思恩格斯全集》第1版第4卷第549页。

康·施米特等人致恩格斯关于历史唯物主义的通信的原编者说明[*]

下面发表的1890年至1895年间保·恩斯特、康·施米特、约·布洛赫、弗·梅林、乔·威·兰普卢、瓦·博尔吉乌斯和威·桑巴特等人致恩格斯的信都涉及历史唯物主义问题,而恩格斯在回信中对这个理论的基本原理作了精确的阐述和创造性的发展。

在恩格斯这几年写的书信中占重要地位的是《关于历史唯物主义的书信》,即1890年8月5日和10月27日致康拉德·施米特的信、1890年9月21—22日致约瑟夫·布洛赫的信、1893年7月14日致弗兰茨·梅林的信和1894年1月25日致瓦尔特·博尔吉乌斯的信。当然,论述历史唯物主义问题的书信远不止这些。

马克思逝世后,恩格斯成为欧洲社会主义者唯一的顾问和领导者。他利用与社会民主主义运动的活动家的广泛通信来宣传马克思主义理论和从理论上论证无产阶级政党的战略和策略。在通信人当中不仅有工人组织的领导人,而且常有一些多半站在社会主义运动之外的人,他们希望得到对各种理论问题的第一手解释。

---

[*] 本文选自《马列主义研究资料》1984年第1辑。文中所指康·施米特等人致恩格斯的通信请参见《马克思主义研究资料》第27卷。——本丛书编者注

恩格斯的这些通信人除了乔·威·兰普卢之外都是对马克思主义各种问题感兴趣的德国社会主义者和理论家。这个情况不难解释，因为当时德国社会民主党是国际工人运动的先锋队，它所要解决的问题多半是或者很快就会成为其他国家工人运动的问题。德国工人对这些问题解决得正确与否，在一定的程度上直接影响其他国家工人对这些问题的解决。恩格斯清楚地看出了这一点，所以尽力帮助德国社会民主党领导人选择正确的道路，以避免可能出现的错误。

十九世纪八十年代末和九十年代初，德国工人运动有了很大的发展。1890年10月30日，反社会党人非常法被废除，德国社会民主党进入了合法斗争时期。随着德国社会民主党政治地位的巩固，马克思主义得到广泛的传播，讲马克思主义成为一种"时髦"。有些人自认为是社会主义运动的理论家，其实他们不懂得马克思主义或者歪曲马克思主义。加上当时马克思主义理论的某些问题，特别是历史唯物主义问题，还没有得到充分的论证，像样的书籍非常缺乏，造成一些人思想上的混乱。意大利马克思主义者安·拉布里奥拉对这种情况作了这样的描述："对历史唯物主义的兴趣越来越浓厚，而有关的书籍又缺乏，因此，把晚年的恩格斯作为一个不设讲坛的教授求教于他，那是很自然的。"

关于唯物主义历史观的问题，人们在报刊上经常发表各种不同的观点，而且都认为自己是"真正的"马克思主义者。对马克思主义的理论问题缺乏统一的认识不能不引起恩格斯的关注，因为理论上的错误容易导致实际政治上的错误。恩格斯甚至对那些以前不认识的人也有求必应，非常详细地和认真地答复他们的问题。

社会民主主义运动内部的理论分歧必然造成实际活动中的分歧。这一点特别反映在党的领导同所谓"青年派"的分歧上面。这个集团的骨干是加入党内的大学生和妄想充当党的理论家的初出茅庐的文学家。

他们批评反对派运动的代表人物格·福尔马尔、伊·奥艾尔、威·布洛斯等人用改良主义偷换无产阶级革命斗争,这本来是对的,但是他们毫无根据地把这种批评扩大到一切党的领导身上,根本否认议会斗争和其他合法斗争的必要性。他们喜欢唱革命高调,而不顾工人运动的斗争条件已经改变。恩格斯批评了他们的立场,指出:"如果把这种幻想搬到现实中去,则可能把一个甚至最强大的、拥有数百万成员的党,在所有敌视它的人们完全合情合理的哈哈大笑中毁灭掉。"①

"青年派"的活动是非常危险的,因为这个集团的拥护者在社会民主党内积极宣传他们的观点。下面发表的第一封信的作者保尔·恩斯特就属于这类政论家。当时恩斯特还没有公开参加"青年派",但是他的文章客观上反映了"青年派"的立场。恩斯特年纪很轻,由于在社会民主党的理论刊物《新时代》上发表文章和评论而相当有名气。约·布洛赫在信中提到他,说他是经济关系是社会和精神生活的一切过程的决定因素这一观点的支持者。恩斯特的文章的哲学内容是纯粹机械地搬用马克思主义理论的个别原理。在"青年派"文学社会刊物《自由论坛》杂志上,恩斯特同它的领导人之一奥地利和德国文学家海尔曼·巴尔,就妇女运动作为社会现象的性质问题所进行的争论,很有代表性。这场争论也是恩斯特写信给恩格斯要求予以支持的直接原因。

这场争论的起因是,这个杂志上发表了文学评论家勒·玛尔戈尔姆的文章《斯堪的那维亚半岛文学中的妇女》,其中包含有对亨·易卜生和奥·史特林堡的作品的分析。恩斯特批判了这些文章把社会现象加以生物化的通病。他在《妇女问题和社会问题》一文中,正确地强调了妇女问题受社会所制约,认为任何妇女运动都是社会发展的产物。但

---

① 《马克思恩格斯全集》第1版第22卷第81页。

是,他在论述自己的观点时所提出的许多结论,完全与马克思主义背道而驰,尽管他自认为是马克思主义的拥护者。

恩斯特把挪威社会生活的各种各样的现象都归结于一个概念——"小市民阶层",又把对德国特有的小市民阶层的看法硬套到挪威小市民阶层身上。结果,不去具体分析斯堪的那维亚半岛的妇女运动产生和发展的条件,而根据抽象的非历史的"小市民阶层"范畴得出一个人为的公式。这一切当然与马克思主义社会发展理论毫无共同之处,不如说是对马克思主义理论的模仿。恩斯特从经济条件决定论出发,认为妇女问题的解决直接决定于生产关系的发展。他写道:"毫无疑问,妇女问题将像所有'问题'一样,本身只能由生产关系的发展来解决。"① 恩格斯在1890年6月5日致恩斯特的信中,很委婉地指出,"如果不把唯物主义方法当作研究历史的指南,而把它当作现成的公式,按照它来剪裁各种历史事实,那么它就会转变为自己的对立物。"

恩斯特写信给恩格斯时附上了两份杂志,一份载有他的文章,另一份载有巴尔的反驳文章,让恩格斯了解一下双方的分歧。恩格斯立即给恩斯特写了一封相当长的回信。恩格斯可能以为指出恩斯特的错误,有助于他改正自己的错误,但后来的事实证明,巴斯特对恩格斯的批评置若罔闻。过了不到四个月,恩斯特在马格德堡的《人民呼声报》上发表了一篇文章,说什么"青年派"的观点和马克思恩格斯的观点是相同的。为此,恩格斯写了《答保尔·恩斯特先生》一文,并在文中发表了他的回信的一部分,严厉地批评了恩斯特的观点,指出这些观点与真正马克思主义大相径庭。

---

① 保·恩斯特:《妇女问题和社会问题》,载于1890年5月14日《现代生活自由论坛》第15期第426页。

恩斯特的主要错误之一，是把唯物主义历史观歪曲为只把经济看成是历史过程的积极因素的经济唯物主义。这是不理解马克思主义社会发展理论的辩证性质的结果，这也是马克思主义的资产阶级批评家的一个通病。

保尔·巴尔特是这类批评家的一个典型。1890年春天，巴尔特为了谋取莱比锡大学的教授职位，写了一篇应试论文《黑格尔和包括马克思及哈特曼在内的黑格尔派的历史哲学》。他在文中一共用了二十页的篇幅来反驳唯物主义历史观，巴尔特认为马克思的学说是"经济自动论"，硬说马克思的学说把经济因素看成是历史发展中唯一起支配作用的原因，并证明不存在"经济对政治的优先地位"。巴尔特不完全否认经济在个别场合下的决定性作用，但他断言，思想和政治在社会发展中的其他场合下也起同样的作用。为了证明他的论断，他引用马其顿王亚历山大大帝和阿拉伯民族的征讨战争作为例子，认为这些都是由于希腊皇帝的"虚荣心"和阿拉伯人的"宗教热情"所致。奴隶制的产生和地理大发现，在巴尔特看来也是政治的产物等等。

最初，恩格斯是从维也纳《德意志言论》杂志上摩里茨·维尔特的一篇书评中知道这本书的。恩格斯对这篇书评并不欣赏，它也使恩格斯对"该书本身产生了不良的印象"①。若不是恩格斯从康·施米特的来信中看到，这本书不仅在资产阶级理论家那里，而且在倾向马克思主义的人们那里引起了兴趣，他是不会特别重视这本书的。

年轻的德国经济学家和哲学家康拉德·施米特从八十年代末开始同恩格斯通信。他通过独立的经济学研究，终于达到接近于马克思主义政治经济学的立场，1889年发表了《在马克思的价值规律基础上的平均

---

① 《马克思恩格斯选集》第1版第4卷第474页。

利润率》一书。他进一步想要找出解决平均利润率的自己的办法。他写给恩格斯的信,主要内容是讨论与此有关的问题。

但是,施米特的兴趣不仅限于纯经济学问题。从他给恩格斯的信来看,他还想写关于马克思生平与著作的书,探讨马克思的研究方法,批判地分析唯物主义历史观等等。1890年6月25日,施米特写信给恩格斯,通知巴尔特的书问世。他认为巴尔特对唯物主义历史观的批评是相当深刻的,并且强调巴尔特关于政治、法律、宗教和哲学现象独立于经济基础的论断。当然,施米特同这本书的作者的个人友谊,可能对这种评价会有一定的影响,但是这种立场不能不引起恩格斯的警惕,因为施米特当时已经是《柏林人民论坛》的编辑,不久也成为主编。

恩格斯在回信中指出,仅仅从评论中所援引的话就可以得出结论,如果巴尔特认为,承认物质条件的本源性质就是否认"意识领域"对它们的反作用,那么他便是对所谈问题一无所知。接着,他批评德国许多青年作家用随便贴"唯物主义"标签的办法来说明各种现象。他说:"我们的历史观首先是进行研究工作的指南,并不是按照黑格尔学派的方式构造体系的方法。必须重新研究全部历史,必须详细研究各种社会形态存在的条件,然后设法从这些条件中找出相应的政治、私法、美学、哲学、宗教等等的观点。"①

过了两个月,恩格斯收到科尼斯堡的数学系大学生,后来当了《社会主义月刊》的编辑的约·布洛赫的来信,信中提出关于上层建筑和基础的相互关系的问题。他向恩格斯提出两个问题,第一是关于如何解释罗马历史学家科尔奈里乌斯·奈波斯关于古希腊的血亲婚姻的论断。第二个问题是:"是否可以这样理解:经济关系是唯一决定性的因素,或

---

① 《马克思恩格斯选集》第1版第4卷第475页。

者经济关系只在一定的程度上构成其他一切关系的固定的基础"。他认为，保·恩斯特支持前一种看法，康·施米特支持后一种看法。这个事实证明，恩格斯的这些通信人的观点当时已经是倾向社会主义的青年当中讨论的问题。恩格斯在回信中作了如下的经典的论述："根据唯物史观，历史过程中的决定性因素归根到底是现实生活的生产和再生产。"① 这个表述本身就包含承认社会结构的其他因素对历史发展的进程有影响，首先是对规定历史发展的具体形式有影响。这里"归根到底"一语是同"唯一决定性的因素"一语相对立的。

布洛赫本人倾向于承认非经济因素的积极作用。他在谈社会发展的各种因素的相互作用时使用了"经济必然性"和"经济可能性"术语。而恩格斯认为，在这个问题上应当从辩证法的另外两个范畴——必然性和偶然性的相互关系的角度来考察。他指出："这里表现出这一切因素间的交互作用，而在这种交互作用中归根到底是经济运动作为必然的东西通过无穷无尽的偶然事件……向前发展"。②

恩格斯在回答个人在历史过程中的作用的问题时指出了社会发展的原因。尽管人是历史过程的主体，但是历史过程应当看作是一个客观的、不以个别人的意志为转移的过程。一方面，这决定于人的历史创造活动的一定的前提和条件的存在，而经济前提和条件是主要的；另一方面，任何历史事件都是许多人的活动的结果，而其中每个人都追求与其他人不相同的目的。因此，所产生的结果便不完全符合或根本不符合各个人的意愿和追求，对他们来说成为偶然性的表现。"所以以往的历史

---

① 《马克思恩格斯选集》第1版第4卷第477页。
② 《马克思恩格斯选集》第1版第4卷第477页。

总是像一种自然过程一样地进行，而且实质上也是服从于同一运动规律的"。①

恩格斯的这些思想在他1893年4月11日给乔治·威廉·兰普卢写的回信中得到了进一步的发挥。兰普卢是地质学家，恩格斯的英国友人，他1893年3月9日写给恩格斯的信中，把现代社会同大自然对立起来。他的这种看法直接促使恩格斯发表了如下的意见："自然界用了亿万年的时间才产生了具有意识的生物，而现在这些具有意识的生物只用几千年的时间就能够有意识地组织共同的活动：不仅意识到自己作为个体的行动，而且也意识到自己作为群众的行动，共同活动，一起去争取实现预定的共同目标。现在我们已经差不多达到这样的程度了"。②

施米特1890年10月20日的信又谈到巴尔特的书的内容。施米特在这封信里对这本书作了相当高的评价，强调作者用历史材料证明外经济因素对经济基础的影响的做法是令人信服的。同时，施米特还认为，如果不能够证明这些非经济因素首先是政治因素受经济制约，那么"马克思的最严格的意义上的历史观将是无法加以维护的了"。

恩格斯对施米特的这种结论似乎感到有些不安，所以10月27日就给他写了一封很长的回信。这封信是恩格斯论述历史唯物主义问题的最重要的书信当中的一封。恩格斯严肃地批驳了巴尔特，指出："如果巴尔特认为我们否认经济运动的政治等等反映时这个运动本身的任何反作用，那他就简直是跟风车作斗争了……如果政治权力在经济上是无能为力的，那么我们又为什么要为无产阶级的政治专政而斗争呢？"③

---

① 《马克思恩格斯选集》第1版第4卷第478页。
② 《马克思恩格斯全集》第1版第39卷第63页。
③ 《马克思恩格斯选集》第1版第4卷第486页。

恩格斯揭示对马克思主义理论的这种庸俗化理解的原因时指出："所有这些先生们所缺少的东西就是辩证法。他们总是只在这里看到原因，在那里看到结果。他们从来看不到：这是一种空洞的抽象……整个伟大的发展过程是在相互作用的形式中进行的……这里没有任何绝对的东西，一切都是相对的。对他们来说，黑格尔是不存在的。"①

恩格斯在这封信中用具体的例子来说明政治思想上层建筑的各种因素对经济基础的反作用。他正是在这里谈了关于国家权力对经济发展的三种反作用的思想。他在分析各种政治和思想领域的产生和发展过程时，既强调它们对经济的依赖，又强调它们的相对独立性。他特别举经济对哲学的影响的例子来说明自己的思想："经济在这里并不重新创造出任何东西，但是它决定着现有思想资料的改变和进一步发展的方式，而且这一作用多半也是间接发生的，而对哲学发生最大的直接影响的，则是政治的、法律的和道德的反映。"②

恩格斯得知施米特想要研究金融市场的职能后，揭示了资产阶级思想家对社会关系反映不同的原因。他写道："经济的、政治的和其他反映同人眼睛中的反映是完全一样的，它们都通过聚光镜，因而都表现为倒立的影像——头足倒置。这里只缺少一个使它们在我们的观念中又正立起来的神经器官"。③ 这正是社会的各种因素相互联系的现实自然界被颠倒和政治思想领域的作用被夸大的原因。

恩格斯看到巴尔特的书可能稍后一些，即在施米特1891年3月5日的信寄到之后。细读了这本书之后，完全证实他从前所作的否定的评

---

① 《马克思恩格斯选集》第 1 版第 4 卷第 486—487 页。
② 《马克思恩格斯选集》第 1 版第 4 卷第 485—486 页。
③ 《马克思恩格斯选集》第 1 版第 4 卷第 480 页。

价。他7月1日写信给施米特说:"巴尔特对马克思的批评,真是荒唐可笑。他首先臆造一种历史发展的唯物主义理论,说什么这应当是马克思的理论,继而发现,在马克思的著作中根本不是这么回事"。①巴尔特对他研究过的所有哲学体系都进行了这样的"荒唐可笑的"批评。在他看来,这一切不过是"废墟"而已。他还对德国古典哲学顶峰——黑格尔哲学妄加评论,说什么"黑格尔有时把截然相反的、互相矛盾的对立物混淆在一起"。②

在恩格斯和施米特的通信中所涉及的其他问题中,有一个重要问题是从资本主义向社会主义社会的过渡阶段问题。施米特在1891年3月15日的信中谈到他想要研究的问题时提到过这个问题。他对这个问题发生兴趣,可能是在读了马克思的著作《哥达纲领批判》之后。

施米特具体地写道:"我指的是,已经夺取了国家政权的无产阶级,为了逐步实现向新社会的过渡而又不致给现存生产机体带来混乱,应当彻底实行的一些重大变革"。接着,他写道:"无产阶级必须解决的任务的这种技术部分,将比另一部分——夺取政权更复杂。"

恩格斯1891年7月1日答复了施米特的信。他让施米特注意这个问题的极端复杂性,并告诫他不要匆忙下结论。这个问题的复杂性在于,很难预先决定将来在过渡时期应当采取什么样的措施。这要取决于地点和时间的条件,而这些条件又不断地变化。恩格斯写道:"您的第二个写作计划——向共产主义社会的过渡阶段——还需认真考虑;然而,我劝您:放它九年,先不拿出!这是目前存在的所有问题中最难解决的一个,因为情况在不断变化。例如,随着每一个新托拉斯的出现,

---

① 《马克思恩格斯全集》第1版第38卷第124页。
② 《马克思恩格斯全集》第1版第38卷第123页。

情况都要有所改变；每隔十年，进攻的目标也会全然不同"。①

在下面发表的信当中有弗兰茨·梅林的两封信。第一封信是对恩格斯1892年9月28日的信的答复。恩格斯在那封信中解释了梅林托考茨基向他提出的一些问题。梅林求教于恩格斯是因为当他的著作《莱辛传奇》在《新时代》发表期间，他收到资产阶级经济学家路·布伦坦诺从十九世纪上半叶德国历史学家拉维涅-佩吉朗的著作中摘录下来的东西。这种摘录断章取义，却可以被看成与唯物主义历史观的某些原理相近似。而梅林无法立即独自断定，这个学派的代表人物的著作对马克思主义奠基人的观点的形成有过什么重大的影响。

恩格斯在答复梅林时指出："国家形式必然产生于经济形态及其适当的运用。"②

从1892年10月6日梅林的信中可以看出，他读了拉维涅-佩吉朗的书之后，对恩格斯的洞察力十分钦佩。他打算为《莱辛传奇》的单行本特地写一篇关于唯物主义历史观的论文，并经过恩格斯同意把9月28日的信的一部分收入这篇论文。

附有《论历史唯物主义》论文的《莱辛传奇》第一个单行本出版后，梅林把它寄给了恩格斯。恩格斯对梅林的这本书作了很高的评价，同时在1893年7月14日的信中谈了看过这本书时产生的一些想法。

恩格斯认为梅林忽略的地方是，对社会发展的非经济因素的积极作用的问题讲得不透彻。他认为原因之一是："这一点在马克思和我的著作中通常也强调得不够……我们最初是把重点放在从作为基础的经济事实中探索出政治观念、法权观念和其他思想观念以及由这些观念所制约

---

① 《马克思恩格斯全集》第1版第38卷第123页。
② 《马克思恩格斯全集》第1版第38卷第481页。

的行动，而当时是应当这样做的。但是我们这样做的时候为了内容而忽略了形式方面，即这些观念是由什么样的方式和方法产生的"。① 为此，恩格斯在信中全面地论述了意识形态的本质，探讨了思想观念产生和发展的决定性因素。

1894年1月19日，布勒斯劳大学的法律哲学系的一个大学生瓦尔特·博尔吉乌斯给恩格斯来信，使得恩格斯又回到基础和上层建筑的互相关系，上层建筑因素对经济发展的反作用问题上来。

在威纳尔·桑巴特教授的课堂讨论中讨论博尔吉乌斯的"经济唯物主义"报告时提出了许多问题。分歧发生在"经济关系"概念的内容和经济关系以及其他社会关系的相互关系的性质的问题上。博尔吉乌斯请求恩格斯回答这些问题。桑巴特坚持马克思的说法，认为经济关系归根到底决定其他关系，而博尔吉乌斯却援引恩格斯的观点，断言一切社会关系"彻头彻尾地决定于"经济关系。

恩格斯在回信中再次强调，不能认为经济条件是积极的原因，而社会生活的一切其他领域都是这个原因的消极结果。"这是在归根到底不断为自己开辟道路的经济必然性的基础上的互相作用"。② 况且，经济关系对一切社会领域不是自动地发生作用，而是借助于人们的活动，而人们的活动应当通过必然性和偶然性的辩证的相互关系来考察。接着，恩格斯更为详细地分析了一般人的活动和个别的所谓伟大人物的活动的客观制约性。

恩格斯在这封信中提出了一个关于在研究历史时所得出的结果的性质决定于所研究的时期的长短的论断。恩格斯指出，历史在研究者的面

---

① 《马克思恩格斯选集》第1版第4卷第500页。
② 《马克思恩格斯选集》第1版第4卷第506页。

前可以表现为一连串的偶然性，如果他所研究的是远离经济基础的社会生活领域。但是，如果划一条某个社会领域发展的中轴线，那么人们就会发现，"研究的时期愈长，研究的范围愈广，这个轴线就愈接近经济发展的轴线，就愈是跟后者平行而进"。①

过了一年，1895年2月，恩格斯收到博尔吉乌斯提到的桑巴特教授的来信。桑巴特还随信把他的著作《评卡尔·马克思的经济体系》寄给恩格斯，并征求恩格斯的意见。

恩格斯在回信中再次谈及人的活动的客观制约性的问题，并且用经济生活领域中的例子，具体地阐述了这个原理。关于桑巴特谈到的平均利润率的问题，他指出，尽管每个个别资本家都希望得到尽可能多的利润，但从整个社会来看，对所有资本家来说存在大致相同的利润率。

其次，恩格斯指出，马克思关于总利润如何分配给全部总资本问题"谈得不多"，并且提出了一个最重要的原理："马克思的整个世界观不是教义，而是方法。它提供的不是现成的教条，而是进一步研究的出发点和供这种研究使用的方法。"② 恩格斯说在马克思的著作中没有很详细地论述总剩余价值如何分配给总资本的问题，看来是因为他对马克思的所有经济学遗产还不完全知底。实际上，这个问题在1861—1863年《经济学手稿》中已经详细地论述过。特别是，在《剩余价值理论》中制定了与这个问题有关的和解释了这个问题的价值变为生产价格的理论。

讨论与平均利润率规律的作用有关的问题，在下面发表的信和恩格斯的回信中占了极大的篇幅。这些问题非常复杂，所以通信者不得不经

---

① 《马克思恩格斯选集》第1版第4卷第507页。
② 《马克思恩格斯全集》第1版第39卷第406页。

常跳出这些问题本身的范围。例如，施米特早在1892年7月13日的信中就认为，马克思的经济研究对象是区别于现实存在的资本主义的"理想的资本主义社会"。因此，他认为清除这种使人对整个理论的真实性发生怀疑的区别是进一步研究的任务。产生这些看法的基本原因很可能是他对实在的现实事物及其在科学理论中的理想反映之间的关系的辩证性质不理解。分析一下施米特1895年3月1日的信中的论点，更可以证实上述结论。

施米特找不出平均利润率问题的科学答案，只好宣布价值规律是"必要的虚构"。他认为这种必要的虚构是"明知其不正确而作的一种假设，而且是我们为了得出用其他方法达不到的结果不得不作的一种假设"。可见，一个基本的经济规律被他解释为一种为了建立理论体系所必要的，但不反映实在的现实事物的抽象方法。

当然，恩格斯不可能同意对这个规律的实质作这样的解释。他指出，从一个方面来说，施米特的看法发生错误，是因为忽略了认识过程的辩证性质。恩格斯写道："您对价值规律的责难涉及从现实观点来看的一切概念"①。他把现实事物和反映它的概念比作两条永远不可能相交的渐近线。但是，"由于概念都有概念的基本特征，因而它并不是直接地、明显地符合于它必须从中才能抽象出来的现实，因此，毕竟不能把它和虚构相提并论，除非您……，说这些思维成果都是虚构"②。

恩格斯指出，从另一方面来说，施米特的看法发生错误，是因为他不理解经济规律不是单个地起作用，而是"它们所起的作用和其他规律

---

① 《马克思恩格斯全集》第1版第39卷第408页。
② 《马克思恩格斯全集》第1版第39卷第408页。

同时起的作用相互交错在一起"①，这样，必须经常要看到它们的相互联系。这一点恰恰是施米特的弱点。

下面发表的信和恩格斯的回信中所涉及的问题当然远不止我们所谈的这些。研究这些书信，不仅可以使我们了解历史唯物主义许多原理的具体形成过程，而且还可以增进对恩格斯晚年活动的了解。

（孙魁 编译）

---

① 《马克思恩格斯全集》第 1 版第 39 卷第 409 页。

革命和合法性

——关于一封未发表的弗·恩格斯致理查·费舍的信[*]

〔西德〕汉斯－约瑟夫·施泰因贝格

    1895年1月,《前进报》出版社经理理查·费舍"在翻阅旧报纸时",① 看到了马克思于1850年刊登在《新莱茵报。政治经济评论》前三期上的三篇文章:《1848年的六月失败》、《1849年6月13日》和《1849年六月十三日事件的后果》。于是他在1月30日写信给恩格斯,请求他同意把马克思的这些完全不为人所知的文章汇编成小册子,② 并请求他为小册子撰写一篇导言。费舍想最晚在三月份出版这些文章——他向恩格斯说明,防止政变法草案③一旦通过,再出版马克思的著作就

---

* 本文选自《马列主义研究资料》1984年第2辑。作者是哲学博士,现为波恩弗里德里希·艾伯特基金会研究所研究人员,发表过《社会主义和德国社会民主党》等著作。——译者注

① 参看理查·费舍1895年2月9日给恩格斯的信,载于国际社会历史研究所编辑的《马克思恩格斯遗著》,编号L1848。

② 参看《马克思恩格斯遗著》,编号L1852。

③ 指1894年12月6日政府向帝国国会提出"关于修改和补充刑法典、军事法典和出版法"法律草案。这个法案规定对"蓄意用暴力推翻现行国家秩序者"、"唆使一个阶级用暴力行动反对另一个阶级从而破坏公共秩序者"等等,采取严厉措施。1895年5月,该法案被帝国国会否决。——译者注

困难了,——所以他迫切要求恩格斯尽快给以明确的答复。恩格斯虽然在2月2日警告说,这种做法是在时间上掐他的脖子,但还是同意了费舍的计划,并答应撰写一篇导言。此外,他还增添了马克思的文章,即刊登在《新莱茵报。政治经济评论》第五、六期合刊上的论述法国事件的那些段落。费舍根据恩格斯提出的三个方案,把小册子命名为《1848年至1850年的法兰西阶级斗争》。

从1895年以来围绕马克思主义和德国社会民主党历史而展开的长达几十年的科学、政治的争论中,普遍认为这个书名来源于马克思的内容丰富的著作,但它偏偏是恩格斯在《导言》中提出来的。然而,这件事过去和现在都关系到对恩格斯在《导言》中所说的话作何解释的问题,另一方面,还关系到对恩格斯1895年3月23日在给卡尔·考茨基的信中所说的话作何评价的问题,他在信中说:"我的文章由于我们那些害怕防止政变法草案的柏林朋友们的不坚定而受到了一些损害,在目前形势下,对此我仍然不得不加以考虑。"①

有人曾指责恩格斯的导言歪曲和篡改了作者马克思的本意。如梁赞诺夫,自从党的执行委员会所要求删节的文本发表以来,曾多次提出这种指责。② 早在这以前,即在1908年,阿道夫·布劳恩就在给卡尔·考茨基的信中声称:"在恩格斯为马克思的阶级斗争一书写的导言中所作的'非常彻底'的修改系理查·费舍所为。对于校样,我记得非常清楚。恩格斯原来写的东西仅存寥寥数语。"③ 对长条校样和手稿作了对

---

① 《马克思恩格斯全集》第1版第39卷第426页。
② 参看梁赞诺夫:《恩格斯为马克思〈1848年至1850年的法兰西阶级斗争〉一书写的导言》,载于《在马克思主义的旗帜下》1925年第1卷第160—165页。
③ 阿道夫·布劳恩1908年10月5日给卡尔·考茨基的信,载于《考茨基遗著》,编号DVI292。

照后表明，这种说法是毫无根据的，见证人的所谓"非常清楚"的回忆对历史科学来说是多么值得怀疑。①

有人在对党的执行委员会的宣言提出严厉指责时，有人还保证说删节完全是经恩格斯同意的。为了使这个论点成立，他们首先抬出费舍1895年3月14日给恩格斯的信。②费舍的这一信件连同他于1895年3月6日给恩格斯的那封与此有关的重要信件，伯恩施坦于1926年10月把它们一并发表在《社会主义月刊》上。③当然，只要把该杂志删节发表的这两封信与原件作一比较，就可以看出，伯恩施坦不仅删去了无关紧要的地方，而且还删去了显然是他害怕发表的段落。因此，本文全文发表这两封信。

对马克思著作和恩格斯《导言》的发表一事所进行的全部讨论虽然是有节制的，但始终缺乏最重要的确凿材料，即恩格斯对党的执行委员会鉴于防止政变法草案的威胁而提出删去或修改《导言》中的某些

---

① 此外，布劳恩在这里谈到1895年3月30日《前进报》转载了遭到歪曲的恩格斯的意见，是不可能的（参看恩格斯1895年4月1日给卡尔·考茨基的信，以及1895年4月3日给保尔·拉法格的信，载于《马克思恩格斯全集》第1版第39卷第432、436页），因为费舍并没有作一点修改，相反，他根本没有参与李卜克内西的行动（参看费舍1895年4月6日给恩格斯的信，他在信中说："至于《前进报》上的讨论，我们现在仍在进行。你现在还对'V'［德文'Vorstand'一词的第一个字母，意即'执行委员会'。——译者注］感到惊讶——我对此早就习以为常了——，我只有在它达到它的使命的顶点时，才会感到惊讶。但是，只要总编辑部存在，就没有什么可怕的。"），载于《马克思恩格斯遗著》，编号L1857。

② 参看克利斯提安·格内乌斯：《论理论和实践的统一》，载于《马克思主义研究》1957年杜宾根版第2辑第202页。

③ 爱德华·伯恩施坦：《回忆理查·费舍》，载于《社会主义月刊》1926年第32年卷第63卷第676、677页。

地方这种非分要求的答复。古斯塔夫·迈耶尔在准备撰写恩格斯传记时，曾徒劳地探求过这封复信的下落。①而从那时以来，这封信就被认为是散失了。②由于这个原因，恩格斯这封信的内容迄今都必须从倍倍尔于1895年3月11日给恩格斯的信③和于3月14日给恩格斯的信中去推断。

澄清这件事，过去原有五个材料可供使用：

①《导言》手稿；

②1895年单行本长条校样；

③理查·费舍于1895年3月6日给恩格斯的信。他受党的执行委员会的委托在该信中请求恩格斯同意执行委员会提出的修改意见；

④倍倍尔于1895年3月11日给恩格斯的信。他在信中曾谈到恩格斯给费舍的信，并试图安慰恩格斯，因为后者显然对党的领导的策略进行了严厉的批评；

⑤费舍于1895年3月14日给恩格斯的信。他在信中曾对恩格斯接受执行委员会提出的修改意见表示感谢，另一方面，他对"将军"提出的批评意见进行了探讨。值得注意的是，费舍的复信拖了很长时间，因此我们可以认为，他曾经征求过执行委员会委员们的意见，特别是他的挚友伊格纳茨·奥艾尔的意见。

根据以上列举的材料，可以得出这样的结论：恩格斯最早在3月7日，最迟在3月10日一定给费舍写过一封详细的信。

---

① 参看古斯塔夫·迈耶尔：《恩格斯传》1934年海牙版第2卷第567页。

② 参看《马克思恩格斯全集》第1版第22卷第766—767页注508。

③ 维尔纳·布卢门贝格编辑的《弗·恩格斯和奥·倍倍尔通信集》1965年格拉芬哈格版第795—797页。

实际上这封信是3月8日写的。这封信的原件似乎散失了，但在国际社会历史研究所保存的该信的一份打字稿长期没有引起人们的注意。直到两年前，这份打字稿才被编入马克思恩格斯遗著，编号为MFI 124，此后（对该遗著重新进行了全面的整理后），编号改为 K513。这理应归功于该研究所已故的德国组组长维尔纳·布卢门贝格，是他重新发现了恩格斯的这封重要书信。在他编辑的恩格斯和倍倍尔的通信集的序言中，他还引证了这封信的若干段落。① 毫无疑问，他曾经计划全文发表这封信，但由于他的溘然长逝，使他的这个计划，连同其他的庞大计划全都落空。

　　这个打字稿共三页。从纸张和字形看，不是出自本世纪的头二十年便是出自二十年代。在第一页左上方写了一条备注："由理·费舍转交亚·施（亚历山大·施泰因？），1924—1925 年。"

　　由于今天还有人说在这里讨论的问题是伪造的，② 鉴于参加讨论的人采取了并非一贯得体的手法，所以很明显，人们对这样一个文件——正因为原件已经丢失——是极不信任的，而且也不对它进行积极的科学考证。现在可以得出这样的结论：

　　1. 可以排除下列说法：因讨论防止政变法草案而对党的领导的策略提出严厉批评的这个文件，涉及执行委员会的辩护士们的伪造。此外，这封信的内容也几乎不容许伯恩施坦对恩格斯的《导言》进行解释。

---

　　① 维尔纳·布卢门贝格编辑的《弗·恩格斯和奥·倍倍尔通信集》1965 年格拉芬哈格版序言第 XL 页和注 57。此外，从下面可以看出，我不同意布卢门贝格的解释，他认为恩格斯同倍倍尔和党的执行委员会之间在原则上是一致的。

　　② 参看《马克思恩格斯全集》第 1 版第 22 卷第 766—768 页，另见《德国工人运动史》1966 年（东）柏林版第 2 卷第 59 页。

2. 这封信的内容和措辞不容置疑地证明，它的作者是弗里德里希·恩格斯。

不过，在下面，恩格斯的信件本身会证明这一点。[①] 由于上述种种原因，为了弄清这封信的来龙去脉，本文把它和费舍的两封信一起发表。在这里需要注意的是，把字的写法现代化了，标点符号按今天通用的规范处理，对缩写的小品词"和"都给以补齐。作者的署名用斜体字母刊印，把第三者在恩格斯信件的打字稿上所标的一些着重号统统抹掉。

[①] 参见《马克思恩格斯文集》第十卷第686—689页，《恩格斯致查理·费舍》。——本丛书编者注

论列宁给高尔基的书信[*]

〔俄〕列·加米涅夫

凡是看到这些书信的人,无论敌人或朋友,都会承认从中我们看到了我们这个出色时代的极出色的文献。在这些书信中,许多都是讲的琐事,同后来经历的重大事件相比似乎是次要的,或者说毫无意义的。的确,这些琐事已经或者即将被人忘却,但列宁对待这些琐事的态度则保留着,还将保留下去,并将成为正在创造的工人阶级文化的一个极其重要的因素。

之所以如此,是由于促使列宁写信的那些生活琐事为信中的一种包罗万象、深思熟虑的思想的集中光芒所照耀,这种思想就是使人类摆脱自身积累起来的全部腐朽、卑鄙、肮脏东西的革命思想。由于这一思想,日常的、平凡的斗争中的一些个别事件正在汇入发展中的巨大历史事件的洪流,并且具有历史意义。

在列宁的信中既没有壮丽的词句,也没有"历史人物"的那种激昂的风格。这些书信朴实、自然,常常还有点开玩笑的味道,可又始终是"实事求是"的,写来犹如纵马驰骋,"一挥而就",清澈见底。而当你翻阅这些书信的时候,就会清楚地感到那样一种工作的伟大,那样

---

[*] 本文选自《马列著作编译资料》1980年第9辑。

一种智能的威力;列宁的信就是这种工作、这种智能的偶然的和细微的反映。这就像是伟大的思想大师工作台上留下来的闪闪发光的余屑。

当你正在观察他是如何提出和解决所看到的任何一个问题的时候,你会突然清楚地看到刀光闪闪,一把钢刀正直刺深处,剖析着人类思想或是人类历史中的某个最复杂的问题。这时,你不由地会对他伟大的头脑中所表现出来的力量、准确性、明确性和灵活性赞叹不已。没有一点含糊,没有一点晦涩,没有一点表面的"华丽",没有一点陈词滥调,有的只是异常清晰的政治思想和那样一种令人惊异、令人信服的能力,这种能力善于把日常生活中的任何一个问题同总的世界观的基本原则和历史时代的重要任务明白无误地联系起来。

对于这些书信的作者来说,工人运动、工人政党的建设并不是一种他为之"服务"、为之"工作"的身外之物。不,他已经和这一事业彻底溶合在一起了。要想从本质上和生理上把对他个人的"主观方面的"评价同从国际无产阶级运动进程的角度对他的评价分开来,简直是不可能的,因为在伊里奇身上这两种评价已溶合成一个不可分割的整体了。无论何时何地,在个人的爱好、利益和观点同发展着的历史进程的利益和观点之间,都丝毫没有细微的缝隙。

正是这种一致性甚至使得列宁这些书信中的某些意见具有某种重大意义,尽管形式上它们都是简单朴素的,而且似乎还是偶然的。越深入分析这些意见,你就越会明白,通过列宁的口在说话的是历史上一个新的正在振奋起来走向生活和斗争的阶层,是成百万的人,他们不受任何定了型的观点、任何权威的约束,他们探索并找到自己的对待历史和生活的全部问题的态度。

因此,在伊里奇的这些书信中我们看到的是一种新的正在斗争中产生的无产阶级文化的真实文献。正因为如此,这些书信就是战斗的文献，是新的阶级在思想战线上日复一日不倦地进行着的战斗的文献。弗拉基米尔·伊里奇不是毫无缘故地认为自己的某些书信是"激烈的"。

战斗精神，随时投身于争取工人阶级的真正价值的战斗的准备，对一切美化腐朽的旧思想并使工人阶级沾染上这种旧思想的企图所表现出来的愤懑——所有这一切都渗透在弗拉基米尔·伊里奇的全部书信中。思想上的无情构成了这些书信的特点。

当出于革命的需要不得不妥协时，列宁是在实践中"妥协"的大师，但他永远是在思想领域中"妥协"的大敌。他准备接受同"魔鬼及其祖母"的事务上的联盟，如果革命运动的进程有这种要求的话；但列宁从来也不容许在思想领域中，在理论方面，在科学社会主义方面有丝毫的"妥协"。"分开走，共同战斗"，"先划清界限，然后妥协"——对这些列宁策略的常用公式，他总是解释成这样：工人阶级和异己的力量在实践中无论达成什么样的临时性协议，必须有一项先决条件，这就是工人阶级自己的路线应该是准确无误、毫不含糊、明确肯定的。而这也就要求以极为无情的态度去对待那种想在工人阶级意识形态中掺进同它格格不入的因素的任何企图。伊里奇在思想战线上所进行的、并如此鲜明而强烈地反映在他给高尔基的信中的那些没有间歇的"激烈"战斗的源泉就在于此。"我宁愿四马分尸，也不愿加入宣传这类东西的机关报或编委会，"①——列宁在给高尔基的信中对于他不久前的志同道合者的说教这样写道。

很久以前，在俄国解放运动初期，"狂怒的维萨里昂"即别林斯基宣布不调和的遗训，他拒绝同"非利士人"坐到一起，这反映了民主主义者同贵族—资产阶级意识形态的革命决裂。同那时一样，七十五年

---

① 《列宁全集》第 1 版第 13 卷第 429 页。

之后，列宁反对一切资产阶级意识形态的"激烈"斗争，他的"宗派"和"分裂活动"，他在思想上的无情，成了战斗无产阶级的真正革命意识形态形成的必要的和起决定作用的条件。

列宁给高尔基写道："请把所有这一切，即1908—1912年间社会革命党、劳动派、无题派、立宪民主党的全部思潮同社会民主党人过去和现在的情况加以对比（有朝一日，总有人，大概是历史学家一定会做这项工作的）。您会看到，社会民主党人以外的所有的人，的的确确是所有的人，都按自己的方式来解决同样的，的的确确是同样的问题，由于这些问题，我们这里有一批人脱离了党，倒向取消主义和召回主义。资产者、自由派、社会革命党人都喜欢大叫大嚷地说社会民主党人闹'内部纠纷'，这批人对于'急待解决的难题'是不认真的，他们跟着别人跑，玩弄外交手腕，并满足于折中主义。社会民主党人同所有这些人的区别是：社会民主党人的内部纠纷体现着具有深刻的明显的思想根源的各集团的斗争，而他们的内部纠纷在外表上是磨去棱角的，在内容上是空虚的、琐碎的、微不足道的。任何时候我都绝对不会用社会民主党各派别间的尖锐斗争来换取社会革命党人之流的妆扮得体面的空虚和贫乏。"①

列宁给高尔基的信是在工人运动最喑哑、最受压迫的时代写的。1908年初，第一次革命失败后，弗拉基米尔·伊里奇回到了枯燥无聊的日内瓦，"就像进了棺材"，——他对娜捷施达·康斯坦丁诺夫娜这样说。漫长的反革命年代，运动低落、公开和秘密的背叛、变节、取消主义和悲观失望的年代开始了。可是在伊里奇的信件中，我们却找不到丝毫悲观失望、怀疑或是动摇的语调。蓬勃的朝气；对运动定将复苏的

---

① 《列宁全集》第1版第35卷第31—32页。

深信不疑的口气;对于工人运动经过巨大的牺牲、通过新的道路、在新的环境下必将克服其前进道路上的重重困难的信念,即对无论如何"我们会有时来运转的一天!"① 的信念——书信中这一切所表现出的锐气使人震惊不已。

除了这样绝对相信自己的事业终必胜利外,弗拉基米尔·伊里奇还有一个特点,这就是对工人运动迈出的每一小步都由衷地欢呼。伊里奇怀着怎样的一种抑制不住的喜悦告诉高尔基:一份小型工人杂志出版了;从俄国来了一个工人——"好小伙子";布尔什维克在工会或者保险基金会中获得了胜利。

弗拉基米尔·伊里奇对小市民习气、对一切小市民习气——首先是思想上的小市民习气的深刻的、本质上的和根源上的憎恨,以及作为自己动力的革命热情,在他的数十篇文章中都有所表现。但是,这种憎恨和热情在给高尔基的信中,较之在任何其他地方,却表现得更自由、更无拘无束,因而也就更明显。

正因为这是抽空写给友人的信件,丝毫没有想到会发表,所以我们从中看到的就不仅仅是政治领袖、党的领导者的列宁,而且是作为一个普通人的伊里奇。使成千上万的人有可能了解弗拉基米尔·伊里奇的个性、他的精神面貌的基本特征的文献,较之把他作为学者、领袖、政治家来刻画的文献,是太少了。这种文献真是极少、极少。在这些为数极少的文献中,给高尔基的书信是极为重要的一部分。

弗拉基米尔·伊里奇不仅器重阿·马·高尔基,认为他是新的革命俄国的最伟大的艺术家。列宁还把高尔基看作是共同事业中的强有力的同盟者,一个以另一种武器作战,为着同一目标打击同一敌人的战友。

---

① 《列宁全集》第 1 版第 35 卷第 80 页。

列宁对高尔基的武器——艺术语言——评价极高，赋予它以重大意义。当他觉得，这一武器指错了方向，这位同盟者开枪打不到靶子上的时候，他就表现出十分焦急。弗拉基米尔·伊里奇对高尔基的力量评价越高，越希望看到高尔基在共同的斗争中同自己站在一起，他也就更加仔细地看待高尔基的每一项文学、政治活动，更加关心地提醒高尔基注意围绕着锻造无产阶级意识形态的道路的那些思想泥坑的危险。

然而弗拉基米尔·伊里奇还不只是器重高尔基，简直就是喜爱他，认为他是一个巨人，是一个来自最"底层"的人；从这一最"底层"的胜利中弗拉基米尔·伊里奇看到了人类历史的一个已经到来的阶段。弗拉基米尔·伊里奇的信流露着他对高尔基的真正关心和眷念之情。这种关心和眷念之情，列宁在口头交谈中表达得更为明确……所有这一切就形成了弗拉基米尔·伊里奇在对待阿·马·高尔基的态度中的那种大家都知道的口气，一种友好直率和真诚关心的口气。

由于这样一些出色的文献呈现在我们面前，工人阶级要庆幸的不仅在于这些文献是列宁所写，而且还在于这样一种情况，即列宁有高尔基这样一个通信者。这一情况还使列宁给高尔基的书信不仅成为他公开发表的著作的宝贵注解，而且也成为认识作为一个人的列宁的极珍贵文献。全世界的代代无产阶级青年和无产阶级知识分子都将学习革命群众的最伟大领袖写给革命时代的伟大艺术家的这些书信。它们将成为新的无产阶级支化的永世长存的财产。

（原载《列宁文集》俄文版第1卷第79—93页）
（河北师范学院外语系俄语翻译组 译）

马克思恩格斯生平活动文献——其他人给马克思和恩格斯的书信（一）*

编者按：《马克思恩格斯全集》国际版（即 MEGA 新版）第三部分是马克思和恩格斯的书信集，同时作为附录收集了其他人给马克思和恩格斯的书信。马克思和恩格斯本人的书信已经收入《马克思恩格斯全集》中文版，但是其他人给马克思和恩格斯的书信只收入了很少一部分。而这些书信是了解马克思、恩格斯本人的书信以及研究他们思想发展和生平活动的重要资料。本刊从这一期起根据《全集》国际版陆续把未收进《全集》中文版的其他人给马克思和恩格斯的书信按年代译出发表。

1. 罕丽达·马克思和亨利希·马克思致卡尔·马克思

柏　林

[1838 年 2 月 15—16 日于特利尔]

亲爱的卡尔：

我们衷心盼望你父亲身体好转。他的咳嗽几乎完全止住了。你父亲得了风湿痛，因此医生们认为，咳嗽是风湿症引起的。糟糕的只是

---

*　本文选自《马列著作编译资料》1980 年第 11 辑。

你父亲根本不想吃东西，这就影响治疗的效果。你父亲卧床已经两个月，生病使他变得爱发脾气。因此我不得不劝你，亲爱的卡尔，你的信要写得温存体贴些，好让你父亲多读几遍。好卡尔，在各方面对你提出的要求太高了，人心是不能包罗一切的。说到心脏，你说你的病是心脏扩张，这使我很不安。① 亲爱的卡尔，写信告诉我，你的病是好了还是没有好？你别过于劳累，要知道，健康是最重要的，失去了它便丧失了一切，在这一点上你要让我对你放心。另外，你不必直接把一切都写信告诉我，免得占去你的时间。我了解你那颗真挚的心，知道你是不会把我忘记的。——亲爱的燕妮每次到咱们家来，通常总是在这里呆一整天，还设法同父亲聊天。她是一个深情的孩子，将来她会使你幸福的，这也是我的希望。亲爱的好卡尔，祝你好，但愿你恢复健康。

你的爱你的母亲
罕丽达·马克思

因为信还没有寄出，我想再写几句，告诉你，你父亲的咳嗽已明显好转，不过他的风湿症很严重。医生们说，这是慢性风湿症。亲爱的卡尔，由于你的健康状况，我现在对你选择医生就医的问题也很不放心。一个年轻人不像久经世故的人那样具有实际知识，我请你注意这一点。

随信把你的证明②寄给你，你要想尽一切办法躲过要你服兵役的年限，你有充分的理由这样做。你的眼病可别马虎大意，这样你就可以免

---

① 马克思在1838年2月10日以前写给他父母的那封信没有保存下来。

② 估计是指关于马克思不适于服兵役的证明。

去许多麻烦,还可以少花钱。今天,亲爱的燕妮到咱们家来了,还在这里吃饭,使我们觉得今天过得特别快。祝你好!亲爱的,吻你!

你的爱你的母亲

2月16日

亲爱的卡尔!我写几个字向你问好,我还不能多写。

你的父亲

马克思

2. 燕妮·冯·威斯特华伦致卡尔·马克思

柏　林

[1838年5月10日后于特利尔]

"〔……〕是一个卑贱的姑娘"。① 这是我说过的唯一的话。啊,卡尔,卡尔,你那紧盯着我的目光至今仍震撼着我的胸臆,那时我觉得心仿佛就要碎了。到现在我还常常感到痛苦,只是痛苦隐约有些缓解,不再那么刺心,但毕竟非常深切。而你紧盯着我还觉得不够,你想把我彻底粉碎。你说:"如果有谁的姐妹们做出这种行为来,而我对她们的兄弟们说,她们是卑贱的,那又怎么样呢?"卡尔,我对你讲过这种话吗?我当时什么也没有说,我的心停止了跳动。一旦你醒悟到你干了些什么,你会请求原谅的。在热恋的时刻你是会这样做的,如果爱情一旦冷却,我能期望得到什么呢?看,卡尔,这是一种包含绝望痛苦的思想。

---

① 这封信的开头和结尾缺损。

滋长这种想法就是自杀，而且情况甚至还要更糟。请原谅我写了这些。但是那种痛苦至今有时还使我战栗。那是5月3日，你是7日离开的，① 10日他就去世了。② 这已经够人难受的了。这是死的预感，但是它比死还要可怕，因为它至今还没有个完结，而且每天给人带来更多的忧虑、痛苦和恐惧。诚然，我在那天所感受的心境没有再度出现，如果再次出现，那就是我的灭亡。

卡尔，你竟会对我说，我是个卑贱的姑娘，你那时竟会对我说这种话，这是不公正的。

我并不因此生你的气。也许你是对的，但是这却给我带来这样的痛苦。你想，卡尔，埃德加尔也可能对我说这种话，而这决不会像你的话的打击那样使我感到痛不欲生。如果这是一种微不足道的爱情，那你是做对了，我没有别的话可说。啊，卡尔，我对你的爱和对埃德加尔的爱是完全不同的。我起初总是说，是的，我喜欢你，我不敢用爱这个字眼，你还记得吗？说喜欢，还包含一点友谊、姐弟之爱的意思，我想以此来掩饰我的真情。看，我喜欢埃德加尔，但我爱你。你明白我的意思吗？这不会使你见怪吧？我思索再三，我最近那封信是否说了什么得罪你的话？我没有发现，而且也没有这个意图，当时确实也没有这个意图，这就像上帝存在一样千真万确，但是我当时十分委屈，十分激动，而且你知道，我是很要强的，卡尔，再原谅我这一次，把那封信烧掉，把它忘掉吧。我又写得有点激动了，这是你的信的过错。但愿你恢复健康，我的唯一的，唯一的心上人。你是得了胆汁热吗？而不是寒热病吗？可亲可爱的博士，别为我耽心，我现在完全〔……〕

---

① 这封信是谈到马克思1838年5月初回过特利尔的唯一材料。
② 亨利希·马克思于1838年5月10日逝世。

3. 罕丽达·马克思致卡尔·马克思

柏 林

[1838 年 10 月 22 日于特利尔]

亲爱的卡尔：

随信寄去你为获得博士学位需用的 160 塔勒，马上告诉我，款是否如数收到了。——愿亲爱的上帝为你赐福，保佑你一切顺利，引导你走上正路。——告诉我，这些书该怎么办。祝你好！时常记挂着你的母亲和姐妹。

你的爱你的母亲

罕丽达·马克思

1838 年 10 月 22 日于特利尔

4. 布鲁诺·鲍威尔致卡尔·马克思

柏 林

[1839 年 12 月 11 日于波恩]

亲爱的马克思：

关于我的情况，我还能给你写些什么呢？我不是已经写信详细告诉埃德加尔和家里了吗？还要我再写一遍吗？

你问我是否遇见了莱茵女妖。① 我在散步时和社交中都没有见到过这种人。通常在社交中看到的本地青年女子都不能使我十分中意。她们太缺少女性的自豪感，似乎急于要嫁人，而那些经父母公开允许总是追逐女性的大学生对这里妇女界影响很大，所以很难找到特别合适的人。我要逐渐熟悉情况，特别是到一些未受那种影响的人家里去看看，才能对总的情况做出判断，或许才能分别对具体情况做出决定。

快点转过来谈也是一个妇女，而且是一个老太婆（指费希特，语含讥讽。——译者注）吧。我有好些时间没见到费希特了，他的讲座情况怎样，我还不知道。不过，在这里他的总的声誉并不很高，而作为哲学家的名望也不是那么不得了。因此在这方面，你是完全可以胜任的。只是你要设法在夏季开课。到这里来起初最使我反感的是费希特的相貌，后来他那平庸无奇的庸人式的气质在某种程度上使我和他有所和解。但是透过这种气质也显露了他那浅薄的高傲态度，因此我对他仍然保留着最初的老印象。不过我还没见过他讨好别人。

因为我在这个冬季不常讲课（虽然我有一些专心致志的听众，其中包括默勒），所以对我同这里的学生的关系，我还不能做出判断，要到夏季学期才看得出来。据我所知，我预定在夏季开的讲座（耶稣生平和第四福音书批判）已经在这里的教授们中间引起了神圣的恐惧，特别是"批判"对他们来说简直是丢丑的事情。我还听说，许多大学生对这里的某些人表示，他们这些未来的神职人员不会听我这个黑格尔主义者讲课，因此他们想一开始就摆脱我。但是我将干它一场，敲响批判的警钟，使人们由于恐惧而跑到这里来。

---

① 马克思在1839年12月1日以前写给布鲁诺·鲍威尔的那封信没有保存下来。

你告诉了我一些你夜间钻研逻辑学的情况，对此我是否可以这样解释，是不是那位非常善良的科本指责你搞诡辩术了？啊，那位善良的、非常善良的科本，他在认真写他的小册子吧？① 现在是多么需要这本小册子啊！如果我根据我在柏林的经验来看这里的大学，特别是神学院，以及柏林那可怜的选拔博士的办法，那么普鲁士看来注定只有经历一次耶拿战役才能前进。尽管柏林笼罩着一派和平景象，这种战争很快就要重新发生，它不必在雷赫腓尔进行，② 还会有其他的战场。

你谈到关于逻辑上的对立力量等等，我认为，黑格尔在论方法那一节的有关地方对它们作了十分明确的阐述，在本质论中它们具有反思的形式并以这样的形式得到了阐述。关于存在，黑格尔自己在某个地方说，在这里形式的辩证法和规定性的运动只是"零散地提到"，因此不能为反思而加以强调，这只有在本质论中才是可能的。

你要设法（虽然一提起这事就会使你不愉快，但又有什么办法呢）尽快了结那令人讨厌的考试，这样你才能毫无阻碍地从事你的逻辑学研究，特别是你要能重新修改本质论，那就好了！我觉得，以前我时常谈到的全书修改工作③根本没有做好。

---

① 指卡尔·弗里德里希·科本的纪念性著作《弗里德里希大帝和他的敌人》1840年莱比锡版。

② 955年8月10日在雷赫腓尔战役中，日耳曼王奥托一世统率的骑兵部队战胜了匈牙利人。

③ 指乔治·威廉·弗里德里希·黑格尔的《哲学全书缩写本》第1部《逻辑》（《黑格尔全集》第6卷1840年柏林版）。布鲁诺·鲍威尔是该书出版委员会成员，所以虽然书是1840年2月问世的，但修改情况他事先就知道了。

费舍的书①我还没有见到，不过我怀着十分欣喜的心情读了费尔巴哈的著作，②我这种欣喜心情是由于费尔巴哈使一群狼狈不堪的人陷入窘境而产生的。尽管他在区分本质的东西和非本质的东西时的计谋并不那么高明，但它必定会使那群人吃惊。

来信告诉我你们大家在假期中干些什么，顺便谈谈你考试的情况。同时也把你所知道的有关年鉴③和拉登堡的情况详细告诉我。请向科本、鲁滕堡和阿尔特豪斯以及你能见到的俱乐部④的人问好。在这里我经常去娱乐场和特利尔旅馆的教授俱乐部。但是哪方面也没有咱们的俱乐部强，咱们的俱乐部以前总是充满着精神生活的乐趣，过去那种岁月是一去不复返了。而在这里只是闲聊，开开玩笑，人们九点钟来，十一点钟散。一切都是地道的庸人习气。

假日愉快！

祝好！

你的
布·鲍威尔
1939年12月11日于波恩

---

① 卡尔·菲力浦·费舍：《神的观念思辨地论证并阐述有神论的尝试》1839年斯图加特版。

② 路德维希·费尔巴哈：《论哲学和基督教。关于非基督教对黑格尔哲学的责难》1839年曼海姆版。

③ 指1827年创办的黑格尔学派的杂志《科学评论年鉴》。

④ 指博士俱乐部。这是一个由柏林的青年黑格尔派在1837年组成的小组。其成员有布鲁诺·鲍威尔、卡尔·弗里德里希·科本、阿道夫·鲁滕堡等。马克思也积极参加了这个小组的活动。这个俱乐部在青年黑格尔派运动中起了重大作用。

不过你可别这样叫小姐生气!

5. 布鲁诺·鲍威尔致卡尔·马克思

柏　林

[1840年3月1日于波恩]

亲爱的马克思:

　　我真的应该给你写封信了吗？我确实不知道，我是否应该这样做，尽管我已经动笔，并且实际上已经随便写了几行。我这样经常给你写信，而你就是不来信！我应该给你写些什么呢？这里一切依然如故，就是说，看起来像往常一样空虚、没有生气。我知道，如果有人想根据这里一天天所经历的平凡生活来做出判断，并且像我所做的那样为"碌碌无为"而抱怨，那可能是不公正的。但是要证明这种判断是不公正的，就必须从平静中显露出一点有见识的东西来。但是在这方面什么也看不出来。当然，波恩是一所为科学做出贡献最少的大学。在这里最有才智的人还是像狄茨、拉森那样的语言学家，他们中午和我同桌吃饭。但是，当这些人从事他们自己的研究工作累了的时候，他们是心满意足的，不愿让玄妙的哲理来打扰自己。值得奇怪的是，这里人们对普鲁士如此经常发生的任何冲突都根本不愿触及。我有时提起这个话题，他们简直不知道如何是好。

　　这里头脑清楚而又有自由思想的唯一的一个人是吉尔特麦斯特博士，也是哲学院的语言学家。中午他也和我同桌吃饭，平时我也常常和他在一起，一同散步，晚上一同喝酒。他是我有真正交往的唯一的一个人。他原先是神学家，在哲学方面也有修养。我和他还能说些心里话。

他了解并且关心总的形势,而其他人并不了解这种形势或者只知道极其片面的、警察当局所暴露出来的情况。

你从来没有告诉过我,这里也有理性存在。我找了很长时间,最后有人向我指出了理性的女神本人。她是市场上的苹果贩。在革命时期,她还是一个年青姑娘,就作为理性的女神坐在祭坛上接受别人的朝拜,不过现在波恩人已拒绝朝拜理性了。① 在这里,甚至理性的精灵们也像庸人一样到处都是。所以,大学里的一位教授在儿童时代就成了这样的精灵,在市场上围着理性的祭坛跳舞。啊!理性的女神!理性的精灵们!普鲁士其他大学都不会有这种宝贝。

不久前我读了费舍的拙劣著作《神的观念》,要不是我沉着冷静地压下了极度的愤怒,我几乎要闹出一场乱子来。这本书是一个神学教授借给我的,当我把书还给他时他问及我的看法,我说,如果一个人只是说出了他的要求和需要,那么一种如此庞大的哲学是不会因此被驳倒的。当时他愤怒地打断我的话,面红耳赤地说,他需要表明他对无神论哲学深恶痛绝的态度。他一直大发雷霆,像卡普勤教士那样喃喃地念叨黑格尔哲学的可怕的(荒谬得可怕的)结论。因为这个庸人是个不冷静的、暴躁的火性子,所以为了不致惹出麻烦来,就需要我表现得十分镇静沉着。听人这样谈论需要,确实使我感到非常可笑,就好像有个人在有教养的社会中说,他有一种需要,要往他邻居的口袋里撒尿一样。为了消除这场风波的全部后果,我同他谈了好几个小时,最后他不得不向我承认,要反对一个巨大的体系,仅仅搬出几句话来是不够的。费舍

---

① 暗指崇奉理性的庆祝活动。对理性或自然的膜拜是1793年11月在法国革命的最进步力量的推动下在巴黎兴起的,人们想用它来代替天主教的祈祷仪式。这种庆祝活动在1794年秋被法兰西共和国军队占领的波恩也公开举行过。

那本拙劣著作贫乏得可怜。你的闹剧《该受鞭挞的费舍》怎么样了？①

时间变得越来越可怕，也越来越美好。你只管站出来吧！政治上的利益在别的地方当然更大些，但是与整个生活密切相关的利益在任何地方都没有像在普鲁士那样丰富、多样地交织在一起。这里有新教和经受了以往的痛苦而刚刚达到了它所能达到的自我意识的天主教会，还有海尔梅斯主义②的幕间剧。有新教联盟，它将日趋瓦解，因为它的作用恰好只是使对立重新变为事实！到处都暴露出极为尖锐的对立，到处都是想掩盖这种对立但结果只会加剧这种对立的徒劳无益的中国式的警察制度。最后是哲学，它恰好正在这种中国式的压迫下获得解放，并将领导斗争，国家则由于丧失理智而放弃领导权！在一个国家还从来没有那么多事情要干。决不要再犹豫不决了，对象考试那样的无聊事情，那样的闹剧，不要再拖拉了！但愿你能到这里来，那我们就能谈比纸上所能容纳的东西更多的事情。

祝好！

你的

布·鲍威尔

1840年3月1日于波恩

---

① 关于马克思打算写一篇驳斥卡尔·菲力浦·费舍的抨击性文章的事，别处无从查考。

② 指波恩大学天主教神学院教授格奥尔格·海尔梅斯（1775—1831）所代表的学说，这种学说声称天主教的教义同康德的哲学是一致的。根据1835年9月26日教皇格雷哥里十六的赦令，科伦大主教德罗斯特－维舍林曾迫害海尔梅斯分子，因此酿成了一场同普鲁士国家的尖锐冲突——第一次"科伦教会纠纷"。

6. 布鲁诺·鲍威尔致卡尔·马克思

柏　林

[1840年3月30日于波恩]

亲爱的马克思：

你现在可以巧妙地详细打听一下获得博士学位的手续。任教答辩只是一种形式，一刻钟就可以结束。因此你剩下要做的事情就是在柏林参加考试。我实在不知道，你在柏林是否需要向院里说一说。你既然想在大学任教，那就必须参加获得任教资格的考试。这里的规章一点也没有提及这方面的事情。不过每个获得博士学位的人都有这种资格证明。但是你可以把你的打算告诉加布勒，他听到又多一个黑格尔分子要来讲课，会更乐意，考试时会更高兴。我听这里的默勒说，在柏林考试通常主要总是围着亚里斯多德、斯宾诺莎和莱布尼茨转，没有别的。好好干吧！可笑的是——我这辈子都将感到可笑，而且以后会越来越觉得这件事情可笑——为了履行形式上的规定，我在这里也不得不参加一次任教答辩。答辩只进行了整整五分钟，因为大家很快就感到这种做法实在无聊透了。你想一想，在这里面对卡尔克的情景吧！如果你去拜访一下拉登堡，无论如何是有好处的，当然这改善不了你在这里的处境，因为我是由内阁大力推荐到这里来的，但是这能够使像这里的人那样的笨蛋突然转变吗？我刚到这里时，人们事先已经听说我是被推荐来的，这里的一切都顺从着我的意思，这种情况是我从来没有见过的。现在因为他们发现我还不是教授，当然就一直对我和内阁的关系感到奇怪了。如果不是在将近圣诞节时报上发表了那几篇关于黑格尔哲学的文章,他们就更要绞尽脑汁了。在此以前,人们根本不知道柏林的情况怎样——但是我和这里的人由于经常见面已经彼此熟悉了,而现在城里人们谈论的也还只是这样的问题:我从内阁领得多少津贴,是六百塔勒还是更多?人们普遍认为至少也该有六百塔勒!!真是蠢材!当然,我决不会去向人们说明事情的真相。在这里,查看有关政府与学术界的一般关系是闻所未闻的事情。

虽然你还没有到这里来,但是我必须事先写信告诉你,以后我就用不着这样做了:如果你到这里来,在我们没有面谈之前,你同这里的任何人除了谈谈天气之类,别的一概不要谈。在你到职以前,我要先把这里的全部情况向你讲一讲。关于内心的即思想上的问题和精神上的东西一个字也不能吐露。诚然,人们,即只有那些最聪明、最机智的人,害怕魔鬼,但是那些可怜的糊涂人不知道怎样把这个问题搞清楚。至于哲学及其在目前的意义,只能使他们产生一种莫名其妙的恐惧感,但是他们不能解释这种现象。我直到现在——我要夸奖自己了——都是谨言慎行。只有一次,我出了岔子,至今我还感到难过。我同基利恩一起到科伦去过愚人节,夜里我们单独回来,我上了这个卑鄙家伙的当,说了一句有关国家和哲学的当前关系的话。此事现在还使我感到难受!这个人——第二个拉摩的侄子①——毫无德行,我知道,他一定会把这几句话加以歪曲传给所有神学家以及所有他们住的地方知道的。你看,你在这里要多么小心谨慎,你也可以看到,我在这里忍受着多大的痛苦,而我是多么渴望能和你一起开怀畅饮啊!在这里净是闲扯别人拉屎撒尿的

---

① 暗指德尼·狄德罗的著作《拉摩的侄子》。

事——原话如此！至少是常常扯到这方面去。我的原则是只在讲台上公开讲！这个冬天我已经实行这个原则，今后要使它日益完善并坚决遵守，因为只有那个地方是这种环境下人们唯一可以开诚布公地说话的地方。当然，除此以外是笔杆子万岁！但就是不能同这些人谈论重大的事情，他们根本不懂！或者具有狭隘的成见。

我还从来没有像现在这样清楚地认识到这些人的卑劣行径。我所接触到的周围环境，使人可以对这里的一切人，就是说，对他们的日常活动，对他们同内阁的关系有一个极其详细的了解。对这种卑劣行径的详细了解，使我完全认清了这些小人物的特点。处于这种环境的小人物只配堕落下去。诚然，我并没有把这类事情特别记在心里，但是，有些事情我听别人讲了四五遍——这并不稀罕，如果你到这里来又愿意听的话，我可以简要地告诉你。

我对晚上的闲扯已经有点习惯了，我就是听，为的是消除紧张工作后的疲劳。

你要到这里来该多好呀！最好能在5月底动身。6月初是圣灵降临节，一个美好的节日。如果我们能用五六天的时间到莱茵河上去作一次短暂的旅行，那该多美啊！有一点是确定了：如果你来的话，我们要喝一杯最好的酒，不喝本地酒，本地酒太蹩脚了，我们必须有同我们的欢乐相适应的酒。

你不要为评论宗教哲学而花费太多的时间，至少是现在别去管它。① 特别是因为你作为一个公正的局外人可以对黑格尔著作的出版发

---

① 指的是马克思打算写一篇评论由马尔海奈凯出版的，经过增订和修改的黑格尔《宗教哲学讲演录》（第1部分）第2版的文章，该书于1840年2月底作为《黑格尔全集》第11卷问世。布公诺·鲍威尔首先对这一版作了学术上的加工。

表一些至今没有人谈到过的看法，所以你更不应该那样做。首先要爱护马尔海奈凯。否则你就可能使我受到损害。他在其他一些人面前总是受到尊敬的。由于他的年龄和他的著作，对他应持慎重态度。赶快把书也寄走吧。

要不是你明年冬季将要讲海尔梅斯主义，那就得我干。然而事情很明白，无须提醒：这门课必须由你来讲，你必须讲，因为你早就想对这个问题发表意见了。这会引起极大的轰动。冬季我将公开讲授对当前新教神学的批判，并以实证的辩护论的教义学为主要对象。我已通知他们夏季开四次讲座，其中包括耶稣生平和第四福音书批判。我将来可以告诉你一些趣闻，看看这里的人光是对我的通知就有什么样的反应。第四福音书批判！我不得不改一改，因为这听起来哲学味太浓，太轻浮了！出了一些有趣的笑话，我正设法使情况朝最好的方向转化，否则恐怕早就争论起来了，但是我看争论正在迫近。

看来鲁滕堡不仅还是老样子，而且变得更加无聊了，是吗？这个可怜虫！他还没有读过克拉普巴赫写的《对大学生联合会内幕的批判》，就被这个大学生联合会的平庸的愚蠢行为彻底征服了？我看到从许多年以来情况就已是这样，而且以后还会更糟。他居然也议论起我来了！我越来越清楚地看到，正是他根本不知道的苦难，决定着我的命运，而我是幸运的，因为我越来越坚决地迎着这种命运走去，并为承担这种命运而经受了锻炼。我知道我为什么受苦受难，如果我现在就说神学有权让我受苦受难，那么我知道，不久就会产生一种观点，它将会更清楚地表明，他们知道，他们同我之间是一种什么关系。

向善良的、十分善良的科本问好！

怎样？在圣灵降临节，莱茵河在她的岸边会看到我们在一起吗？在葡萄花的馥郁气氛中我们是喝五月甜酒①呢？还是喝一杯纯葡萄酒？快来信告诉我，你的事情进展如何，是否在认真从事。

你的　布·鲍威尔
1840年3月30日于波恩

7. 布鲁诺·鲍威尔致卡尔·马克思

柏　林

［1840年4月5日于波恩］

亲爱的马克思：

你允许我再次登上智慧讲坛吗？随便你怎样称呼这个讲坛，随便你怎样处理这封信；但是，一旦你到了这里，我就用不着作这种聪明讲演了，我们可以谈些更有益的事情。不过，在这里也和在其他地方一样，我们在一段时间内将处于反对派的地位，而且在短时间内事情将比现在还要糟糕。但是在这里，同我们在社交中和日常交往中有接触的人都不知道，这究竟是怎么回事，他们根本不了解，政府和学术界越来越陷入怎么样的冲突之中。每个人都有自己的小算盘或个人小天地，如果内阁在接到上千封要求加薪的信件后给了几百塔勒，他们就感到满意，换句话说，优秀人物都被禁锢在自己的特殊专业中，而且对自己的生活心满意足。一种普通的看法会引起他们的不快，关于冲突的想法会使他们感到不安，谁要是谈论斗争，就会被看成是图谋不轨的分子。这种图谋不轨的分子这里也有，但是他们只有一种局限在很小一点上的执拗观念：

---

①　一种加了五月香草的白葡萄酒。

谁的理论在医疗保险方面没有被实行，谁就是图谋不轨，或者另一个什么人同雷富斯发生争执，那也是图谋不轨。但是这种例子是很少的，而且在别人心目中作为这种人是带有污点的，别人要远远躲着他们，或者至少是不与交往，因为他们干扰了整个平面。哲学同国家的关系现在怎样，他们毫无所知。只有那些虔诚派教徒鼻子倒还很灵，他们感到恐惧，私下里议论着即将发生的恶人的普遍背叛。他们对危机有预感，就像牲畜对自然生活的变迁有预感一样。但是决不能把事情看得那么认真，因为那种窃窃私语是教会惯用的老套套。对这些人作合理的评价会使人得出允许这样做的人是心怀不满的印象，事实上，自从我到了这里而我的反对立场在内心形成为一种坚定决心以后，我最厌恶的就是这种印象或者心怀不满者的名称了。

当我公开讲课时，有一批教授曾来听黑格尔的胡话。他们对讲课的简单感到惊奇，德尔布吕克由于惊奇简直弄得目瞪口呆。他们就是不懂得把我讲课时表现出来的自信心和落落大方的态度协调起来。如果不向他们指出一些不能令人满意的地方，那事实上会使这些人完全扫兴；因为即使他们不能同意这种看法，他们一定预料，一个黑格尔主义者肯定总是手执长矛的。这就是一个人一旦来到一个不能集中精力从事他的工作的地方所能遭遇到的最好的情况了。但是，如果在内心而且在外表上都坚信不疑，那么在这方面在内心也会更加确信，一定能够看清那些必然要失败的小人的全部弱点。胜利已经肯定无疑，我清楚地感到它已十分临近，就像我在这里看到这块美好的小天地一样。但在这里我也明白了我在柏林还不想完全承认的东西，或者我只有经过斗争才承认的东西，全部必然要发生的东西。灾难将是可怕的、深刻的。我几乎可以说，它比基督教在世界上出现所引起的那一次灾难更大、更猛烈。难道在这里要同这帮无赖汉进行一场个人的、无休止的争论吗？当内心没有什么不满意、不可心或不舒服的事情时，难道要在这些人面前装作不满意吗？即将发生的事情是肯定无疑的了，以致不允午人们有片刻的动摇。如果说反对派在法国取得了胜利，① 如果说它在那里经过了如此大的倒退以后获得了承认，那么在一个只需要同愚蠢的辩护论作斗争的地方这种胜利就将更有把握，并来得更早。敌对势力现在已经迫近了，一场厮杀即将决定胜负。当那些想为自己打算的人们越来越把国家变成他们自己的利益时，他们已经为自己的最后垮台准备了条件，而且这是罪有应得。

够了，令人生气的事就写到这里吧！祝好！

你的

布·鲍威尔

1840年4月5日于波恩

8. 罕丽达·马克思致卡尔·马克思②

柏 林

[1840年5月29日于特利尔]

亲爱的卡尔：

如果有人了解我们过去的家庭关系，大概可以想象，为了完全抛弃以前你所珍惜和钟爱的一切，我究竟流了多少痛苦辛酸的泪水。要对那些我们必须认为是造成所有这些苦恼的人也采取爱护和友好的宽容态度，需要极度的宽容和母亲的溺爱。那时，你父亲离开我们已经六个星期，而威斯特华伦家谁也没有到咱们家来过，他们没有给我们任何安

---

① 1840年3月1日王朝反对派的前领导人梯也尔任总理兼外交大臣。

② 这封信原稿多处严重残缺，无法复原。

慰、任何友情，就好像他们从未见过我们似的。——当时亨·施林克还没干坏事。——燕妮四、五个星期来一次，但不是来安慰我们，而是来诉苦喊冤。此后亨·施到柏林去了，从你那儿传来了不幸的事情，自尊心和虚荣心受到了损伤，不再给我们家写信，我必须对一切承担责任。我没有很好说明这件事——直截了当地〔……〕我在各方面的伤心事，〔……〕受苦，受折磨，受凌辱，似乎我知道，〔……〕感觉不到，在他们看来，这些仅仅是遗产问题〔……〕家庭〔……〕——总之，如果说你父亲本来就只好忍受这〔……〕一切——他会〔……〕闹翻的——我做的事情，〔……〕我做了好像是为〔……〕不是这样。——而由于什么原因，为什么——为此我总是受到威胁，他们想解除这种关系，而这会给你造成不幸——使我忍受痛苦和烦恼的这种母亲的溺爱——是不可原谅的，我本来应该说，他们就按照他们的感情和他们的良心吩咐的那样办事吧，我并不为这种事情操心，那样一来他们对我会更加尊重一些。——他们只把我看作一个懦弱的母亲，并且怀疑我的感情，——自从你亲爱的父亲死后，在感情方面我经受了许多委屈，许多对我来说是难过的事情，对这些我后来感到后悔。但是，最使我感到难过的是，我竟然让威〔斯特华伦家〕这样对待我和我家的人——在这方面男人并不起主要作用。——我把我自己看得很高，因此我在给你的信中从未提到过这些事。——九个月以来，亨·施被宽恕了，而我不得不对一切承担责任。结果，半年来谁也不进我们家的门——甚至过新年也没人来。也不让善良的地方法院参事①再到我们家来。当威斯特华伦

---

① 地方法院参事指卡尔·汉斯·威尔纳·冯·威斯特华伦，他是马克思的妻子燕妮·威斯特华伦的同父异母哥哥。

家遭到不幸时,① 〔我曾〕前去慰问,我们家的姑娘们去了两个星期,〔……〕以表示她们的同情。那时候海尔曼〔……〕他去看埃德加尔。有一〔……〕他在埃德加尔的房间里碰到了燕妮,在〔……〕家中,他根本不受欢迎。——她的举止〔……〕像个高尚的陌生人,说话文雅〔……〕——这是人们所能理解的行为。你永远不会为我的家庭作出道义上的牺牲,而我们大家已经为你作出了这种牺牲。——幸福可能在向你微笑,你可以用你那颗善良的心〔……〕你认为,你对你的姊妹们负有责任〔……〕,但是,我们大家为你忍受和经受的一切,你是永远不能报答的。我必须说,卡尔〔……〕你要懂得,人们可以认为他们〔……〕所爱的姑娘是最漂亮、最贤惠的〔……〕但是,每个家庭都有它的特点,这种特点〔……〕关系仍然是一样的。——威斯特华伦家的特点是爱激动,做不出任何合乎中庸之道的事情来。——要不把人捧上天堂,就是把人打下地狱,亨·施的情况就是如此,威·从亨·施那里得到的那封信本来是写给我的。这是每个有理智的人都会感到满意的方式。否则我就不会把这些告诉他们了。我记得亨·施这样讲过,他根本不想侮辱一个受到普遍爱戴和尊敬的妇女,——(现在我问你,这和好的声誉有何共同之处)情况就是如此,你回来时,可以看看这封信。——如果我生来爱讲闲话,那我早就把这一切告诉你了,而且会比这多得多。使我感到遗憾的是,现在不得不把这一切都讲出来,但是我是要诚心诚意地一次把话讲完,就像暴风雨过后,天空又会变得晴朗、明洁一样。一旦我把心里话都说出来了,我就又能再次耐心地忍受一切。如果我和你有那种会产生这种奇迹的在心灵上内心上的一致,卡尔,那我就不会对燕妮讲一句难听的话了,我总是觉得,那样做我会撕

---

① 指卡尔·汉斯·威尔纳·冯·威斯特华伦因患神经热于1840年3月8日突然死亡。

裂你的心。——我认为,这也是由于我有非凡的耐心。——〔面对〕冷静的现实,我不得不表示一点意见,我只要收到这封如果内容是〔……〕的信,我也许能为得到这样的关心而感到高兴〔……〕——我把亨的证明①寄给你〔……〕,如果你用这个办法去做还不行的话,那么我劝你不要事先交钱,因为你没有什么保证。我想知道,你打算出多少钱,——我处在你的地位,我是不能答应出很多钱的。——谁要是采取这种行动,他花很少的钱也就行了。

卡尔,祝你好!

你的母亲　罕丽达·马克思
1840年5月29日于特利尔

我希望知道,你是否已取得博士学位。

9. 布鲁诺·鲍威尔致卡尔·马克思

柏　林

〔1840年7月25日于波恩〕

亲爱的马克思:

你让我转给马尔库斯的信写得不好,我无法转交。② 你给你的洗衣女工写信也许可以这样写,但是给你想打交道的出版商可不行。因此,

---

① 可能是指马克思的那一张不适于服兵役的证明。
② 估计由于马克思曾经计划出版一本关于海尔梅斯主义的小册子,他曾写信给波恩的出版商阿尔弗勒德·马尔库斯。关于马克思的这个打算,别处无从查考。马克思写给布鲁诺·鲍威尔和马尔库斯的信都没有保存下来。

我到他那儿去了一趟，以便当面同他把事情谈妥，或者不如说，至少是受你的委托到那里去的，因为我事先就确信，他根本不想过问这件事。马尔库斯因为根本不认识你，同我也不熟悉，而他很少插手经营业务，要插手也总是只同一些已经出名的人接洽，所以不想承担这个任务，尽管我已经把〔……〕事情可以预料的情况告诉了他。

现在在这里我没有任何更熟识的书商了。我不能向我那位新出版商①求情，因为我首先得等一等，看我的书②在他那里销路如何。然后，再过些时候，我将立即写信给他。因此，我没有别的办法，只好通过吉尔特麦斯特设法向本地他熟识的另一个出版商请求帮助。在吉尔特麦斯特把这一著作将来的情况告诉了这个出版商之后，他没有拒绝，就是说，他想根据更具体的条件再做决定。因此，你现在必须把你本来早就应该写信告诉马尔库斯的情况写信告诉我，就是书是否已经写了，是否已经写完，著作共计多少印张，你想拿多少稿费。最好你的要求不要提得太高，因为如果著作畅销，你以后就可以提出更高的要求了。

因此，请你在8月份把你的意见和有关情况写信告诉我，以便我能在离开这里以前把事情办完。

此外，我以前讲过，刚才信上又写了，我设法通过吉尔特麦斯特向另一个出版商请求帮助，这样，我现在只好〔……〕③。我向他介绍情况，他自告奋勇愿意去同那个出版商洽谈这件事。

根据我在这里所作的观察，当前，即在新政府的统治下，对海尔梅斯主义进行哲学批判并不是时候。人们还不知道现任国王④会怎样对待

---

① 出版商是指不来梅的古斯达夫·伯恩哈特·许纳曼。
② 布鲁诺·鲍威尔著《约翰福音故事批判》1840年不来梅版。
③ 信稿此处缺损。
④ 现任国王指弗里德里希-威廉四世。

它,一切都是可能的。因此,最好是等一等。批判一种受政府迫害并且在人们的头脑中还没有扎根的哲学学派,是不切时宜的。在老国王①的统治下,是另一种情况,那时似乎在任何时候海尔梅斯主义都会取得决定性的胜利。批判的矛头必须对准侥幸心理,就是说对准在人们的内心中已经破灭的东西。关于这个问题,请你来信谈谈。

你的
布·鲍威尔
1840 年 7 月 25 日于波恩

(原载《马克思恩格斯全集》1975 年国际版第 3 部分第 1 卷)

(马哲组 译)

---

① 老国王指弗里德里希-威廉三世。

马克思恩格斯生平活动文献——其他人给马克思和恩格斯的书信（二）[*]

1. 索菲亚·马克思致卡尔·马克思

柏　林

[1841年3月以前于特利尔]

亲爱的卡尔：

　　我不知道母亲是否已写信告诉你，她打算到荷兰去治疗眼病。反正你可能知道，母亲只是到了波恩，在那里她请武尔策[①]教授给她看病，诊断结果倒是令人欣慰的，说她只要进行一种简单的治疗就可以了。因此现在我们每天都等待着她回来。母亲临行前要我向你说明白，如果你动身要钱用或者中途还有其他花销的话，就写信给我。你在那儿要尽快办完你的事情，[②] 马上回来，让母亲，还有那个也热切盼望着你的她[③]

---

[*] 本文选自《马列著作编译资料》1980年第12辑。
[①] 原文为Wutzer，应为Wurzer。
[②] 指与马克思在柏林大学毕业有关的手续。
[③] 指燕妮·冯·威斯特华伦。

来一个喜出望外。而我能够把有关我自己的事情的许多许多的话告诉亲爱的、多情的弟弟,那也是好的。

你的姐姐

索菲亚

2. 布鲁诺·鲍威尔致卡尔·马克思

柏　林

1841 年 3 月 28 日于波恩

亲爱的马克思:

下面是波恩的章程:

"第五十四条　凡是想作为非公职教师在大学任教而已经在外邦大学取得博士学位者,必须提请系里批准,最后呈交本人博士证书、用拉丁文写的履历和已发表的著作,以及至少一篇有关他准备讲授的专业的论文(印刷的或书写的)。如果系里认为从所呈交的著作已足以看出其学识才能,即可批准录用。否则,申请人必须经任教答辩合格才能应聘录用。

第五十七条　如经系里同意(即在呈交所写的论文和博士论文之后),申请人须在四个星期内向院方作一次试讲,随后即对试讲的内容进行任教答辩。

任教答辩结束后,即批准任教。

第五十八条　三个月后,非公职教师必须用德语向学生作一次试讲。

第五十九条　获得博士学位者在外邦大学任教的应聘手续费为二十五塔勒,此款应在试讲前交大学财务处。为了进行录用考试(任教答辩)并颁发相应证书,应向财务处交三十塔勒。"

关于第五十九条,我不知道是否要交两笔费用。这件事情不清楚,因为试讲和任教答辩是同时进行的。

关于四个星期、三个月的期限，如同所有的大学规定一样，不过是一种具文而已，并不一定要遵守。为此，你必须像在任何情况下为达到任何其他目的一样，去找拉登堡，设法使你不受那些期限的约束。至少你应该试试看，能否把你作为例外免除这种限制。也可能有人出坏主意，使你受此约束，而且谁知道，那时是否会有事把你耽搁可呢？尤其要提防坏主意，因为有人将不愿看到一个新人在大学执教。费希特已经完全堕落。几乎没有听众了！在这里他们懂得，他们不是哲学家，而大学生们要听哲学。所以，无论如何要设法让拉登堡为你铺平道路，为你写信到这里来，并且一开始就对各种可能发生的阴谋有所准备。也要看一看，你是否能把艾希霍恩争取过来。如果他们在这里知道，他们之中有一个人声明支持你，那么一切事情就都好办了。

现在我不能再袖手旁观了。今年夏天杂志必须①筹备就绪，杂志的

---

① 指的是马克思和布鲁诺·鲍威尔计划创办的《无神论文库》。关于这个打算的消息在当时的激进派中间引起了很大的兴趣。1841年9月8日卢格写信给施塔尔说："布鲁诺·鲍威尔（还有马克思和克利斯提安森）以及费尔巴哈即将或者已经宣布自己为'山岳党'，并且高举无神论和人必有死的旗帜。推翻了上帝、宗教和灵魂不死的说法，宣布了成立哲学的共和国，人就是神。"（阿尔诺德·卢格：《1823—1880年通信和日记》，保尔·内尔利希编，1886年柏林版，第1卷第239页）

荣克在1841年10月18日给卢格的信中写道："马克思博士、鲍威尔博士和路·费尔巴哈将合作创办一家神学哲学杂志，那时所有的天使可能会聚集在老上帝周围，而上帝本人却宽大为怀，因为这三人一定会把上帝从他的天国里扔出来，而且还要跟他打一场官司。"（《马克思恩格斯全集》国际版旧版第1部分第1卷第2册第261—262页），后来发表在《曼海姆晚报》（1843年2月28日第49号）上的一篇文章说："马克思博士……是布鲁诺·鲍威尔的朋友，他以前在波恩曾打算同鲍威尔一起出版一家哲学神学杂志，这家杂志将站在鲍威尔的福音书批判的立场，并定名为《无神论文库》。"

计划、安排和所有工作都要办理停当；以便在米迦勒节出版第一期。不能再忍耐下去了。柏林的空谈①和《哈雷年鉴》的不景气是越来越暴露出来了——尽管卢格有良好的愿望，但使我感到遗憾的是他竟束手无策，他为什么不把事情做得好一些并把坏蛋从他的杂志上赶出去呢？雷尔施塔布（！）甚至现在必须去帮助他！真正的理论的恐怖主义不得不让步了。

为了做好筹备工作和对外发行事宜——这个想法已经确定了！——我现在必须在两个计划之间进行选择。杂志的外部的产前阵痛也将是剧烈的，因为我现在同维干德的关系是如此密切。但是，现在还不能谈这两个计划。而且你必须最严格地保守这个秘密。

因为我们只能用少量的撰稿人员，必须更紧张和更努力地工作，所以你最好今年夏天能到这里来并立刻做一些工作。夏天我们必须把材料准备好。

我祝贺你荣获《法兰克福会话报》授予的诗坛桂冠。②

你的卓越才能值得嘉奖！德国诗歌啊！

谨郑重地向你，考取博士学位的先生，提出一项任务，请把我关于

---

① 鲍威尔指的是《雅典神殿。德国知识界杂志》周刊，它于1841年1月到12月在柏林由卡尔·里德尔和爱德华·梅因出版。这个杂志的撰稿人主要是青年黑格尔派，当时的"博士俱乐部"的成员。

② 1841年1月23日《雅典神殿》上发表了马克思的题为《狂歌》的两首诗（《小提琴手》和《夜晚之爱情》，见《马克思恩格斯全集》国际版新版第1部分第1卷第768—770页）。这是马克思第一次发表自己的作品，也是他曾经发表过的唯一诗作。这两首诗收在献给他父亲的那本诗集中。1841年3月3日《法兰克福会话报》（第62号第248页）的一篇柏林通讯（《我们的新闻学……》）赞许地谈到了这两首诗："这两首诗确实是很狂的，但是显示了独特的才能。"

黑格尔的手稿①立即面交给埃德加尔,②让他保存,待我需要重新校订时再寄给我。望立即送去,万勿延误!

祝好!

你的

布·鲍威尔

1841年3月28日于波恩

由于最终还得遵守期限,因此你要计算一下,你必须在什么时候到达这里。

3. 布鲁诺·鲍威尔致卡尔·马克思

柏　林

1841年3月31日于波恩

亲爱的马克思:

如果仅仅依照我的愿望,那么我早就写信给你的未婚妻了。可是因你的缘故,我现在还是认为这样做是不合适的。只要你这一次努力摆脱窘境,那么你还是赢得了胜利。但愿我能到特利尔向你的家里人讲一讲这件事。③我想,这个小城市对纠纷也多少起了作用。今年夏天我可能

---

① 指乔治·威廉·弗里德里希·黑格尔的《哲学全书缩写本》第一部《逻辑》(《黑格尔全集》第6卷1840年柏林版)。布鲁诺·鲍威尔是该书出版委员会成员。

② 指埃德加尔·鲍威尔。

③ 鲍威尔谈到马克思同他的家庭的不和以及燕妮·冯·威斯特华伦不得不经受的同她的家庭的斗争。参看《马克思恩格斯全集》第1版第27卷第441—442页。

很难经过特利尔，因为我想最后结束福音书的工作，① 以便着手干别的事情。

如果你能给你的未婚妻讲，我把将能结识一位如此崇高的女性看作是和你的友谊的最幸福的结果之一，并且有朝一日能亲自向她表示我的诚意和尊敬，我将多么愉快，那么你就给我带来莫大的喜悦了。

你的未婚妻能同你患难与共，然而谁知道还会发生什么呢。我认为，那种会表现为一次外部决裂的决定，日益临近，并且谁能说，政府以后会采取什么态度呢？尽管这些无赖会永远受到政府的保护，但是他们总不免遭到打击。只要你采取行动，你也就给你的未婚妻以尽可能的安慰。

如果你听到，或者更确切些说将听到，关于杂志的计划我是怎样在头脑里盘算的，那么你就会感到好笑。② 只有卢格使我感到遗憾；我对他的确是真诚的，无论如何我会把这件事这样做到底，使他没什么可抱怨，也不能怀疑我的真诚。对聚集在他头顶上的雷雨，他还一点也没有感觉到，我将在雷声骤起之前非常爱护地提醒他。我想，这件事尽管将导致一次严重的危机，但是将使所有善良的人，也包括卢格在内都得到满意的解决。你应该对所有的局外人严格地保密。

特伦德伦堡当然会是你献给受凌辱的哲学的第一批祭品之一。③

---

① 布鲁诺·鲍威尔：《对复类福音作者的福音史批判》，1841—1842 年莱比锡版第 1—2 卷，1842 年不伦瑞克版第 3 卷。——据宗教史文献，复类福音的作者是指前三部福音书的作者：马太、马可和路加。

② 参看《布鲁诺·鲍威尔致卡尔·马克思（1841 年 3 月 28 日）》。

③ 大概是指马克思打算对阿道夫·特伦德伦堡的著作《逻辑的研究》的批判，这本书的第一版于 1840 年在柏林出版 [特伦德伦堡企图从亚里士多德的逻辑出发来批判黑格尔的辩证法。特伦德伦堡的这本书在马克思的藏书目录上有（见《马克思恩格斯藏书》1967 年柏林版第 227 页）。马克思的博士论文含有对特伦德伦华的批判（参看马克思的《博士论文》人民出版社版，第 7 页和第 66—67 页）。]

如果你到波恩来，那么这个僻乡也许很快会成为普遍注意的对象，并且在这里我们能在主要之点引起危机。同这里的神学系的斗争也许会变得日益严重；如果我的书①先出版，——这事不久将发生，——那么我会增加一个有力的打击。现在我先动手写一篇抨击政府方针的大文章②。恶狗们不能使我们受到丝毫损害，他们恐惧，但是顽强。

你听说魏塞的书评了吗？③ 正当我星期天把给你和埃德加尔的上一封信送到邮局去时，书评送到了俱乐部，我把它读了。他还是把我估计得太好；当他见到第二卷④时，可能会吃惊。使我好奇的是，他将如何摆脱出来。但是我想，我将争取所有对此事还有兴趣的人。

魏塞发表在布罗克豪斯的杂志上的论亲和力的文章⑤写得很好。你读过这篇文章了吗？

前天有人来到我常去的酒馆，自称是你和科本的熟人，你猜是谁？就是诺伊拉尔。他还说他在科布伦茨已经获悉，你将在耶拿取得博士学位。他要在这里进行一次补考。

如果你来的话，那么你可要提前一天写信给我，好让我在家等你。⑥ 无

---

① 布鲁诺·鲍威尔：《对复类福音作者的福音史批判》。

② 看来是指布鲁诺·鲍威尔的《基督教国家和我们的时代》，载于《哈雷年鉴》1841年6月7—12日第135—140期。

③ 克利斯提安·魏塞：《评布鲁诺·鲍威尔的〈约翰福音史批判〉》，载于柏林《科学批判年鉴》1841年3月第41—43期。

④ 布鲁诺·鲍威尔：《对复类福音作者的福音史批判》1841年莱比锡版第2卷。

⑤ 克利斯提安·海尔曼·魏塞：《论哥德的亲和力和对它的最新评价》（一），载于莱比锡《文艺杂谈》1841年3月8—11日第67—70期。

⑥ 马克思于1841年4月中从柏林起程，经过美茵河畔法兰克福到达特尔尔，他在特利尔一直逗留到7月初。

论如何你要搭乘邮车只到波恩；否则有可能你在这里连一个小时也不能逗留。到这里总还是有时间再订邮车的。你也可以乘轮船到科布伦茨去，如果你到来时这里假期还未结束，我可陪你一段路程。

此外，这里的哲学系并不懂得在它的章程中清楚地表达关于它的非常重要的规则的看法。① 就我现在所知，那些期限应理解为给予申请人的最后期限。

如果你愿意的话，在任教答辩之后你立刻就可以作公开的受聘演说，因此今年夏天就可以公开讲一次课。只是你要去找拉登堡并告诉他，让他目下在这里替你报到。

你的　布·鲍威尔
1841 年 3 月 31 日于波恩

如果你献身于实践的官场生涯，那是毫无意义的。现在理论是最好的实践，并且我们还根本不能预言，理论在多大意义上将成为实践的。

附信交给埃德加尔。其中也有与你有关的事情。

4. 布鲁诺·鲍威尔致卡尔·马克思

柏　林

1841 年 4 月初于波恩

亲爱的马克思：

寄去证件请收下。

---

① 见《布鲁诺·鲍威尔致卡尔·马克思（1841 年 3 月 28 日）》。

因为本质只能与外表①相适合，所以你现在得到的不是什么本质的东西。等我的工作不像现在这样繁忙时，我立刻给你多写点。好在最近在你来信之前不久，我已给你写了一封信②。

你现在才要证件，证明你的外部事务还未搞好。请即来信告诉我：副本、印刷、考试，总之你的著作情况怎样③？你到底什么时候来？

不久我再寄一个包裹给马尔海奈凯，然后把一大堆信和对你来信的感谢书悄悄塞在里面。

祝好！请速来信，问候俱乐部④诸友、埃德加尔，如果你有机会去沙洛顿堡，问候我家里所有的人。

噢，玫瑰花还在那个地方，只有你到你的布·鲍威尔这儿来，它们才会对我重新开放。我在这里饱享着愉快、欢乐等等，我也饱享着快乐，可是像在柏林我同你即使只是漫步街头的情景再也没有了。

你的布·鲍威尔

---

① 文字游戏："Schein"一词既有证件、证书的意思，又有外表、假象的意思。——译者注
② 见《布鲁诺·鲍威尔致卡尔·马克思（1841年3月31日）》。马克思1841年3月写给布鲁诺·鲍威尔的那封信，没有保存下来。
③ 指的是博士论文的副本和马克思1841年3月准备付印他的博士论文。
④ 即柏林博士俱乐部。

5. 布鲁诺·鲍威尔致卡尔·马克思

柏 林

1841年4月12日于波恩

亲爱的马克思：

什么样的好勇斗狠又攫住了你。打击你的不是《科伦日报》的施拉姆的那只无罪的羊①。他的角长得还不够长。究竟是什么打搅你，使你不安呢！在你写的一切东西中，你都有理，在你给我来信②之前，在我听到这些之前，你就有理。因此，是什么东西使你不安，叫你讲真话呢，这些话在你来信之前就是真实的，而且现在仍是真实的，你可以像乳儿一样软弱地讲这些话，也可以比你以前勇猛千倍地讲这些话。你究竟怎么哩！赶快了结这件事并最终脱身出来吧！

当然我提到施拉姆的这篇文章只是因为他支持过黑格尔，而前一篇文章③却极其愚蠢地侮辱了黑格尔。也许你已经看到，事情已经进一步

---

① 鲁道夫·施拉姆：《〈哈雷年鉴〉·〈答辩〉》，载于《科伦日报》1841年3月27日第86号副刊。

② 马克思致布鲁诺·鲍威尔的这封信写于1841年4月12日之前，没有保存下来。

③ 格奥尔格·荣克：《哈雷年鉴》，载于《科伦日报》1841年3月24日第83号副刊。

发展了，而施拉姆极不光采地从这场战争中退了出去①。

据说《哈雷年鉴》在普鲁士会被查禁②，为什么会发生这样的事，在柏林是否知道得更确切一些呢？

昨天我又看到件蠢事。当时我在参加聚会，一位通常算是自由派的教授向我问起韦尔德尔。我说，他——当然我不敢提起海涅的漂亮的讽刺诗——以前曾是个诗人，并且曾同费特和施迪格利茨一块吟咏，这时，人们惊讶地说：噢！在他新近的公开演说③中证实的他的青年时代的诗作原来也是从那儿来的。人们太愚蠢了。严肃、尖锐和刚强与他们都格格不入。

这里现正流传着威斯特华伦伯爵在闵斯德的演说④和把他调离柏林的内阁命令。此事耸人听闻，可是我还没能读到，因为昨天才开始流传。

---

① M.D.Z.：《又是〈哈雷年鉴〉》，载于《科伦日报》1841年3月28日第87号副刊。——荣克：《哈雷年鉴》，第四篇文章，载于《科伦日报》1841年3月30日第89号副刊。——鲁道夫·施拉姆：《哈雷年鉴》，第五篇文章，载于《科伦日报》1841年4月4日第94号副刊。

② 在哈雷编辑而在莱比锡印刷的《哈雷年鉴》1841年4月受到威胁，如它不把印刷地点迁到普鲁士而受到普鲁士书报检查，它就不许在普鲁士出版。于是编辑部也搬到了萨克森。从1841年6月9日起，《哈雷年鉴》以《德国科学和艺术年鉴》为标题出版。

③ 指的是韦尔德尔给柏林大学学生们作的演说，学生们对他嗤之以鼻。见《哈雷年鉴》1841年4月8日第84期。

④ 鲍威尔指的是克莱门斯·奥古斯特·冯·威斯特华伦伯爵1841年3月20日在闵斯德的威斯特伐里亚省议会上所作的演说，他在这个演说中要求释放大主教克莱门斯·奥古斯特·德罗斯特［《马克思恩格斯全集》第1版第27卷第701页注释322；《布鲁诺·鲍威尔致卡尔·马克思（1840年3月1日）》注释3］。

省议会的辩论非常愚蠢，报纸的报道几乎是存心要窒息对它们的最后一点兴趣。这些获得它们信任的恶狗！它们的酪乳将在棍棒的伴随下灌入恶狗的口中！

你现在无论如何不可把埃斯库罗斯的那些诗句写进你的博士论文①，总之哲学发展之外的东西决不要写进去。现在当你还根本不知道你能够怎样就任的时刻，为什么要任意丢给这些笨蛋只言片语呢？这只言片语会给他们叫嚷的机会，甚至会给他们使你长期远离讲坛的武器。在这篇博士论文中，你必须完全保持哲学的形式，用这种形式你也可以讲这类格言中含有的一切东西。只是现在不行！以后你一旦登上了讲坛并且是以自己的哲学发展登上了讲坛，你就可以愿讲什么就讲什么，愿用什么形式讲就用什么形式讲了。贯彻哲学的形式确实是费劲的，为什么要增加麻烦和无缘无故地给这些笨蛋以机会呢？这种机会他们只是在寻找，如果你贯彻哲学形式，他们就不那么容易找到机会了。然而，如果你已经把格言送去付印②，那也就算了；看吧，你是怎样打击人的。

如上所述：以后一切都行，只是眼下不行！

我匆忙地写的、现在已完成的文章，我也给标题加了一句出色的格言③。然而我已经在职，他们不是那么容易就能把我赶走的。

---

① 鲍威尔指的可能是普罗米修斯的话，引自埃斯库罗斯：《普罗米修斯》，第975行和第966—969行。参看卡尔·亨利希·马克思：《德谟克利特的自然哲学与伊壁鸠鲁的自然哲学的差别》的《序》（马克思：《博士论文》人民出版社版第1—3页）。

② 可能为了加速获得博士学位，原来计划印刷马克思的博士论文的工作停下来了。

③ 可能指的是布鲁诺·鲍威尔的《基督教国家和我们的时代》，载于《哈雷年鉴》莱比锡版1841年6月7—12日第135—140期。格言："我们只给你们留下寺庙"，引自德尔图良：《申辩》37，4。

你必须考虑到，如果你由于普遍的出击而增加自己登上讲坛的困难，那么你也加重了你的未婚妻的忧虑。以后当然你就会困难重重。

对我的疑虑，你怎样看都行，在你深思熟虑之后你终究将赞同我的意见：过分的轻率只有在大发展的基础上才不再过分。它只应是系统发展之后的要点。

你想一想，什么样的塞卡洛士①在看守着每个哲学系的大门，并且在这里费希特、布兰迪斯、卡尔克尔这三者决不是一只差劲的笨头笨脑的塞卡洛士。以后要打得它们晕头转向，而不要事先激怒它们狂吠。你环顾一下，什么样的狗在到处狂吠，什么样的笨蛋在嚎叫，再嘲笑我在这儿讲的这些话吧。

你还能在这个月离开柏林吗？你可要尽力而为。你就由此结束，安慰你的未婚妻，同你家里人达成谅解，并且还可以在波恩讲课！排除障碍或者从另一个角度同它们作斗争！埃德加尔会料理一切的。把你的不朽的作品的手稿交给他，让他设法付印和看校样，然后把东西寄往耶拿，再从那里给你把证书寄往波恩或者特利尔，或由埃德加尔在柏林收此证书，然后给你寄到你所要求的地方去。你不需要在柏林等候这些东西。

可否劝你的未婚妻，在你的到达将恢复她内心平静的时刻，也出外散散心增强她的健康，同弟弟②一起到莱茵河畔来接你？只要你很快到这里，杂志的事情就会办妥③。吉尔德麦斯特两周前到不莱梅去了，以便把谈判进行到底。我将在这几天得到回音。

---

① 塞卡洛士是希腊神话中看守冥府的具有三个头的怪犬。——译者注
② 指埃德加尔·冯·威斯特华伦。
③ 《布鲁诺·鲍威尔致卡尔·马克思（1841年3月28日）》注释2。

事情将是艰巨的。撰稿人从哪里来，还不清楚。如果出版我的作品的第二部分①，而我在批判和神话中把施特劳斯完全打垮了，那么施特劳斯就必须自己多加克制，如果他还要撰稿的话。而如果你现在斥责费尔巴哈，那人从哪儿来呢？

然而这件事却是非常必要的，在卢格的刊物②的现在基础上同他以及同现在的撰稿人保持联系都是不可能的。这边那边到处都有斗争，并且从四面八方对这边那边斗争。你赶快来吧，以开始新的战斗。

还有，维干德很快要印我的第二卷了。这件事从各方面来看都是很复杂的，其解决会是很有趣的。

如果迪姆勒尔粗暴无礼，那么只好用更粗暴无礼来对待他。你这样做，他也许就服从你了。

在这里，现在正流传着给新教徒的两个内阁命令。至今这里的系主任③还参加教会会议。他位列第三，仅次于主席和副主席。现在政府提议，由于不再需要，主任可以不再出席。于是格雷贝尔博士好像处理十九世纪的"生死问题"那样，坐下来撰写一篇长达若干印张的大文章，证明主任出席是绝对必要的。对于傲慢的新教徒的恼怒，国王回答说："即使整个系在第三位坐下，我也不反对。"

据说在杜易斯堡来了一位新牧师。对任职证书没有按照教会规定的条例制作，而是选择了早已过时了的形式。政府、内阁各部竞相抗议，这件事情告到了国王那里。一切都紧张起来了！可笑的耗子④说："我

---

① 布鲁诺·鲍威尔：《复类福音作者的福音史的批判》第1—3卷，1841年—1842年莱比锡版。

② 指《哈雷年鉴》。

③ 指卡尔·亨利希·萨克。

④ "可笑的耗子"原文是"rudiculus mus"——贺雷西：《诗论》，第139行。

认为，可以根据人们所能找到的教会规则的最古老的样本来制作任职证书。"这又引起了那些认为自己的事情无比重要的人们的愤怒。为了恢复自己的尊严，人们又在打主意了。在他们吹的牛皮泄气后，又设法把它重新吹起来。

再见！

你的布·鲍威尔

6. 卡尔·弗里德里希·科本致卡尔·马克思

特利尔

1841年6月3日于柏林

亲爱的马克思：

由于我们分别已一周多，我的确——用希尔施·许阿金特话来说，——感到过忧郁，天天亟盼你归来；可是从来没有用"某种忧伤的讽刺说时间是无品德的自私自利的，并叫喊：也有你，我的孩子卡尔！"① 不，我的可爱的布鲁土斯从不会具有安东尼的灵魂②。虽然当你答应写信的时候我已经知道，你从法兰克福不会写信来；但是除此之外我从来没有对你会尽快来信表示过怀疑。我知道你对我是很好的。你不能没有我而生活，或者像你有时喜欢表达出亲切的谦虚那样，"人们对爱情是无能为力的"。你看，自从你解放我以来，我变得活跃了，——尽管你几乎没有与我握手告别，——并且我的"迟钝的感觉"也跟着

---

① 亨利希·海涅的《卢卡浴场》。希尔施·许阿金特是其中的一个人物。
② 暗指莎士比亚的剧本《尤利乌斯·凯撒》的第三幕第一场中的安东尼的话。

你这个不幸的人物一起走了。自从我的值得尊敬的朋友到达莱因河那边以来，我自己又开始逐渐变得现实了。我现在又有了自己的、可以说是自己想出来的思想，而我以前的思想都是不足道的，即来自许岑街①或者放在这同一街之中。我现在真的又可以工作了，我很高兴我漫步在真正笨蛋之中，而自己却不是一个笨蛋。多么美好的感觉！然而现在不是的东西，将来还可能变成的。

至于来自许岑街的思想，我们的布鲁诺·鲍威尔在《哈雷年鉴》上写了一篇出色的、毫无耶稣教气味的文章②。这位可敬的先生在那里一开始就贯彻一种思想，即拜占庭国家是原来的基督教国家。我从警察的角度查看了这个思想，并且查询了它的来源；然后发现，它同样是属于许岑街的。你看，你是一个思想库、一个工作房，或者按照柏林人的说法，是一个思想巨人。如果你在波恩看到鲍威尔，你可告诉他，鉴于那篇文章，我将发给他关于他解脱耶稣教教义的证书。

你被宣布为完全无能③，这使我无比高兴，特别是因为我们两个人现在都处在同样的堕地狱罪之中，可是我，如你所知，十年以来就是如此。现在我可有白纸黑字的证明，而我的后备军兵士们从昨天起已开始操练，这是真正令人高兴的。然而你的可爱的未婚妻会对你的无能说些什么呢？你要少告诉她这一点，就像要少告诉她我不信仰上帝一样。

至于文献，首先我要谈我自己，因为没有我还有什么文献呢？我的无幸获得某些人欢心的论历史学家的文章④实际上遭到了失败，这当然

---

① 许岑街是马克思在柏林的最后住宅（许岑街68号）。
② 可能指的是布鲁诺·鲍威尔的《基督教国家和我们的时代》。
③ 科本指的是马克思免服兵役。
④ 弗里德里希·科本：《柏林的历史学家》，载于《哈雷年鉴》莱比锡版1841年5月4—8日第106—110期。

是自从我又同有科学教养的人们交往以来，就是说不再同你交往以来才获悉的。它是使我声名狼藉的一个新的阶梯。兰克已失去常态；他向窦尼盖斯说，糟糕的是，对于这样的诽谤在普鲁士王国竟没有法律手段。相反，施杜尔却因我对他的斥责比其他人少而感到高兴。他最近完全信任地对我说："我感到十分高兴的是，特别是由于约翰·舒尔岑，您称赞了我"，——因为他认为我称赞了他。从此以后，他待我亲密无间到了无以复加的地步。在我称赞赫尔温的那个晚上，他说："只是请您不要以为赫尔温是像您和我一样的人。"这篇文章尤其是给我的校长①留下了一个几乎是滑稽的印象。他参加了一个协会，在这个协会中，一些政府顾问和教授对这篇文章进行了长时间的和恳切的讨论，从此以后他感到我是更高的本质。他三次向我要了《年鉴》②，以便把拙作分给所有他的岳父、叔母和好友。他的内弟要求我成为他要编辑的俄文杂志③的撰稿人，给我很高的俄语稿酬。由于你不再在这里了，我又可以心安理得地干俄语活了。善良的梅因为这篇"极有洞察力的和辛辣的文章"④在《雅典神殿》杂志上献出了一篇自己的文章，他在文章中说，我充分显示出能比劳麦和兰克干得更好，可耻的是人们没有给我能借以献身于科学的地位。梅因是一个能干的家伙，他有时来看望我，昨天我同他一块散步。如果我又要为自己选择一个好朋友，那么在目前就只有他了。也许他将成为你的继承者。南德意志立宪派在斯图加特的《信使

---

① 指费尔迪南特·齐诺夫。
② 指《哈雷年鉴》。
③ 《俄网科学知识文库》，由阿·埃尔曼出版，1841—1867年柏林版。
④ 埃杜阿尔德·梅因：《哈雷年鉴》中有这样的话，载于《雅典神殿》柏林版1841年5月15日第19期。

报》上转载了我的文章①,这当然是严重违反宪法的②。

如果你还记得的话,我们间或谈起过发疯的叔本华博士。我有时引用他喜欢说的一句话,即所有民族都允许一夫多妻制,只有某一个犹太教派,即基督教徒不允许。这个庸人现在发表了两篇应征论文,一篇被选中,一篇没有被选中(《论道德的基本原则》,美茵河畔法兰克福版③)。在这两篇论文中,他对黑格尔,附带也对费希特(至今他被认为是费希特的追随者)进行了严厉的谴责。他把这位杰出的哲学家——他对黑格尔的称呼——直截了当地说成是丧失理智的人④。蒙特在《舵手》上发表的一篇长文⑤中对此大唱赞歌。他把这次攻击解释为对黑格尔哲学的最后审判。我给你写这些,是为了使你有机会时能尊敬地记起特伦德伦堡⑥和叔本华。

---

① 弗里德里希·科本:《柏林的历史学家》,载于斯图加特《德意志信使报》1841年5月9日、16日、23日、30日第19—22号。

② 文字游戏:立宪派的原文是 die Constitutionellen,违反宪法的原文是 inconstitutionell。——译者注

③ 阿尔都尔·叔本华:《伦理学的两个基本问题》,在两篇应征学术论文中进行了探讨。1.《论人类意志的自由》,1839年1月26日在德隆海姆被挪威皇家科学协会选中。2.《论道德的基础》,1840年1月30日在哥本哈根未被丹麦皇家科学协会选中。1841年美茵河畔的法兰克福版。

④ 阿尔都尔·叔本华:《伦理学的两个基本问题》序言第25—26页。

⑤ 指的是尤利乌斯·弗劳恩施德特撰写的文章《对黑格尔哲学的最后审判》,载于《舵手。对本国和外国文学状况和人民状况的一般评论》阿尔托纳版1841年5月6日第36期第283—285页。

⑥ 见《布鲁诺·鲍威尔致卡尔·马克思(1841年3月31日)》注释4。

你读了《奥格斯堡报》上蓓蒂娜给施邦蒂尼的信①了吗？梅因已让人去翻印。关于这封信《汉堡记者》发表了一篇非常卑鄙的、下流的，同时又是警察式的无耻的文章②。她在那里也被称作"婢女"、"泼妇"，说她与其说喜欢使用"羽笔"，还不如说喜欢使用"支条"（矿工意义上的），等等。这位作者可能是我们极尊敬的耶尔·雅科比，同时，施杜尔向我保证，他对此有完全另外的，然而是完全秘密的消息。此外，施邦蒂尼已领全薪退休了。

弗里德里希·威廉四世陛下现在还在我可爱的祖国，③ 他要看看，是否德勒姆林的农民——施杜尔（如果他了解他们的话）可能把他们一起算作皮拉斯基人——比某些别的人们还笨。他在我出生的尊贵的村庄附近与上述的农民、村长、牧师和州长在一个农户家里一起吃了午饭。我从父亲④的一封来信中看到，这些老勃兰登堡的居民完全丧失了理智；他们完全出于对尊敬的统治者的忠诚和爱戴而高声喊叫。库里茨，我的祖国⑤！

另一件事你可能已在报纸上看到了。弗里德里希·威廉四世陛下向布累斯劳的市民公布了一个内阁条例，其中皇帝陛下声明，如果他今年夏天到布勒斯劳来，不许举行任何隆重仪式，因为这里的市民已委托他

---

① 发表在1841年5月19日139号《总汇报》附刊上的这封信，涉及1841年春天柏林公众和普鲁士政府同柏林的乐队总指挥施邦蒂尼的纠纷。

② 指的是论蓓蒂娜·冯·阿尔尼姆致施邦蒂的信的一篇文章（《蓓蒂娜通过一个……》），载于《汉堡公正通讯员政治和学术报》1841年5月27日第124号。

③ 科本出身于泽豪增（老马尔克）。

④ 科本的父亲曾是老马尔克的尼德尔格尔内的牧师。

⑤ 在北德流行的一种讽刺狭隘的地方爱国主义的说法。库里茨是老马尔克的一个小城市。也可参看卡尔·布吕姆的《在波茨坦城门前的一个傍晚》。

们的省议会议员,把1815年5月22日事件提交讨论①。布勒斯劳的市民可能将做出一个卑躬屈膝的答复。

你大概已经知道,三十六个正教授为反对任命监护人递呈了一份措词拙劣的抗议书,然而却遭到了拒绝。施杜尔感到高兴的是,伯克的阴谋(他这么说的)破产了。

这里纷纷议论你的同事、哲学博士本生将任宗教事务大臣,艾希霍恩外交事务大臣和威尔特尔将免职。这会是一个可喜的进步。因为你知道,本生既不信天主教也不信新教,而是亲自在罗马设想了罗马古堡式的宗教。然后这个宗教可能通过内阁命令实行,那时我们至少将摆脱基督教。

——当我写到上面这一段时,少尉吉尔斯贝尔格来到我这里(我已好久没有和他谈谈了),他告诉我,他在一星期多之前收到了你的一封信②。自从我们分别以来,自从我确切地知道,为什么在你起程的那天我们相聚只有五分钟,而我"有时间等待"你〔……〕再有〔……〕时间〔……〕,我就放弃一切杂念愿意立即安静下来继续写作。你希望了解的新闻我的确不知道,只有最重要的一件,即我得到了五十塔勒的津贴,并且接着又请求新的津贴。此外我给一个高级官署写了信,而且装成我还在忙于冰岛③的样子,并且请求它给我在哥本哈根逗留两个月的钱。直到现在还毫无结果,并且很难有什么结果。我的关于施洛塞尔

---

① 1815年5月22日发表了《人民代议制组成条例》。在这个条例中,普鲁士国王答应召开临时国会,建立全普鲁士代表机构和制订宪法。然而,按照1823年6月5日法律只是在各省建立了共有有限的协商作用的议会(省议会)。

② 马克思致吉尔斯贝尔格的这封信写于1841年6月3日以前,没有保存下来。

③ 科本于1837年发表了博士论文《北方神话学的文学导言》。

的文章①在圣灵降临节那天才完成，所以很难在7月1日之前付印。我在这篇文章中为思考开了个头。你会笑死的！此外，文章是如此的粗糙和含有基督教气味，是足以完全把我撤职的。你去看望在哈雷的卢格了吗？从那时起，我还未收到他的来信。《哈雷年鉴》即使从7月1日起采用另一名称是否仍会被禁止，这还不能肯定②。

7. 燕妮·冯·威斯特华伦致卡尔·马克思

波　恩

1841年9月13日于诺伊斯

　　你真是我亲爱的甜蜜的、唯一的心肝和情人！你的来信使我多么幸福，多么兴奋，充满了无声的欢乐！——你想一想，小心肝，当特克拉拿着你的折叠的小信③走到我身边，在我耳际响起那仅仅梦想似的和预料到的、带着圆润、温暖和甜蜜的语调的早晨的问候声时，我还躺在床上沉浸于梦境和沉思之中呢。我是多么高兴，多么感激，多么地充满着爱呀！我的信真的使你高兴吗？我始终未能想得那么好。这个小谄媚者使我多么的骄傲和自负！啊，亲爱的小心肝，你在你的反普鲁士的信中谈起幽默、诙谐、活泼。——今天，亲爱的小天使，你会觉得丢失了这

---

　　① 卡尔·弗里德里希·科本对弗里德里希·克利斯托夫·施洛塞尔的《十八世纪和十九世纪、直到推翻法兰西帝国为止的历史》的评论，载于《德意志年鉴》莱比锡版1842年1月4—8日第2—6期。
　　② 见《布鲁诺·鲍威尔致卡尔·马克思（1841年4月12日）》注释5。
　　③ 马克思致燕妮·冯·威斯特华伦的这封信写于1841年9月13日之前，没有保存下来。

一切；因为几天以来，我的心情又是那样的痛苦和委屈，那样的低沉，我惊慌不安，充满了恐惧与忧虑。昨天母亲来了一封信。埃德加尔请求得到理查的十个塔勒和预支他十月份的伙食费。前一笔款立刻给他寄去了，后一笔款被拒绝了。至今我对埃德加尔的混乱的经济状况有意保持缄默，为的是以后能口头讲讲整个情况。当我收到四十塔勒之后立刻又收到了寄来的三十塔勒时，我更苦恼了，因为这笔钱经付清扎尔姆的债和用作其他必要的开支又花光了，以致我长期没有剩下足够的回去的路费。

现在，虽然这些诚实的人给我随意提供一切并请我说出任意一个数目，但是你可以想一想，我不得不接受这一切，然后还不得不负担埃德加尔的债务，这是多么苦恼啊，尤其是因为今年的支出又增加很多。然而，除了这件不愉快的事以外，母亲重新开始教训我，她什么都责备我，并要埃德加尔到科伦去接我，并且只是观察内外的举止，因为否则我就不可能去波恩看你。啊！小心肝，这一切使我的心情多么沉重！内外的举止！——啊，我的卡尔，我可爱的唯一的卡尔！

但是，卡尔，我不会也不感到后悔，我紧闭自己的双眼，紧紧地闭着，这样我就看到了你的含着幸福的微笑的目光——看吧，卡尔，我自己在冥想中也是幸福的，——我把一切都给了你——其他人什么也不给了。啊，卡尔，我清楚地知道，我做了什么和我会怎样被人们瞧不起；我知道这一切一切，尽管如此，我仍感到高兴和幸福，甚至不会为人世的任何财宝而放弃对那些时光的回忆。这是我最心爱的东西，愿它永不泯灭。只要我一想到还不得不同你长期分居两地，我就又完全陷入痛苦和不幸之中，尔后感到不寒而栗。可是，卡尔，你给我的信写得竟是如此可爱，如此美好，啊！卡尔，我简直把信都要吻破了！我总是把它们贴在我的心口上，它们具有拯救我的力量。卡尔，你真是天使般的美好,如果你现在沉默不语,现在不是亲切、诚恳的和赞许的,那么我就一定会感到绝望了。可是你从来没有、从来还没有如此的可爱和温柔,啊,亲爱的,你现在不还是这样吗,并且你吻别的姑娘没有像吻我那样。卡尔,我并没有为你曾这样吻过未婚妻而生你的气,如果你高兴,我自己也就有点高兴,我是多么爱你,可是最高的幸福,这我几乎不敢为我自己设想,把它给予别人,不,卡尔,这我做不到。啊,卡尔,现在你对我也还一直保持忠实,并且也想使我很快成为你的妻子,是吗?啊,亲爱的,我愿从你的眼睛中看到你的每一个愿望,并一直在为使你快乐而思虑和操心。卡尔,你本来不需要到科伦去接我。我认为在家会有疑虑,可是亲爱的,你不是要来吗,来吧,对此我是多么高兴。这个星期我还不能想到出发,但是下周末我大概就要捆旅行包了。你说,小心肝,你能去接我吗?这会影响你工作吗?告诉我这一切!你知道关于鲍威尔、埃德加尔、豪斯等人的情况吗?啊,小心肝,你想不到我是在怎样的忙乱和怎样的环境中给你写这封信的。哈迈耶尔在户外正在作关于最恰当地刷洗铁锅的长达数小时的讲演。—— 其中还夹着三个孩子的喧嚣:弗里茨和奥古斯特敲钓鱼钩,特克拉摇着小宝宝,嘴里念着"你睡吧!亲爱的小天使……",哄他安静;狗、鸡、松鼠、兔、金丝雀在我周围上下左右猜猜、咯咯、卿卿、吱吱叫唤着。还有一只雨蛙也赶来凑热闹。它坐在一个大玻璃杯中,并在一个梯子上爬上爬下。喔,上帝!这所有的东西到处逃呀爬呀。——这常常使我非常讨厌。

几天之前我被紧紧地拴在家里,因为哈迈耶尔未能同她的三个小孩分开,她的丈夫未能从自己的无精打采中和从菜园中,从他的卷心菜、芹菜、水芹菜、大葱、洋葱、根茎植物和灌木中摆脱出来,特克拉的肥大的脚上真的长着八个鸡眼,以致不能行走,所以我决定自己单独到杜塞尔多夫去。我带着弗里茨作为向导,早晨同他徒步逛了大街,访问了丹德肯米勒尔斯一家、海涅一家、一位荷兰的老商人、冯·迈耶尔因克夫人，我同这位夫人谈了许多关于她的女友济贝尔的事，然后走进宏伟的宫殿进餐。这里又是花瓶、中国瓷器、铸像、宫廷趣闻、鲑、菠萝香槟酒。这个傍晚天空呈现一片柔和的紫色。我同女侍从乘车到莱茵河畔，然后与我的小同伴徒步回家。那是一个非常美好的夜晚，满天繁星，预示着翌日的晴朗天气。爱情之星在高高的夜空发出晶莹明澈的光芒，我觉得，它高高地挂在天空好像只是为了照亮我回家的道路，为了把喜悦和宁静射进我的心田，为了庆祝我的爱情。我多么想念你和你的爱情！我再一次度过每一个幸福的时刻，再一次躺在你的心上，我陶醉在爱情和幸福之中！就像你在向我微笑并很高兴一样。卡尔，卡尔，我多么爱你呀！今天我无法并且几乎没有叙述的力量，我的所有心事，所有的想法和念头，一切一切，过去、现在、将来只归结为一个声音，一个象征，一个语调，如果它响起来，那么它只能是：我爱你！这是难以用言语形容的、无时间限制的和无限度的。——其他的一切都交织在这里面。卡尔，卡尔，我想起了这一切，并且你是多么可爱和甜蜜地使我记起这些！小天使，你怎么知道把精神和灵魂贡献出来并把我咒于自己内心的喜悦之上？对了，卡尔，这是真的。当我看到你和认为自己是如此的幸福时，我真的会为此付出生命、幸福和永恒。为了给你带来幸福的时刻，我会愉快地忍受人间的嘲弄和羞辱。啊！卡尔，但是——现在我经常害怕，不，不，我又看到了你的眼睛，读你的来信，一切在我胸中又安稳平静了。当你对麦塞尔汽船进行这样的批驳或分析时，我不禁要笑了！这时我立刻想起了小孩布吕恩和他的小手和小眼睛！——如果约布在这里的话，他就不会说，这儿蔬菜太少了。噢！上帝，人们在这里为了〔……〕豆子、白菜和根茎植物都经历了些什么？小心肝，你也将〔……〕发现我发胖了。所有的衣服我穿着都太小了，我不得不经常在线缝旁边接上一些。

可爱的小天使，你还常常想起这全部幸福吗？啊，我亲爱的、亲爱的小心肝，我怎能不感到如此的幸福，如此的欣喜若狂！卡尔，成为你的妻子，这是一个什么样的念头——也许，噢！天哪，我头都晕了！我已经是你的妻子了，不是吗？卡尔，你说，我会完全成为你的吗？完全？哎呀！当我想到特利尔，我就要发抖了——我的父母住在那里，我年老的父母是如此的爱你。啊，卡尔，我很不好，在我身上除了对你的爱情以外，不再有什么好的了——这爱情可是高于一切的、伟大的、强烈的和永恒的。卡尔，你快再给我来信，快，尽可能的快。你的信从来没有比现在更受欢迎、更有益、更必要——卡尔，你想想，如果你现在忘了我，——不，不，你不会这样做的——你决不会这样做的。你的爱情的终结将和我的生存的末日同时来临。并且在这次死亡之后，就再不可能复活，——因为只有在爱情中才相信生命继续存在。啊，卡尔，房子在我周围轰响和跳动。我写不下去了——再见，小天使，快来信，快，没有你的信我简直无法生存，下一封信中详细谈谈我们什么时候再见。小天使，我多么爱你！这就是我所有的幽默和诙谐，我的生活，我的思想，再见，再见！

波恩卡尔·亨利希·马克思博士先生收
机械技师①

（原载《马克思恩格斯全集》1975年国际版第三部分第一卷）

（马哲组 译）

---

① 指克列美尔，1841—1842年马克思住在他家里。

马克思恩格斯生平活动文献——其他人给马克思和恩格斯的书信（三）*

1. 布鲁诺·鲍威尔致卡尔·马克思

特利尔

1842 年 1 月 26 日于波恩

亲爱的马克思：

上次给你写信①时，我正在等一封莱比锡的来信，本来以为一定能够等到，但是维干德 12 月 30 日写的这封信中途在某邮局落入了也许懂得比我能更好地利用这封信的人手中。我白等了一番。在此期间，卢格同维干德见过面，他来信说，《宣告》② 以及如他信中所说的还有我的《教会》③ 已被查禁。各报都证实了前者。由三个负责书报检查的机构发出的部级决定是 12 月 15 日作出的。同时卢格信中说维干德不愿意。

---

* 本文选自《马列著作编译资料》1981 年第 14 辑。

① 鲍威尔给马克思的这封写于 1842 年 1 月 26 日之前的信，没有保存下来。

② 布鲁诺·鲍威尔：《对黑格尔、无神论者和反基督教者的末日的宣告。最后通牒》，1841 年莱比锡版。——这本书于 1841 年 10 月底出版。

③ 布鲁诺·鲍威尔：《普鲁士福音教会和科学》1840 年莱比锡版。

我也一再四处写信，明确询问，因为我不得不考虑寄往国外，而维干德声称愿意承印。不过，现在当然必须采用另一个标题①。我已写好：《从信仰的立场来评判黑格尔关于宗教和艺术的学说》（b·m② 著）。

明天或者后天我就把我的手稿寄出——序言我现在也已完成。

现在你应照此办理，不过：

1. 要用亚麻布把手稿包好。

2. 付清邮资，因为维干德不能付双倍的钱。

3. 为你的论文写一份内容说明并附上。

4. 你曾讲过，你想要十五本赠阅本，——但这是误解。十五本是最高额，因为有两个作者，所以……我自己只要三本。你也只能满足于

---

① 这里讲的是马克思曾打算与布鲁诺·鲍威尔合写的一本著作的第二部分。第一部分于1841年1月由维干德在莱比锡出版，标题是《对黑格尔、无神论者和反基督教者的末日的宣告。最后通牒》。据荣克说，马克思参与了这本反对右派黑格尔分子的无神论小册子的写作（1841年12月29日格奥尔格·荣克给布鲁诺·鲍威尔的信），此外没有任何材料证明这一点。1841年11—12月，鲍威尔和马克思在波恩从事《宣告》续篇的写作。为此，马克思曾写了《论基督教的艺术》（见《马克思恩格斯全集》第1版第27卷第421页）以及进行对黑格尔去哲学的批判（见《马克思恩格斯全集》第1版第27卷第424页）。任他没有按时寄出自己的手稿，因为他很快改变了原来的计划和对《宣告》的叙述形式的态度，这部分是受了费尔巴哈的影响。这从马克思1842年2月10日以及后来给卢格的信中可以看出。1842年6月1日由维干德在莱比锡为《宣告》的续篇出版的著作《从信仰立场来评判黑格尔关于宗教和艺术的学说》，虽然在序言中说是出于两人的手笔，实际上只是布鲁诺·鲍威尔一人写的。这篇序言是鲍威尔1842年1月写的，当时他还没有收到马克思拒绝写作的信件。

② 即鲍威尔、马克思。——《黑格尔关于宗教和艺术的学说》这本书于1842年在莱比锡匿名出版。

较少的份数。你如果想多要几本，那么你可以购买或者托人代买。

在柏林他们认真从事了，事情变得更有趣了，他们接二连三地查禁。因此，对维干德接受印刷的事你也只能保守秘密。

你为什么还不为《莱茵报》撰稿呢？

祝好！

你的

布·鲍威尔

1842年1月26日于波恩

《宣告》不仅被查禁，而且被没收了。

2. 阿尔诺德·卢格致卡尔·马克思

特利尔

1842年2月25日于德累斯顿

亲爱的朋友：

在您对书报检查进行批评①的同时，普鲁士的倾向的书报检查也在积极反对《年鉴》②。一星期来书报检查官都在删改我们的"有害的倾向"。您可以想象得到，这牵涉到谁。您的文章已经不可能发表了，凡

---

① 指卡尔·马克思的《评普鲁士最近的书报检查令》，载于《德国现代哲学和政论界轶文集》第1卷第56—88页（见《马克思恩格斯全集》第1版第1卷第97—118页）。

② 指《德国年鉴》。

是带有鲍威尔、费尔巴哈和我的气味的东西,一概遭到拒绝。

这样,我手头就攒积了一批经过挑选的精彩而辛辣的文章,它们应该同时给书报检查一记狠狠的耳光。我想问一下,您如果不同意署上自己的名字,是否允许我把您的文章和其他被查禁的文章一起在瑞士发表,书名为:《哲学轶文集》费尔巴哈、鲍威尔、卢格等著。

这个文集开卷第一篇要用您的文章,然后加上对萨克森的措施的批评,要指出这些措施是普鲁士制度的产物,① 等等。费尔巴哈将发表的是哲学改革的纲要,② 我写的是对他这本书的评论,③ 鲍威尔的是关于拉撒路的文章。

我相信这个文集会起作用。而且这个措施马上会鼓舞哲学家们加倍努力并为他们创办一个新的刊物,这个情况也必定会使人们感到惊讶。

我很乐于接受您对法特克的批判。④ 如果我们不能把它拿到莱比锡去发表,那就把它拿到苏黎世去发表。

相反,对于拜尔,我们宁愿把他放过去。⑤ 但是,维尔特的《伦理

---

① 指阿尔诺德·卢格的文章《书报检查官对1839、1841、1842年〈哈雷年鉴〉和〈德国年鉴〉态度的文件》,载于《轶文集》第1卷第3—55页。

② 路德维希·费尔巴哈的《关于哲学改革的临时纲要》,载于《轶文集》第2卷第62—86页。

③ 阿尔诺德·卢格的《德国哲学新转变》,载于《轶文集》第2卷第3—61页。

④ 马克思在1842年2月10日给阿·卢格的信中提出,他想评论法特克的著作《在同罪恶和神赐的关系中的人类自由》(见《马克思恩格斯全集》第1版第27卷第419页)。

⑤ 马克思在1842年2月10日给阿·卢格的信中提出,可以对拜尔的著作《论道德精神概念和道德实质》再作一次评论(见《马克思恩格斯全集》第1版第27卷第419页)。

学》第二部分①看来老年黑格尔派的色彩很浓,对它您是否愿意加以评论?

希望您同布·鲍威尔一起来信告诉我,您是否赞同出版《轶文集》的计划并把您的文章提供我们发表。② 我想向书商推荐书型,建议用适中的八开本和付给三个金路易的稿酬。

也许您还有什么合适的东西要登,请给我寄来吧。

请立即回信,以便我好动笔。

完全是您的

阿·卢格

1842年2月25日于德累斯顿

特利尔政府枢密顾问冯·威斯特华伦先生
转马克思博士先生收

3. 布鲁诺·鲍威尔致卡尔·马克思

特利尔

1842年3月16日于波恩

亲爱的马克思:

---

① 指约翰·乌尔里希·维尔特的《思辨论理学体系,实践哲学全部学科百科全书》,1841—1842年海尔布朗版第1、2卷。

② 马克思在1842年3月5日给阿·卢格的信中表示同意《哲学轶文集》的计划并署上他的名字(见《马克思恩格斯全集》第1版第27卷第420页)。

当《科伦日报》上的噩耗①使我震惊时，我从当时支配着我的感情中可以想象得到，你还能帮助这位高尚的人在临终前减轻痛苦，②这对你来说会是多么大的安慰。

也许你不是亲手拆这封信，如果这样，在你看到这封短信以后，请你再一次代我向你的未婚妻问好。

因为我没有见到什么人，所以对于国家大事，除了报上报道的东西以外，我什么也不知道。

如果卢格没有给你去信的话，那么，我仅有一点可以奉告：事态发展得很快，《年鉴》每天都可能遭到查封，但这一点你不要对任何人说。③《年鉴》已经没有希望了，在这件事情上必须开创一个新纪元。《轶文集》很有必要，而且应当继续出下去，但是单靠它成不了大事。需要有新的形式、方法和道路。《轶文集》这个名称是合适的，而且再次证明了卢格的机智，但是这一名称就已表明，它是临时性的。至于这种临时性究竟能维持多久，谁也不能确定。不过即将发生的事件定会给人以启示。

---

① 1842年3月8日《科伦日报》第67号上刊登了路德维希·冯·威斯特华伦逝世的讣告。

② 1842年1月至3月，马克思住在特利尔他的未婚妻燕妮·冯·威斯特华伦家里。

③ 1842年3月5日《德国年鉴》发行人奥托·维干德声明，根据内阁的命令他的特许证已经失效；《年鉴》的每一期都要先经过审查，然后才能批准出版。由于维干德向内阁提出的申诉，重新决定把被吊销的特许证发还给他。虽然书报检查的麻烦一直延续到1842年6月左右，但当时政府仍然没有对杂志采取任何严重步骤。《德国年鉴》被查封是发生在1843年1月3日。

因为我被撤职已经决定了，① 所以只要有适当的机会，或者一旦接到正式通知，我就马上离开波恩，到柏林去，或者到一个能比这里更好地打我的官司的地方去。我将动身前往东部，这倒不是为了我自己要了解情况，因为这一点无需作这样的旅行也能办到，而是为了看看是否能把情况告诉其他人。

你的
鲍威尔
1842 年 3 月 16 日于波恩

4. 阿尔诺德·卢格致卡尔·马克思

科　伦

1842 年 3 月 26 日于德累斯顿

尊敬的朋友：

匆匆作复，只简单写几句。您可以从容地把您的第一篇文章，并且尽可能把第二卷文章也写完。②《轶文集》无论如何得推迟到四月底才

---

① 1842 年 3 月 5 日马克思在给阿·卢格的信中说："鲍威尔刚来信说，根据由国王主持的最高法庭的决定，他被撤职了。"（《马克思恩格斯全集》第 1 版第 27 卷第 421 页）

② 1842 年 3 月 20 日马克思在给阿·卢格的信中说："在这种情况下，我不能为最近这一期《轶文集》寄去黑格尔法哲学批判了（因为这篇文章也是为《末日的宣告》写的），如果你愿意久等，我保证在 4 月中把我那篇论述宗教艺术的文章寄出。我将更乐意从新的观点来考察这个问题，并写出一个论浪漫主义者的结尾作为附录。"（《马克思恩格斯全集》第 1 版第 27 卷第 424 页）

能付印。① 我希望而且必须凑足二十印张，因此就需要稿件。把《轶文集》的篇幅搞得像样一点是有利的。有二十印张，我们就可以拿到斯图加特去出版，也可以用分册的形式出版，那样一来，就能获得最尊贵的联邦②的一切优待和特许。

我今天还要到柏林去，因此我现在有点匆忙。我在那里不会呆很久。

《年鉴》③也许可以维持下去。此外我们还要把《轶文集》加以扶植，并且在《年鉴》上写一些外交方面的文章，以嘲讽的笔调代替直言直说。我相信这种文体会给我们带来愉快。在柏林，这方面的材料多得不可胜数。我很有兴趣利用这类材料。

鲍威尔到柏林去毫无用处。官司已经打完④。但是，关于这件事应该写篇东西。否则他们会把他永远撤职的。在波恩，他们已习惯于这样做了。他再同艾希霍恩争吵一番又有什么用呢？

我将见到科本并给克里斯提安森去信。

您的
阿·卢格
1842年3月26日于德累斯顿

马克思博士先生收

---

① 指出版《德国现代哲学和政论界轶文集》的事，《轶文集》第一卷于1843年2月中出版。

② 指德意志联邦。

③ 指《德国年鉴》。

④ 关于此事，参见1842年3月20日马克思给阿·卢格的信（《马克思恩格斯全集》第1版第27卷第425页）和1842年3月16日布·鲍威尔给马克思的信。

5. 格奥尔格·荣克致卡尔·马克思

波 恩

1842年5月12日左右于科伦①

亲爱的马克思：

现把您所要的东西寄上。能够为您效劳，感到非常高兴。

您的关于出版自由的文章好极了。② 最近为援助汉堡火灾罹难者举行了一次集会，会上要求各家报纸发表呼吁书。③ 我站起来声明说，《莱茵报》已为此作好准备。当我说到《莱茵报》这个名称的时候，在场的冯·路埃先生马上就回过头来打量我，以后就老是不断地盯着我。这家伙有个漂亮的脑袋，但是嘴边挂着极其狂热的表情。

不久前梅因来信说，《莱茵报》在柏林已经胜过了《德国年鉴》，它正激起人们的热情。然后他问：马克思是不是会很快出头露面，并让人看看他究竟有什么本事？现在，您扔了很大一块东西给他啃。——我

---

① 这封信没有注明日期。日期是根据信中提及马克思的文章《关于出版自由的辩论》（该文于1842年5月5日至19日刊登在《莱茵报》上）和汉堡的援助火灾罹难者集会（会议于5月12日举行）确定的。在《马克思恩格斯全集》（国际版旧版）第1部分第1卷第2册中，该信注明的日期是"1842年5月14日左右"。

② 指马克思的《第六届莱茵省议会的辩论（第一篇论文）。关于出版自由和公布等级会议记录的辩论》（《马克思恩格斯全集》第1版第1卷第35—96页）。

③ 1842年5月5日至8日，汉堡发生大火灾。大教堂建筑协会的科伦会员们集会于5月12日成立援助汉堡委员会。在这次集会上还起草了这封信中提到的呼吁书。见1842年5月13日《莱茵报》第133号。

们没有写信告诉他,这是您写的,为的是听听他会说些什么。

您已经着手写大主教事件了吗?① 关于出版自由的文章,我们快要登完了。②

奥本海姆说,他已经邀请您来这里过圣灵降临节,您来吗?

您的
格·荣克

6. 达哥贝尔特·奥本海姆致卡尔·马克思

特利尔

1842年7月4日于科伦

亲爱的马克思:

刚刚收到您的文章,③ 谨向您表示最衷心的感谢。文章我匆匆地浏览了一遍,写得好极了,只是我担心,卑鄙的书报检查官④又会拿它开

---

① 指马克思的关于莱茵省议会辩论的第二篇文章,该文涉及科伦纠纷(见《马克思恩格斯全集》第1版第27卷第429页)。文章被检查官删掉了并且没有保留下来。

② 马克思的文章《关于出版自由的辩论》的最后一部分于1842年5月19日发表在《莱茵报》上。

③ 卡尔·马克思的文章《第179号〈科伦日报〉社论》,载于1842年7月10、12、14日《莱茵报》(科伦)第191、193、195号附刊,(《马克思恩格斯全集》第1版第1卷第107—129页)。

④ 指警官约翰·劳仑兹·胡伯特·多里沙尔,他自1830年起任检查科伦市各家报纸的书报检查官。由于他准许在1842年1月15日《莱茵报》第319号上发表海尔维格的诗(《致书报检查官》),1842年11月21日内务大臣阿尔宁决定让他停职。12月3日他辞去负责检查《莱茵报》和《科伦日报》的书报检查官职务。

刀。您根本想象不到,我们受到多么苛刻而且蛮横的检查,尽管这个家伙自己向我承认,他没有得到更严格的指令。他完全是受《科伦日报》的拥护者和其他一些无耻之徒的唆使来反对我们的。海尔梅斯少不了会要求告诉他本文作者的名字,他见到赫斯的文章时就是这么干的。因此我想问问您,在这种情况下,您是愿意把名字告诉他呢还是保守秘密?

至今我们已经有841户订户了。我们可爱的科伦是冥顽不化的。——您相信不相信,如果在标题下署上您的名字,那会引起轰动?对此您有什么想法?——毕尔格尔斯前天得了一个儿子,成为幸福的父亲了。

恳请您立即回信。

达·奥本海姆匆上
1842年7月4日于科伦

特利尔威尼斯旅馆
马克思博士先生收　邮资已付

7. 阿尔诺德·卢格致卡尔·马克思

特利尔

1842年7月9日前于德累斯顿①

亲爱的朋友

---

① 这封信没有注明日期。日期是根据1842年7月9日马克思的回信确定的。在《马克思恩格斯全集》(国际版旧版)中,该信注明的日期是"1842年6月下半月"。

您四月底给我写过一封信，答应很快就把为《轶文集》写的文章寄来①，以后再没有得到您的任何消息。现在，《轶文集》能否出版就看您是否把文章寄来了。由于没有您的文章，我远远凑不够篇幅，也得不到由于您参加斗争而带来崭新的战斗力量这种重大的好处。您别叫我空等着，应该尽快把文章寄来，好让我能把事情了结。

假如您还没有写完，还需要几周时间，那您至少也该来信告诉我，情况究竟怎么样了。

报上发表的您关于出版自由的论述②好极了，在迄今为止有关这个问题的文章中它无疑是最好的一篇。我从中摘录了一些东西发表在《年鉴》上。③但这种经普鲁士书报检查机关批准发表的文章，却被莱比锡书报检查官④删掉了，您想想看，这是多么荒谬。

请把情况迅速告诉我。鲍威尔著作的第三部分⑤送交一切有关当局都没有获准出版。我还不知道，维干德将把它拿到哪里去发表。在这里，神学家们都发疯了。这些狗东西想长生不老。

---

① 关于马克思答应寄文章的事，见1842年4月27日马克思给阿·卢格的信（《马克思恩格斯全集》第1版第27卷第425页）。

② 指卡尔·马克思的文章《第六届莱茵省议会的辩论（第一篇论文）。关于出版自由和公布等级会议记录的辩论》，载于1842年5月5、8、10、12、15、19日《莱茵报》第125、128、130、132、139号附刊（见《马克思恩格斯全集》第1版第1卷第35—96页）。

③ 指卢格为阿道夫·博克的文章《外交作风》写的后记，载于1842年6月7日《德国年鉴》莱比锡版第134期第535—536页。

④ 指威廉·瓦克斯穆特。

⑤ 布鲁诺·鲍威尔：《复类福音作者和约翰的福音史批判》1842年不伦瑞克版第3卷。该书于10月底出版。

谨致最良好的问候！

完全是您的

阿·卢格

请把附件交给摩·弗莱舍

8. 阿尔诺德·卢格和卡尔·里德尔致卡尔·马克思

波 恩

1842年8月7日于德累斯顿

亲爱的朋友：

您上次给我来信到现在，正好是一个月。那以后发生了许多事情。您那时谈到的"自由人和斐拉雷特派"二者都不存在。① 正如1830年最先为斐拉雷特派命名的我的一个老朋友所形容的②，这种"吹牛皮放大炮"的伎俩不会有什么结果，它只不过证明，直到目前，我们甚至在认识实际问题方面也是多么差劲。您当时就已经正确地指出，那些活动

---

① 参看1842年7月9日马克思给阿·卢格的信（《马克思恩格斯全集》第1版第27卷第429—430页）。

② 泰奥多尔·奥尔斯豪森：《宗教的真理之友或斐拉雷特派的原则》1830年基尔版。

纯粹是报纸的捏造。①

《年鉴》② 尚须历尽艰辛，直到省议会之后才能出版。省议会可能办几件好事，我期待着这一点。对此《轶文集》应当予以协助。③ 我正在等待您的作品。您评论大主教的文章还没登出来。为了逃避书报检查，最好把它发表在《轶文集》上。您想同康培打交道办点什么事情困难得很。政治问题我最好还是设法拿到《年鉴》上去发表，因为他们抓住神学不放。

鲍威尔给我寄来了一篇评论阿蒙的文章，④ 已获准发表。政府部分地同宪法原则有严重的矛盾，但是它没有意识到这一点，并且是出于对联邦和普鲁士的畏惧。在其他方面，他们主张按法律行事，这在德国在现在是很不容易的事。

在普鲁士，尽管有法制，但人们考虑的不是法律，而只是君王的愿望和警察当局对这种愿望的解释。在这里警察当局已经被制服。对负责

---

① 指1842年6月17日在科尼斯堡的《普鲁士王国国家、战争和和平报》第138号上发表的一则消息《这里有一个团体……》。1842年6月25日《莱茵报》第176号转载了这则消息。消息强调指出，正在组织的"自由人"团体将具有类似霍尔施坦斐拉雷特派团体的倾向。斐拉雷特派曾经要求，国家可以允许人们退出教会和另组新的宗教团体，这个新的宗教团体不应用教条，而只应用宗教信仰的一般因素把人们联合起来。《普鲁士王国国家、战争和和平报》上那篇文章和报刊对文章的欢迎，促使"自由人"组织成为一个没有规章制度的团体；他们也放弃了通过公开退出教会来抛弃他们的名称的计划。

② 指《德国年鉴》。

③ 参看1842年5月12日左右格·荣克给马克思的信注3。

④ 布鲁诺·鲍威尔：《评克利斯托夫·弗里德里希·阿蒙〈根据对现有材料的不断回顾来阐述的耶稣生平〉(1842年莱比锡版第1卷)》，载于《轶文集》第2卷第160—185页。

新闻出版的警察当局以其愚蠢行为发动进攻,是可能的。要不是书商们那么无用,叫它彻底垮台是轻而易举的事。这些愚蠢的工业家们对于政治自由一窍不通,而工业是政府所重视的唯一的东西。

刚刚出版了一本书:格拉泽的《黑格尔哲学和谢林哲学的区别》,这个作者曾评论过亚里士多德的形而上学(他想把亚里士多德的形而上学全部重新修改,您也许看过这本书吧)。《区别》在现在是一本罕见的书,尽管在哲学上有许多混乱的思想,无论如何是值得评论的。这本书是反对谢林最激烈的书,它试图把谢林说成是纯粹的剽窃者,这种说法的真实性当然是极其有限的。另一方面,他没有摆脱经院哲学。

您有兴趣评论这本书吗?我的意思是在《年鉴》上写一篇评论?

请迅速回我一信,别忘了附上为《轶文集》写的文章。

您的

阿·卢格

亲爱的马克思!格拉泽就是你在王冠大街瓦尔特家里埋怨过的那个人。你就狠狠地埋怨他一顿吧!我刚刚到达德累斯顿。

你的

阿·里德尔

劳驾请您把附在信内的为《莱茵报》写的文章寄给在科伦的荣克,您如果愿意,可以先看一看。

再次向您致以最良好的问候

您的

阿·卢格

9. 阿尔诺德·卢格致卡尔·马克思①

科 伦

1842年10月21日于德累斯顿

马克思先生:

亲爱的朋友,我猜您已经在科伦并认为从报纸上已经认出您来了。②《轶文集》正在印刷,我给您留着篇幅。③ 弗吕贝尔每星期印四个

---

① 卢格给马克思的这封信,连同他给荣克的信一起寄往荣克处。

卢格给荣克的信如下:

"格奥尔格·荣克先生:

我想马克思现在在您那里,反面的信就是写给他的。一切也都是写给您的。随信附上一篇'寄自德累斯顿的关于德累斯顿'的通讯。您愿意就这样发表呢,还是干脆作为通讯加上一个符号 D 或''发表,悉听尊便。我想发表在横线下面,不要放在附刊上。

关于萨克森的第一篇通讯在这里大受欢迎,争着一睹为快,人们多半同意全文。在这里,实际上有很多良好愿望,正在发生一场转变。通讯中有关埃希特尔迈耶尔的那一段,不过是一种鼓励,但这也无济于事,他懒得像块石头。谨致最良好的问候!

您的阿·卢格"

② 1842年10月上半月,马克思移居科伦,从10月15日起负责编辑《莱茵报》。

③ 卢格大概是指马克思的文章《共产主义和奥格斯堡〈总汇报〉》,该文于1842年10月16日发表在《莱茵报》上(《马克思恩格斯全集》第1版第1卷第130—134页)。

印张，八个星期内印完。——因此，如果可能，请尽快把您的稿子寄给我，或者——只要不超出四至五个印张——最好立即寄给苏黎世的弗吕贝尔（尤利乌斯博士），只需告诉他，这就是我对他说过的那篇稿子，应该用它代替最后那篇瑙威尔克的文章①（该文经删节后发表在《年鉴》上）。假如您还能一块参加，那真是好极了。您已经允许我在评书报检查令的文章②上署上您的名字，如果您愿意把您的全名一起署上，那就请您也把这个情况告诉弗吕贝尔。

然后，请您告诉我，我是否能并且何时能得到您评魏斯的《问题》的文章，③您的时间一般说来是否够用，除办报以外您是否还有空闲来做别的事情。我对此极为关注，因为迄今为止，您与其说是用履行诺言，不如说是用希望来使我得到安慰，而我清楚地看到，您一旦动手就能完成许多工作。

反面是为报纸写的一篇小文章。

您的朋友
阿·卢格

---

① 卡尔·瑙威尔克：《国家权力和杂志》，载于1842年10月14日《德国年鉴》莱比锡版第245期。

② 卡尔·马克思：《评普鲁士最近的书报检查令》，载于《轶文集》第1卷第56—88页（《马克思恩格斯全集》第1版第1卷第3—31页）。该文署名为"莱茵省一居民"。

③ 克利斯提安·赫尔曼·魏斯：《当前的哲学问题。致约·哈·费希特的信》1842年莱比锡版。关于马克思打算写一篇关于这本书的评论一事，别处无从查考。

10. 格奥尔格·海尔维格致《莱茵报》编辑部①

科 伦

[1842年11月22日于柏林] 星期二

我亲爱的朋友们:

《爱北斐特日报》刊登了并由《狄达斯卡里亚》转载了一则消息,②说我访问了"自由人"团体,但发现该团体低于任何批判水平。其实,我没有访问这个团体,因此不可能发现它低于或者高于任何批判水平。我没有访问它,是因为卢格谈到我们的朋友们的聚会时没有告诉我很多

---

① 这封信是海尔维格写给《莱茵报》编辑部的,他在1842年9月底至10月初逗留科伦期间结识了该报编辑部的成员。海尔维格和马克思之间的友谊也是在这个时候开始的。马克思把该信的前一部分作了修改,并且把它作为一篇通讯《海尔维格和卢格对自由人的态度》,注明日期"11月25日于柏林",发表在该报(1842年11月29日第333号)上(见《马克思恩格斯全集》(国际版新版)第1部分第1卷第371—372页),由此可见,这封信也是写给马克思的。这封信没有注明日期。根据《法兰克福报》和《狄达斯卡里亚》(1842年11月14日和18日)上的报道以及其他报纸关于海尔维格觐见弗里德里希-威廉四世(11月19日)的消息推断,信中提到的"星期二"只能是11月22日。

② 《柏林来信,11月10日》载于1842年11月14日《爱北斐特日报》,第315号第1版。——《诗人格奥尔格·海尔维格在……》载于1842年11月18日《狄达斯卡里亚》美因河畔法兰克福版第318号第3版。《狄达斯卡里亚》是《法兰克福报》的文艺附刊。

有教益的东西。① 他们以这种革命的浪漫主义、自命天才和自我吹嘘，损害着我们的事业和我们的党的名誉。卢格和我向他们坦率申明了这一点。他们对我们的态度很恶劣——总是如此！我不想出来反对他们，因此请您们在《莱茵报》上登一则消息，说明事情的真相。如果说我没有访问自由人团体，而他们就个人而言，大多数都是优秀人物，那么这不是因为我拥护别的什么事业，而只是因为我对这种轻浮作风，对他们待人接物的这种柏林派头，因为我尽管对法国革命十分尊重并满怀热情，但是作为一个也要摆脱这一革命的权威的人，对这种呆板的盲目模仿法国俱乐部的行径感到憎恶和可笑。

因为您们知道我的意图，我请您们适当加以处理。上帝可以作证，我像这些"自由人"一样革命，而且还想使他们全都成为合法的，但是胡闹、捣乱是没有好结果的。

这是一件事。现在讲另一件事，正如您们所看到的那样，它打断我把这封信直接写下去。您们会收到一份关于觐见国王②（他希望见到我）的愚蠢报道。同陛下见面并没有使我忘乎所以，如果可能的话，我现在会比去见他以前还更自由，更不受他的约束。雪恩来因是我们这次谈话的见证人。他先作了一番异乎寻常的恭维，说什么能同一位极其杰出的诗人亲自见面，——我简单地说一下，以避免枯燥乏味的赘述——然后他知道马上采取正确的立场，他说，我们是而且必然是敌人，但是我们愿作开诚相见的敌人。我们必然互相敌对，他仍然坚持他的事业等

---

① 关于卢格于1842年11月10日前后访问柏林"自由人"一事，见1842年12月4日阿·卢格给马克思的信（《马克思恩格斯全集》国际版新版第1部分第3卷第381页）和1842年10月18日阿·卢格给普鲁茨的信（阿尔诺德·卢格：《通信和日记》，1886年柏林版第1卷第286页）。

② 海尔维格觐见弗里德里希-威廉四世是在1842年11月19日。

等。他说，我的拜访使他非常高兴，而且他可以断言，比大约一年前另一位名人梯也尔先生的拜访要高兴得多。他祝愿我有一天……（这里我没有听懂他的话，好像是说了一个"大马士革"那样的词，或者类似的话①），并深信我以后会有巨大的成就，还希望在瑞士（我声明愿意永远留居那里）能再一次见到我，等等。给您们写这些东西，我真感到脸红，但是，为了使您们在收到的通讯中注意到这件事，我又不得不这样做。

因马上要动身到科尼斯堡去，今天就写到这里。

祝您们好！

您们的
格奥尔格·海尔维格

同时，我还要告诉您们，我已经同一个地道的共和主义者订了婚，② 这个姑娘能够就自由问题给我们大家上几堂精彩的课。

（原载《马克思恩格斯全集》1973年国际版第3部分第1卷）
（马哲组 译）

---

① 暗指《圣经》（《新约全书》，使徒行传第9章第3节）关于保罗由于在大马士革受到启示而改邪归正的故事。
② 1842年12月16日海尔维格同恩玛·西格蒙德正式订婚。

马克思恩格斯生平活动文献——其他人给马克思和恩格斯的书信（四）*

1. 阿尔诺德·卢格致卡尔·马克思

科 伦

1842年12月4日于德勒斯顿

亲爱的朋友，我刚刚收到您的来信，① 它跟那篇评论或者毋宁说反对"自由人"集团的文章②一样，使我感到十分惊讶。我没有想到他们会走得那么远，会当真把自己的空虚当作力量，就是说，我把在我面前出现的事情看作是自吹自擂，因为既不需要把这些人，也不需要把他们的空谈看作是什么了不得的事情。因此，您告诉我的关于梅因提出正式威胁的消息③使我惊奇不已。随后来自柏林的和29日的言论恰好击中了

---

* 本文选自《马列著作编译资料》1980年第17辑。

① 见《马克思恩格斯全集》第1版第27卷第434—437页。

② 卡尔·马克思：《海尔维格和卢格同"自由人"的关系》，载于《莱茵报》1842年11月29日第333号。该文发表时加上了"十柏林"等字样。（参看《马克思恩格斯全集》第1版第40卷）

③ 见《马克思恩格斯全集》第1版第27卷第436—437页。

要害,这个打击使我吃惊。我以为这件事情不会公开,并且在几天前为1843年写的一篇序言①中声明,我只是在原则上反对这种傲慢自大,浮夸矜持的作风。而现在决心下定了。

我完全赞向您的信和您的做法;我感到高兴的是,"自由人",或者更确切些说,这些轻浮的狂人,在您身上——在我什么也没有向您说过的情况下——也找到了坚决否定他们那种轻浮举动的性格。

这件事情有些地方是十分令人不快的。也许恰恰是您在这里能起有益的作用。因此,请您听我说:我不懂梅因为什么提出我和鲍威尔争吵的问题,② 因为我不过是提醒鲍威尔注意"自由人"这个团体,③ 注意他们在瓦尔堡④的那种作风(他们喝醉了酒就互相打骂一通,等等),因为这种作风有损于鲍威尔和他的事业的声誉。在我看来,这只是鲍威尔成就事业的先决条件,是在这种显而易见的危险面前应允许我作的友好劝告。而鲍威尔拒绝我的劝告,他把"自由人"的全部行径当作他拼命维护的一种事业,并且声明,他不愿离开自由人,也就是说不愿离开梅因、布尔、科本、施蒂纳等人。我现在当然只能说,我将试图"挑拨"尤其是科本本人去反对鲍威尔的暴政;如果能把这个团体解散,那是最合乎我的愿望的事了。只要他们分开了,每个人就会规矩得多,而且仍然可以发挥他们应有的作用。您看,这还谈不上是什么原则争论,

---

① 阿尔诺德·卢格:《序言,自由主义的自我批评》,载于《德国年鉴》莱比锡版1843年1月第1—3、2—4期。

② 见《马克思恩格斯全集》第1版第27卷第436页。

③ 1842年11月10日左右,卢格在出版商奥托·维干德的陪同下拜访了柏林的"自由人"。

④ 指F·W·C·瓦尔堡酒店,"自由人"晚上聚会的地方,1844年前是波斯特大街28号,从1845年起改为明茨大街28号。

我不想把替瓦尔堡的放荡不羁行为辩护看作是什么了不得的事情。当然我又感到意外的是，曾被鲍威尔用拳头敲打过脑袋的科本，在我当着埃·鲍威尔的面开玩笑式地攻击这种方式时，居然也出来为他们的所作所为辩护。

现在，我看到，这种强词夺理的辩护，几乎完全像疯狂的、侈谈无神论、共产主义、越轨、杀头和斩首等等并喜欢交际的作家的恶劣行为一样令人烦恼。只是我认为鲍威尔这个人很严肃，他对自己的奇谈怪论，不会比那种争论的欲望、对我的"教化"和我的"不彻底的反应"感到的愤怒，坚持更长的时间。我希望不要公开而认真地进行这种简直是枯燥无味的，我万万没有料到的辩论。我给鲍威尔去过两次信，第一次根本没有提到"自由人"，第二次只是回答了他托维干德转达的问候，尤其是反驳了说我曾正式警告您和报纸①要注意"自由人"（一封这种内容的信在施特赫利②那儿念过）的责难。我本来认为这样做也是多余的，因为您和荣克本人都了解"自由人"，而且比我自己更熟悉。

虽然鲍威尔尚未给我回信，但我可以相信，假如他在这些事件和混乱中看到的是年鉴③和报纸违反原则，那么他是发疯了。我认为，鲍威尔根本不可能醉心于这种虚荣和主观任性。他必须看到，他对"自由人"的态度完全错了，现在对他来说，只有采取公正无私的，尤其是道义方面和社会方面都无懈可击的学者的立场。他应该抛开大学生的平庸愚蠢之见，也不要对它们发生任何兴趣。他和我们大家由于思想上的矛

---

① 指《莱茵报》。
② 施特赫利是柏林宪兵广场（现在是学院广场）糖果点心店老板。这家店铺是"自由人"聚会的地方。
③ 指《德国年鉴》。

盾而牵涉进去的那些事情的确是太严重了。

您看，情况就是这样。我认为，鲍威尔毫无道理同我决裂——尽管有梅因的问题——而且他也不会这样做，因为我完全有理由把"自由人"的肮脏言行看作是一种肮脏言行，并且还要为了他自己的利益劝他不要跟他们同流合污。

尽管如此，这件事情可能发生——完全客观地来看，是很糟糕的。哲学不能对这种胡闹承担责任。

酗酒，嚎叫，——我认为——甚至殴打，全都可以让他们去干，只要不涉及严肃的内容并且不去玷污这种内容。我绝不会把这种放荡行为看作是鲍威尔的本质；但是，如果硬给这种放荡行为加上一些哲学和自由的教条和箴言，或者毋宁说，把自由变成这种行为的教义学，那就不行了。谁要坚持这样做，就是毁灭自己。

您给梅因的信将产生巨大影响。① 但是，主要问题在于使鲍威尔本人放弃这样的打算：为"自由人"和他们的空洞的自吹自擂辩护并把它冒充为某种理性的东西。

反对海尔维格的愚蠢的流言蜚语在他订婚之前就已传开了。当时，他不过是一个笨头笨脑的士瓦本人，而我是一个庸人（当然这主要是我自己的过失）。自命不凡和妄自尊大的确到了令人可笑的地步。雅科比，② 科尼斯堡人，《莱茵报》——即一些人物和政治意识的重要延

---

① 见《马克思恩格斯全集》第1版第27卷第436—437页。
② 科尼斯堡医生约翰·雅科比在他的一本小册子《一个东普鲁士人回答的四个问题》（1841年曼海姆版）中提出出版自由和召开全普鲁士人民代表会议的要求。小册子于1841年3月被德国联邦议会禁止。雅科比被控犯有背叛和侮辱陛下罪，并被宣布有罪。审判过程几乎进行了两年，之后他被柏林法院判处两年半要塞监禁，但在二审法院被宣布无罪开释。

伸——的作用在他们看来还比不上他们的教条和极端行为,他们根本就没有觉察到,这些教条和极端行为也经不起任何认真的攻击。

我再说一遍:我希望您把鲍威尔从这种气氛中拯救出来,也许您已通过给梅因的信做到了这一点——这些信他当然会转告鲍威尔的,如果它们还有那样大的力量的话——但最好是您向他本人严肃地抱怨"自由人"的胡作非为。鲍威尔不应被公开地卷进这种污泥浊水中去,而他太过于自信了,竟认为他能够不受影响。在德国,如果没有道义上的严肃态度,即使最好的事情也是办不成的,他所说的社会和国家的解体(意思是人类可以无须国家而生存)决不可能是他的真意,但是,作为反对我的一种自吹自擂,尤其是,说什么"人们只会否定一切而不知道肯定的事物"这样的话,是毫无意义的。总之,您是了解情况的。我不太相信鲍威尔会愚弄我们,并同"自由人"脱离关系。我希望,为了他,为了美好的事业而避免这种疯狂的愚弄。尽您所能而为之吧!但是,如果这种事情不能避免,如果"自由人"硬要宣扬他们自己和他们的荒谬原则,那么,我愿第一个全力以赴地去彻底打败他们并把自由的事业从暴虐的专横中解放出来,这种专横造成的恶果是:谁喊得最响亮,谁打得最起劲,谁就占统治地位。"自由人"只有一个办法,即解散自己的组织,做真正的人,才能受到重视。

随信附上为报纸写的一篇小文章。① 我愿意继续做些力所能及的事情。

遗憾的是弗兰克这个人这样懒散和迟钝,否则他对于您会是很有用

---

① 可能是指1842年12月11日《莱茵报》第345号上刊登的12月5日德勒斯顿通讯《议院。——二十印张的出版自由》。

的。我准备马上给其他的人去信,也准备给在柏林的我的弟弟①以及另外几个人去信,特别是给海尔曼·弥勒去信,他至少能供给您一些通讯和建立几处新的联络点。

也许费舍和施特劳斯向您谈到美学问题。通过费舍也许能弄到这方面的文章。我想在最近,或许就在今天给他去信。莱茵霍尔特·克斯特林可以写评论维尔腾堡人和巴伐利亚政治的文章。他现在在杜宾根,您必须亲自向他提出要求。如果您想找默茨——这两个人当中他当然要强些——的话,那他现在住在斯图加特,他既有才能,也有时间。如果您对他的文章不满意,那您可以把它退回,我想去求他写。

请代我向荣克致以衷心的问候。最后我还想说几句,您对于和蔼可亲的海尔维格这个正直、勇敢、非常客观的人没有产生怀疑,这使我多么高兴。要判断谁是谁非,只需把原告和被告加以对比就行了。衷心问候您。

您的阿·卢格

2. 阿尔诺德·卢格致卡尔·马克思

科 伦

1842年12月6日于德勒斯顿

亲爱的朋友,只有几句话,告诉您一个消息,梅医——正如我当时就猜到的那样——对布·鲍威尔的胡思乱想,是没有多少根据的②。鲍

---

① 指路德维希·卢格。
② 见《马克思恩格斯全集》第1版第27卷第436页;《阿尔诺德·卢格致卡尔·马克思(1842年12月4日)》。

威尔没有想到把柏林的辩论变成一场严重的纠纷和事业上的争吵。虽然如此,但是,11月29日的文章①看来使他感到非常不快,他说这篇文章是海尔维格写的,他无疑是得到了完全错误的情报。他刚刚给我寄来一篇他对施特劳斯教义学的评论,并为此写了一封信。② 但是"自由人"获得的经验对他们是非常有益的。这样的集团我们不能利用。然而,您又不能长期没有他们当中的个别人。对梅因,不能予以称赞,不能让他感到自己是"不偏不倚"的。而您严肃对待这些自由的文章,这很好。

3. 阿尔诺德·卢格致卡尔·马克思

科 伦

1842年12月10日于德勒斯顿

亲爱的朋友:

鲁滕堡昨天来访问我。他不会使您在"自由人"那里获得更多好感的。因为29日那篇反对自由人的文章是您根据海尔维格的信亲自写的(这是他告诉我的)③,所以我祝贺我们的同盟有了一个第三者,而这个第三者将必定是您。布·鲍威尔暂时会很生您的气,但愿不会太久。依我看,这件事情现在大体上结束了,实际上,在开始时就本应马上结束,就是说,布·鲍威尔本来不应该完全为自己的情绪所左右,承

---

① 见《阿尔诺德·卢格致卡尔·马克思(1842年12月4日)》注3。

② 布鲁诺·鲍威尔:《评大卫·弗里德里希·施特劳斯的〈基督教教理的历史发展及其和现代科学的斗争〉1840—1841年版第1、2卷》,载于《德国年鉴》1843年1月莱比锡版第21—24、25—28期。——卢格指的是布鲁诺·鲍威尔1842年12月5日写给他的信(德勒斯顿萨克森州图书馆,编号:h46,I,第21号)。

③ 《莱茵报》1842年11月19日第333号刊登了《海尔维格和卢格对"自由人"的态度》,它包含由马克思改写的海尔维格给报纸编辑部那封信的内容。

认"自由人"的那些举动。

  鲁滕堡虽然目前承认我是对的,但是在柏林他将很难抵抗"自由人"先生们的伟大天才和锋利无比的爪子,尽管事情已经很清楚,这个集团已无法维持下去,他们之中的每个人只有背弃这个集团才能获得拯救。

  致以衷心的问候!

您的 阿·卢格

莱茵河畔科伦《莱茵报》发行所
马克思博士先生阁下收

42 年 12 月 10 日于德勒斯顿

4. 布鲁诺·鲍威尔致卡尔·马克思

科 伦

1842 年 12 月 13 日于柏林

亲爱的马克思:

  你们在科伦收到许多有关这里情况的通讯,因此,如果我再提供这方面的文章,那就是多余的了。大多数信件都是这样一种东西,诚如你自己会向我承认的那样,假如我想进行种种更正,那我就太卑贱了。

  最近你也得到了对争吵究竟是怎样爆发的这个问题的解释。因此,就这方面来讲我也是多余的。你们终于通过接受海尔维格的通讯而公开地站到他那一边了,① 而且,你们在这样做的时候想必有更充分的理由,因为你们视而不见那篇通讯中的矛盾,即那个报道此地人的情况的

---

  ① 《莱茵报》1842 年 11 月 19 日第 333 号刊登了《海尔维格和卢格对"自由人"的态度》,它包含由马克思改写的海尔维格给报纸编辑部那封信的内容。

人自己说的,他没有亲自看见他们,再就是因为你们没有考虑到,这篇通讯的刺激性的语调是一个渺小的灵魂的标志。

从这里寄往科伦的每一封信,你本应根据你对有关的人和情况的了解予以评论。而你寄到这里来的信,① 在你把它们寄出之前本来最好让它们在你的办公桌上搁上一天。

这里是否存在着一个集团,一个使你十分生气的集团,是否存在着一个集团,我是否有可能想加入一个集团,这一点你应该了解得更清楚一些,而且在目前这种重要情况下会不言自明的,而你无须对此进行商讨和作出决定。

关于是否存在着当真地把自己当成自由人来招摇过市的"自由人"的问题,我的答辩书②将作出说明,在这本书中我专门用了一节来论述这个问题。

如果说这里存在着一个集团,那么人们会从报纸上看到它,然而从《埃尔宾通报》③起直到科伦为止传来的都不是一个集团,而是一个被激怒的人或几个人。

这里的人的正确是无可争辩的,因此,他们不管遇到多少刺激仍然保持其沉默。

亲爱的马克思,柏林是很正确的,柏林人很少由于自己的错误行动

---

① 在没有保存下来的马克思寄往柏林的书信中,有两封是给爱德华·梅因的,它们写于1842年11月13日以前(参看《马克思恩格斯全集》第1版第27卷第436—437页;《阿尔诺德·卢格致卡尔·马克思(1842年12月4日)》)。

② 布鲁诺·鲍威尔:《自由的正义事业和我自己的事业》1842年苏黎世和温特尔图尔版第11节《退出教会》。

③ 亨利希·贝塔(贝特齐希):《柏林危机》,载于《埃尔宾通报》1842年11月9日第89号(通讯标志"β")。

而引起别人的轻率责难,因此关于这件事我根本不愿再谈了,否则我就免不了要涉及太多不愉快的事情,而这里没有人对此是有过错的。

我宁愿另外找时间写信给你,谈谈使我们感到愉快和亲近的事情。

再见

你的布·鲍威尔

5. 亨利希·约瑟夫·克拉森致卡尔·马克思

克罗茨纳赫

1842年12月21日于科伦

我亲爱的朋友:

我们的摩塞尔通讯员刚刚给总督寄去了一份无用的答辩书,在事实方面只提到了一点,那就是有关的乡镇是别恩堡。① 同时还给您写了一

---

① 《莱茵报》摩塞尔通讯员彼得·约瑟夫·科布伦茨在他的《摩塞尔居民对外地出版运动的同情》和《论开放公共土地的必要性》(《莱茵报》1842年12月12日第346号,"#别恩堡,12月10日"和1842年12月14日第348号,"++摩塞尔,12月12日")两篇文章中,报道了摩塞尔河沿岸地区酿造葡萄酒农民的贫困状况。莱茵省总督冯·沙佩尔曾指摘科布伦茨,说他歪曲事实和诽谤政府("根据莱茵报第348号上所登载的一篇……",载于《莱茵报》1842年12月18日第352号,第1版,1—2栏)。由于科布伦茨无力全面论证他的文章里的论点,从而驳倒对他的指摘,于是马克思便把这个任务担当起来。他的文章《++摩塞尔记者的辩护》发表时用的是科布伦茨的通讯标记(《莱茵报》1843年1月15日第15号,17—20日第17—20号。《马克思恩格斯全集》第1版第1卷第210—243页)。马克思根据他所收集的关于摩塞尔河沿岸地区酿造葡萄酒农民的贫困状况的大量材料,对现存制度作了尖锐的批评。马克思写的后面几部分都被书报检查机关查禁了。这篇文章的发表是查封《莱茵报》的原因之一(见《马克思恩格斯全集》第1版第27卷第438页)。

封信，主要内容如下：①

"明智要求被打得半死的人退出战斗。我的备用文章的内容如下：接着是尼·瓦德涅尔先生的请愿书的来由。②

从要求特拉尔巴赫的克拉夫特博士和马尔提尼牧师公正地报道摩塞尔的状况这件事情中可以看出，内阁对本地的政府是多么不信任。"

摩塞尔通讯员就说了这些。您愿意给尼·瓦德涅尔写信吗？这个事实也许有用。此外，您大概看到了，我们的卑怯的朋友完全把我们抛开不管了，我们只有依靠我们自己。

请代我向您的未婚妻致以衷心的问候，希望您马上回来。

您的 克拉森克

罗茨纳赫

42年12月21日于科伦

威斯特华伦夫人阁下
转交卡·马克思博士先生收

（原载《马克思恩格斯全集》1973年国际版第3部分第1卷）

（马哲组 译）

---

① 总督冯·沙佩尔要求摩塞尔记者告诉他，哪个地方没有把柴火分给居民。见《莱茵报》1842年12月18日第352号。

② 第四届莱茵省议会议员，地主尼古拉·瓦德涅尔于1836年向王储递交了一份特利尔行政区农民请愿书。见《马克思恩格斯全集》第1版第1卷第239—240页。

威·李卜克内西和海·朗姆有关杜林问题给恩格斯的若干封信[*]

1. 威·李卜克内西致弗·恩格斯

伦 敦

1875年10月15日于莱比锡

亲爱的恩格斯：

附上一封信，这类信不是独一无二的。[①] 这就急需在《人民国家报》刊登详细批判杜林的文章，我再一次请求你来做这件事。

与此同时你们要对德国的形势作出更正确和更公正的评价。[②]

要是你不愿写关于杜林的文章，请马上告诉我。

---

[*] 本文选自《马列著作编译资料》1980年第11辑。

[①] 指杜林分子阿伯拉罕·恩斯1875年10月3日从日内瓦写给《人民国家报》的信。

[②] 恩格斯在1875年10月11日给威廉·白拉克的信（《马克思恩格斯全集》第1版第34卷第147—149页）和1875年10月12日给奥古斯特·倍倍尔的信（《马克思恩格斯全集》第1版第34卷第150—152页）中，对1875年5月召开的哥达合并代表大会的结果，作了详细的评价。

向你们大家致以衷心的问候

你的

威·李卜克内西

新的党组织情况很好,克服拉萨尔主义比我想象得更容易、迅速。要是你想知道,我愿详细告知。

2. 威·李卜克内西致弗·恩格斯

伦　敦

1875年10月25日于莱比锡

亲爱的恩格斯:

我已经写信答复这个人(杜林分子),而且写得很尖锐。我不能再在《信箱》栏内答复他,不过我在等待时机,回击这种广告式的宣传,说明这是对杜林的崇拜,并宣布进行批判。而你必须尽快地提供批判文章。

你大概已经知道,关于杜林的文章是倍倍尔写的,倍倍尔对于无耻地攻击摩尔一事毫无所知,这一点我当时就写信告诉你了。①

---

① 李卜克内西在1874年6月13日的一封信中表示同意倍倍尔在1874年3月13日和20日在《人民国家报》上发表的题为《一个新的"共产党人"》的文章。

哈森克莱维尔已经辞职,整个执行委员会是"廉洁"的。① 拉萨尔主义还在汉堡和阿尔托纳的部分委员身上作祟;在柏林和莱茵地区几乎完全没有这种情况。那些优秀的热心者也几乎无一例外地改变信仰了;脑袋砍掉以后,现在就只有一条痉挛抽搐的尾巴了。白拉克同执委会双方取得了善意谅解。由于汉堡事件(指勃寥艾尔的宣传)② 而采取了一项措施,③ 现在由于涉及拉萨尔的建议,这项措施已经撤销了。白拉克应该公开来一趟汉堡,这会产生非常好的影响。

我可能要受到汉堡人的责备,因为我在《人民国家报》上只字未提拉萨尔的忌辰。我要他们注意麦西亚搞的"拉萨尔崇拜"的愚蠢举动,而且非常详尽地向他们讲述了事实的真相,他们才平静下来。我个人同这些人的关系还不错(我作关于法国革命的报告时听众有五、六千

---

① 在1875年5月举行的社会民主工党和全德工人联合会的合并代表大会上,决定汉堡为党的执行委员会所在地。6月8日组成执行委员会,参加执行委员会的有:哈森克莱维尔、哈特曼、奥艾尔、德罗西和盖布。10月13日《人民国家报》发表一项声明,宣布哈森克莱维尔辞去党的执行委员会委员的职务,理由是他是《汉堡—阿尔托纳人民报》的编辑,因此不能担任这个职务。

② 1873年,在汉堡裁缝勃廖艾尔的领导下,从全德工人联合会分裂出一个正统的拉萨尔派组织,这个组织虽然在数量上和政治上微不足道,但它在哥达合并代表大会上同以前的拉萨尔分子一起反对两个工人党派的合并。

③ 1875年6月,德国社会主义工人党执行委员会刚一成立,就决定从党的文献目录中删去三本反对拉萨尔的著作:威·白拉克:《拉萨尔的建议》,1873年不伦瑞克版(W. Brackes:*Der Lassalle' sche Vorschlag*,Braunschweig 1873)、伯·贝克尔:《斐迪南·拉萨尔在工人中间宣传的历史》,1874年不伦瑞克版(3. Beckers:*Geschichte der Arbeiteragitation Ferd. Lassalles*,Braunschweig 1874)和《揭露斐迪南·拉萨尔悲惨的寿终正寝》1874年不伦瑞克版(*Enthüllungenüber das tragische Lebensende Ferd*,*Lassalles*,Braunschweig 1874)。

人,获得了大家的赞扬①),对此我敢保证,他们的头脑马上就会清醒过来。李希特尔这个无赖,不断崇拜拉萨尔主义,敌视科学社会主义,如果他再不听话,我们就把他开除出去。②他曾经被执委会传询过,开除他一个,将有半打来接替他。

然而现在我就要被撵出编辑部了(星期日十二时)。再见!不要很久了,也许在充满生气的柏林。

别忘了收拾杜林,要狠狠地收拾他。

向你和摩尔问好

3. 威·李卜克内西致弗·恩格斯

伦　敦

1875年11月1日于莱比锡

亲爱的恩格斯:

附上一封反驳我拒绝替杜林作广告式宣传的复信。我要在《信箱》栏(在下一号的《信箱》栏)出击了,③但现在请尽快和尽量彻底地批判杜林的著作。贝克尔支持恩斯的要求,这将向你表明,必须一劳永逸

---

① 1875年2月1日和3日,李卜克内西作了两次关于1789年法国革命的社会内容的演说。

② 前拉萨尔分子恩·贝·李希特尔在哥达合并代表大会以后,仍然推行分裂党的政策,因而在1876年党的代表大会上被开除出党。

③ 1875年11月5日,李卜克内西在《人民国家报》《信箱》栏内发表了阿伯拉罕·恩斯的来信,并预告要在中央机关报上批判杜林的著作。

地把这件事情了结。① 请别忘了清算杜林的哲学。恩斯的信请顺便寄回。

你能否为我们新出的人民画报附刊写点东西?② 我听说你在写一部历史著作,当然是会有剩余材料的。

明年我要路经巴黎到你们那里去一趟,商谈一些只须口头解决的问题——如果我们的时间有富裕的话。

明天我去柏林。我对那些人很好奇。

向你和摩尔及全家问好

你的

威·李卜克内西

4. 威·李卜克内西致弗·恩格斯

伦 敦

1875 年 11 月 26 日于莱比锡

亲爱的恩格斯:

收拾杜林的文章请不要让我久等。

文章请寄柏林,寄到帝国国会或我的私人住宅威廉大街95号。

---

① 同一天,李卜克内西写信给贝克尔:"《人民国家报》最近将刊登详细批判杜林的文章。我正要在《人民国家报》信箱栏里答复恩格斯。我必须摆脱这种替杜林做广告的把戏。"

② 《新世界。人民画报附刊》于1876年1月在莱比锡出版,每周一期,编辑是威廉·李卜克内西。1876年恩格斯在《新世界》上发表一组文章《威廉·沃尔弗》,第一篇文章是1876年7月1日发表的,并附有沃尔弗的照片。

这一次我们要在柏林呆相当长的时间，也许会引起一些"争吵"。

柏林将要出版一家日报，①这样就会使《新社会民主党人报》渐渐成为多余的，因而《人民国家报》就变成唯一的中央机关报。这是前《德意志总汇报》所希望的！你该明白这是怎么一回事了吧！遗憾的是，我们除了哈赛尔曼外，没有合适的编辑。布洛斯已经被克里米乔聘任，而且汉堡也需要一位编辑，你能介绍一位吗？薪金优厚。

你一定要不时为新的人民画报附刊写点东西，②我们这里的负担很重。

明天我又要去一趟柏林。

向你和摩尔及全家问好

匆此

你的

威·李

---

① 指《柏林自由新闻报》。该报从1876—1878年在柏林出版，起初编辑是哈赛尔曼，1876年中报社迁至不莱梅后，由莫斯特任编辑。

② 《新世界。人民画报附刊》于1876年1月在莱比锡出版，每周一期，编辑是威廉·李卜克内西。1876年恩格斯在《新世界》上发表一组文章《威廉·沃尔弗》，第一篇文章是1876年7月1日发表的，并附有沃尔弗的照片。

5. 威·李卜克内西致弗·恩格斯

伦　敦

1876年5月16日于莱比锡

亲爱的恩格斯：

你的《工人阶级状况》的内容是什么①？附上莫斯特的稿件，它将向你表明，甚至头脑清醒的人也会传染上杜林瘟疫，②清算是必要的，稿件请寄回。

此外，附上一张作为摧索者的鲁普斯的木刻像拷贝③。不要让我久等！

是否根本无法弄到关于土地问题的蓝皮书？

---

① 恩格斯的著作《英国工人阶级状况》在1845年由莱比锡出版商维干德出版第一版。到七十年代，这部著作在工人运动中几乎还不为人所知，所以，埃森纳赫派，特别是李卜克内西作了种种努力，准备在莱比锡联合印刷所出版第二版，但是由于维干德出版社不愿放弃制版权，这部著作的德文第二版直到1892年才在斯图加特出版。

② 指莫斯特写的吹捧杜林哲学，特别是吹捧杜林1875年出版的《哲学教程——严格科学的世界观和生命形成》的文章。恩格斯看了这篇文章的手稿后，又把它寄给了李卜克内西，李卜克内西不同意莫斯特在《人民国家报》上发表文章。后来，莫斯特把这篇题为《一位哲学家》的文章发表在1876年9—10月的《柏林自由新闻报》上。

③ 《新世界。人民画报附刊》于1876年1月在莱比锡出版，每周一期，编辑是威廉·李卜克内西。1876年恩格斯在《新世界》上发表一组文章《威廉·沃尔弗》，第一篇文章是1876年7月1日发表的，并附有沃尔弗的照片。

你知道波克罕的什么消息吗？几个月前他给我写过信，但是从那以后一直杳无音信。

请注意"李希特尔"，也要警告《前进报》的人。我有怀疑的根据，而这些根据是同你的所有介绍相一致的①。

向你和摩尔及全家问好

你的

威·李

莫斯特的稿件是作为印刷品邮寄的，否则寄费太贵。

6. 威·李卜克内西致弗·恩格斯

伦 敦

1876年7月25日前于莱比锡

亲爱的恩格斯：

附上莫斯特的稿件②。我当然狠狠地尅了他一顿。但是你看，该切切实实地干起来了。杜林的一套玩意根本没有什么危险，用沉默扼杀它，反而会使它获得活力。

请把关于鲁普斯的论文续篇寄来。

我的明信片你就可以收到，不过你可以把事情彻底研究一番。你应该

---

① 指俄国流亡者德·伊·李希特尔有间谍的嫌疑。可是，以后查明，这种怀疑是没有根据的（见《马克思恩格斯全集》第1版第34卷第173—176页）。

② 指莫斯特1876年7月20日致李卜克内西的信。

问一下维干德，他还有多少份，我们了解一个数字，我们好采取措施。

燕妮和孩子们好吗？

大家都好吧？

向你、你的夫人以及摩尔一家衷心问好。

你的
威·李

明天我要去图林根几天。

顺便提一下，我想起一件事：对巴枯宁主义者的和解的尝试，你们采取什么态度？双方代表在预先分别开会以后，也许同意开一个共同的代表大会。把你们的意见写信告诉我①。

莫斯特信中提到的H，是哈赛尔曼。莫斯特的信请顺便寄回。

---

① 保皇派利用巴枯宁葬礼，大肆宣传同直到1876年7月名义上还存在的国际工人协会的各支部和联合会的所谓团结一致。10月26—30日在伯尔尼举行的保皇派代表大会就是为此目的服务的。伯尔尼社会党人给哥达代表大会寄来了贺信，表示居住在瑞士的巴枯宁分子希望和解，并向德国社会主义工人党发出了邀请。根据倍倍尔的建议，代表大会决定"以友好的和兄弟般的精神进行答复"。马克思声明表示同意，但同时在1876年10月7日给李卜克内西的信中提醒他们要注意保皇派在国际工人运动中的作用。他在这封信中说："在任何情况下必须避免同这些一贯力图瓦解国际的人进行任何实际的合作。"（《马克思恩格斯全集》第1版第34卷第194页）恩格斯在1876年12月21日给贝克尔的信中提醒后者注意这种和解的企图："李卜克内西清楚地知道，他应该做些什么，他问我们怎样看待关于和解的建议以及我们对他们采取怎样的态度，我已回答他说，没有任何态度；这些家伙本性难移，谁想在这个问题上碰钉子，就让他碰去吧。而在这以后采取了愚蠢的轻信行动，似乎是在跟一些最光明磊落的正派人打交道"（《马克思恩格斯全集》第1版第34卷第219页）。

7. 威·李卜克内西致弗·恩格斯

伦敦

1876年8月31日于莱比锡

亲爱的恩格斯：

拉〔甫罗夫〕的信奉还。我的那些被古〔烈维奇〕偷偷交给警察局的信件，本来就是写给施梯伯看的，所以没有给俄国的先生们写很多的信。拉甫罗夫搞错了，他以为我会相信任何一个俄国流亡者。至于这些人胡扯些什么，对此我是不负责任的，而他们真是扯得天花乱坠。车〔尔尼雪夫〕不是受我的委托去柏林的，不过我知道他去柏林，而且在那里也没有什么可以指责的。①

关于沃尔弗的文章你马上可以收到。

代表大会形式上是令人讨厌的，实际上是有成果的。弗罗梅事件是

---

① 拉甫罗夫从李卜克内西1876年8月4日的信中知道，古烈维奇"巧妙地把一包信件留给了邮局和警察局"。拉甫罗夫在1876年8月7日的信中把这件事告诉了恩格斯，并写道，古烈维奇好久没有取出他的留局待领的信，其中包括李卜克内西寄来的信，所以这些信就被打开了。拉甫罗夫请恩格斯转告李卜克内西，要他对其他俄国人注意，不要再犯这类错误，但是他们没有根据怀疑这个年轻的俄国社会主义者，他是他们在柏林的联系人，而且由于他的政治积极性，他被俄国社会主义小组专门推荐来的。拉甫罗夫接着写道，1876年8月6日他收到了一个名叫弗拉季米尔·加夫里罗维奇·杰赫捷辽夫从莱比锡寄来的信，此人在信中以所谓德国社会民主党的名义写道，他们为调查这件事，已经派出一个名叫伊凡·雅科夫烈维奇·车尔尼晓夫的人去柏林。

由哈赛尔曼一手挑起的,他当时大发了一通脾气。我们同哈森克莱维尔会相处得很好,不用担心分裂。要是没有哈森克莱维尔的加入,分裂倒是有可能的①。

关于新出版的报纸,我非常希望得到你和马克思的支持。我已在代表大会上预告了关于批判杜林的文章,因为会上有人指控我要以沉默来扼杀杜林(弗里茨舍,一个狂热的杜林崇拜者,他当然不会成功)②。

下周我要在基尔和柏林受审,原因是侮辱军队和侮辱国王陛下。但愿审判不要化费很多的时间。

再见!我多么羡慕你们的海滨远足啊!

向你们大家致以衷心的问候

你的

威·李

如果维干德只有不多的几本(我相信是这样),那么,我们就全价把它们买下来。所以你问一下也许是值得的。

---

① 在1876年8月19—23日在哥达举行的社会主义工人党代表大会上,卡·弗罗梅对包括倍倍尔和李卜克内西在内的几位地方报纸的编辑提出指控,说他们获得了《法兰克福报》发行人宗内曼的资助。由于在代表面前佢无法证明他的指控,因而被代表大会否决了。在讨论中央机关报的所在地和领导权的时候,原来的社会民主工党党员和全德工人联合会会员之间展开了激烈的争论。哈赛尔曼反对《前进报》不在柏林,而在莱比锡出版的决定,拒绝同李卜克内西一起负责中央机关报的编辑工作。哈森克莱维尔接替了他的职务。

② 从1876年9月1日《人民国家报》上的一篇报道看来,李卜克内西在1876年8月举行的党代表大会上曾经宣布:"马克思和杜林将〔在《人民国家报》上〕发表各自的观点"。

我们马上订购十本。要是他说现在只能交付几本，那么我们就一本一本地订购。不过这样时间就要拉长。如果你催问一下，也许会缩短一些。

8. 威·李卜克内西致卡·马克思

伦　敦

1876年10月9日于莱比锡

亲爱的摩尔：

《人民国家报》上的报道不是我写的，我连看也没有看过。我只是从你那里才知道这个差错。这篇报道是莫特勒写的，他把你和恩格斯搞混了。我说的当然只是恩格斯。

我们对待汝拉派非常谨慎，这一点你会注意到的。党拒绝正式参加代表大会。也许有人要去参加，可能是倍倍尔。不过我们无论如何是要同工人联合会合作的（令人憎恶），谢谢你的启示。

下一号《前进报》将要刊登《欧洲的耻辱》一文，我早就在这方面下功夫了。我虽然不能在报刊上有所作为，但是通过几次讲演，我把事情说清楚了，而且没有出现什么差错。①

---

① 马克思在1876年10月7日写给李卜克内西的信中说，现在已经到了《前进报》必须研究东方问题的时候了，并向他解释了俾斯麦政策所扮演的不可告人的角色，这种政策是"欧洲的耻辱"。"我认为，你有责任写一篇社论，来揭露那些乔装反俄的德意志普鲁士资产阶级报刊所扮演的可鄙角色，它们最多不过是批评一下外国的大臣们，而对于自己本国的俾斯麦却保持虔诚的缄默"（《马克思恩格斯全集》第1版第34卷第195页）。因此李卜克内西写了一篇长文，题目是：《欧洲的耻辱》，刊登在1876年10月13日《前进报》上。

《法兰克福报》的态度实在可耻，我也踢了它一脚。"科伦女人"的态度使我捉摸不透，可是这家坏透了的报纸又无令人满意的"根据"。

上星期我家有不少病人——所有的孩子除最大的外，都病了。

昨天阿利萨同我的编辑部同事盖泽尔订了婚。他是一个好小伙子。可是我这个做丈人的总显得很古怪。

卡尔斯巴德之行好吗？

向大家问好

老图书馆①

9. 威·李卜克内西致弗·恩格斯

伦　敦

1876年10月16日于莱比锡

亲爱的恩格斯：

为了合同的事，我到律师那里去过两次，答复是：合同必须有，否则问题就说不清楚。第一版早在1846年就已经脱销，现在还不筹备第二版，合同就要失效，所以有点问题。请来信授权我同维干德商谈商谈。我相信他虽然拥有版权，却根本没有兴趣出第二版。

关于批判杜林的小册子将认真地按照你的愿望去办。我们的新书部分装帧很漂亮，在包换的条件下也要出一千册投放市场，我正在抓紧

---

① 图书馆（英语：Library）是马克思的女儿们给李卜克内西起的绰号。——译者注

办理。

对待巴枯宁分子我是十分谨慎的,写信尽量保持冷静,我们不正式参加代表大会,我们中间要是有谁（可能是莫斯特,因为我和倍倍尔都离不开）以私人身份前往,事先须取得苏黎世人的同意,所以不会有问题。要是没有那么多正派的人（如埃利塞·勒克律等人）陷入这个糟糕的联合会,我就会采取完全拒绝的态度。

附上我大女儿的订婚礼帖。这件家务事告诉我,我老了。

附上朗姆的一张便条！衷心问好！

你的

威·李卜克内西

批判杜林的单行本（用上等纸张,带封皮）要在包换的条件下发行约一千册。广告同时刊登在书目、《行市报》和选举传单上。

关于《工人阶级状况》一书,作者最好要出版商发表一个简单声明,他是否以及何时筹备出版第二版。

此外,一切取决于合同的措词。

所以我们自己不能进行干预,因为维干德马上就会发现,这件事件与我们有很大关系。他可能要出新版一千册,每册售价六马克。

10. 威·李卜克内西致弗·恩格斯

伦　敦

1876年11月30日于莱比锡

亲爱的恩格斯：

　　头两份稿件已经收到。好极了。一切照办。过几天你就能收到第一批校样①。向你和摩尔问好

　　（关于选举的宣传正在顺利进行，前景要比预料的好，除非我们有更"需要的事情"要做！）

　　地址照旧，因为现在我不常去报社。到前天为止，我已经在奥芬巴赫狄堡区呆了十天了，因为那里几次宣传的成绩都不大！

---

　　① 恩格斯在1876年9月到1877年1月初写了《反杜林论》第一编。从他给李卜克内西的信中可以看出，他在1876年9月底到1877年1月9日把手稿寄往莱比锡。"附上哲学这一编的结尾部分。我将立即转入政治经济学以及社会主义等编，但是在完成哲学这一编以后总可能会有一段间歇"（《马克思恩格斯全集》第1版第34卷第222页）。手稿一寄到莱比锡，就马上排字，校对清样。第一编作为一组文章从1877年1月3日到5月13日在《前进报》正刊上连载，标题是《欧根·杜林先生在哲学中实行的变革》。1877年7月这一编在莱比锡出了单行本。

11. 威·李卜克内西致弗·恩格斯

伦 敦

1876年12月8日于柏林

亲爱的恩格斯：

我刚刚从我们的财政大臣盖布那里获悉，我的两个非常非常贫穷的选区（萨克森和黑森）将得不到足够的款项，而党的机关却以为我会以私人的名义筹措必要的资金。可是我除了到处打听以外，什么办法也没有。所以也想问问你，你能否给我们几个英镑①？这些钱很有用。我在我的这个选区里又当选了，但是我们需要更多的钱，因为执行委员会除宣传费用以外只能支付一百马克，而在奥芬巴赫，要是有足够的资金，我是可以当选的。这一点我在最近一次宣传旅行中确信无疑。会议结束时（大约在20日）我可能要暂时离开这里；在三读议案时，我们必然会各得其所。

在关于烧酒的小册子上没有署你的名字，在书目上考虑也不那么周到——但是这种状况是要改变的②。

请你把《工人阶级状况》交给我们去出版，这对在党内进行传播

---

① 1877年1月9日恩格斯通知李卜克内西，他早就通过白拉克给盖布寄去过十英镑（《马克思恩格斯全集》第1版第34卷第222页）。

② 《德意志帝国国会中的普鲁士烧酒》一文写于1876年2月，恩格斯在文章中揭露了普鲁士容克的阴谋。这篇文章于1876年2月25日、27日和3月1日在《人民国家报》上发表，并出了单行本（《马克思恩格斯全集》第1版第19卷第41—59页）。

是有利的。白拉克很有事业心，但在这一点上，他没有同我们竞争。我担心的是这本书会不会落到别人手里。我们的图书发行业务必须而且将要进行全面的改革。

我把你的信留在莱比锡了，因此我不知道是不是把一切事情都办完了。

向你和摩尔一家问好

你的

威·李

一校样我已于星期三在莱比锡收到，马上发表。我雇了一个很能干的排字工人，他工作好而且快。

12. 威·李卜克内西致卡·马克思

伦　敦

1877年1月12日于莱比锡

亲爱的摩尔：

新年好，谨致节日的祝贺。来信收到。选举结果是辉煌的，席位多，选票更多。恩格斯反对杜林的文章很精彩，效果很好！

报纸已经给你寄去，但是你的地址是瞒不过施梯伯的。今天又寄出一个邮件。

向大家问好

你的

图书馆

谁愿意当图书馆,施梯伯阁下?哈哈,青年们知道。

13. 威·李卜克内西致卡·马克思

伦 敦

1877 年 4 月 16 日于柏林

亲爱的摩尔:

谢谢你的祝贺①。

但愿恩格斯冷静一些,要不就请你劝劝他。他对我们这里正在克服的困难没有足够的估计。我们的党人手不足,结果是现有的力量过分疲劳和分散。自从选举运动开始以后,我没有看过半张《前进报》。我要召集五十多次会议(多数不在莱比锡开),参加十几次国会。而别人的境况也好不了多少。所以一切事情总不是那么顺利,这是很自然的,也是可以原谅的。

在恩格斯看来,不按时刊登他的文章,是出于恶意,虽然不是我的恶意。这完全是误解。恩格斯的文章使一小撮杜林分子极为恼火,可是博得了好评,《前进报》的每一个读者都在高兴地等待着经济学部分。

为了保证今后按时发表,昨天和前天我亲自去印刷所作了必要的安排,我相信,从现在起一切都会顺利的。

我倒没有什么,不过恩格斯不要对我扮演愤怒的阿基里斯的角色,在我们十分需要他的时候,他不要退到自己的帐篷里去。难道你不愿意

---

① 显然是指对李卜克内西 1877 年 3 月 29 日五十一岁寿辰的祝贺。

为恢复原来的亲密关系尽可能做点工作吗？

前几天，我请杜西为我们的《新世界》翻译一些合适的英文或法文短篇作品之类的东西，或者提供一些原件。请你告诉她，《新世界》的经济状况很好，可以支付可观的稿酬。

国会要继续开到五月底，然后我要服刑两个月①。要是我还有时间进行我早已计划的巴黎之行，我就到伦敦来住几天，同你聊聊往事和其他事情。

向你和你的全家问好。

你的

图书馆

我全家都很好，只是我的夫人稍有不适。好的气候或许能使她恢复健康。

14. 海·朗姆致弗·恩格斯

伦　敦

1877年6月29日于莱比锡

尊敬的恩格斯先生：

第84页上的大错是我们不能容忍的。② 现在请问一下，在第83、

---

① 李卜克内西于1877年7月15日到8月15日在莱比锡区属监狱服刑。

② 1877年7月15日恩格斯向马克思谈了《反杜林论》的出版情况，并告诉他："《政治经济学》的初校样已经在这里。《哲学》的第六印张漏掉了二十九行，正在重新排印"。（《马克思恩格斯全集》第1版第34卷第47页）

84、85 和 86 页上能不能把这几行加进去，使前后连贯一致？要是能加进去，我请您把附上的四页照此处理一下。这样我们就只要把四分之一印张重印一下。要是不行，就只好把第六印张重印一遍，每一页再多加一行。这样可以多加十六行，还有十三行，就只好把字排紧一些，在各节挤出地方来安插。不过缺少的二十九行会不会印在别的什么地方？请劳驾再核对一遍。

第 113 页，也就是第八印张的第一页还没有印，因为在倒数第三行的地方也缺了几行。为了让您总的看一下，我把校样寄去。但是在作记号的地方我未发现有遗漏，因此，请您在附上的《前进报》上标明一下。

您一定会原谅这次不应有的过失，我对这次过失比任何人都感到恼火。在付印前只要我亲自审阅各个印张，我总要把原文逐章逐节地同《前进报》核对一遍。可惜，我们总是不能信赖那些我们不得不担保的人。

附上的木刻拷贝一定会使您感到高兴。要是我们有足够的收入办这个《新世界》，我们就只出版优秀的原著，而且在纸张方面也要比资产者高出一筹。

李卜克内西的近况很好，他星期天有空闲时间（每次有十二小时），这还不好吗？要是常常能这样，我简直不知道，我们"在这个王国"还有什么可抱怨的？

致以友好的问候

忠实于您的

海·朗姆

又及：现在已由每周十二小时缩减为三小时了。但这只是特殊情况。所以我们高兴得太早了。文章正在排字！1877 年 7 月 3 日。

15. 海·朗姆致弗·恩格斯

伦　敦

1877年7月10日于莱比锡

今天我已把校样（第八印张第二部分）包好寄出。请注意，从现在起，我们准备先出单行本，以避免（六）上面发生的那种事情。

所以请您把上次寄给您的校样第113—120页和现在附上的121—128页马上寄回①。

《政治经济学》部分第一篇论文的结尾部分（约三页）将在明晚见报，而整个这一编将在《前进报》学术附刊第1号上发表②。

我对第84页上漏掉的句子所作的说明马上寄给您。

致最崇高的敬意

您的

海·朗姆

---

①　1877年7月15日恩格斯向马克思谈了《反杜林论》的出版情况，并告诉他："《政治经济学》的初校样已经在这里。《哲学》的第六印张漏掉了二十九行，正在重新排印"。（《马克思恩格斯全集》第1版第34卷第47页）

②　《反杜林论》第二编（马克思也参与了写作）是恩格斯于1877年6—8月写的。这一编以《欧根·杜林先生在政治经济学中实行的变革》为题，于1877年7月27日至12月30日分九次在《前进报》学术附刊和副刊上连载。

16. 海·朗姆致弗·恩格斯

腊姆兹格特

1877年7月27日于莱比锡

今天早晨把（九）共两份包好寄出，今天晚上将寄出（十）的前三页，到此第三篇论文就结束了。手稿也同时寄回，因此必须把下一部分寄来①。

关于这个单行本，我是这样想的：把书店的订货和每一本要送发的新书都一起交付。书名定为《欧根·杜林先生和他在科学中实行的变革》。根据《前进报》印成小册子。新书向所有的大学城发行。通过《前进报》发行处出售的这些书，分为上下两册，用一个特别的名称，把杜林的名字放在第二行，对此您有什么意见？您想写一个预告吗？第六印张正在排字，不会再丢三落四了，校样将在星期五给您寄去。有机会请到拉姆兹格特邮局问一下，因为我忘了今天早上写地址时是否写上了门牌号码。

您的

海·朗姆

---

① 第三编的写作日期可以完全肯定是在1877年8月初到1878年3月底4月初。

17. 海·朗姆致弗·恩格斯

伦敦

1877年11月3日于莱比锡

尊敬的恩格斯先生：

根据您的愿望，我们尽早把目录搞出来。为了完成这部著作我们十分盼望着您的下一部分手稿①。您那么晚才收到那个小册子，这不是李卜克内西的过错，而是我的过错，因为是我疏忽了，没有调查是否执行了大约六星期以前我发出的有关指示。今后我要亲自处理诸如此类的事情②。您去找您的书商时，请打听一下关于乌尔卡尔特的电铸版像的事③。

致友好的问候

您的

海·朗姆

---

① 第三编的写作日期可以完全肯定是在1877年8月初到1878年3月底4月初。

② 1877年9月17日李卜克内西通知恩格斯，六本《欧根·杜林先生在哲学中实行的变革》的小册子将给他寄去（《李卜克内西和马克思恩格斯通信集》第240页）。针对恩格斯的劝告，李卜克内西于10月29日回答说："关于第一部分那六册的事，我立即下了指示。朗姆不在，所以我不能解释为什么没有尽早发送。要是我在场，当天就会把有关事情告诉你，并且吩咐了发行处，给你寄六册"（《李卜克内西和马克思恩格斯通信集》第240—241页）。

③ 1877年6月14日，李卜克内西请恩格斯给他搞一张1877年5月16日逝世的乌尔卡尔特的照片，写一篇关于他生平活动的简单介绍（《李卜克内西和马克思恩格斯通信集》第23页）。李卜克内西在1877年6月27日的信中再次提到了他的愿望（《李卜克内西和马克思恩格斯通信集》第224页）。7月2日恩格斯告诉他："关于乌尔卡尔特，我们已经采取措施收集材料"（《马克思恩格斯全集》第1版第34卷第260页）。

又及：等您的著作全部出版后再通过书店发行，您同意吗？

18. 威·李卜克内西致卡·马克思

伦 敦

1877年11月5日于莱比锡

亲爱的摩尔：

你对我们没有拒不作答，我们感到很高兴。昨天赫希伯格为了《未来》的事来到这里，我对他的解释深为满意。他们的错误是什么呢？是缺乏计划性，过于轻率，没有目的，没有原则。他会向我们提出种种保证。埃卡留斯的名字马上勾掉了，埃利塞·勒克律代替了埃利·勒克律。你（和恩格斯）的每一个愿望都实现了①。

---

① 《未来》杂志于1877年10月至1878年11月在柏林出版。它是由小资产阶级博爱主义者卡·赫希伯格出版和提供资金的。李卜克内西一再试图争取马克思和恩格斯为《未来》撰稿。1877年7月28日李卜克内西写信给恩格斯说："我们的《评论》（《未来》——我不是特别喜欢这个名称）10月1日开始出版，编辑部由赫希伯格（他每年资助我们一万马克）和维德博士领导。他们两位都是能干的年轻人，特别是赫希伯格。他们两人都反对杜林式的欺诈行为，而且我们有严格的监督，不必担心会有任何意外。我们将邀请你（当然也邀请马克思）撰稿。要是你能这样做，那一定很好，虽然你的主要工作仍然是为《前进报》写稿，这是必要的"（《李卜克内西和马克思恩格斯通信集》第232—233页）。但是马克思和恩格斯拒绝了。第一号出版后，马克思在10月23日写信给白拉克说："《未来》杂志完全不能令人满意。它的主要意图就是用关于'正义'等等的虚妄词句来代替唯物主义的认识。杂志的纲领非常可悲。它还允诺要提出关于未来社会结构的妄诞设想。一个资产者捐资入党后的第一个结果就不妙，而这是事先就应该预料到的事情"（《马克思恩格斯全集》第1版第34卷第283页）。

由于维德的威胁性的竞争①,刊物提前三个月着手准备,由此而产生目前我们正在经历的种种弊病。赫希伯格是坚决反对杜林的人,一旦物色到一位更合适的编辑,他就愿意辞职。要是你和恩格斯都持无所谓的或是完全反对的态度,那么情况就会十分不妙。

杜林事件在柏林结束了,杜林当然是自作自受。

我的夫人尚未完全恢复健康(已经没有危险),其他人都很好。

向你、你全家和恩格斯致以衷心的问候。

前几天我给利沙加勒写了一封信

你的

威·李

19. 威·李卜克内西致卡·马克思

伦 敦

1878年1月22日于莱比锡

亲爱的摩尔:

附上我夫人的一封信。

你能否为我同俄国人的争论提供一些材料?目前非常需要你或恩格

---

① 1877年7月26日维德告诉盖布,他辞去预定要他担任的《未来》杂志的编辑职务,他将在苏黎世出版自己的社会主义评论。维德主编的月刊《新社会》从1877年10月出版到1880年3月。

斯写一篇或更多的关于东方问题的文章①。我要尽我的最大努力，取得尽可能大的成功，只要约翰·布尔不是一个十足的懦夫！

我要是不想在这里度过整个夏天的话（我有三个月时间），我一定途经巴黎前来伦敦②。

向你全家问好！顺便提一下，让恩格斯把批判杜林的手稿马上寄来。杜林已经很快地跌进了梅林－伯默特的烂泥坑。③

你的

老图书馆

---

① 马克思在1878年2月4日和11日给李卜克内西的两封信中详细地分析了一些大国对巴尔干地区军事冲突的态度（《马克思恩格斯全集》第1版第34卷第294—302页）。2月25日李卜克内西写信给恩格斯说："他〔马克思〕附带给我寄来了关于东方问题的非常精彩的笔记，我要把这些笔记收入我的小册子的第二版，好好地利用一下"（《李卜克内西和马克思恩格斯通信集》第249页）。李卜克内西在他的小册子《论东方问题，或欧洲是否应该是哥萨克的？对德国人民的警告》第二版中，收入了两封虽然是没有署名的信，但加了一条说明："作为结尾我要引用一位朋友的两封来信。他研究东方问题胜于任何别人。见解之深刻，观点之锐利，知识之渊博——这一切都表明他是一位大师。见利爪而识雄狮"（《李卜克内西和马克思恩格斯通信集》第56页）。

② 1878年4月15—20日李卜克内西在伦敦拜访了马克思和恩格斯。

③ 暗指《前进报》同维·伯默特主编的《社会通讯》和弗·梅林主编的《马格特堡报》的争论。1877年11月16日和30日，《前进报》驳斥了上述两家报纸的歪曲，维护了马克思价值理论的正确性。

20. 海·朗姆致弗·恩格斯

伦　敦

1878年5月8日于莱比锡

〔……〕我寄出的邮件是：第十四〔……〕的校样，共两份；〔……〕的小册子的校样（已处理完）。〔……〕我把单行本的第（十四）的脚注印出来，因为这部著作要分两册出售。至于序言等等都是按照您的指示处理的。我觉得我寄出的"已处理完的东西"中有一些是您感兴趣的，并且证明，现在我们已完全能够出版比较大的科学著作了。这个小册子现已全部排版，而且我们还能再来几个印张。

致以友好的问候

您的

海·朗姆

21. 海·朗姆致弗·恩格斯

伦　敦

1878年7月8日于莱比锡

尊敬的恩格斯先生：

广告留了一百份，请您尽快把各地地址寄来。

今天我们给您寄去一个邮包，编号是G.B.20，内有整套书一百十五本，第二册十本，由铁路以快件寄出①（邮资约十五先令）。

我们的包装工在发货单上没有打上邮资已付的印章，所以邮资只好由您付了。请您不要埋怨我们，至少不要埋怨我。我现在忙得晕头转向，因为我要同时承担三家报纸的编辑工作②，而它们的编辑都已进了监狱。

现在我们这里还是很吸引人的，我只是有点好奇，要看看在选举③前一星期，我们中间有谁还能是自由的。

《杜林先生》在书店定价为三马克（正好是两先令），这对您来说当然是无关紧要的。

致以友好的问候

您的

海·朗姆

（原载《马克思恩格斯年鉴》1979年柏林版第2卷第284—304页）

（蒋仁祥 译 吴惕安 校）

---

① 这部著作的第一版的标题是《欧根·杜林先生在科学中实行的变革。哲学。政治经济学。社会主义》，有恩格斯写的一篇序言。它于1878年7月中在莱比锡出版。

② 除了在《前进报》的工作以外，朗姆指的大概是，他在中央机关报副刊和《新世界》编辑部的工作。

③ 1878年5月11日和6月2日威廉一世两次遇刺后，俾斯麦迫使帝国国会宣布解散。7月30日举行了新的选举。尽管存在着恐怖和迫害的情况，德国社会主义工人党仍然获得四万三千一百五十八票，在帝国国会中占了九个席位。

德国社会民主党人关于杜林的通信*

1. 威·李卜克内西致弗·恩格斯

1874 年 6 月 13 日于莱比锡《人民国家报》编辑部

……普鲁士政府宣布不再与全德工人联合会保持友谊关系,这对党的发展是有利的,但是为了贴现这一利益,好些人有时将不得不坐牢。希望你们大力支持我们。蠢事是不可避免的,但一旦认识了,总是尽可能加以纠正。这使我想起杜林。你们是否有根据认为,此人是个无赖或暗藏的敌人呢?我了解到的关于他的情况使我深信,他虽然有些糊涂,但十分诚实,并且坚决站在我们一边。那篇受到你们指责的文章①并不是完全正确和令人太高兴的,不过,意思无疑是好的,也没有产生什么坏影响……

---

* 本文选自《马列著作编译资料》1978 年第 1 辑。
① 指倍倍尔的匿名文章《一个新的"共产党人"》。

2. 威·李卜克内西致弗·恩格斯

1875年2月1日于莱比锡

……你是否愿意写篇文章清算"彼得"？① 因为此人把他拙劣的东西到处送来送去，使人不能置之不理。还有，你是否愿意写篇文章（严厉地）清算杜林？他在他的国民经济学批判史第二版中重复了他对马克思充满忌妒的全部愚蠢谰言。我在圣诞节前曾听了此人的一次讲课：狂妄自大，咬牙切齿地忌妒马克思，无非是这类货色。他在我们许多人当中（特别是在柏林）影响很深，必须彻底收拾他。你有这一新版吧？如果没有，我们寄给你……

3. 威·李卜克内西致弗·恩格斯

1875年4月21日于莱比锡

……你必须下决心收拾杜林。《人民国家报》在刊登有关公社的章节时明确指出了杜林的著作的错误②……

---

① 恩格斯反驳彼·尼·特卡乔夫的《致弗·恩格斯先生的公开信》的文章，作为《流亡者文献》第四篇（见《马克思恩格斯全集》第1版第18卷第599—609页），发表在1875年3月28日和4月28日的《人民国家报》上。

② 杜林在《政治经济学和社会主义批判史》第二版中更加放肆地谩骂马克思，歪曲马克思的观点，但1875年3月2日《人民国家报》竟摘登了该书关于巴黎公社的论述。编辑部为此加的按语说："杜林博士在其《国民经济学和社会主义批判史》的第二版中（遗憾的是没有把第一版中的主要缺陷清除掉）关于巴黎公社作了如下的论述。"

4. 威·李卜克内西致弗·恩格斯

1875 年 10 月 15 日

……附上一封信①，这类信不是独一无二的。这就急需在《人民国家报》刊登详细批判杜林的文章；我再一次请求你来做这件事……

5. 威·李卜克内西致弗·恩格斯

1875 年 11 月 1 日

……附上一封反驳我拒绝替杜林作广告宣传的复信；我要在《信箱》栏（在下一号的《信箱》栏）出击了。② 但现在请尽快和尽量彻底地批判杜林的著作。贝克尔③支持恩斯的要求，这将向你表明，必须

---

① 指阿·恩斯 1875 年 10 月 3 日给《人民国家报》的信 信中以最后通牒式的口吻要求编辑部推荐杜林的著作。

② 李卜克内西在《人民国家报》1875 年 11 月 5 日第 128 号《信箱》栏里刊载了阿·恩斯 1875 年 10 月 3 日要该报推荐杜林著作的信。李卜克内西刊载恩斯的信时，写了这样的说明："《人民国家报》没有'用沉默扼杀杜林'……对于某方面有人以最终变得令人厌恶的狂热搞起来的对杜林的迷信，《人民国家报》编辑部绝不可能推波助澜，而是要尽快刊登文章，对杜林的著作进行详细的科学的批判性剖析。"

③ 约·菲·贝克尔。李卜克内西在 1875 年 11 月 1 日写信给他说："《人民国家报》最近将刊登详细批判杜林的文章。我正要在《人民国家报》信箱栏里答复恩斯。我必须摆脱这种替杜林做广告的把戏。"

……一劳永逸地把桌子收拾干净……

6. 威·李卜克内西致弗·恩格斯

1876 年 5 月 16 日

……附上莫斯特的稿件①,它将向你表明,甚至头脑清醒的人也会传染上杜林瘟疫;清算是必要的。稿件请寄回来……

7. 威·李卜克内西致弗·恩格斯

[1876 年 7 月 20—25 日之间]

……附上莫斯特的一封信②。我当然狠狠地怼了他一顿。但是你看,该切切实实地干起来了。杜林的一套玩意根本没有什么危险,用沉默扼杀它,反而会使它获得活力……莫斯特的信请顺便寄回……

---

① 指莫斯特的一篇吹捧杜林《哲学教程》的长篇文章,莫斯特把这篇文章寄给了《人民国家报》。由于《人民国家报》拒绝发表这篇文章,莫斯特后来在1876年9月和10月以《一个哲学家》的标题把它发表在《柏林自由新闻报》上。马克思和恩格斯对莫斯特这篇文章的态度,见《马克思恩格斯全集》第 1 版第 34 卷第 13—14、15—16、18—19、242 页。

② 指莫斯特1876 年 7 月 20 日致李卜克内西的信。

8. 威·李卜克内西致弗·恩格斯

1877年1月12日于莱比锡

我们想把你清算杜林的文章①也装订成书。你以为如何？请尽快答复。文章是出色的，各方面都令人满意，我们将为此尽力而为……

9. 威·李卜克内西致弗·恩格斯

[1877年2月7日]

……根本不会印你事先没有校对过的东西。如果你觉得合适，我们今后打算每周寄一次较长的一段校样，大约同今天这一号里的一样长。请把印好的印张再校对一遍，以便我们能够增补一个勘误表。像现在这样的编排，你是否感到满意②……

---

① 指恩格斯的《反杜林论》第一编即哲学编。恩格斯在1877年1月9日给李卜克内西的信中，就已经"附上哲学这一编的结尾部分"（见《马克思恩格斯全集》第1版第34卷第222页）。

② 参看《马克思恩格斯全集》第1版第34卷第35、36、39、222—223、231、242、243—244、250—251页。

10. 威·李卜克内西致弗·恩格斯①

1877年4月9日于莱比锡

……你收到这封信时同时也就收到校样。你要迅速搞完,因为文章的前一半我们将在下一号刊登。数月来我本可以不必为报纸多操心的,可惜还是免不了。如果你晓得我是怎样忙碌和劳累,你就不会对我作多余的责备了。实际上,这两个月,我已经打心里觉得真是天赐之福了。

文章大约有多长呢?什么时候该来经济学?② 我想知道这一点,因为我们想出版一个学术附刊(每周二分之一印张),你的文章自然是附刊必须刊登的,但不是在一组文章的半当腰就这么做,而是等到开始经济学部分的时候。恩斯是个傻瓜,恐怕快要进疯人院了③……

---

① 恩格斯在1877年4月11日写了回信,对《前进报》中断刊登《反杜林论》的文章表示愤慨,提出了"最后通牒"式的警告,见《马克思恩格斯全集》第1版第34卷第242—244页。

② 恩格斯在1877年6月25日起寄出《反杜林论》第二编,即经济学编。

③ 由于《前进报》发表恩格斯的《反杜林论》,阿·恩斯于1877年2月4日写了一篇恶毒攻击恩格斯的文章寄给杜林分子办的《柏林自由新闻报》,但连《柏林自由新闻报》也不敢刊登,恩斯就把它印成小册子,书名为《恩格斯对人的健全理智的谋杀。或马克思主义的社会主义在科学上的破产。致我的柏林朋友们》,于1877年在格兰—萨康涅(瑞士)出版。

11. 威·李卜克内西致弗·恩格斯①

1877年4月14日于莱比锡

亲爱的恩格斯：

这未免太可笑了，最粗鲁的人又是最敏感的人，"既加伤害，又加侮辱"，"食言"，"不是故意弄得支离破碎，就是用作填补空白，让公众感到厌烦"，我"太'软弱'或不想干等等"。好厉害！真是一份哥尔查科夫②式的最后通牒！

你想完全激怒我。不过，我们要是吵起架来，那可是件极大的蠢事，你把我搞得这么难受，我也不会去干这等蠢事的。因此，火气也就消下来了。发生了什么见鬼的事呢？12月份以来，我只有八天是连续在这里的，编辑部和印刷所其他工作人员的境况也好不了多少。这么一来，不能诸事顺利，那是不言而喻的。我把你的文章连同有指示的信件都转交给了朗姆（他确实是一个十分笃实的人），并且叮嘱他千万尽可能办得井井有条。选举活动也使他有点乱了套。无论如何，过错落不到我头上。如果你认为有杜林的影响，那就完全错了。蠢驴恩斯被大家看作是蠢驴，甚至是白痴。并且，除了杜林分子写来的一些粗暴的信件（这些信件已受到更粗暴的回答）之外，没有任何反对你的文章的事，所有明白事理的人都很喜欢你的文章。在选举活动期间，报纸多登些东

---

① 这是李卜克内西对恩格斯1877年4月11日的信（见《马克思恩格斯全集》第1版第34卷第243—244页）的回信。
② 沙皇俄国外交大臣（1856—1882）。

西是对的；我们恰恰缺乏文章，而且，人们当时不读的话，后来会去读。我们的订户几乎毫无例外地把报纸收藏好，他们不会有任何损失。后来印刷得慢些，这部分是由于稿件积压较多，部分是由于对排版工人缺乏监督——这后者，我承认是一种失职，但这方面我也不是有罪的人。在帝国国会结束之前，我是不可能实行某种持续的监督的。我今天同宰弗特（他不是议员或"鼓动员"，所以是唯一的一个固定编辑）一起把编排固定下来，以便他照料按时刊登，并委托朗姆监督。方才我同你的文章的排字工人和拼版工人说了：第十二篇文章（第十一篇文章在这一号，即星期日和星期三号发表）要立即排印并寄你，在排印第十二篇文章的过程中，第十三篇文章就要着手排印，这样，第十二篇文章一旦脱手后，第十四篇文章就可以立即排印。因为我们没有那么多新的铅字来排印你的文章。

总之，现在事情该上正轨了，如果再出现什么障碍（我可不希望这样），你至少知道，究竟是谁负有责任和谁不负有责任了。不过，会顺利进行的。

现在你是否能尽快给我写出来？第十四篇之后你想停多久呢？在每周学术附刊上刊登你关于经济学的文章，你觉得是否合适？这一附刊我们打算很快——最迟在7月1日——就要出版，像《天平》周刊那样，有八页厚。

还有一件事。我没有立即答复你3月底的信，原因有二：一、这封信寄到这里时我不在这里；二、我收到这封信时正值我女儿婚礼期间。这样就忘了答复了，但是并没有忘记吩咐把清样立即寄你——不管怎么样，这件事是做了。

好了，我想现在又平安无事了，你看，我们并不是像你想象的那样是那么卑鄙的家伙。

向你、摩尔及全家问好！

你的　威·李卜克内西

12. 威·李卜克内西致弗·恩格斯

1877年4月16日于柏林

亲爱的恩格斯：

你不生气了吧，对吗？如果我的两封信里有什么话使你感到不满意，你不妨想一想，你是多么严厉地责备我这个完全无辜的人啊。你最近的一封寄到莱比锡的信①凑巧落在我妻子手里，我曾嘱咐她，我不在时凡是给我的来信，都要拆看一下；她看了后以为发生了严重的争吵，十分惶恐不安。

这件事我们就算了吧。为了防止今后在刊登你的文章方面出现不正常现象，现在已经作好必要的安排了（我方才从这里再次作了吩咐）。不过，最后的一篇文章恐怕有些推迟，因为它星期六还没有排印，你看校样又得好些天。

此外我再告诉你一遍，把文章拆散刊登对我们的读者没有多大妨碍，因为他们都毫无例外地把报纸合订起来，拆散了的文章就可以联起来。

请立即告诉我，把你第二编的文章刊登在《前进报》附刊上，你是否乐意？我们为这一附刊得到二千 rh。附刊是半个印张，四开或十六

---

① 恩格斯1877年4月11日给李卜克内西的信，见《马克思恩格斯全集》第1版第34卷第243—244页。

开本。如果你不中意,我们当然仍按老办法安排你的文章。总之,你的"愿望就是命令"。

劳驾,今后——直到帝国国会开完会——如果在业务上有什么通知,请直接写信告诉朗姆。这样可以保证事情得到最及时的解决。

第二编大约多长?请把附上的信寄给马克思。

致衷心的问候。

你的　威·李·

13. 威·李卜克内西致弗·恩格斯

[1877年5月10日之后]

亲爱的恩格斯:

柏林人受了一些爱吵闹和捣乱的人的挑唆,提出了一项提交代表大会的提案,反对在《前进报》上继续刊登你批判杜林的文章。这使我十分高兴;现在终于可以向有关的人说明立场了。他们活该!

我只告诉这一件事,好让你不要产生无谓的不快。这件事完全没什么了不起的,尤其是因为甚至拉萨尔分子也站在我们一边反对杜林。

科学附刊——或独立的学术评论——的问题,将在代表大会①上作出最后的决定。

问候你和马克思。

夏末再见!

你们不来,我去。

---

① 这次代表大会1877年5月27—29日在哥达召开。

另看背面!

你的威·李·

又及：我刚才得悉，柏林人的决定不是要反对你的文章，而只是要把文章转到学术附刊刊登，这就使事情大大缓和了。

14. 威·李卜克内西致弗·恩格斯

1877年5月31日于莱比锡

亲爱的恩格斯：

莫斯特和他的一伙蠢驴已经没有勇气动手了。他们发觉我会好好收拾他们的，就在战斗之前撤退了①。按照他们自己的提案，只限于讨论篇幅较长的科学论文的发表方式问题②，当然，通过的是事先已经决定了的东西，即在学术附刊上或以小册子形式发表。因为事先已决定创办一种学术附刊和评论，所以整个提案完全是多余的。倍倍尔做了件冒失的事③，我把自己的意见好好地对他说了。你的文章的意义，它产生的

---

① 1877年5月27—29日在哥达召开的党代表大会，莫斯特提出反对在中央机关报发表恩格斯反对杜林的文章的提案，倍倍尔提出折中性提案后，莫斯特收回自己的提案而附议倍倍尔的提案。关于这次代表大会关于《前进报》刊登恩格斯的《反杜林论》的问题的讨论和决定，见《党代表大会会议记录》第70—71页。

② 杜林分子克勒米希提议在讨论莫斯特等提案时只限于讨论"材料是否适宜"而不要讨论文章的"原则性和科学性"，结果，以三十七对三十六票通过光从"业务上"考虑处理科学文章的问题。参看《党代表大会会议记录》第70—71页。

③ 指倍倍尔在代表大会上提出一项折中性提案。

历史等等，我在代表大会上尽量作了强调。如果顺当的话，我们至多碰到五至七个反对者，之所以不顺利，正是倍倍尔的过错，他将给你写信。

如果你很快把文章续编寄来，那就太好了。如果我们在6月份就开始刊登，那么，我们在10月1日，即评论问世时，就刊登完了。我希望你会同意。无论如何，我认为重要的是，把你的文章作为《前进报》不可分割的部分加以刊登，而不要刊登在读者很少的评论上。

关于评论，有机会再详细说，今天我没时间。——整个说来，代表大会开得很好——是务实的。一些争吵是不可避免的，然而是十分有益的，因为那个渴望分裂的唯一者①的软弱无力，已暴露于光天化日之下。

刚才朗姆告诉我，他已经给你写了信，说学术附刊将从7月1日起在柏林出版。这是一种错误的设想，正像你从上述得知的一样。评论应从10月1日起出版，柏林已在筹划中。但是关于《评论》，我们以后还要谈。衷心地问候你和马克思，并希望你不要受任何错误的报告的影响。

你的威·李·

昨天我又被判六个星期的监禁。

---

① 指哈赛尔曼，他在1877年1月取得中央选举委员会的同意由他发行只为支持选举而出版的传单——《红旗报》，但他却背着中央选举委员会向官厅呈报为正规出版的周刊以排挤《前进报》，在1877年5月底召开的哥达代表大会上，哈赛尔曼的这种分裂党的活动遭到批判，见《党代表大会会议记录》第82页和倍倍尔：《我的一生》中文版第2卷第317页。

15. 威·李卜克内西致弗·恩格斯

1877年6月9日于莱比锡

亲爱的恩格斯：

你从《前进报》的报道中可以看出，我确实没有掩饰或者美化任何东西。相反的是：在那里根本没有提到，莫斯特及其同伙这些人自己提出不要只从纯业务上处理问题和不要避开一切原则的提案。提案是这样说的：像有关杜林的文章这类比较长的科学文章，今后不应发表在《前进报》上，而应发表在它的学术附刊或学术评论上，或者出版小册子。这个提案本身并不是不对的，而只是完全多余的。如果当时有时间能同倍倍尔谈通的话，我就会取消这个提案，但他毫无准备地出席代表大会并因此反复踌躇不定。我提议在《前进报》学术附刊上发表，就使原提案不致为害了。你看，想都没想过什么"强行决定"。

几个我们"爱森纳赫派"的人，例如瓦耳泰希，针对文章所发表的一通愚蠢的意见①，使我感到不快，并惹得我提出了相当强烈的抗议。

在代表大会上，甚至你也知道，这类蠢事毕竟是难免的。无论如何，蠢事只是一些少数人干的。你可以让这些人相信，通过代表大会的辩论，你的文章的行市不是下跌了，相反，你的文章现在比以前读的人更多了，更受敬重了。

---

① 指瓦耳泰希在1877年5月27—29日在哥达召开的代表大会上的发言，见本辑第152—153页。

可惜由于妻子不适，头两天我没能出席代表大会，否则这样那样的事也就不至于发生了。

八天来，我都在为争取在莱比锡而不在哈雷坐牢的特许而奔忙，哈雷的监狱是很糟糕的。

星期二我要在柏林同台森多尔夫见面①。

再见！尽快把续编寄来！

问候你和摩尔。

你的威·李·

关于代表大会的不正确的报道，你不能让我负责。星期五我要进牢房了，有信请寄朗姆。

16. 威·李卜克内西致弗·恩格斯

1877年6月14日于莱比锡

……劳驾，请尽快把关于杜林的文章的续编寄来②。你如果还有其他文章，请想着《前进报》，它过去怎样，将来仍然怎样，不过，根据可能，会好一些。但是你们真的不要把编辑部的缺点错误放到称金的天平上去称量。自从报纸创办以来，编辑部到齐过的日子没有八天……

---

① 1877年6月12日和14日，柏林市法庭分别审判李卜克内西和倍倍尔，指控人都是台森多尔夫。

② 恩格斯从1877年6月25日起寄出《反杜林论》第二编即经济学编各篇文章，见《马克思恩格斯全集》第1版第34卷第257、259页。但7月27日《前进报》附刊才刊登这一编的第一篇文章。

17. 威·李卜克内西致弗·恩格斯

1877年6月27日于莱比锡

……我妻子今天早晨来探望我（自然不是在单身牢房里），所以我能发出一封信。你的信①我最近收到了。你继续为《前进报》写稿，那是不言而喻的。按照我为了纠正倍倍尔干的蠢事而提出的提案，代表大会通过一项决议，决议说（见记录第70页）文章将"在评论"或它的前身《前进报学术附刊》上发表。而《前进报学术附刊》在评论（稍后再谈谈关于它的一些事）出版后也仍旧出版。在代表大会前，甚至你本人是赞成这一发表方式的，我也认为比先前的方式更合适一些。我请你尽快把文章的开头部分寄来（很可惜，它尚未在这里，因为附刊第一号下周就要出版了）。我请你，正当现在我处于半瘫痪状态的时候稍为将就一下。至于代表大会上的愚蠢的怨言和攻击，你的确用不着生气，这件事只会使你的工作的意义更清楚地显露出来。同时，我可以对你再说一遍的只有这样的一句：从现在起，关于杜林的文章将比代表大会以前更受敬重，被更多的人阅读……

---

① 《马克思恩格斯全集》第1版第34卷第259—260页。

18. 威·李卜克内西致弗·恩格斯

1877年7月7日于莱比锡

……你的信①收到了。我还以为你已经在《前进报》上读过了决议哩。那里说得一清二楚：在出版评论之前，为《前进报》办一个学术附刊，关于杜林的文章以及类似文章将刊登在这个附刊或《评论》上。

此外，正如已经说过的，《附刊》将是长久的。第一号（这是两号合刊，整整一印张）正在出版，因为朗姆觉得先把你的文章在本月15日印成小册子较为合适，它将给杜林派先生们泼一头冷水②，我们不得不（不是由于代表大会的决议，而是由于事情本身）在现在替杜林辩护③。如果好话说得太多了，那并不是我的过错。我已经斥责过哈森克莱维尔，他完全同意我的意见，但认为，如果在柏林当选，就必须重视那里每一股可以使他获得或失掉哪怕是几张选票的潮流。采用了一首致

---

① 《恩格斯致威廉·李卜克内西（1877年7月2日）》。《马克思恩格斯全集》第1版第34卷259—261页。

② 1877年7月恩格斯《反杜林论》的第一编以《欧根·杜林先生在科学中实行的变革。一、哲学》为题在莱比锡出版了单行本。

③ 1877年6月，杜林由于批评德国大学制度被柏林大学解聘，社会上掀起维护杜林的抗议运动。德国社会民主党中央机关报《前进报》曾发表文章抗议当局采取这一行动，但党内的杜林分子却把杜林吹捧为社会主义者、社会主义事业的殉难者。

杜林的诗,那是绝对不妥当的,我也说过这一点①,但是在一篇为杜林而作的"鼓动性"社论(这是我不得不造的孽)中,严正地强调了原则性的立场,并指出了文句中的那些打击②。无论如何,在这方面完全不必忧虑……

朗姆给我讲述了小册子最后一个印张的不幸遭遇。管这件事的那个排字工,实际上是我所认识的排字工人当中最好和最认真的。但他最近竟去"偷",在这种情况下,他可能因事前或事后的烦恼而出了差错。

此外,我坚决主张,你的小册子,至少为了党内同志,分两册出版,每册除总标题外另有各自的标题,第一册印好后就立即装订成册并寄往世界各地。这样,我们在党内推销的册数可以多得多。我们的人大多数是贫穷的,在几个月的间隔中分两次支付五个格罗申,对于成千上百的人来说,比一次付清十个格罗申要容易千百倍。

还有一件事:朗姆曾请你尽可能把由于其余部分的挤压而漏掉的各

---

① 在李卜克内西不在莱比锡期间,哈森克莱维尔主持《前进报》的编辑工作,他采用了一首颂扬杜林的长诗《致欧根·杜林博士》,刊登在1877年7月6日《前进报》第78号上,署名是"南德意志大学生E.B",其中写道:"你奋不顾身地进击,你,思想家,导师,精神的勇士,哪怕复仇的牙齿正在把你噬咬,哪怕仇恨的群犬正在你周围狺叫;你投身于神圣的火热斗争,日复一日挺起高尚的胸膛,为了人类的最高幸福,英勇地将敌人的打击——抵挡。"

② 李卜克内西在《柏林的宗教裁判所》一文(《前进报》1877年7月11日第80号)中写道:"在这个问题上我们完全不考虑个人。即使特赖奇克是个牺牲品,我们也全力维护他。在《前进报》的篇幅中,杜林的著作第一次受到一种全面的、丝毫未加赞扬的科学批判,并且,在它的即将出版的学术附刊上还将继续刊登这种批判,因此,《前进报》不可能有对杜林抱个人党派偏袒之嫌——我们只站在原则的基础上……"

行"补齐"①。做这件事确实不需要花费多少字。如果整个却张要重新排印,损失共计五十马克,即使这样,我们也还能折腾很久都死不了……

19. 威·李卜克内西致弗·恩格斯

1877 年 7 月 13 日

亲爱的恩格斯:

在"合并代表大会"之前不久,马克思曾给白拉克写过一封信,并附了一份对我们的合并纲领的较长的批判②。我传阅了这一文件,但我未来得及抄录一份,就不得不根据马克思的愿望退还了。我现在要给我们的纲领写一个解释性的材料(解释纲领的小册子),在这种情况下,我特别感到,如果手头能有马克思的批判就好了。劳驾你能否请他寄我呢③?当然是寄到我妻子处。

杜林事件已经了结了。除了通过你的文章之外,我们在附刊上还专门刊登编辑部的文章反对这一最新诡计。柏林有人竭力利用杜林殉道事件,那里也在注意不要让树长得戳破天。

你对瓦耳泰希是不公正的。他在伯尔尼的所作所为,就我所知,是完全正正当当的④,而在哥达(现在)他恰恰却作了件蠢事⑤。此外,

---

① 参看《马克思恩格斯全集》第 1 版第 34 卷第 47 页。
② 指马克思的《哥达纲领批判》。
③ 参看《马克思恩格斯全集》第 1 版第 34 卷第 50 页和第 38 卷第 32 页。
④ 瓦尔泰希 1876 年 10 月 27 日在无政府主义者伯尔尼代表大会上以来宾身份发表演说,在谈到德国社会民主党时声明:"我们既没有马克思派,也没有杜林派。"
⑤ 指瓦尔泰希在哥达代表大会上对恩格斯的《反杜林论》的攻击。

这个可怜的人现在因为一篇演说里的几句话而不得不坐牢一年半。真岂有此理!

问候你、你的夫人、马克思和他全家。

祝治疗效果好!

再见。

你的威·李

在杜林事件中,哈森克莱维尔是完全可以信赖的。

20. 威·李卜克内西致弗·恩格斯[①]

1877年7月21日

亲爱的恩格斯:

杜林的丑剧完了,杜林的显赫名声也完了。由于仆从们的愚蠢,这个最新偶像垮台了,仆从们忽略的东西,他自己搞了起来。由于他张大两个鼻孔吸足了焚香膜拜的烟雾,他的狂妄自大变本加厉,到了自大狂甚至是发疯的地步。"我是一种力量!""不完全拥护我,那就是反对我","我不会加入社会主义政党","这个党正分崩离析"。"我是真正的社会主义,唯一的社会主义。谁不相信这一点,谁就是一个叛徒!"关于我,这头蠢驴以为我会让人把他斩首。随后他又把斩首换成"送上

[①] 恩格斯在1877年7月31日写了回信,见《马克思恩格斯全集》第1版第34卷第263—265页。此外,恩格斯对李卜克内西这封信的评论,又见《马克思恩格斯全集》第1版第34卷第57页。

火堆"（所有的大异教徒确实是被烧死的）——最后，会换成是我要送这位现代的苏格拉底一杯毒药。谁干这等蠢事！可笑的是，我还一直为我的牺牲品四处寻找谋生的门路哩！

可怜的莫斯特甚至已被封为叛徒，杜林委员会——这暂时还是秘密——在悲愤交加之下自行解散了①。

总之，这位科学界的瓦格纳（只是音乐界的杜林还懂得要稍微控制一下自己的自大狂）②，这位可悲的自命不凡的人看作能使自己登上绝无谬误和无可争辩的赫赫声誉宝座的工具，正是使他垮台的工具。他患的迫害妄想症也已经很厉害了，从（梦幻中的）卡皮托里古堡，即使到塔尔培悬崖还远③，但到（现实的）疯人院却不远了。昨天一些以"领袖"身份参与"运动"④的大学生来见我，他们大发雷霆。弗里茨舍也是这样，他前天在这里，他以前是很欣赏杜林的。

我也许能够防止某些胡闹，但是我想过，醉酒后的头痛越厉害就越好，就越消失得迅速和彻底。我高兴的是我算计得正确，并且像我一度打算过的那样，不让莫斯特及其同伙从中捣乱。够了！杜林丑剧我们现在已经了结了。这一点我是十分高兴的，因为这件事要是被别人（不是杜林分子）巧妙地加以利用的话，就会老是我们的肉中刺。我曾担心在

---

① 杜林委员会是为反对大学解聘杜林而在柏林成立的，柏林社会民主党人在这个委员会里占显著地位。

② 科学界的瓦格纳指杜林，音乐界的杜林指德国大作曲家理查·瓦格纳（1813—1883）。

③ 卡皮托里堡是古罗马的城堡和宗教圣地，塔尔培悬崖在卡皮托里山西南，是推下罪犯的地方。

④ 指柏林大学生抗议解聘杜林的运动，由社会民主党人、大学生路易·菲勒克领导。

这"不毛之地的"柏林土壤上出现这种利用；至于党内总共不足一打的杜林门徒，我并不担心。

现在只管加油写你的文章吧！

瓦耳泰希绝对没有发表过有关的声明；这些汝拉人确实是满嘴谎言的恶棍，并且彻头彻尾腐化了。但愿埃里塞·勒克律能够摆脱掉他们！勒克律约在七周前在旅途中曾想见我，可惜我当时不在（我想是参加代表大会去了）；否则我会乐于同他谈谈，并把真相告诉他。对于即将召开的"国际的"代表大会，我们是很小心谨慎的。比利时人有很好的打算，但混乱不堪，不可靠。如果必须把这一杯苦酒喝下去，那真是见鬼了。

请再次向马克思提醒一下备忘录①。

问候你、你的夫人和摩尔，并祝你们好好康复，精神焕发。我也愿到海滨，不愿在这里坐牢。尽管过得还满可以，但监狱毕竟是监狱。

你的

如果你认为我们的人大多数是反对科学文章的，那你就错了。反对的只是微不足道的少数，尽管迄今必须重视这个少数，哪怕只是在表面上。我真希望我们（你、摩尔和我）能够有朝一日一起在德国逛它一两个星期，你们是一定会感到愉快的。我们的工人的本质是纯洁无瑕的，是有一种向往真正的科学和科学性的正确本能的，正因为这样，我对于那许许多多乌七八糟的东西并不在乎，并不感到忍受不了。如果不是这样，那确实是讨厌死了。

---

① 指马克思的《哥达纲领批判》，参看李卜克内西1877年7月13日写给恩格斯的信。

21. 威·白拉克致弗·恩格斯

1876年8月2日于不伦瑞克

……柏林人都是杜林的热心的代言人，莫斯特也是如此。莫斯特声称，他谴责了杜林对马克思的攻击，杜林对此作了答复，说他对马克思评价很高，但不管是谁他该进攻就要进攻，说人们还可以对他进行攻击，而且说人们必须承认他的立场是坚定的共产主义立场。在有才干的同志中间，我也不时地听到对杜林赞许的话。我看，杜林在他的观点方面肯定有了十分重大的修正，而这种修正使他成为我们党的同志；这并不排斥谴责他的错误和无礼。他本人曾对莫斯特说过，他没有或者几乎没有受到党的方面的重视，对此他感到痛苦，而且几乎不能理解；他说，人们至少可以在他应该受到攻击的时候攻击他。

我看《人民国家报》无论如何必须表态。李卜克内西以警告的方式把几篇"杜林文章"退还莫斯特。在此期间他杜林越来越受人重视，如果必须对他进攻的话——关于这一点，我自己还拿不准——，那就必须马上动手，不然就太迟了……

22. 威·白拉克致弗·恩格斯

1877年5月2日于柏林

……现在再谈一谈那些反对杜林的文章①。

在李卜克内西的事情上我是完全对的。他在我们所有的人（倍倍尔和我也不例外）当中，反对杜林还是最坚决的。一年前听过杜林的几次讲课，我不得不说，他的仪表是能博得好感的，他给我的印象是：头脑敏锐，知识丰富，具有真诚的共产主义的思想。他的著作我读得很少；他的方法不合我的口味，这一点几年前我就向热衷于杜林的弗里茨舍讲过。至于他竟会干出您在您的文章中所分析的那类事，我曾认为是不可能的。而杜林的真正追随者和朋友们更认为是不可能的。这种人在柏林这里更是为数不少，我和他们发生过一些不愉快的争企。他们把您的文章只看成是为了发泄您对杜林攻击马克思的气愤，他们不可能理解，您在论述力学、价格②等等时怎么会把这个人当成笨蛋，而且由于题材难度大，加以他们所反对的文章形式有时也确实显得不不好意，他们从这里找到某种支持。至于我，这种形式我是完全理解的：老实说我从中得到很大的满足。但是不可否认，在题材难度大的情况下，文章的形式多少也帮了他们这些杜林分子的忙。他们没有能力客观地检验所发表的东西，这一方面是因为他们对杜林的先入之见妨碍了他们这样去做，另一方面是因为他们不习惯如此艰深的愿想。所以，对这些人真没办法。对

---

① 参看《马克思恩格斯全集》第1版第34卷第250—251页。
② 指恩格斯：《欧根·杜林先生的科学变革》中论述自然哲学的部分。

于广大群众来说也是如此,这一切同他们的距离太大了。读这些文章并有成果的是少数人。这少数人会把取得的认识逐渐灌输到群众中去。

就我所知,杜林将专门出一本小册子答复。他已决定向整个"马克思说教"(我对他的一个朋友的话大致作这样的理解)进攻。您发抖吧……

23. 威·白拉克致弗·恩格斯

1877年6月2日于不伦瑞克

……莫斯特和同志们在代表大会上提出的建议是多么可笑![①] 这个人还是好人,但是个蹩脚的乐师!先是要求讨论,接着进行了讨论,然而气氛不怎么和谐,夹杂着愤懑情绪和瓦伦亭式的企图[②],这里甚至说:"凡是令人反感的东西都应该消失!"这样,整个社会民主党当然首先就得垮台。

此外,杜林的遭遇使我感到遗憾。您在科学上把他置于死地,而柏林大学在生活上把他置于死地[③]。这种做法无论如何是不恰当的。有人还在害怕这种独立性!如果他不是那么目空一切,那他还是会有些用处的,但是他太妄自尊大了,使他个人在事业上受害无穷……

---

① 指在1877年5月27—29日在哥达召开的代表大会上莫斯特提出的反对在《前进报》刊登恩格斯的文章的提案,提案签名者共四十八人,占代表的一半以上。

② 民族自由党国会议员瓦伦亭通过一再提出终止辩论的建议,无数次地打断工人阶级国会代表的发言。

③ 指柏林大学解聘杜林。

24. 威·白拉克致弗·恩格斯

1877年6月22日于不伦瑞克

……文章①收到了。非常感谢！文章写得好极了，但是您说的完全正确，对于解决这个任务来说篇幅是太小了。不过我产生一个想法，就是在今后几年的《历书》里，对于各个阶段分别加以论述，读者对此会有极大的兴趣，而且莱比锡的朋友们也不能有什么怨言。因为他们对宗派分子——拉萨尔、杜林分子——考虑得太多了，或许他们不得不如此。按这个设想，就可以在兼顾马克思个人经历的情况下，对工人运动史的各个时期，以及马克思在各方面的科学成就分别加以论述。这样做绝不是搞个人迷信——您的文章很懂得避免这一点——，而是还事实以本来面目，把人们的注意力吸引到一些基本问题上来，以促进运动的发展，同时还可以推动人们进一步考虑，把拉萨尔和杜林这样的人物神化，并从而使整个运动庸俗化的危险究竟在哪里。我希望得到您的赞同……

25. 约·狄慈根致威·布洛斯

[1874年]

……我早些时候就曾动笔反驳杜林，但后来又放下了，因为在我看来，他毕竟是那类"满嘴胡说八道的庸俗经济学糊涂虫"。他有时确实

---

① 指恩格斯写的马克思传略。

说得十分近乎中肯,但马上又总是唠唠叨叨和笨嘴拙舌地喋喋不休。我特别讨厌他什么时候说到近乎中肯之处时,通常就高兴得把他拙劣的东西重复不知多少次。

例如他十分切近地谈到逻辑学的要点,在《批判基础》一书的第二篇中要求某种"在定量概念中的推断"。但是在这里,如同在价值理论中一样,他也很少得出一种明确的、毫无二义的理解。他依然是糊涂虫。为什么?因为他没有能力消化黑格尔的东西。现在他发觉黑格尔分子已经走在他的前面了。他只是模模糊糊地嗅出点味道的东西,他们已经敏锐而明确地把握住了。正因为如此,他对马克思怀有啼笑皆非的怨恨。我就是这样想这件事的。他不值得我专门写篇文章评论他。我宁可写正面的题目,但有机会顺便砍他一下。我很想读一读倍倍尔关于他要说的东西①。很遗憾,我现在和不久以后完全没有闲情逸致沉湎于我的写作嗜好。商业上的操心——我是个小资产者——要花费我大约一年的时间;把这种日子捱过去以后,我愿意成为我们《人民国家报》的一个比较勤勉的撰稿人……

26. 伊·奥艾尔致威·李卜克内西

1877 年 7 月 31 日于汉堡

……在柏林,斗争依然一直如火如荼,弗里茨舍、鲍曼、拉科夫和大部分党员们站在《前进报》一边,洛骚和莫斯特则相反,代表那些

---

① 指倍倍尔的文章《一个新的"共产党人"》,载于《人民国家报》1874 年 3 月 13 日第 30 号和 3 月 20 日第 33 号。

"温和"分子。

莫斯特完全患了狂妄自大症,自从他知道有那么半打大学生崇拜他以来,他完全忘乎所以了。

杜林之所以被解聘,主要的过错是弗里茨舍和莫斯特出席大学生集会和《柏林自由新闻报》强调杜林是社会主义者……

27. 约·莫斯特致威·李卜克内西[①]

1876年7月20日于柏林

至于论杜林的文章,你担心这样的文章可能有损马克思的尊严,那是完全多余的。见鬼!难道我们要搞个人迷信吗!我这个人曾替马克思辩护过,难道我不可以同样地对待杜林吗?如果不可以,那就显得我们似乎是某种教派了。此外,我近几天曾亲自到杜林那里,并责备他对马克思所持的否定态度,可惜一无所获。他说,他评论马克思时所用的笔调,是他通常用的笔调;他认为马克思远远超出全部教授恶棍们,但他仍然不能不责备马克思的黑格尔主义,他站在一个更高的(科学的)基础上,而不是站在某一党派的立场上,因此,他的批评如果涉及那些维护社会主义的人,就不能轻一些;每个人都有缺点,他本人也是这样,因此,没有党派偏袒的观察者是不可避而不谈这些缺点的,等等,等等。总而言之,杜林是一个有创见的人,因此,他不应该受到《人民国家报》已经颇为经常地对他实行的那种虐待。这里并没有什么杜林的

[①] 李卜克内西在1876年7月25日之前把莫斯特的这封信转寄恩格斯,以期使恩格斯能尽快剖析杜林的著作。

狂热信徒,可惜倒有若干拉萨尔的景仰者;我们的人应独立地进行判断,并接受各方的精华,不管这些精华是在何方。我也应这样做。暂致最好的问候;我们将在哥达见面了①……

28. 爱·伯恩施坦致威·李卜克内西

1874年11月26日于柏林

……前些时候我给您寄上杜林的《社会经济学和国民经济学教程》②,并不揣冒昧地告诉您,直到帝国国会选举结束时我大概可以用不着这本书。我很希望听听您对这本书的意见,更希望您在《人民国家报》对这一著作提出讨论。我本想自己来做这件事,但当时不知道布洛斯在这方面是否是适当的人。

由于实行英国的营业时间,我现在可以听大学的夜课。我感到很有兴趣的是下面这些讲课:

星期二,杜林讲社会主义的历史和现在。

星期三,哲学和自然史中的唯物主义。

星期四,瓦格纳③讲社会和工人问题。

后者是著名的讲坛社会主义者,他讲的东西,新手觉得相当激进,

---

① 莫斯特代表柏林、隆斯多夫和开姆尼茨出席1876年的哥达党代表大会,见《党代表大会会议记录》第108页。

② 杜林《国民经济学和社会经济学教程,兼论财政政策的基本问题》1873年柏林版。

③ 阿道夫·瓦格纳(1835—1917),1870年起任柏林大学国民经济学教授,讲坛社会主义主要代表人物之一。

但内行的人可以立即发觉,他往往用完全无关紧要的意见把弱点掩盖起来。杜林在讲述中则完全站在我们的立场上,他的一些表述颇具特色,您一定感到满意。

他同马克思不同之处,就是他不是从经济压迫导出政治压迫,而是相反[①]。他认为,我们现在的社会主义运动的幼芽不是在工业发展之中,而是在法国革命之中。他这样逐字地说道:如果当时法国人采用某种新的纪年,他们最多是做得有些过早。在若干世纪中人们还会回过头来这样做,纪年的数目多毕竟也是令人厌烦的。

在最近的一次讲课中,他十分热情地为国际辩护,说国际"事实上不是巴枯宁主义的"。

在评论党的时候,他完全是坚决地站在我们的立场上的。下面的说法也很有特色:

"有人从另一方面(指我们方面)谴责例如拉萨尔派,说他们的机关报用某种挑拨者代理人的腔调说话。我不想争辩这件事,但是这件事对群众有影响,而唤起群众是主要的事情。我当然根本不会原谅那种完全应当受到谴责的事情。可是我们也不可忘记,波拿巴社会主义确实也部分地促成了公社;人们自己用贿赂手段把精灵召唤来,然后再也无法

[①] 伯恩施坦后来在他的《柏林工人运动史》(第1卷第315页)中回顾说:"要理解当时对杜林的个人迷信,就必须知道,杜林在讲课中以及在他当时的著作中表现出完全是个激进的社会主义者,而在同社会民主党人的谈话中表现出是一个党的同志。'我不是从右面,而是从左面攻击马克思',这是他常常说的一句话,他并且说,无论怎样热情地强调政治行动的必要性都不会过分。当时在柏林党内,大学生的一切东西几乎都处在杜林的影响之下,除了莫斯特之外,还有弗·威·弗里茨舍、保尔·格罗特考、弗·米耳克、约·多林斯基等工人阶级出身的领导同志,也都受杜林的影响。

将之拔除,可这依然是一种慰藉。"随后,杜林没有忘记指出,不管《人民国家报》何时何地和多么频繁地出版,他都只会表示赞赏。

上星期二他谈到社会主义对国民经济学的态度。他在这里公开表示,国民经济学如果不转变为社会主义,它就要死亡。它几乎从比资产阶级成为一个等级更早的古代起就成为一门科学。他还趁机把讲坛社会主义痛斥了一番,并表示他感到惊异的是,完全清醒持重的和社会主义的报纸竟不立即采取果断态度,反而在一段时间内一直持观望态度,好像从讲坛社会主义方面一般也能有所期望似的。这种情况,他只是从人们(指我们)对有关人物甚至没有足够的了解和对动因毫无所知这一点看,就可以清楚明白。

星期三的讲课更有意思。在这里,他要使唯物主义获得它应有的地位,就是说证明:一种高尚的和在最好的意义上的道德世界观,正是在唯物主义的基础上才能树立起来并得到实际运用。在这里,他对那些他称之为"二等神甫"的大学哲学家们进行精彩绝妙的抨击和尖酸刻薄的刻画。杜波依斯·里蒙德连同他的"我们不知道"①,也同那些不愿相信人民的"多情善感的"哲学家们一样,成了耻笑的对象。

柏林有这么一个即使只是永久的"私人讲师"的人,真是幸运。可惜我得知他的物质生活十分贫苦。他的境况酷似费尔巴哈,而他讲到费尔巴哈时也流露出偏爱②。

最近他也给我们说明了他对俾斯麦和瓦盖纳的态度。他说,他写过

---

① 柏林心理学教授艾米尔·杜波依斯·里蒙德(1818—1896)在1872年说过"我们不知道我们将来也不知道"这样一句话,以强调人类的自然知识界限。

② 伯恩施坦的信以及杜林对柏林社会民主党人的日益增长的影响,促使李卜克内西在1874年12月去听了一次课,参看李卜克内西1875年2月1日给恩格斯的信。

条陈，那完全是根据他当时的思想方法写的，他在以前出版的著作《资本与劳动》中奠定了这种思想方法。可是他当时就脱掉了这件上衣，所以他也就认为有权利去刻画那些现在穿上了这件上衣的人，即讲坛社会主义者。他说，即使在当时，他就没有对上述人物的"善意"抱任何幻想，虽然觉得这种善意也许可能有所成就。

弗里茨舍也听杜林的讲课。如果您读一读这位"使节"的东西，那么您也许对弗里茨舍的态度感到奇怪，但从那信口于河地提出的意见看，我觉得十分清楚，弗里茨舍又要被全德工人联合会撵出来。如果这些先生们并不完全是傻瓜蛋的话，他们不会帮他的忙，还会让他处于现在的那种使他完全无能为力的地位。不过，这么一来，像弗里茨舍这么一个人对我们来说就没有用处了，这毕竟是可惜的……

以上第1、4、5、7—20封原载《威·李卜克内西与卡·马克思和弗·恩格斯通信集》1963年海牙版。

第2—3封原载《工人运动史论丛》（德国统一社会党中央马克思列宁主义研究院出版）1976年第6期。

第6封原载《马克思恩格斯全集》第1版第34卷第488页。

第21—24封原载《卡·马克思和弗·恩格斯与威·白拉克通信集（1869—1850年）》1963年版。

第25—28封原载《威·李卜克内西与德国社会民主党人通信集》1973年阿森版。

（胡文建、梁建华 编译）

图书在版编目（CIP）数据

马克思恩格斯列宁相关书信及其研究Ⅰ／史清竹主编．—北京：中央编译出版社，2015.12
（马克思主义研究资料／杨金海主编；26）
ISBN 978-7-5117-2851-7

Ⅰ.①马… Ⅱ.①史… Ⅲ.①马列著作-书信集-研究
Ⅳ.①A811.3 ②A821.3

中国版本图书馆 CIP 数据核字（2015）第 276435 号

马克思恩格斯列宁相关书信及其研究Ⅰ

出 版 人：刘明清
责任编辑：盛菊艳
责任印制：尹　珺
装帧设计：田晗工作室
排版制作：北京吉浪世纪制版科技有限公司
出版发行：中央编译出版社
地　　址：北京西城区车公庄大街乙5号鸿儒大厦B座（100044）
电　　话：（010）52612345（总编室）　　（010）52612335（编辑室）
　　　　　（010）52612316（发行部）　　（010）52612317（网络销售）
　　　　　（010）52612346（馆配部）　　（010）55626985（读者服务部）
传　　真：（010）66515838
经　　销：全国新华书店
印　　刷：山东鸿君杰文化发展有限公司
开　　本：787毫米×1092毫米　1/16
字　　数：338千字
印　　张：27.25
版　　次：2015年12月第1版第1次印刷
定　　价：80.00元

网　　址：www.cctphome.com　　邮　　箱：cctp@cctphome.com
新浪微博：@中央编译出版社　　微　　信：中央编译出版社（ID：cctphome）
淘宝店铺：中央编译出版社直销店（http://shop108367160.taobao.com）　（010）52612349

本社常年法律顾问：北京嘉润律师事务所律师　李敬伟　问小午
凡有印装质量问题，本社负责调换。电话：（010）55626985